Handbuch
Vormundschaft und Pflegschaft

Handbuch Vormundschaft und Pflegschaft

- Rechtliche Grundlagen
- Fälle und Lösungen
- Psychologische und pädagogische Aspekte

Herausgeber:

Prof. Dr. Tobias Fröschle,
Professor für Familienrecht und freiwillige Gerichtsbarkeit
an der Universität Siegen

Björn Heinz,
Dipl.-Sozialarbeiter, M.A.

Weitere Autor:innen:

Kerstin Held

Ute Kuleisa-Binge

Reinhard Prenzlow

Helen Sundermeyer

3. Auflage

Reguvis

Bibliografische Information der Deutschen Nationalbibliothek
Die Deutsche Nationalbibliothek verzeichnet diese Publikation in der Deutschen Nationalbibliografie; detaillierte bibliografische Daten sind im Internet über http://dnb.d-nb.de abrufbar.

Reguvis Fachmedien GmbH
Amsterdamer Str. 192
50735 Köln

service@reguvis.de
www.reguvis.de

Reguvis ist Kooperationspartner der Bundesanzeiger Verlag GmbH · Amsterdamer Straße 192 · 50735 Köln

ISBN (Print): 978-3-8462-1390-2
ISBN (E-Book): 978-3-8462-1391-9

Titelabbildung: © nadezhda1906/stock.adobe.com
Satz: Cicero Computer GmbH, Bonn
Druck und buchbinderische Verarbeitung: Appel & Klinger Druck und Medien GmbH, Schneckenlohe

Printed in Germany

Vorwort der Herausgeber

Das Rechtsinstitut der Vormundschaft für Kinder und Jugendliche hat zum 1.1.2023 eine grundlegende Reform erfahren. Das betrifft nicht nur die Systematik der Regelungen – die nun mit sehr vielen Verweisungen ins Betreuungsrecht arbeitet –, sondern vor allem auch die Rechtsstellung des Mündels und seiner Erziehungspersonen. Sie werden deutlich ernster genommen, ohne dass das Gesetz die Gesamtverantwortung des Vormunds für den Mündel in Frage stellen würde.

Auch das Pflegschaftsrecht ist neu aufgestellt worden. Das Gesetz unterscheidet nun klarer zwischen den Pflegschaften für Minderjährige und denen, die keine Minderjährigen betreffen („andere" Pflegschaften, § 1882 ff. BGB). Hinzugekommen sind zwei zusätzliche Formen der Pflegschaft, die Zusatzpflegschaft (§ 1776 BGB) und die Pflegschaft der Pflegeeltern (§ 1777 BGB). Das neue Recht erschwert hier die Übersichtlichkeit, indem es mit Generalverweisungen arbeitet, die z.T. in vier Elemente lange Verweisungsketten münden.

All das wir in dieser Neuauflage berücksichtigt. Das Buch richtet sich auch weiterhin an alle, die mit Vormundschaften, Pflegschaften und Beistandschaften zu tun haben: sei es nun bei einem Jugendamt oder in der eigenen Verwandtschaft. Auch Richter, Rechtsanwälte oder Rechtspfleger sind ausdrücklich angesprochen, denn ein Jurastudium vermittelt dieses Rechtsgebiet kaum.

Der erste Teil des Buches ist ein Kurzlehrbuch zum Vormundschaftsrecht. Hier werden alle wichtigen Rechtsfragen in der gebotenen Kürze und der notwendigen Ausführlichkeit besprochen.

Der zweite Teil ist ein Workbook mit 20 Fällen und Lösungen, wie sie zum Teil von Studierenden der Sozialen Arbeit in Siegen tatsächlich als Prüfungsaufgaben bearbeitet worden sind.

Der dritte Teil des Buches ist dann der Einführung in die praktische Arbeit des Vormunds bzw. Pflegers gewidmet. Praktikerinnen und ein Praktiker erläutern hier grundsätzlich und anhand vieler Beispiele die Arbeit, die auf Personen zukommt, die sich auf dieses Tätigkeitsfeld einlassen.

Siegen/Hachenburg, im Juni 2024

Tobias Fröschle, Björn Heinz

Autoreninformation

Tobias Fröschle, Herausgeber und Autor

arbeitete nach dem Jurastudium als Staatsanwalt und Richter in Baden-Württemberg, zuletzt als Vormundschaftsrichter beim Amtsgericht Stuttgart-Bad Cannstatt. Er ist er Professor für Bürgerliches Recht mit dem Schwerpunkt Familienrecht, Freiwillige Gerichtsbarkeit und Kinder- und Jugendhilferecht an der Universität Siegen.

Björn Heinz, Herausgeber und Autor

ist Dipl. Sozialarbeiter, M. A. Er war von 2011 bis 2022 Amtsvormund und von 2018 bis 2022 wissenschaftlicher Mitarbeiter am Lehrstuhl für Familienrecht, Familienverfahrensrecht und Kinder- und Jugendhilferecht an der Universität Siegen. Aktuell ist er als Jugendhilfeplaner in einem Jugendamt tätig.

Kerstin Held

wuchs mit einer schwerbehinderten Schwester auf, was ihren Weg in ein Famlienleben mit Pflegekindern mit Behinderungen maßgeblich beeinflusste. Sie ist Ergotherapeutin und Rehabilitationsfachberaterin für Rehabilitations- und Medizintechnik und nahm im Lauf der Zeit insgesamt zehn Pflegekinder mit den unterschiedlichsten Behinderungen auf, für die sie z.T. auch selbst Vormund ist. Kerstin Held ist Vorsitzende des Bundesverbandes behinderter Pflegekinder e.V.

Ute Kuleisa-Binge

ist als Verfahrenspflegerin und Verfahrensbeistand tätig. Sie ist ausgebildete Erzieherin, Familienmediatorin, Vormundin und sozialpädagogische Prozessbegleiterin für verletzte Zeugen im Strafverfahren. Ihre Weiterbildung in Traumabearbeitung in Therapie und Beratung unterstützt ihre Arbeit maßgeblich. Seit 2006 ist sie im Vorstand des BVEB.

Helen Sundermeyer

ist Referentin beim Bundesfachverband unbegleitete minderjährige Flüchtlinge e.V. Die Diplom-Sozialarbeiterin, systemische Beraterin und Traumapädagogin war außerdem in der Leitung und im Aufbau von BEW Einrichtungen für schwerpunktmäßig unbegleitete minderjährige Geflüchtete in Berlin tätig und arbeitete beim Diakonischen Werk Potsdam in der Flüchtlingsberatung.

Reinhard Prenzlow

arbeitet selbstständig als Verfahrensbeistand und Berufsvormund in Niedersachen. Seit 2010 leitet er als 1. Vorsitzender den Berufsverband der Verfahrensbeistände, Ergänzungspfleger und Berufsvormünder für Kinder und Jugendliche e.V. – BVEB.

Inhaltsverzeichnis

Vorwort der Herausgeber 5
Autoreninformation 7
Abkürzungen 17
Literatur 21

Teil I
Juristisches Kurzlehrbuch

A. Rechtsquellen und Stellung im Recht der privaten Fürsorgeinstitute 25

1. Materielles Vormundschafts- und Pflegschaftsrecht 25

2. Verfahrensrecht 26

3. Systematische Stellung im Recht der privaten Fürsorgeinstitute 26

B. Vormundschaft 29

1. Gründe für eine Vormundschaft 29
- a) Tod und Todeserklärung 29
- b) Entzug der elterlichen Sorge 30
- c) Geschäftsunfähigkeit 30
- d) Minderjährigkeit 31
- e) Tatsächliche Verhinderung der Eltern 32
- f) Adoption 33
- g) Unbekannter Zivilstand, vertrauliche Geburt 34

2. Gesetzliche Amtsvormundschaft 34
- a) Uneheliche Geburt 35
- b) Anfechtung der Vaterschaft 36
- c) Vertrauliche Geburt 36
- d) Vorbereitung einer Adoption 37

3. Angeordnete Vormundschaft 37
- a) Wer kommt als Vormund in Frage und wer nicht? 37
- b) Benannter Vormund 38
- c) Auswahl eines Vormunds 41
- d) Geteilte Verantwortung 42

4. Vorläufiger Vormund 43

5. Verfahren beim Familiengericht 44
- a) Zuständigkeit 45
- b) Beteiligte 46

c) Durchzuführende Anhörungen 47
d) Eilentscheidungen 49
e) Rechtsmittel 49

6. Übertragung der Aufgaben bei Amts- und Vereinsvormundschaft 50

7. Ausübung der Vormundschaft 51
a) Einzelvormund 51
b) Verein und Jugendamt 52
c) Ausübung durch Dritte 53

8. Pflichten des Vormunds 53
a) Persönlicher Kontakt 54
b) Partizipation 54
c) Wohl des Mündels 55

9. Personensorge des Vormunds 55
a) Pflege und Erziehung 55
b) Aufnahme in den Haushalt des Vormunds 57
c) Mündel bei Pflegepersonen und in Einrichtungen 59
d) Gesundheitssorge 60
e) Religiöse Erziehung 62
f) Aufsicht 63
g) Aufenthaltsbestimmung 64
h) Umgang mit dem Mündel 69
i) Auskunft 70
j) Ausbildung und Beruf 71

10. Vermögenssorge des Vormunds 71
a) Vermögensverzeichnis, Rechnungslegung 72
b) Eigenverwaltung durch den Mündel 73
c) Schenkungen 73
d) Vermögensvermischungsverbot 74
e) Verwaltung von Vermögenswerten 74
f) Weitere Genehmigungsvorbehalte 76
g) Befreiungen und abweichende Anordnungen 79
h) Sozialleistungen für Mündel im Überblick 80

11. Aufsicht über den Vormund 82
a) Familiengericht 82
b) Jugendamt 86

12. Ausgewählte Haftungsfragen 87
a) Haftung im Innenverhältnis 87
b) Haftung im Außenverhältnis 89
c) Strafbewehrte Pflichtverstöße 90

13. Beendigung und Abwicklung des Vormundsamtes 90
a) Ende der Vormundschaft 91
b) Abwicklung der beendeten Vormundschaft 93
c) Geschäfte nach beendeter Vormundschaft 96
d) Tod des Vormunds 96
e) Entlassung des Vormunds 97
f) Neubestellung nach Entlassung 98
g) Amtsübergabe 98
14. Vergütung und Aufwendungsersatz 99
a) Aufwendungsersatz 100
b) Aufwandspauschale 104
c) Vergütung 105

C. Pflegschaft 109

1. Geltung von Vormundschaftsrecht, Generalverweisung 109
2. Ergänzungspflegschaft 111
a) Anlässe für eine Ergänzungspflegschaft 111
b) Ende der Pflegschaft 116
3. Pflegschaft für ein ungeborenes Kind 118
4. Zuwendungspflegschaft 119
5. Umgangspflegschaft 121
6. Quasi-Pflegschaft von Pflegepersonen 123
a) Überlassung des Sorgerechts zur Ausübung 123
b) Übertragung von sorgerechtlichen Befugnissen auf Pflegepersonen 124
c) Rückübertragung 125

D. Beistandschaft 126

1. Aufgaben 126
2. Voraussetzungen 128
a) Entstehen der Beistandschaft durch Antrag 128
b) Zuständiges Jugendamt 129
c) Übertragung auf einen Verein 130
3. Amtsführung 130
4. Vergütung 130
5. Ende der Beistandschaft 130

E. Was tun bei Konflikten zwischen Sorgeberechtigten? 132

1. Beistand und Antragsteller 132
2. Eltern und Pfleger 133

3. Eltern und Vormund 133
4. Vormünder und Pfleger 134

Teil II
Fälle und Lösungen zum Vormundschaftsrecht

A. Tipps zur Arbeit mit dem Workbook 139
B. Fälle 141
Fall 1 – Stefan Freimann 141
Fall 2 – Lotta Scharf I 142
Fall 3 – Lena Merck 143
Fall 4 – Johann Baum 145
Fall 5 – Silke Feuchtenecker 146
Fall 6 – Familie Niederberger 148
Fall 7 – Jessica Neumann 150
Fall 8 – Alina Hertwig 152
Fall 9 – Die Jungprofis 154
Fall 10 – Sigmar Willinger I 155
Fall 11 – Sigmar Willinger II 156
Fall 12 – Sarah Moser I 157
Fall 13 – Edwina Kinley 158
Fall 14 -Kevin Mattuschek 159
Fall 15 – Matthias Kramer 161
Fall 16 – Ben und Sven 162
Fall 17 – Sarah Moser II 164
Fall 18 – Annalena Wirrbach 165
Fall 19 – Lotta Scharf II 166
Fall 20 – Samantha Ullrich 167
C. Lösungen 169
Fall 1 – Stefan Freimann 169
Fall 2 – Lotta Scharf I 173
Fall 3 – Lena Merck 175
Fall 4 – Johann Baum 179
Fall 5 – Silke Feuchtenecker 182
Fall 6 – Familie Niederberger 184
Fall 7 – Jessica Neumann 187

Fall 8 – Alina Hertwig 191
Fall 9 – Die Jungprofis 193
Fall 10 – Sigmar Willinger I 195
Fall 11 – Sigmar Willinger II 198
Fall 12 – Sarah Moser I 200
Fall 13 – Edwina Kinley 203
Fall 14 – Kevin Mattuschek 208
Fall 15 – Matthias Kramer 212
Fall 16 – Ben und Sven 215
Fall 17 – Sarah Moser II 219
Fall 18 – Annalena Wirrbach 222
Fall 19 – Lotta Scharf II 225
Fall 20 – Samantha Ullrich 228

Teil III
Vormundschaft und Pflegschaft in der Praxis

A. Das Thema Fremdsorge 233

B. Passung zwischen Vormund (Pfleger) und Kind 239

1. Welcher Vormund für welches Kind? 239
   a) Die vier Säulen der Vormundschaft 239
   b) Weiterbildung/Vorbildung/Grundfähigkeiten/Standards 240
   c) Konkrete Passung 241
   d) Erstkontaktaufnahme 243
   e) Grundlagenwissen 243
2. Eignung des Vormunds 244
3. Fallzahlbegrenzung 244
4. Persönlicher Kontakt zum Kind 245
   a) Erfahrungsberichte von Careleavern 245
   b) Wünsche an den Vormund 246
   c) Seltenere als monatliche Kontakte 247
   d) Häufigere oder zeitnahe Kontakte 247
5. Unabhängigkeit in der Arbeit 249
6. Persönliche Förderung und Erziehung 252
7. Beteiligung des Mündels im Jugendhilferecht 259

C. Vormundschaften in der Praxis 262

1. **Normale Vormundschaft – Fall: drei Mädchen** 262
   a) Fallbericht 262
   b) Passung zwischen Anspruch und Praxis 269
2. **Suche nach einer passenden Unterbringung und Förderung bei Deprivation – Fall: Martin** 271
   a) Fallbericht 271
   b) Zusammenfassung und Reflexion 273
   c) Passung zwischen Anspruch und Praxis 274
3. **Vormundschaft und Verbleib in der Familie – Fall: Zeyse** 275
   a) Fallbeschreibung 277
   b) Reflexion und Nachbetrachtung 279
   c) Passung zwischen Anspruch und Praxis 279
4. **Vormundschaft für den Notfall – Fall: Medine und Bayan** 281
   a) Fallbeschreibung 281
   b) Passung zwischen Anspruch und Praxis 283

D. Ergänzungspflegschaft 285

1. **Aufgaben und Herausforderungen** 285
2. **Fallbeschreibung: Caspar – „Alles ohne Vermögenssorge“** 288
   a) Ausgangslage 288
   b) Verlauf 288
   c) Ergebnis und Reflexion 290
3. **Fallbeschreibung: Geschwister – Ergänzungspflegschaft zur Gesundheitssorge** 291
   a) Ausgangslage 291
   b) Verlauf 291
   c) Ergebnis und Reflexion 292
4. **Fallbeschreibung: Fabian – Geteilte Fremdsorge und der „Kampf“ mit dem Jugendamt** 293
   a) Ausgangslage 293
   b) Verlauf 294
   c) Ergebnis und Reflexion 295
   d) Passung zwischen Anspruch und Praxis 296
5. **Fallbeschreibung: Amed – eine ungewöhnliche Ergänzungspflegschaft** 298
   a) Ausgangslage 298
   b) Verlauf 298
   c) Besondere Herausforderungen 301
   d) Passung zwischen Anspruch und Praxis 302

E. Systemsprenger und Delinquenz 304
1. Wer sind diese sogenannten „Systemsprenger"? 304
2. Pädagogische Auffälligkeiten und die Herausforderungen 304
3. Fallbeschreibung: Systemsprenger – Jutta „Von Nichts kommt Nichts!" 308
a) Vorgeschichte 308
b) Delinquenz 312
c) Die Zuständigkeitsproblematik und ihre Folgen 313
d) Reflexion 313
e) Passung zwischen Anspruch und Praxis 314

F. Kinder mit Behinderung oder psychischer Erkrankung 317
1. Herausforderungen in der Praxis 317
a) Inklusion und Praxis 321
b) Fremdunterbringung vs. Pflegefamilie 324
c) Personenlage 325
d) Weiterbildung und Selbsthilfe 326
2. Rechtliche Rahmung durch das BTHG und das KJSG 327
3. Bestimmung des zuständigen Rehabilitationsträgers nach § 14 SGB IX 328
4. Fallbeschreibung: Melanie 331
a) Fallverlauf 331
b) Passung zwischen Anspruch und Praxis 331

G. Kinder mit Migrationshintergrund 333
1. Religion 333
2. Gesundheit 333
3. Ernährung 334
4. Exkurs: Unbegleitete minderjährige Flüchtlinge 334
a) Rechtliche Vertretung während der vorläufigen Inobhutnahme 334
b) Rechtliche Vertretung während der Inobhutnahme 336
c) Vormundschaftsformen und -aufgaben 338
d) Vormundschaft trotz Vollendung des 18. Lebensjahres 340
e) Standards für die Vormundschaftsarbeit mit unbegleiteten minderjährigen Geflüchteten 342

H. Kinder mit Bindungsstörung 346
1. Was sind Bindungsstörungen? 346
2. Fallbeschreibung: Justin – Die schwierige Suche nach geeigneter Unterbringung 346
a) Fallverlauf 346
b) Reflexion 349
c) Passung zwischen Anspruch und Praxis 350

I. Nach der Vormundschaft ... 352
1. Careleaver e.V. ... 352
2. Träger öffentlicher Leistungen – aktuelle Rechtslage ... 354
3. Praxisprobleme aus Sicht des Vormunds ... 355
a) Fallbeschreibung: Monika ... 356
b) Fallbeschreibung: Maik ... 357

Stichwortverzeichnis ... 359

Abkürzungen

A.A.	anderer Ansicht
ABER	Aufenthaltsbestimmungsrecht-Ergänzungspflegschaft
Abs.	Absatz
AG	Amtsgericht
AGSG	Gesetz zur Ausführung der Sozialgesetze
Alt.	Alternative
Art.	Artikel
ASD	Allgemeiner Sozialer Dienst
BAG	Bundesarbeitsgericht
BayObLG	Bayerisches Oberstes Landesgericht
BayObLGZ	Entscheidungssammlung des BayObLG
BeckRS	Rechtsprechung Beck-online
BestG-RP	Bestattungsgesetz des Landes Rheinland-Pfalz
BGB	Bürgerliches Gesetzbuch
BGB-E	Bürgerliches Gesetzbuch-Entwurf
BGBl.	Bundesgesetzblatt
BGH	Bundesgerichtshof
BMJV	Bundesministerium für Justiz und Verbraucherschutz
BR-Drucks.	Bundesrats-Drucksache
BT-Drucks.	Bundestags-Drucksache
BtPrax	Betreuungsrechtliche Praxis (Zeitschrift)
BVEB	Berufsverband der Verfahrensbeistände, Ergänzungspfleger und Berufsvormünder für Kinder und Jugendliche – BVEB e.V.
BVerfG	Bundesverfassungsgericht
BVerwG	Bundesverwaltungsgericht
BWNotZ	Zeitschrift für das Notariat in Baden-Württemberg
Bzw.	beziehungsweise
DAKJ	Deutsche Akademie für Kinder- und Jugendmedizin
DNotZ	Deutsche Notar-Zeitschrift
EGBGB	Deutsches Einführungsgesetz zum Bürgerlichen Gesetzbuch
EGMR	Europäischer Gerichtshof für Menschenrechte
e.V.	eingetragener Verein
EvKBG	evangelisches Kirchenbeamtengesetz
FamFG	Gesetz über das Verfahren in Familiensachen und der freiwilligen Gerichtsbarkeit
FamRZ	Zeitschrift für das gesamte Familienrecht
f.	folgende
ff.	fortfolgende
FGG	Gesetz über die Angelegenheiten der freiwilligen Gerichtsbarkeit
FGPrax	Praxis der Freiwilligen Gerichtsbarkeit (Zeitschrift)

GG	Grundgesetz
ggf.	gegebenenfalls
HK-BUR	Heidelberger Kommentar zum Betreuungs- und Unterbringungsrecht
H.M.	herrschende Meinung
HPG	Hilfeplangespräch
Hs.	Halbsatz
i.d.R.	in der Regel
i.E.	im Ergebnis
i.S.v.	im Sinne von
i.V.m.	in Verbindung mit
JGG	Jugendgerichtsgesetz
JVEG	Justizvergütungs- und -entschädigungsgesetz
KG	Kammergericht (Berlin)
KGJ	Jahrbuch für Entscheidungen des Kammergerichts
KJP	Kinder- und Jugendpsychiatrie
KSÜ	Kinderschutzübereinkommen
KSV	Koordinierungsstelle Vormundschaften
LBG	Landesbeamtengesetz
LG	Landgericht
LPartG	Lebenspartnerschaftsgesetz
MDR	Monatszeitschrift für deutsches Recht
MDK	Medizinischer Dienst der Krankenversicherung
m.E.	meines Erachtens
MoB	Mobile Betreuung für Jugendliche
MüKo	Münchener Kommentare
NJW	Neue Juristische Wochenschrift (Zeitschrift)
NJOZ	Neue Juristische Online-Zeitschrift
NJW-RR	NJW-Rechtsprechungsreport (Zeitschrift)
Nr.	Nummer
OLG	Oberlandesgericht
OVG	Oberverwaltungsgericht
PKD	Pflegekinderdienst
RG	Reichsgericht
RGSt	Reichsgericht in Strafsachen (Entscheidungssammlung, Band, Seite)
RGZ	Reichsgericht in Zivilsachen (Entscheidungssammlung; Band, Seite)
RJA	Reichsjustizamt, Entscheidungen in Angelegenheiten der freiwilligen Gerichtsbarkeit und des Grundbuchrechts (Band und Seite)
RKEG	Gesetz über die religiöse Kindererziehung
Rn.	Randnummer
Rpfleger	Der deutsche Rechtspfleger (Zeitschrift)
RPflG	Rechtspflegergesetz

RVG	Rechtsanwaltsvergütungsgesetz
SchuldRG	Schuldrechtsreformgesetz
SG	Sozialgericht
SGB	Sozialgesetzbuch (I bis XII)
s.o.	siehe oben
sog.	sogenannte
StGB	Strafgesetzbuch
UN-KRK	UN-Kinderrechtskonvention
VBVG	Vormünder- und Betreuervergütungsgesetz
VerschG	Verschollenheitsgesetz
VG	Verwaltungsgericht
VGH	Verwaltungsgerichtshof
vgl.	vergleiche
WRV	Weimarer Verfassung
ZAR	Zeitschrift für Ausländerrecht und Ausländerpolitik
z.B.	zum Beispiel
ZKJ	Zeitschrift für Kindschaftsrecht und Jugendhilfe
ZPO	Zivilprozessordnung

Literatur

Bamberger/Roth/Hau/Poseck (Hrsg.), BeckOK BGB, 65. Edition, München 2023 (zitiert: Bearbeiter in Bamberger/Roth/Hau/Poseck)

Bauer/Klie/Rink (Hrsg.), Heidelberger Kommentar zum Betreuungs- und Unterbringungsrecht, Loseblattwerk, Heidelberg 1994 ff. (zitiert: Bearbeiter in HK-BUR)

Damrau/Zimmermann, Betreuungsrecht, Kommentar zum materiellen und formellen Recht, 5. Auflage, Stuttgart 2023

Ermann, Bürgerliches Gesetzbuch, Handkommentar, 17. Auflage, Köln 2023 (zitiert: Erman/Bearbeiter)

Grube/Warendorf/Flint, Sozialhilfe mit Eingliederungshilfe (SGB IX Teil 2) und Asylbewerberleistungsgesetz. Kommentar, 7. Auflage, München 2020.

Heilmann (Hrsg.), Praxiskommentar Kindschaftsrecht, 2. Auflage, Köln 2020 (zitiert: PK-KindR/Bearbeiter)

Jurgeleit (Hrsg.), Betreuungsrecht; Handkommentar, 5. Auflage, München 2023 (zitiert: Jurgeleit/Bearbeiter)

Kunkel/Kepert/Pattar (Hrsg.), SGB VIII, Lehr- und Praxiskommentar, 8. Auflage, München 2021 (zitiert: LPK/Bearbeiter)

Maunz/Dürig, Grundgesetz, Loseblatt-Kommentar, Stand: 103. EL, München 2024 (zitiert: Bearbeiter in Maunz/Dürig)

Münder/Meysen/Trenczek (Hrsg.), Frankfurter Kommentar zum SGB VIII, 9. Auflage, 2022 (zitiert: FK/Bearbeiter)

Münchener Kommentar, Bürgerliches Gesetzbuch – Kommentar, 9. Auflage, München 2021 (zitiert: MünchKomm/Bearbeiter)

Oberloskamp/Dürbeck, Vormundschaft, Pflegschaft und Beistandschaft für Minderjährige, 5. Auflage, München 2023

Staudinger, Kommentar zum Bürgerlichen Gesetzbuch, München 2020 (zitiert: Staudinger/Bearbeiter)

Wiesner/Wapler (Hrsg.), SGB VIII, Kinder- und Jugendhilfe, 6. Auflage, München 2022 (zitiert: Wiesner/Wapler/Bearbeiter)

Teil I

Juristisches Kurzlehrbuch

A. Rechtsquellen und Stellung im Recht der privaten Fürsorgeinstitute

1. Materielles Vormundschafts- und Pflegschaftsrecht

Das materielle Recht findet sich überwiegend im Vierten Buch des BGB. Dass es sich bei Vormundschaft, Pflegschaft und Beistandschaft um **Rechtsinstitute des Familienrechts** handelt, hat eher rechtshistorische Gründe. Auch die umfassende Reform, die am 1.1.2023 in Kraft getreten ist, hat daran nichts geändert. Familiäre Beziehungen im engeren Sinne bestehen zwischen den Beteiligten nicht oder haben, wenn sie bestehen, keinen direkten Zusammenhang mit diesen Rechtsinstituten. Nach der Logik, nach der das BGB aufgebaut ist, kommt ferner stets der Allgemeine Teil (§§ 1 bis 240 BGB) in Betracht.

Das BGB regelt die **elterliche Sorge** in den §§ 1626 bis 1698b BGB. Die **Vormundschaft** erfährt in §§ 1773 bis 1808 BGB eine Regelung mit vielen Lücken, die durch **Verweisungen** auf das Betreuungsrecht ausgefüllt werden. Vereinzelt finden sich auch Verweisungen auf das Recht der elterlichen Sorge.

Das **Pflegschaftsrecht** ist zweigeteilt. Dieses Buch wird sich auf die in §§ 1809 bis 1813 BGB geregelten Pflegschaften für Minderjährige beschränken. Das ist ein sehr kurzer Abschnitt, der außer den Pflegschaftsanlässen nur einige wenige Besonderheiten des Pflegschaftsrechts regelt und im Übrigen in § 1813 Abs. 1 BGB bestimmt, dass die für die Vormundschaft geltenden Vorschriften „entsprechend" gelten.

Hinweis

Das Gesetz enthält also für das Pflegschaftsrecht eine Generalverweisung auf das Vormundschaftsrecht. Alles, was nicht in §§ 1809 bis 1813 BGB anders geregelt ist, ist genau wie beim Vormund (oder jedenfalls so ähnlich).

Das schließt die vielen Verweisungen im Vormundschafts- auf das Betreuungsrecht ein und führt gelegentlich zu ziemlich unübersichtlichen **Verweisungsketten**. Ganz besonders gilt das für die §§ 1776, 1777 BGB, die zwei besondere Formen der Pflegschaft regeln, die aber mit einer Vormundschaft in engem Zusammenhang stehen und daher dort eingeordnet sind. Die Verweisungen in § 1776 Abs. 3 Satz 2 BGB und § 1777 Abs. 4 Satz 3 BGB ins Pflegschaftsrecht führen meist über § 1813 Abs. 1 BGB direkt wieder zurück ins Vormundschaftsrecht, von wo sie dann gelegentlich ins Betreuungsrecht weiterführen, z.B. wegen der Berichtspflichten (siehe §§ 1802 Abs. 2 Satz 3, 1863 BGB).

Das **Beistandschaftsrecht** findet sich – wiederum aus rechtshistorischen Gründen – noch vor dem Vormundschaftsrecht in den §§ 1712 bis 1717 BGB. Inhaltlich gehört es ganz nach hinten, denn es enthält außer diesen wenigen Vorschriften in § 1716 Satz 2 BGB eine **Generalverweisung auf das Pflegschaftsrecht**. Das schließt die Verweisung auf das Vormundschaftsrecht in § 1813 Abs. 1 BGB mit ein. Auch hier bedeutet der Wortlaut „entsprechende" Anwendung, dass die grundsätzlichen Unterschiede zwischen Beistand, Pfleger und Vormund beachtet werden müssen.

2. Verfahrensrecht

Vormundschafts- und Pflegschaftssachen gehören zu den Kindschaftssachen (vgl. § 151 Nr. 4 und 5 FamFG), für die das **Familiengericht** zuständig ist. Maßgebliches Verfahrensrecht ist daher

- der Allgemeine Teil des FamFG (§§ 1 bis 110 FamFG),
- dessen allgemeine Vorschriften über Familiensachen (§§ 111 bis 120 FamFG) und
- die besonderen Vorschriften für das kindschaftsrechtliche Verfahren (§§ 151 bis 168f FamFG).

Dabei enthalten die §§ 168 bis 168e FamFG spezielle Vorschriften für die Vormundschaftssachen des Familiengerichts. § 168f FamFG bestimmt, dass diese wiederum für die Pflegschaftssachen des Familiengerichts entsprechend gelten.

Schließlich finden sich im **SGB VIII** Vorschriften über

- die Führung der Vormundschaft, Pflegschaft oder Beistandschaft durch das Jugendamt (§§ 55 bis 58 SGB VIII) und
- die Beteiligung der Jugendämter an der Aufsicht über andere Vormünder und Pfleger (§§ 53 bis 54 SGB VIII).

Das muss dann wiederum im Kontext der allgemeinen Bestimmungen des SGB VIII (§§ 1 bis 10 SGB VIII), der verfahrensrechtlichen Bestimmungen des SGB VIII (§§ 61 ff. SGB VIII) und, soweit diese schweigen, des Allgemeinen Teils des SGB (SGB I) und der für das ganze Sozialgesetzbuch geltenden Verfahrensvorschriften (SGB X) gelesen werden.

3. Systematische Stellung im Recht der privaten Fürsorgeinstitute

Minderjährige Kinder stehen für gewöhnlich unter **elterlicher Sorge,** entweder beider Eltern oder nur eines Elternteils. Die elterliche Sorge gibt den Eltern das Recht,

- über die Kinder und ihr Vermögen tatsächlich zu bestimmen (tatsächliche Sorge) und
- sie gegenüber anderen Personen und Institutionen zu vertreten (gesetzliche Vertretung).

Sie sind für ihre Kinder umfassend zuständig. Das ist ihr grundgesetzlich verbürgtes „natürliches Recht" (Art. 6 Abs. 2 Satz 1 GG).

Soweit und solange den Eltern (oder einem Elternteil) diese elterliche Sorge zusteht, beschränkt sich die Gesellschaft auf die allgemeine Aufsicht darüber, dass die Kinder keine erheblichen Schäden erleiden (Art. 6 Abs. 2 Satz 2 GG). Das ist das „Wächteramt der staatlichen Gemeinschaft".

Nun gibt es allerdings Situationen, in denen die Eltern ihre Verantwortung nicht wahrnehmen wollen oder können oder es das Wächteramt gebietet, in die elterliche Sorge einzugreifen und sie den Eltern ganz oder teilweise zu entziehen (§ 1666 Abs. 1, Abs. 3 Nr. 6

BGB). Da Minderjährige aber auch nicht einfach sich selbst überlassen bleiben dürfen, muss in solchen Fällen ein anderer **an die Stelle der Eltern** treten.

Das könnte im Prinzip auch eine staatliche Institution sein. Tatsächlich gibt es Einzelfälle, in denen die Sorge für ein Kind unmittelbar durch **staatliche Institutionen** ausgeübt werden kann, nämlich

- durch das Familiengericht in den Fällen der § 1693 BGB und §§ 1802 Abs. 2 Satz 3, 1867 BGB,
- durch das Jugendamt nach einer Inobhutnahme (§ 42 Abs. 2 Satz 3 und 4 SGB VIII).

Normalerweise geht das Gesetz jedoch einen anderen Weg:

Die Verantwortung geht auf eine Person über, die sie zwar aufgrund staatlichen Auftrags, jedoch in den Formen des bürgerlichen Rechts ausübt. Das Kind erhält einen **staatlich bestellten Sachwalter**. Dieser handelt im Wesentlichen in denselben familienrechtlichen Formen für das Kind, wie sie auch für das Handeln der Eltern gelten. Ihm steht freilich kein Grundrecht zur Seite, sodass die staatliche Kontrolle seines Handelns dichter ist.

Hinweis

Die Sorge des Vormunds, Pflegers und Beistands ist daher nichts anderes als modifizierte elterliche Sorge – eben Fremdsorge für ein Kind.

Vormund, Pfleger und Beistand üben ein privates Amt aus. Das Staatshandeln ist nur die Auswahl und die Aufsicht über Vormünder, Pfleger und Beistände.

Ganz knapp skizziert ist der Unterschied zwischen Vormund, Pfleger und Beistand folgender:

- Der **Vormund** nimmt die Stellung der Eltern im Ganzen ein. Er ist so umfassend für alle Belange des Minderjährigen zuständig, wie es Eltern sind, denen die elterliche Sorge zusteht (siehe § 1789 Abs. 1 Satz 1 BGB).
- Ein **Pfleger** dagegen ist nur für die Wahrnehmung der ihm übertragenen Aufgaben für den Minderjährigen zuständig. In diesem Bereich verdrängt er sowohl Eltern (§ 1630 Abs. 1 BGB) als auch einen Vormund (§ 1789 Abs. 1 Satz 2 BGB). Übertragen werden kann ihm jede Angelegenheit, die zur elterlichen Sorge gehören kann.
- Der **Beistand** hat von vornherein nur die in § 1712 Abs. 1 BGB näher beschriebenen Aufgaben, soweit sie überhaupt anfallen und die Beistandschaft nicht noch weiter eingeschränkt ist. Anders als der Pfleger tritt er innerhalb dieser Aufgaben nur neben Elternteil oder Vormund (siehe § 1716 Satz 1 BGB).

Exkurs

Mit der Rechtlichen Betreuung (§§ 1814 bis 1880 BGB) existiert auch ein Fürsorgeinstitut für Erwachsene, die der Rechtsfürsorge bedürfen. Ferner gibt es die sonstigen Pflegschaften, die Erwachsene, gänzlich unbekannte Personen oder ein Vermögen betreffen können (§§ 1881 bis 1888 BGB).

Zu diesen Rechtsinstituten gibt es eigene, ausführliche Literatur. Gelegentlich kommt es allerdings vor, dass statt einer Vormundschaft oder Pflegschaft mit Erreichen der Volljährigkeit eine Rechtliche Betreuung absehbar notwendig werden wird. Für diesen Fall gestattet § 1814 Abs. 5 BGB es dem Betreuungsgericht, die Rechtliche Betreuung schon ab dem 17. Geburtstag einzurichten. Wirksam wird das allerdings erst mit dem 18. Geburtstag, wodurch eine nahtlose gesetzliche Vertretung ermöglicht wird.

B. Vormundschaft

1. Gründe für eine Vormundschaft

§ 1773 Abs. 1 BGB nennt **drei Gründe**, aus denen eine Vormundschaft notwendig werden kann, nämlich wenn

- ein Minderjähriger überhaupt nicht unter elterlicher Sorge steht (Nr. 1),
- kein Elternteil berechtigt ist, ihn in irgendeiner Angelegenheit gesetzlich zu vertreten (Nr. 2), oder
- sein Familienstand nicht zu ermitteln ist (Nr. 3).

Das kann wiederum verschiedene Ursachen haben:

a) Tod und Todeserklärung

Sind **beide Eltern** des Minderjährigen verstorben, fehlt ein Sorgeberechtigter. Nach § 1773 Abs. 1 Nr. 1 BGB wird ein Vormund benötigt. Dasselbe gilt, wenn ein Kind überhaupt nur einen Elternteil hat und dieser stirbt.

Exkurs

Genetisch hat ein Kind zwar stets zwei Eltern, doch folgt aus genetischer Abstammung alleine keine rechtliche Elternstellung (siehe dazu näher §§ 1591, 1592 BGB). Außerdem kann die natürliche Elternschaft durch eine Annahme als Kind erloschen sein (siehe § 1755 BGB).

Wenn nur **einer von zwei Elternteilen** verstirbt, gibt es nur dann einen Grund Vormundschaft anzuordnen, wenn der andere Elternteil nach § 1680 Abs. 1 BGB nicht alleinsorgeberechtigt wird oder ihm nach § 1680 Abs. 2 BGB nicht die elterliche Sorge übertragen wird. Die Übertragung der elterlichen Sorge auf den anderen Elternteil hat logischen Vorrang.[1] Solange über sie nicht entschieden ist, kommt die endgültige Anordnung einer Vormundschaft daher nicht in Frage.

Hinweis

Im Eilfall muss das Familiengericht die Vertretung des Kindes vorläufig durch einstweilige Anordnung regeln.

Sonderfall Verschollenheit:

Die gerichtliche Todeserklärung nach § 2 VerschG setzt

- die Verschollenheit des Betroffenen (dazu § 1 VerschG),
- den Ablauf bestimmter Fristen (§§ 3 bis 8 VerschG) und

1 OLG Karlsruhe FamRZ 2003, 1768.

Da er aber zur gesetzlichen Vertretung des Kindes in keiner Angelegenheit berechtigt ist (§ 1673 Abs. 2 Satz 2 Hs. 2 BGB), liegen regelmäßig die Voraussetzungen des § 1773 Abs. 1 Nr. 2 BGB für eine Vormundschaft vor.

Das gilt nur dann nicht, wenn die Eltern gemeinsam sorgeberechtigt sind und der andere Elternteil volljährig ist. Dann kann dieser das Kind allein vertreten (§§ 1629 Abs. 1 Satz 3 Alt. 1, 1678 Abs. 1 Hs. 1 Alt. 2 BGB).

Eine Übertragung nach § 1678 Abs. 2 BGB scheidet schon deshalb aus, weil die Minderjährigkeit nur ein vorübergehendes Ausübungshindernis bildet.

e) Tatsächliche Verhinderung der Eltern

Die elterliche Sorge eines Elternteils ruht, wenn das Familiengericht durch Beschluss festgestellt hat, dass er an ihrer Ausübung aus tatsächlichen Gründen gehindert ist.

Die tatsächliche Verhinderung der Eltern als solche ist demnach noch kein Fall des § 1773 Abs. 1 BGB. Solange die Eltern die elterliche Sorge haben und zu ihrer Ausübung berechtigt sind, steht das Kind unter ihrer elterlichen Sorge und es kommt allenfalls die Anordnung einer Ergänzungspflegschaft nach § 1809 Abs. 1 Satz 1 BGB in Frage, wenn etwas zu regeln ist, woran sie tatsächlich gehindert sind.

Hinweis

Erst wenn ein die Verhinderung feststellender Beschluss nach § 1674 Abs. 1 BGB ergangen ist, greift § 1675 BGB und damit auch § 1773 Abs. 1 BGB.

§ 1674 Abs. 1 BGB lässt dem Gericht **keinen Entscheidungsspielraum**. Liegt tatsächliche Verhinderung vor und ist sie voraussichtlich von längerer Dauer, muss es dies von Amts wegen mit der Folge des Ruhens der elterlichen Sorge feststellen. Das fällt – gerade wegen des fehlenden Entscheidungsspielraums – in die Zuständigkeit des Rechtspflegers.

Sonderfall unbegleitete Minderjährige:

Einen Sonderfall bildet in gewisser Hinsicht die unbegleitete Einreise eines Minderjährigen nach Deutschland. Darunter ist nach Art. 1 lit. e der EU-Aufnahmerichtlinie ein Minderjähriger zu verstehen, der ohne Begleitung eines für ihn rechtlich verantwortlichen Erwachsenen eingereist ist und sich auch nicht bei einem solchen Erwachsenen aufhält. Es handelt sich demnach auch um unbegleitete Minderjährige, wenn diese nach der Einreise ohne Begleitung zurückgelassen wurden.[5]

Was ein rechtlich verantwortlicher Erwachsener ist, richtet sich nach dem Recht des jeweiligen Mitgliedsstaates. In Deutschland dürfte die Definition des Erziehungsberechtigten aus § 7 Abs. 1 Nr. 6 SGB VIII maßgeblich sein.

Das Jugendamt ist nach § 42a SGB VIII verpflichtet, unbegleitete Minderjährige vorläufig in Obhut zu nehmen.[6] Es ist während der **vorläufigen Inobhutnahme** auch berechtigt und verpflichtet, Rechtshandlungen vorzunehmen, die dem Wohle des Kindes dienen

5 ZAR 2016, 202, Neundorf.
6 Vgl. Cremer, ZJJ 2016, 4 ff.

(§ 42a Abs. 3 SGB VIII). Im Übrigen verlangt Art. 24 Abs. 1 Satz 1 EU-AufnahmeRL, dass ihnen sobald wie möglich ein Vertreter bestellt wird, der sie bei der Wahrnehmung ihrer Rechte aus der Richtlinie vertritt und unterstützt.

Nach nationalem Recht kommt die Bestellung eines Vormunds nur unter dem rechtlichen Gesichtspunkt der tatsächlichen Verhinderung der Eltern an der Ausübung der elterlichen Sorge nach § 1674 Abs. 1 BGB in Frage. Hierfür reicht allerdings nach der Rechtsprechung die physische Abwesenheit der Eltern alleine nicht aus, wenn die Sorge mithilfe moderner Kommunikationsmittel auch aus dem Ausland wahrgenommen werden kann.[7] Das ist für diesen Personenkreis jedoch richtlinienkonform dahin auszulegen, dass das schon wegen der fehlenden Sprach- und Rechtskenntnisse und der Unkenntnis über die deutsche Zuständigkeits- und Verwaltungsstruktur hier nicht in Frage kommt.[8]

Praxistipp

▶ *Es ist daher durch Beschluss des Familiengerichts die tatsächliche Verhinderung der Eltern unbegleiteter Minderjähriger festzustellen, falls sich kein Erziehungsberechtigter im Inland aufhält, mit dem sie zusammengeführt werden können.*

f) Adoption

Die elterliche Sorge eines Elternteils ruht nach § 1751 Abs. 1 Satz 1 Hs. 1 BGB außerdem, sobald er in eine Fremdadoption des Kindes wirksam eingewilligt hat oder seine Einwilligung nach § 1748 BGB durch Beschluss des Familiengerichtes rechtskräftig ersetzt worden ist.

Anlass für eine Vormundschaft ist auch das nur, wenn es beide Eltern oder den einzigen (lebenden) Elternteil betrifft.

Durch die Adoption erlöschen nach § 1755 Abs. 1 Satz 1 BGB die bestehenden **Verwandtschaftsverhältnisse** des Kindes, demnach auch die Beziehung zu seinen leiblichen Eltern einschließlich der elterlichen Sorge. Dies setzt das deutsche Recht auch bei Auslandsadoptionen voraus.[9]

Wird die **Adoption** später (vollständig) **aufgehoben**, leben diese Verwandtschaftsverhältnisse grundsätzlich wieder auf, jedoch ohne die elterliche Sorge der leiblichen Eltern (§ 1764 Abs. 3 BGB). Das Familiengericht hat vielmehr zu prüfen, ob es den leiblichen Eltern die elterliche Sorge zurücküberträgt, was es nur tut, wenn es dem Kindeswohl nicht widerspricht (§ 1764 Abs. 4 Hs. 1 BGB).

Überträgt es sie nicht zurück, bleibt die elterliche Sorge der leiblichen Eltern beendet und es ist wegen § 1773 Abs. 1 Nr. 1 BGB Vormundschaft anzuordnen, was § 1764 Abs. 4 Hs. 2 BGB noch einmal ausdrücklich vorsieht.

7 BGH, NJW 2005, 221.
8 ZAR 2016, 207, Neundorf.
9 NJW 2018, 881 BVerwG.

g) Unbekannter Zivilstand, vertrauliche Geburt

Bei einem Kind, dessen mütterliche Abstammung nicht festgestellt werden kann („Findelkind"), ist nach § 1773 Abs. 1 Nr. 3 BGB Vormundschaft anzuordnen.

§ 1773 Abs. 1 Nr. 3 BGB greift jedoch erst, wenn **Ermittlungen** nach der Mutter erfolglos geblieben sind. Bis dahin ist lediglich deren tatsächliche Verhinderung anzunehmen und (da auch noch nicht von deren längerer Dauer ausgegangen werden kann) Pflegschaft anzuordnen.

Wenn eine Frau ein Kind unter den rechtlichen Bedingungen der **vertraulichen Geburt** (§§ 25 ff. SchwKG) zur Welt bringt, ruht nach § 1674a Satz 1 BGB nicht nur ihre elterliche Sorge, sondern die beider Eltern.

Bei einer vertraulichen Geburt muss die Gebärende sich aber eine Pflichtberatung unterziehen und sodann ein Pseudonym angeben. Auch ihre wahren Personalien muss sie angeben. Diese werden aber für mindestens 16 Jahre verschlossen verwahrt. Dann kann dem Kind die Einsicht gestattet werden, wenn die Frau – die hierzu von einem Verfahrenspfleger kontaktiert wird – nicht widerspricht oder wenn das Familiengericht das Interesse des Kindes an der Kenntnis seiner Abstammung als höher einstuft als das Interesse der Mutter an der Wahrung ihres Pseudonyms. Wegen des Ruhens der elterlichen Sorge ist das jedenfalls ein Fall von § 1773 Abs. 1 BGB, selbst wenn wegen der Überlegungsfrist von sechs Wochen (vorher ist eine Adoption nicht möglich) noch nicht endgültig feststeht, dass der Familienstand des Kindes nicht zu ermitteln sein wird.

2. Gesetzliche Amtsvormundschaft

Das Gesetz nennt **vier Situationen**, in denen das zuständige Jugendamt kraft Gesetzes Amtsvormund wird, ohne dass es erst einer Anordnung der Vormundschaft durch das Familiengericht bedarf.

1. Ein außereheliches Kind bedarf ab Geburt eines Vormunds (siehe unter a)).
2. Ein Kind bedarf eines Vormunds, weil die Vaterschaft erfolgreich angefochten wurde (siehe unter b)).
3. Ein Kind wird vertraulich geboren (siehe unter c)).
4. Die Eltern haben einer Adoption zugestimmt (siehe unter d)).

Um die Vormundschaft nachweisen zu können, erhält das Jugendamt vom Familiengericht eine **Bescheinigung** über die eingetretene Amtsvormundschaft (§ 168b Abs. 2 FamFG). Das gesamte familiengerichtliche Verfahren zur Anordnung, Auswahl und Bestellung (siehe unter 5. Verfahren beim Familiengericht) entfällt jedoch.

Dem Eintritt der gesetzlichen Amtsvormundschaft steht es nicht entgegen, dass das Familiengericht noch eine Entscheidung nach §§ 1678 Abs. 2, 1680 Abs. 2 BGB zu treffen hat. Kommt es zu einer Sorgerechtsübertragung auf den anderen Elternteil, fallen die Voraussetzungen für die gesetzliche Amtsvormundschaft lediglich wieder weg und damit nach § 1806 BGB auch die Amtsvormundschaft selbst.

a) Uneheliche Geburt

Nach § 1786 Satz 1 BGB wird das zuständige Jugendamt kraft Gesetzes Vormund, wenn ein unehelich geborenes Kind schon **zum Zeitpunkt seiner Geburt** einen Vormund benötigt und nicht etwa schon vor seiner Geburt (vorsorglich) ein Vormund bestellt worden ist (§ 1786 Satz 2 BGB).

Anwendungsfälle:

Der häufigste Anwendungsfall dieser Norm ist die Geburt eines Kindes von einer **minderjährigen Mutter**. Weil bei der minderjährigen Mutter die gesetzliche Vertretung des Kindes ruht (§ 1673 Abs. 2 BGB), sie aber andererseits, da unverheiratet, zunächst alleinsorgeberechtigt ist (§ 1626a Abs. 3 BGB), ist von Geburt an ein Vormund erforderlich (§ 1773 Abs. 1 Nr. 2 BGB).

§ 1786 Satz 1 BGB greift aber auch ein, wenn der **volljährigen unverheirateten Mutter** schon vor der Geburt die elterliche Sorge vollständig entzogen worden oder sie schon vor der Geburt gestorben oder geschäftsunfähig geworden ist. Stirbt sie erst kurz nach der Geburt, hat das Kind dagegen zunächst – wenn auch nur während einer sehr kurzen Lebensphase – keinen Vormund benötigt und § 1786 Satz 1 BGB greift nicht.

Keine Anwendung findet § 1786 Satz 1 BGB bei einem ehelich geborenen Kind. Wenn ein solches Kind von Geburt an einen Vormund benötigt (z.B. weil beiden Eltern schon vor seiner Geburt die elterliche Sorge entzogen wird), muss Vormundschaft angeordnet und ein Vormund bestellt werden.

Dagegen hindert ein gemeinsames Sorgerecht der Eltern aufgrund einer schon vor der Geburt abgegebenen **Sorgeerklärung** die Anwendung von § 1786 Satz 1 BGB nicht, wenn § 1678 Abs. 1 Alt. 2 BGB ausnahmsweise nicht greift, also wenn z.B. beide Eltern noch minderjährig sind.

Zuständigkeit:

Örtlich zuständig ist nach § 87c Abs. 1 SGB VIII das Jugendamt, in dessen Bezirk die Mutter des Kindes ihren gewöhnlichen Aufenthalt hat, bzw., solange sie keinen hat, in dessen Bezirk die Mutter das Kind geboren hat.

Das ist mit der internationalen Zuständigkeit nicht genau abgestimmt, die nach § 1786 Satz 1 BGB nur voraussetzt, dass das Kind sich gewöhnlich im Inland aufhält. Das lässt sich allerdings dadurch retten, dass man unter „gewöhnlichem Aufenthalt" nach § 87c Abs. 1 Satz 1 SGB VIII nur einen inländischen gelten lässt und im Übrigen auf den Geburtsort abstellt (als dem tatsächlichen Aufenthaltsort der Mutter zur Zeit der Geburt). Auch wenn die Mutter vor der Geburt stirbt (wonach sie ja keinen gewöhnlichen oder tatsächlichen Aufenthalt mehr haben kann), wird wohl auf den Geburtsort des Kindes abzustellen sein.

Das Verfahren bei **Zuständigkeitswechseln** regelt § 87c Abs. 2 Satz 1 SGB VIII. Das nicht mehr zuständige Jugendamt beantragt beim neu zuständigen Jugendamt die Übernahme der Vormundschaft. Sobald diese erklärt wird, wechselt das Amt des Vormunds ohne Mitwirkung des Familiengerichts auf dieses Jugendamt (§ 87c Abs. 2 Satz 2 SGB VIII).

Dem Familiengericht ist das lediglich anzuzeigen (§ 87c Abs. 2 Satz 3 SGB VIII). Lehnt das andere Jugendamt die Übernahme ab – und beharrt das abgebende Jugendamt auf der

Abgabe –, entscheidet das Familiengericht abschließend über die Zuständigkeit (§ 87c Abs. 2 Satz 4 SGB VIII).

b) Anfechtung der Vaterschaft

Nach § 1786 Satz 3 BGB wird das Jugendamt gesetzlicher Amtsvormund, wenn die Vaterschaft eines Kindes erfolgreich angefochten wird und das Kind mit dem Eintritt der **Rechtskraft des Beschlusses** einen Vormund benötigt.

Durch die Rechtskraft der im Abstammungsverfahren ergangenen Endentscheidung endet (rückwirkend) die angefochtene Vaterschaft (§ 1599 Abs. 1 BGB). Angefochten werden kann die durch Ehe der Mutter (§ 1592 Nr. 1 BGB) oder Anerkenntnis (§ 1592 Nr. 2 BGB) begründete Vaterschaft.

Durch die Anfechtung der Vaterschaft wird das Kind (außer im Fall des § 182 Abs. 1 FamFG) zunächst vaterlos. Die elterliche Sorge des Scheinvaters entfällt. Wenn genau hierdurch die Voraussetzungen des § 1773 Abs. 1 BGB eintreten, greift § 1786 Satz 3 BGB ein. Das sind im Wesentlichen folgende Situationen:

- Der Scheinvater war nach § 1680 Abs. 1 BGB – ggf. i.V.m. § 1680 Abs. 3 oder § 1681 Abs. 1 BGB – kraft Gesetzes **alleinsorgeberechtigt**.
- Der Scheinvater war wegen Ruhens der elterlichen Sorge der Mutter nach § 1678 Abs. 1 Hs. 1 Alt. 2 BGB kraft Gesetzes oder nach § 1678 Abs. 2 BGB kraft Übertragung allein **zur Ausübung** der elterlichen Sorge **berechtigt**.
- War dem Scheinvater die elterliche Sorge **durch Beschluss des Familiengerichts** nach § 1671 BGB allein übertragen, greift § 1786 Satz 3 BGB nicht stets ein. Denn dieser Beschluss verliert durch die Abstammungsentscheidung rückwirkend seine Grundlage und die Mutter ist nach § 1626a Abs. 3 BGB als von Anfang an alleinsorgeberechtigt anzusehen. Nur wenn diese elterliche Sorge der Mutter ganz unabhängig von dem früheren Sorgerechtsbeschluss inzwischen geendet hat oder ruht, führt auch in diesen Fällen die Anfechtung der Vaterschaft zum Eintritt gesetzlicher Amtsvormundschaft.

Zuständigkeit:

Für die Zuständigkeit gilt wieder § 87c Abs. 1 SGB VIII. Allerdings weist dieser hier ganz erhebliche Lücken auf, da ja zu dem hier maßgeblichen Zeitpunkt der gewöhnliche und tatsächliche Aufenthalt des Kindes mit dem der Mutter überhaupt nicht übereinzustimmen braucht.

Man wird wohl in Fällen, in denen zwar das Kind seinen gewöhnlichen Aufenthalt, die Mutter aber weder ihren gewöhnlichen noch tatsächlichen Aufenthalt im Inland hat, hilfsweise auf eine **analoge Anwendung** von § 87c Abs. 3 Satz 1 SGB VIII zurückgreifen müssen, um die örtliche Zuständigkeit zu bestimmen.

c) Vertrauliche Geburt

Nach § 1787 BGB tritt gesetzliche Amtsvormundschaft für ein Kind ein, das vertraulich geboren wird (vgl. auch 1. g)).

Zuständigkeit:

Die Zuständigkeit richtet sich gemäß § 87c Abs. 2a SGB VIII nach dem Geburtsort. Die Abgabe an ein anderes Jugendamt ist hier gar nicht vorgesehen.

d) Vorbereitung einer Adoption

Nach § 1751 Abs. 1 Satz 2 BGB wird das Jugendamt ferner kraft Gesetzes Vormund, wenn die elterliche Sorge durch **Einwilligung in die Adoption** des Kindes ruht. Dies gilt allerdings nur, wenn das Kind überhaupt einen Vormund benötigt, also wenn entweder beide Eltern in die Adoption einwilligen oder der allein sorgeberechtigte Elternteil.

Zuständigkeit:

Zuständig ist nach § 87c Abs. 4 BGB das Jugendamt, in dessen Bezirk der oder die Adoptionsbewerber (= Antragsteller im Adoptionsverfahren) ihren gewöhnlichen Aufenthalt hat oder haben.

Auch das ist eine lückenhafte Zuständigkeitsnorm, denn sie berücksichtigt den Fall einer Adoption des im Inland lebenden Kindes durch im Ausland lebende Adoptionsbewerber nicht.

3. Angeordnete Vormundschaft

Wenn nicht schon das Jugendamt kraft Gesetzes Vormund wird, muss das Gericht zunächst Vormundschaft anordnen und einen Vormund bestellen.

Unter den in § 1782 BGB näher bestimmten Voraussetzungen können die Eltern einen Vormund benennen. Wer unter diesen Bedingungen benannt wird, ist **benannter Vormund** (§ 1776 Abs. 1 BGB). Gibt es einen solchen nicht, oder gibt es Gründe ihn zu übergehen, wählt das Familiengericht einen Vormund aus (**ausgewählter Vormund**).

Merke:

▶ *Benannter oder ausgewählter Vormund kann nur der sein, dessen Bestellung das Gesetz überhaupt zulässt.*

a) Wer kommt als Vormund in Frage und wer nicht?

Zum Vormund können nach § 1774 Abs. 1 BGB bestellt werden:

- eine natürliche Person als ehrenamtlicher Einzelvormund (§ 1774 Abs. 1 Nr. 1 BGB) oder ein Ehepaar als ehrenamtliche Mitvormünder (§ 1775 Abs. 1 BGB),
- ein selbständiger Berufsvormund (§ 1774 Abs. 1 Nr. 2 BGB),
- der hauptamtliche Mitarbeiter eines Vormundschaftsvereins (§ 1774 Abs. 1 Nr. 3 BGB)
- das Jugendamt.

Damit ein Vereinsmitarbeiter Vormundschaften oder Pflegschaften übernehmen kann, muss der Verein über die **Anerkennung als Vormundschaftsverein** verfügen. § 54 Abs. 1 SGB VIII nennt die Voraussetzungen für eine solche Anerkennung. Dabei handelt es sich um Mindestanforderungen. Landesrecht kann zusätzliche Anforderungen vorsehen (§ 54 Abs. 4 Satz 2 SGB VIII).

Vormund **kann nicht** sein, wer i.S.v. § 104 Nr. 2 BGB geschäftsunfähig ist (§ 1784 Abs. 1 BGB). Eine dennoch erfolgte Bestellung ist unwirksam. Wird der Vormund erst während seines Amtes geschäftsunfähig, ist er nach § 1804 Abs. 1 Nr. 4 BGB zu entlassen. Wegen § 165 BGB kann er das Kind unabhängig hiervon aber auch schon vor seiner Entlassung nicht vertreten.

Vormund **soll** nach § 1784 Abs. 2 BGB in der Regel **nicht** sein, wer

- minderjährig ist (Nr. 1),
- einen Rechtlichen Betreuer für Angelegenheiten hat, die mit der Vormundschaft im Zusammenhang stehen oder unter Einwilligungsvorbehalt (§ 1825 BGB) steht (Nr. 2),
- von den Eltern nach Maßgabe von § 1782 als Vormund ausgeschlossen worden ist (Nr. 3),
- zu einer Einrichtung, in der das Kind lebt (genauer wohl: zu ihrem Träger), in einem Abhängigkeitsverhältnis, also insbesondere einem Arbeitsverhältnis steht oder sonst in einer engen Beziehung (Nr. 4).

Ausnahmen:

Ausnahmen sind prinzipiell geduldet, wobei schwer zu sehen ist, wann die bei Nr. 1 oder Nr. 2 in Frage kommen sollten.

Bei Nr. 3 ist immerhin denkbar, dass die Eltern jemanden von der Vormundschaft ausgeschlossen haben, den sich der Mündel als Vormund wünscht und der im Übrigen auch am besten dafür geeignet erscheint.

Nr. 4 beruht auf einer vermuteten Interessenkollision. Besteht die erkennbar im Einzelfall nicht, dürfte eine Ausnahme in Frage kommen. Stellt sich eines der in § 1784 Abs. 2 BGB genannten Hindernisse später heraus oder tritt es später ein (z.B. weil der Vormund den Mündel in dem Heim unterbringt, für das er arbeitet), ist er zu entlassen (§ 1804 Abs. 1 Nr. 4 BGB). Auch das lässt in gleichem Umfang Ausnahmen zu. Die Entlassung erfolgt nur dann, wenn Gründe eintreten, die der Bestellung entgegenstehen würden, wäre über sie noch zu entscheiden.

Strafrechtliche Verurteilungen sind nicht allgemein als Ausschlusskriterium definiert. Das Familiengericht wird durch § 168 Abs. 2 FamFG aber verpflichtet, ihr Vorliegen durch Einholung von Auskünften aus dem Bundeszentralregister vor der Bestellung und von da an regelmäßig alle zwei Jahre zu prüfen.

b) Benannter Vormund

Für den Fall ihres Todes können Eltern eine Verfügung hinterlassen, mit der sie den Vormund benennen oder Personen vom Amt ausschließen.

- Dieses Recht steht nur einem Elternteil zu, dem bis zu seinem Tod die Personen- und Vermögenssorge zugestanden hat, gleichgültig, ob allein oder mit dem anderen Elternteil zusammen.

- Ein Teilentzug der elterlichen Sorge hindert die wirksame Benennung nur, wenn er entweder die ganze Personensorge oder die ganze Vermögenssorge betrifft, nicht jedoch, wenn nur Einzelaspekte der elterlichen Sorge entzogen worden sind.
- Unschädlich ist es auch, wenn die elterliche Sorge dem anderen Elternteil entzogen wurde. Kein Benennungsrecht hat ein Elternteil, dessen elterliche Sorge ruht.[10]

Die Benennung durch einen **noch lebenden Elternteil** ist ausgeschlossen. Zu Lebzeiten des einen Elternteils kann die Benennung durch den anderen wirksam sein.

Hinweis

Die Frage, ob die elterliche Sorge auf den noch lebenden Elternteil übertragen werden soll (§ 1680 Abs. 2 BGB), wird durch die Benennung eines Vormunds jedoch nicht beeinflusst. Der allein sorgeberechtigte Elternteil, der einen Vormund benennt, kann damit nicht verhindern, dass die elterliche Sorge auf den anderen Elternteil übertragen wird.

Eine unwirksame Benennung kann in einen **unverbindlichen Vorschlag** umzudeuten sein, der im Rahmen der Auswahlentscheidung nach § 1778 Abs. 2 Nr. 2 BGB als Wille der Eltern zu berücksichtigen ist.[11]

Die Benennung des Vormunds muss als **letztwillige Verfügung** erfolgen (vgl. § 1782 Abs. 1 Satz 1 BGB).

- Dazu genügt sowohl ein in ordentlicher Form errichtetes **Testament** (§ 2231 ff. BGB: öffentliches oder eigenhändiges Testament) als auch ein **Nottestament** (§§ 2249 ff. BGB). Bei Letzterem muss die begrenzte Gültigkeitsdauer (§ 2252 BGB) beachtet werden.
- Sind die Eltern miteinander verheiratet, können sie auch in einem **gemeinschaftlichen Testament** (§§ 2265 ff. BGB) eine solche Verfügung treffen.
- Schließlich kann sie in einem **Erbvertrag** (§§ 2274 ff. BGB) mit enthalten sein, weil auch der Erbvertrag Verfügungen von Todes wegen enthalten kann.

Soweit gemeinschaftliches Testament und Erbvertrag Bindungswirkungen entfalten, gilt das für die Benennung eines Vormunds nicht. Sie kann jederzeit widerrufen werden.[12]

Auf den **Widerruf** der Benennung sind die Vorschriften über den Widerruf von letztwilligen Verfügungen anzuwenden. Er ist also seinerseits durch Testament zu erklären (§ 2254 BGB).

- Bei Testamenten genügt auch ihre Vernichtung oder Veränderung (z.B. das Durchstreichen der entsprechenden Passage) in Widerrufsabsicht (§ 2255 BGB) oder
- die Rücknahme aus der besonderen amtlichen Verwahrung (§ 2256 BGB).

10 BayObLG FamRZ 1992, 1346.
11 BayObLGZ 1966, 28.
12 OLG Hamm Rpfleger 1954, 99.

- Ist die Benennung durch Testament widerrufen, kann sie durch Widerruf dieses Testamentes wieder in Kraft gesetzt werden (§ 2257 BGB).

Die Benennung und auch ihr Widerruf setzen **Testierfähigkeit** zur Zeit der Testamentserrichtung (dazu § 2229 BGB) voraus. Ob dem Verfügenden zur Zeit der Errichtung des Testaments die elterliche Sorge zustand, ist dagegen irrelevant. Es reicht, wenn dies zur Zeit seines Todes der Fall war.

Abgesehen vom Erfordernis des Sorgerechts zur Todeszeit (§ 1782 Abs. 1 Satz 1 BGB) spielt es für die **Wirksamkeit der Benennung** keine Rolle, ob sie von beiden Eltern oder nur von einem Elternteil stammt. Haben beide Eltern wirksam verschiedene Personen als Vormund benannt, ist die Benennung durch denjenigen Elternteil gültig, der zuletzt verstorben ist (§ 1782 Abs. 2 BGB). Hat nur einer von ihnen einen Vormund benannt, ist das aber auch wirksam, wenn er zuerst gestorben ist.

Der benannte Vormund hat nach hergebrachter Auffassung ein **subjektiv-öffentliches Recht** darauf, zum Vormund bestellt zu werden. Ob es sich dabei tatsächlich um ein eigenes Recht i.S.v. § 7 Abs. 2 Nr. 1 FamFG und § 59 Abs. 1 FamFG handelt, hat der BGH allerdings offengelassen.[13] Das Familiengericht darf jedenfalls einen anderen Vormund nur unter den in § 1783 Abs. 1 BGB genannten Voraussetzungen bestellen, nämlich wenn

- der Benannte zum Vormund untauglich ist (Nr. 1),
- seine Bestellung dem Wohl des Mündels widersprechen würde (Nr. 2),
- der mindestens 14 Jahre alte Mündel seiner Bestellung widerspricht (Nr. 3),
- er an der Übernahme rechtlich oder tatsächlich verhindert ist (§ Nr. 4),
- er nicht innerhalb von vier Wochen nach Aufforderung durch das Familiengericht seine Übernahmebereitschaft i.S.v. § 1785 Abs. 2 BGB erklärt (Nr. 5).

Ist der benannte Vormund nur **vorübergehend verhindert** die Vormundschaft zu übernehmen, so muss er auf seinen Antrag hin auch noch nachträglich zum Vormund bestellt werden, falls er den Antrag innerhalb von sechs Monaten nach der Bestellung eines anderen Vormunds stellt und der Wechsel weder dem Wohl des Mündels widerspricht noch der mindestens 14 Jahre alte Mündel ihm widerspricht (§ 1783 Abs. 2 BGB). Der bisherige Vormund ist dann zu entlassen.

Das **Jugendamt** kann von den Eltern als Vormund weder benannt noch ausgeschlossen werden, da § 1782 Abs. 1 Satz 1 BGB das nur bei natürlichen Personen zulässt.

Das heißt dann aber auch, dass die Eltern einen bestimmten Berufs- oder Vereinsbetreuer sowohl benennen als auch ausschließen können. Lediglich die pauschale Benennung und der pauschale Ausschluss aller Mitarbeiter eines bestimmten Vereins dürfte wiederum ausscheiden.

13 BGH FamRZ 2013, 1380.

c) Auswahl eines Vormunds

Ist kein Vormund benannt oder wird der Benannte nicht bestellt, hat das Gericht den Vormund auszuwählen, der am besten geeignet ist, für die Person und das Vermögen des Mündels zu sorgen (§ 1778 Abs. 1 BGB).

Die wesentlichen **Eignungskriterien** zählt § 1779 Abs. 1 BGB auf:

- Kenntnisse und Erfahrungen,
- persönliche Eigenschaften,
- persönliche Verhältnisse und die Vermögenslage,
- die Fähigkeit und Bereitschaft zur Zusammenarbeit mit den anderen an der Erziehung des Mündels beteiligten Personen.

§ 1780 BGB ergänzt das für berufliche Vormünder noch um die **Arbeitsbelastung**. Das ist an den Erfordernissen des konkreten Einzelfalles zu messen. *Abstrakte* Eignungskriterien enthält das Gesetz – über die in § 1784 BGB genannten hinaus – weder für ehrenamtliche noch für Berufsvormünder.

Hinweis

Vormund und Mündel müssen zueinander passen. Ihre Lebenssituationen sollen so beschaffen sein, dass voraussichtlich eine vertrauensvolle Beziehung zwischen ihnen hergestellt und aufrechterhalten werden wird.

Es ist auch beim ehrenamtlichen Vormund nicht erforderlich, dass der Vormund in der Lage ist, den Mündel *selbst* zu erziehen. Er darf das zwar (vgl. § 1791 BGB), ist dazu aber nicht verpflichtet.

Die **allgemeinen Auswahlkriterien** unter mehreren geeigneten Vormündern nennt § 1778 Abs. 2 BGB.

- Es sind dies der Wille, die familiären Beziehungen, die persönlichen Bindungen, das religiöse Bekenntnis, der kulturelle Hintergrund und die Lebensumstände des Mündels sowie der wirkliche oder mutmaßliche Wille der Eltern (sofern dieser nicht schon nach §§ 1782, 1783 BGB bedeutsam ist).

Zwei weitere Auswahlkriterien finden sich an anderer Stelle:

- **Geschwister** sollen möglichst denselben Vormund erhalten (siehe § 1775 Abs. 2 BGB), falls nicht „aus besonderen Gründen" die Bestellung verschiedener Vormünder nötig ist.
  Letzteres ist vor allem der Fall, wenn zwischen den Kindern Interessenskollisionen bestehen oder wenn sich die Geschwister weit entfernt voneinander aufhalten.
  Halbgeschwister werden von § 1775 Abs. 2 BGB zwar erfasst. Bei ihnen dürften Ausnahmen allerdings häufiger in Frage kommen, z.B. wenn sie in verschiedenen Familien aufgewachsen sind und sich kaum kennen oder wenn ihre schiere Zahl einem einzelnen Vormund nicht zugemutet werden kann.

- Aus § 1779 Abs. 2 BGB folgt ferner ein **Vorrang des Ehrenamtes**. Ein Berufsvormund, ein Vereinsvormund oder das Jugendamt sollen nicht bestellt werden, wenn sich jemand zum ehrenamtlichen Vormund eignet.

In welchem Verhältnis diese beiden Regeln zu dem Prinzip der **Bestenauswahl** stehen, das aus § 1778 Abs. 1 BGB folgt, ist nicht so ganz klar. Immerhin dürfte aus der Formulierung *„hat Vorrang"* in § 1779 Abs. 2 BGB folgen, dass ein ehrenamtlicher Vormund nur übergangen werden darf, wenn er sich eindeutig schlechter für die Amtsübernahme eignet.

§ 1775 Abs. 2 BGB ist demgegenüber deutlich schwächer formuliert. Das dürfte so zu lesen sein, dass für Geschwister, für die *gleichzeitig* ein Vormund zu bestellen ist, einer ausgewählt werden muss, der zur Übernahme aller Vormundschaften sowohl bereit als auch geeignet ist. Wird dagegen einzeln über die Bestellung einer Vormundschaft entschieden, bleibt es beim Prinzip der Bestenauswahl und es ist auch kein Entlassungsgrund für den schon bestellten Vormund, dass er sich zur Übernahme der Vormundschaften für weitere Geschwister weniger gut eignet oder dazu nicht bereit ist.

Beim **Jugendamt** gibt es zwei Besonderheiten:

- Seine Eignung als Institution kann nicht nach den Kriterien des § 1779 Abs. 1 BGB gemessen werden. Sie ist vielmehr zu unterstellen.
  Der **Eignungsvergleich** ist daher auch anders angelegt: Das Jugendamt ist auszuwählen, wenn davon auszugehen ist, dass die Vormundschaft durch eine Institution dem Kindeswohl besser entspricht als durch eine beruflich tätige Einzelperson.
- Das Jugendamt ist im Übrigen ohne weitere Prüfung zu bestellen, wenn kein anderer geeigneter Vormund vorhanden ist. Insofern nimmt es zugleich die Rolle des **Reservevormunds** ein.

d) Geteilte Verantwortung

§ 1775 Satz 1 BGB bestimmt, dass ein **Ehepaar** ohne Weiteres gemeinsam zum Vormund bestellt, somit wohl auch benannt werden kann. Wird hiervon Gebrauch gemacht, führen die Vormünder die Vormundschaft **gemeinsam**. Soweit sie sich in einer konkreten Angelegenheit nicht einigen können, entscheidet darüber das Familiengericht auf Antrag (§ 1793 Abs. 1 Nr. 1 BGB).

- Den Antrag kann jeder Ehegatte stellen.
- Der Mündel kann ihn stellen, wenn er mindestens 14 Jahre alt ist (§ 1793 Abs. 2 BGB).

Bestellt das Gericht einen **ehrenamtlichen Vormund**, so kann es nach § 1776 Abs. 1 BGB mit dessen Einwilligung – zugleich oder später – einen **zusätzlichen Pfleger** bestellen, dem es einen Teil der Aufgaben des Vormunds überträgt.

- Aus § 1789 Abs. 1 Satz 2 BGB folgt, dass die dem Pfleger übertragenen Aufgaben nur von diesem wahrgenommen werden können. Die Bestellung des Zusatzpflegers schränkt demnach auch die Vertretungsmacht des Vormunds ein.
- Vormund und Pfleger sind nach § 1792 Abs. 2 BGB zu wechselseitiger Information und zur Zusammenarbeit im Interesse des Mündels verpflichtet.

- § 1792 Abs. 3 BGB verpflichtet den Zusatzpfleger außerdem dazu, bei der Erledigung seiner Aufgaben die Auffassung des Vormunds „zu berücksichtigen".
  Das ist m.E. dahin zu lesen, dass der Ermessensspielraum, der bei der Beurteilung der Interessen des Mündels besteht, dem Vormund und nicht dem Pfleger zusteht. Der Pfleger darf daher von der Auffassung des Vormunds nur abweichen, wenn er davon ausgeht, dass sie den Mündelinteressen widerspricht.

Auf Antrag des Vormunds, des Pflegers oder des mindestens 14 Jahre alten Mündels entscheidet über eine solche **Meinungsverschiedenheit** das Familiengericht (§ 1793 Abs. 1 Nr. 3, Abs. 2 BGB).

Aufhebung der Zusatzpflegschaft:

Die Bestellung des Zusatzpflegers ist nach § 1776 Abs. 2 BGB wieder aufzuheben, wenn der Pfleger, der Vormund oder der mindestens 14 Jahre alte Mündel es beantragen. Im Übrigen stuft das Gericht ab:

- Stimmen der Vormund und der Pfleger dem Antrag des Mündels zu, genügt dies.
- Stimmt der Vormund dem Antrag des Pflegers oder der Pfleger dem Antrag des Mündels zu, ist nur erforderlich, dass die Aufhebung dem Wohl des Mündels nicht widerspricht.
- Fehlen solche Zustimmungen ist dagegen für die Aufhebung ein wichtiger Grund notwendig.

Zusatzpflegschaft und **Pflegeeltern-Pflegschaft** schließen sich wechselseitig aus (§§ 1776 Abs. 3 Satz 2, 1777 Abs. 4 Satz 3 BGB).

4. Vorläufiger Vormund

Die Anordnung der Vormundschaft ist nach § 1773 Abs. 1 BGB mit der Bestellung eines Vormunds zu verbinden. Der Mündel soll nicht ohne Vormund bleiben, nachdem festgestellt ist, dass er einen benötigt.

Oft kann die Bestellung nach den oben genannten Kriterien aber nicht zugleich erfolgen, z.B. weil die Eignung eines benannten Vormunds erst noch geprüft oder die Frist des § 1783 Abs. 1 Nr. 5 BGB abgewartet werden muss. Noch häufiger wird nicht zugleich feststehen, dass kein ehrenamtlicher Vormund aus dem Umfeld des Mündels gefunden werden kann, der der Bestellung des Jugendamtes oder eines beruflichen Vormunds nach § 1779 Abs. 2 BGB vorgehen würde.

Für diese Fälle sieht § 1781 Abs. 1 BGB die Bestellung eines vorläufigen Vormunds vor. Das kann nach § 1774 Abs. 2 BGB nur das **Jugendamt** oder ein **Vormundschaftsverein** sein.

Hinweis

Zum vorläufigen Vormund kann der Verein nur als juristische Person bestellt werden. Die Bestellung eines Mitarbeiters zum Vereinsvormund scheidet ebenso aus wie die Bestellung anderer natürlicher Personen.

Das Familiengericht hat innerhalb von drei Monaten ab der Bestellung des vorläufigen Vormunds die **endgültige Bestellungsentscheidung** zu treffen (§ 1781 Abs. 3 Satz 1 BGB). Stellt sich das als nicht möglich heraus, kann es diese Frist durch Beschluss auf insgesamt bis zu sechs Monate verlängern (§ 1781 Abs. 3 Satz 2 BGB). Danach wird die Bestellung des vorläufigen Vormundes rechtswidrig.

Hinweis

Schon weil der Mündel nicht ohne gesetzlichen Vertreter sein darf, endet das Amt des vorläufigen Vormunds aber nicht bei Fristablauf, sondern erst, wenn tatsächlich ein (endgültiger) Vormund bestellt wird (§ 1781 Abs. 5 BGB). Seine Entlassung ist nicht vorgesehen.

Die Bestellung des **Jugendamts** zum (endgültigen) Vormund ist nicht dadurch obsolet, dass es vorher bereits vorläufiger Vormund war (§ 1781 Abs. 4 BGB). Die dort ebenfalls erwähnte Bestellung eines Vereinsvormunds ist ohnehin nicht dasselbe wie die des Vormundschaftsvereins.

5. Verfahren beim Familiengericht

Die Anordnung der Vormundschaft wie auch die Auswahl und Bestellung des Vormunds obliegen dem Familiengericht als **Kindschaftssache** (vgl. § 151 Nr. 4 FamFG). Dort ist in aller Regel der **Rechtspfleger** zuständig (§ 3 Nr. 2 a RPflG).

Wird die Vormundschaft aufgrund einer richterlichen Entscheidung erforderlich, kann der **Richter** auch das Verfahren zur Anordnung der Vormundschaft und Auswahl des Vormunds nach § 6 RPflG an sich ziehen, wenn er das für sachdienlich hält. Beides steht dann in einem engen Zusammenhang zu dem entsprechenden richterlichen Verfahren.

Das Vormundschaftsrecht kennt keine Einheitsentscheidung, auch wenn nach § 1773 Abs. 1 BGB die Anordnung und Bestellung zumindest eines vorläufigen Vormunds zusammenfallen sollen, sind es doch zwei getrennte Endentscheidung i.S.v. § 38 FamFG, nämlich

- einmal über die gesetzlichen Voraussetzungen für eine Vormundschaft (§ 1773 Abs. 1) und
- zum anderen über die Person des Vormundes.

Mit der Anordnung der Vormundschaft wird diese außerdem beim Familiengericht als **Bestandsverfahren** anhängig, da der Rechtspfleger nach § 1802 BGB während der gesamten Dauer der Vormundschaft die Rolle eines Obervormunds einnimmt, der den Vormund als Vertreter der Staatsgewalt sowohl berät als auch überwacht. Dies ist Daueraufgabe, die erst mit der endgültigen Erfüllung der aus §§ 1807, 1872 ff. BGB folgenden Abwicklungspflichten endet.

Hinweis zur Amtsvormundschaft

Als Bestandsverfahren wird auch die gesetzliche Amtsvormundschaft beim Familiengericht anhängig, und zwar mangels einer Anordnung schon mit ihrem Entstehen. Daher verpflichtet § 57 Abs. 1 SGB VIII das Jugendamt zur unverzüglichen Mitteilung über eine kraft Gesetzes eingetretene Amtsvormundschaft.

Der Beschluss über die Anordnung der Vormundschaft und die Bestellung des (vorläufigen) Vormunds wird mit der Bekanntgabe an den Vormund wirksam (§ 168a Abs. 2 Satz 1 FamFG). Ist diese nicht kurzfristig möglich, kann das Gericht die sofortige **Wirksamkeit** anordnen. Dann genügt die Übergabe des Beschlusses an die Geschäftsstelle zum Zwecke der Bekanntgabe an den Mündel oder dessen Verfahrensbeistand (§§ 168a Abs. 2 Satz 2, 287 Abs. 2 FamFG). Die Bekanntgabe kann

- durch Zustellung,
- durch einfachen Brief oder
- durch Verlesen der Entscheidungsformel in einem Anhörungstermin

erfolgen (siehe §§ 15 Abs. 2, 41 Abs. 2 FamFG).

Dem Vormund wird eine **Bestellungsurkunde** ausgehändigt, damit er die gesetzliche Vertretungsmacht – und deren Umfang – im Rechtsverkehr jederzeit beweisen kann (§ 168b Abs. 1 FamFG). Die Aushändigung der Bestellungsurkunde hat *keinen* konstitutiven Charakter. Ebenso wenig genießt sie einen über die Beweiskraft des § 417 ZPO hinaus reichenden öffentlichen Glauben.

Wird das **Jugendamt** gesetzlicher Amtsvormund, so stellt ihm das Familiengericht hierüber eine Bescheinigung aus (§ 168b Abs. 2 FamFG).

a) Zuständigkeit

Internationale Zuständigkeit

Die internationale Zuständigkeit der deutschen Familiengerichte folgt primär den Regelungen der Brüssel-IIa-Verordnung, zu deren Anwendungsbereich die Vormundschaft gemäß Art. 1 Abs. 2 b Brüssel-IIa-VO gehört. Für Kinder, deren gewöhnlicher Aufenthalt nicht derjenige in einem Mitgliedsstaat ist, gilt stattdessen das Haager Kinderschutzübereinkommen, zu dessen Anwendungsbereich die Vormundschaft nach Art. 3 c KSÜ ebenfalls gehört. Nach Art. 61 Brüssel-IIa-VO geht das europäische Recht dem KSÜ im Verhältnis der Mitgliedsstaaten zueinander vor.

Die internationale Zuständigkeit ist nach beiden Regelwerken regelmäßig an den **gewöhnlichen Aufenthalt** des Kindes geknüpft (Art. 8 Brüssel-IIa-VO). Ein **tatsächlicher Aufenthalt** im Inland genügt, wenn das Kind sich auf der Flucht befindet, keinen gewöhnlichen Aufenthalt hat oder ein solcher nicht feststellbar ist (Art. 13 Brüssel-IIa-VO). Im Übrigen können deutsche Gerichte vorläufige Schutzmaßnahmen in Eilfällen ergreifen, die jedoch außer Kraft treten, sobald der an und für sich zuständige Staat seinerseits welche ergreift (Art. 20 Brüssel-IIa-VO).

Örtliche Zuständigkeit

Die örtliche Zuständigkeit richtet sich grundsätzlich ebenfalls nach dem **gewöhnlichen Aufenthalt** des Kindes (§ 152 Abs. 2 FamFG). Solange zwischen den Eltern des Kindes eine Ehesache anhängig ist, ist jedoch das Gericht der Ehesache zuständig (§ 151 Abs. 2 FamFG).

Fehlt es an einem gewöhnlichen Aufenthalt im Inland, ist nach § 151 Abs. 3 FamFG jedes Gericht zuständig, in dessen Bezirk ein Fürsorgebedürfnis besteht. Vorläufige Maßnahmen nach § 1693 BGB oder §§ 1802 Abs. 2 Satz 3, 1867 BGB kann ebenfalls das Gericht treffen, in dessen Bezirk ein Fürsorgebedürfnis bekannt wird.

Soweit eine Vormundschaft als **Bestandsverfahren** anhängig ist, ist ansonsten das Gericht, bei dem sie anhängig ist, für alle weiteren Verfahren örtlich zuständig, die diese Vormundschaft betreffen.

Sachliche Zuständigkeit

Sachlich sind in erster Instanz die Amtsgerichte als Familiengerichte zuständig.

Über Beschwerden entscheidet ein Familiensenat des Oberlandesgerichts. Soweit dessen Entscheidungen mit der Rechtsbeschwerde angegriffen werden können, entscheidet hierüber ein Zivilsenat des Bundesgerichtshofs (derzeit der zwölfte).

b) Beteiligte

Zu beteiligen sind an einem Verfahren die davon unmittelbar in ihren Rechten Betroffenen (§ 7 Abs. 2 Nr. 1 FamFG). Das ist in erster Linie der Mündel. Im Auswahlverfahren ist außerdem der **Vormund** von dem Moment an zu beteiligen, da sich die Auswahl auf seine Person konzentriert. Soll ein Vereinsvormund bestellt werden, sind hiervon dieser selbst und der Verein in ihren Rechten betroffen.

Die **Beteiligung des Mündels** stößt allerdings auf die Schwierigkeit seiner in der Regel noch fehlenden Verfahrensfähigkeit.

Ausnahmsweise verfahrensfähig sind Minderjährige nach § 9 Abs. 1 Nr. 3 FamFG, wenn sie mindestens 14 Jahre alt sind, das Verfahren ihre Person betrifft und sie ein ihnen nach bürgerlichem Recht zustehendes Recht geltend machen. Da dem Mündel wegen der Person des Vormunds jedenfalls ein Mitspracherecht zusteht (vgl. § 1783 Abs. 1 Nr. 2 BGB) dürfte er im Auswahlverfahren ab 14 Jahren als verfahrensfähig gelten und kann dann selbst beteiligt werden. Sonst aber müsste er nach § 9 Abs. 2 FamFG eigentlich über seinen gesetzlichen Vertreter beteiligt werden. Nun soll er aber ja gerade deshalb einen Vormund erhalten, weil er keinen gesetzlichen Vertreter hat.

Hier gilt m.E.: In dem Verfahren, das gerade dazu dient, den Mangel der gesetzlichen Vertretung zu beseitigen, muss der davon Betroffene ausnahmsweise nicht beteiligt werden, wenn er nicht selbst verfahrensfähig ist.

Ein **Verfahrensbeistand** ist dem Kind beizuordnen, wenn dies zur Wahrnehmung seiner Interessen erforderlich ist (§ 158 Abs. 1 FamFG). Das ist regelmäßig der Fall, wenn der Mündel, weil er weder verfahrensfähig ist noch über einen gesetzlichen Vertreter verfügt, nicht am Verfahren beteiligt werden kann. Wegen Art. 103 Abs. 1 GG und § 37 Abs. 2

FamFG ist ihm auch dann rechtliches Gehör zu gewähren, was nur über einen Verfahrensbeistand möglich ist.

In rein vermögensrechtlichen Angelegenheiten ist die Bestellung eines Verfahrensbeistands nicht möglich. Insoweit kommt nur die Bestellung eines **Ergänzungspflegers** mit der Aufgabe der Vertretung des Kindes im Verfahren in Frage. Da einem Vormund immer die Personensorge zusteht, ist das lediglich bei der Auswahl und Bestellung eines Pflegers von Bedeutung, da sich dessen Aufgaben ja auf solche der Vermögenssorge beschränken kann.

Das **Jugendamt** ist in jedem Verfahrensstadium anzuhören, wenn das Verfahren – zumindest auch – die Person des Kindes betrifft (§ 162 Abs. 1 FamFG). Auf seinen Antrag muss das Jugendamt förmlich beteiligt werden (§ 162 Abs. 2 FamFG). Das Jugendamt ist zudem verpflichtet, dem Gericht eine als Vormund geeignete Person vorzuschlagen (§ 53 Abs. 1 SGB VIII). Es muss den Vorschlag begründen, insbesondere darlegen, welche Anstrengungen es unternommen hat, um eine geeignete Einzelperson zu finden und weshalb die Bestellung eines ehrenamtlichen Vormunds nicht in Betracht kommt, falls es seine eigene Bestellung bzw. die eines beruflichen Vormunds vorschlägt (§ 53 Abs. 2 SGB VIII).

Das Familiengericht kann das Jugendamt zum Vormund bestellen, wenn es niemand anderen vorschlägt. Es ist nicht verpflichtet dazu weitere eigene Ermittlungen anzustellen.[14]

Befindet sich das Kind zum Zeitpunkt der Entscheidung schon längere Zeit in Familienpflege, muss das Familiengericht nach § 161 Abs. 2 FamFG die **Pflegepersonen** anhören und kann sie förmlich am Verfahren beteiligen (§ 161 Abs. 1 FamFG). Das liegt im Ermessen des Gerichts. Die Pflegepersonen können allerdings einen Beteiligungsantrag stellen, über den das Gericht durch anfechtbare Zwischenentscheidung zu entscheiden hat (vgl. § 7 Abs. 5 FamFG).

Übersicht Verfahrensbeteiligte

▶ *An einem Verfahren sind in ihren Rechten die unmittelbar Betroffenen zu beteiligen (§ 7 Abs. 2 Nr. 1 FamFG).*

- *Mündel (nach Klärung der Verfahrensfähigkeit),*
- *Vormund (im Auswahlverfahren),*
- *Verfahrensbeistand (§ 158 Abs. 1 FamFG),*
- *ggf. Ergänzungspfleger,*
- *Jugendamt (§ 162 Abs. 1 und 2) FamFG,*
- *Pflegeperson (§ 161 Abs. 1 und 2 FamFG).*

c) Durchzuführende Anhörungen

Das Familiengericht muss nach § 159 Abs. 1 FamFG das **Kind** persönlich anhören und sich einen persönlichen Eindruck von ihm verschaffen.

14 OLG Köln FGPrax 2011, 303.

- Hiervon kann nach Maßgabe von § 159 Abs. 2 Satz 1 FamFG abgesehen werden, wenn das Kind offensichtlich nicht in der Lage ist, etwas zu seinen Neigungen und Bindungen kundzutun (Nr. 2) oder diese offensichtlich nicht von Bedeutung sind (Nr. 3). Hier kommt es auf den konkreten Verfahrensgegenstand an.
- Wird die Bestellung einer Person erwogen, die das Kind kennt, kann von seiner persönlichen Anhörung nur abgesehen werden, wenn es noch zu klein ist, um sich überhaupt zu äußern. Ansonsten dürften seine Bindungen und Neigungen zwar bei der Bestellung eine Rolle spielen, weil sie zu seinem Wohl gehören (siehe §§ 1778, 1783 Abs. 1 Nr. 2 BGB), es muss aber nur angehört werden, wenn es alt genug ist, um sich über Personen, die es noch gar nicht kennt, Gedanken zu machen.
- In einem Verfahren, das lediglich die Anordnung der Vormundschaft und die Bestellung eines vorläufigen Vormunds zum Inhalt hat, kommt es auf die Neigungen und Bindungen des Kindes von vornherein nicht an.
- Betrifft das Verfahren ausschließlich das Vermögen des Kindes, muss es nur angehört werden, wenn das „nach Art der Angelegenheit angezeigt" ist (siehe § 159 Abs. 2 Satz 1 Nr. 4 FamFG). Das dürfte vor allem bei Jugendlichen in Frage kommen, die verstehen, worum es geht und deren weiteres Leben von der Entscheidung beeinflusst wird (z.B. bei Vermögensanlagen, die unmittelbar nach dem 18. Geburtstag nicht ohne Verlust wieder aufgelöst werden könnten).

Die **Eltern des Kindes** sind ebenfalls anzuhören (§ 160 Abs. 1 FamFG), grundsätzlich auch, wenn sie nicht (mehr) sorgeberechtigt sind (§ 160 Abs. 2 FamFG), es sei denn, sie können zum Verfahrensgegenstand gar nichts beitragen.

Vor der Auswahl des (endgültigen) Vormunds und vor sonstigen wichtigen Entscheidungen hat das Familiengericht dem Kind **nahestehende Personen** anzuhören (§§ 168 Abs. 1, 168c FamFG), soweit das keine erhebliche zeitliche Verzögerung verursachen würde.

- Bei **Familienangehörigen** genügt es, dass sie dem Kind nahestehen.
- Bei **sonstigen Personen** ist es erforderlich, dass das Kind zu ihnen besonderes Vertrauen hat.

Die Abgrenzung ist bewusst nicht trennscharf. Familienangehöriger kann auch sein, wer zur sozialen Familie des Kindes gehört (z.B. der Lebensgefährte eines Elternteils).

Weder die nach § 168 Abs. 1 FamFG anzuhörenden Personen noch die nicht sorgeberechtigten Eltern können förmlich beteiligt werden, denn aus der Anhörungspflicht folgt eine solche Beteiligungsmöglichkeit gerade nicht (§ 7 Abs. 6 FamFG) und in eigenen Rechten sind sie weder von der Anordnung der Vormundschaft noch von der Bestellung des Vormunds betroffen.

Hier gilt jedoch dann etwas anderes, wenn die Vormundschaft aufgrund eines **Entzugs der elterlichen Sorge** nach § 1666 Abs. 3 Nr. 6 BGB erforderlich wird. Der darin liegende Eingriff in das Elternrecht wiegt nämlich umso schwerer, wenn ein familienfremder Vormund bestellt wird. Soweit ein Elternteil geltend macht, es sei ein naher Verwandter des Kindes auszuwählen, ist er daher auch von der Auswahl noch in eigenen Rechten betroffen.[15]

15 BVerfG FamRZ 2014, 1841.

d) Eilentscheidungen

Der Erlass **einstweiliger Anordnungen** (§ 49 ff. FamFG) ist zwar auch im Vormundschaftsverfahren möglich, viel Raum dafür ist aber nicht.

Die Bestellung eines vorläufigen Vormunds ist gerade keine Eilentscheidung und deckt zeitliche Verzögerungen ab, die sich aus der Eignungsprüfung bei berufenen oder sonst in Frage kommenden Einzelpersonen ergeben. Auch ein vorläufiger Sorgerechtsentzug durch einstweilige Anordnung beendet die elterliche Sorge, so dass sich daran anschließenden vormundschaftsrechtlichen Maßnahmen gerade keine Eilentscheidungen erfordern. Lediglich wenn wegen der Voraussetzungen des § 1777 Abs. 1 FamFG noch Ermittlungen zu führen sind, kann auch die Anordnung der Vormundschaft im summarischen Eilverfahren erfolgen.

Die einstweilige Anordnung tritt nach § 56 FamFG mit dem Erlass einer **Hauptsacheentscheidung** von alleine außer Kraft.

Ein Hauptsacheverfahren ist nicht zwingend erforderlich. Wird es von keinem Beteiligten beantragt und hält das Gericht seine Durchführung auch nicht von Amts wegen für geboten, kann das Gericht es bei der vorläufig getroffenen Regelung auch einfach belassen (vgl. § 52 FamFG). Anders als in Betreuungssachen (dort § 302 FamFG) ist die Gültigkeitsdauer einer einstweiligen Anordnung nicht durch das Gesetz begrenzt.

Falls die Eltern verhindert sind, eine eilige Entscheidung getroffen werden muss und die rechtzeitige Bestellung eines Pflegers nicht möglich ist, kann das Familiengericht nach § 1693 BGB als **Notvormund** selbst die notwendigen Maßnahmen anordnen.

§§ 1802 Abs. 2 Satz 3, 1867 BGB sehen dasselbe vor, wenn der Vormund an einer eiligen Entscheidung verhindert ist, aber auch, wenn die Voraussetzungen des § 1773 Abs. 1 BGB glaubhaft gemacht sind, jedoch noch keine Entscheidung hierzu ergangen ist. Das kann im Einzelfalle auch offen bleiben (z.B. wenn unklar ist, ob die Eltern noch leben).

Schließlich ist zu erwähnen, dass auch das **Jugendamt** nach § 42 Abs. 2 Satz 4 SGB VIII in den dort geregelten dringenden Fällen durch Inobhutnahme oder Herausnahme des Kindes die Personensorge an sich ziehen kann.

e) Rechtsmittel

Gegen die Endentscheidungen der Familiengerichte in erster Instanz ist grundsätzlich die **Beschwerde** zum Oberlandesgericht statthaft. Das gilt unabhängig davon, ob sie der Richter oder der Rechtspfleger erlassen hat (vgl. § 11 Abs. 1 RPflG).

Beschwerdebefugt ist nach § 59 Abs. 1 FamFG, wer durch die Entscheidung in eigenen Rechten betroffen ist.

- Das ist in aller Regel **der Mündel**.
- Der **Vormund** ist dagegen nur dann selbst betroffen, wenn eine Entscheidung ergeht, die ihm Rechte versagt oder Pflichten auferlegt. Er kann daher seine Auswahl und Entlassung anfechten. Die Anordnung der Vormundschaft kann er jedoch im eigenen Namen ebenso wenig anfechten wie eine Entscheidung, die zum Wegfall der Vormundschaft nach § 1806 BGB führt.

- Das **Jugendamt** kann jede Entscheidung anfechten, die – zumindest auch – die Person des Mündels betrifft (§ 162 Abs. 3 Satz 2 FamFG).
- Ist dem Kind ein Verfahrensbeistand beigeordnet, kann dieser – im eigenen Namen – jede Entscheidung im Interesse des Kindes anfechten (§ 158 Abs. 4 Satz 5 FamFG).

Nicht beschwerdebefugt ist, wer von der Entscheidung nur *indirekt* betroffen ist. Das betrifft vor allem Personen, die als Vormund in Frage gekommen, aber letztlich nicht ausgewählt worden sind – und zwar auch dann nicht, wenn das in ihr Grundrecht aus Art. 6 Abs. 1 GG eingreift (z.B., weil es sich um die Großeltern des Kindes handelt). Nur indirekt betroffen ist aber z.B. auch der andere Vertragspartner, wenn das Familiengericht die Genehmigung eines Vertrages ablehnt.

Betrifft das Verfahren (ausschließlich) das Kindesvermögen, ist die Beschwerde unzulässig, wenn die Beschwer 600 € nicht übersteigt, es sei denn, das Familiengericht hat die Beschwerde zugelassen.

Ist die Beschwerde unzulässig, kann derjenige, der in seinen Rechten betroffen ist, gegen eine Entscheidung, die der Rechtspfleger getroffen hat, nach § 11 Abs. 2 FamFG **Erinnerung** einlegen, über die der Familienrichter entscheidet. Hierfür genügt wegen Art. 19 Abs. 4 FamFG eine Grundrechtsbetroffenheit. Den vom Rechtspfleger nicht ausgewählten Großeltern des Mündels steht also die Erinnerung zu.[16]

Gegen die Beschwerdeentscheidung des Oberlandesgerichts ist die **Rechtsbeschwerde** zum BGH statthaft, wenn das Oberlandesgericht sie in seiner Entscheidung zugelassen hat (§ 70 Abs. 1 FamFG). Hat es dies nicht getan, ist sie unzulässig. Eine Nichtzulassungsbeschwerde gibt es in Kindschaftssachen nicht.

Für Verfahren über den Erlass einer **einstweiligen Anordnung** gelten Sonderregeln:

- Die Rechtsbeschwerde ist hier stets ausgeschlossen (§ 70 Abs. 4 FamFG).
- Die Beschwerde ist nur in den in § 57 Satz 2 FamFG genannten Verfahren zulässig, von denen überhaupt nur die in § 151 Nr. 6 FamFG und § 57 Satz 2 Nr. 3 FamFG genannten einen Vormund betreffen können.

In aller Regel findet gegen eine einstweilige Anordnung daher schon keine Beschwerde statt. Gegen eine vom Rechtspfleger erlassene einstweilige Anordnung ist damit nach § 11 Abs. 2 FamFG wiederum die **Erinnerung** statthaft.

6. Übertragung der Aufgaben bei Amts- und Vereinsvormundschaft

Vormund ist bei der bestellten Amtsvormundschaft das **Jugendamt**, das im Bestellungsbeschluss als Vormund bezeichnet wird. Das Familiengericht muss jedoch die **örtliche Zuständigkeit** des Jugendamtes beachten. Diese ist in § 87c Abs. 3 SGB VIII geregelt. Maßgeblich ist der gewöhnliche Aufenthalt des Mündels (§ 87c Abs. 3 Satz 1 SGB VIII) bzw.,

16 BGH FamRZ 2013, 1380.

solange er keinen gewöhnlichen Aufenthalt hat, der Ort, an dem er sich zum Zeitpunkt der Bestellung tatsächlich aufhält (§ 87c Abs. 3 Satz 2 SGB VIII).

Zuständigkeitswechsel laufen genau wie bei der gesetzlichen Amtsvormundschaft ab.

Ist das **Jugendamt** Vormund, so überträgt es die Führung der Vormundschaft **auf einen seiner Bediensteten** (§ 55 Abs. 2 Satz 1 SGB VIII).

Ist es nicht lediglich zum vorläufigen Vormund bestellt (siehe § 55 Abs. 2 Satz 5 SGB VIII), hat es dabei die Grundsätze zu beachten, die auch das Familiengericht bei der Auswahl des Vormunds beachten muss, also v.a. die §§ 1778, 1779 BGB. Außerdem muss es den Mündel vorher mündlich anhören, notfalls nachträglich, wenn das aus zeitlichen Gründen unterblieben ist oder der Mündel noch zu jung war, um sich hierzu sinnvoll äußern zu können (§ 55 Abs. 2 Satz 2 bis 4 SGB VIII).

Wird ein **Vormundschaftsverein** zum vorläufigen Vormund bestellt, überträgt auch er die Führung der Vormundschaft **auf einen hauptamtlichen Mitarbeiter** (§ 1781 Abs. 2 Satz 1 BGB).

Der Mitarbeiter müsste auch selbst nach § 1784 BGB zum Vormund taugen. Weitere Auswahlkriterien gibt das Gesetz nicht vor. Das Familiengericht ist innerhalb von zwei Wochen über die Übertragung zu informieren (§ 1781 Abs. 2 Satz 2 BGB).

Die **Übertragung** geschieht im Verein durch denjenigen, der die Geschäfte des Vereins führt, also den Vorstand oder – falls vorhanden – den hauptamtlichen Geschäftsführer, falls der Geschäftsführervertrag es nicht dem Vorstand vorbehält.

Beim Jugendamt gehört es zu den Geschäften der laufenden Verwaltung (§ 55 Abs. 4 Satz 1 SGB VIII), für die der Behördenleiter zuständig ist (vgl. § 70 Abs. 2 SGB VIII), falls er es nicht delegiert hat.

Ist der mindestens 14 Jahre alte Mündel mit der Person, die seine Vormundschaft führt, nicht einverstanden, so kann er vom Familiengericht verlangen, dass es die **Übertragungsentscheidung überprüft** (§§ 168 Abs. 3, 291 FamFG). Das ist an keine Frist gebunden, so dass dieses Recht auch einem Mündel zusteht, der bei der Übertragung noch keine 14 Jahre alt war.

7. Ausübung der Vormundschaft

a) Einzelvormund

Die Vormundschaft umfasst

- nach § 1789 Abs. 1 Satz 1 BGB die Sorge für die Person und das Vermögen des Mündels und
- nach § 1789 Abs. 2 Satz 1 BGB dessen gesetzliche Vertretung.

Die Sorge des Vormunds hat damit denselben Umfang wie die elterliche Sorge nach §§ 1626 Abs. 1 Satz 1, 1629 Abs. 1 Satz 1 BGB.

Amtiert ein **Zusatzpfleger**, so bleiben die diesem übertragenen Aufgaben zwar von der umfassenden Sorge des Vormunds ausgeklammert (§ 1789 Abs. 1 Satz 2 BGB), er ist aber stattdessen verpflichtet, sie zum Wohle und im Interesse des Mündels zu besorgen (§§ 1776 Abs. 3 Satz 1, 1809 Abs. 1 Satz 2 BGB). Die Gesamtverantwortung für das Wohl des Mündels bleibt jedoch bei Vormund. Das folgt einerseits daraus, dass der Pfleger – anders als der Vormund – seine Aufgaben nicht „unabhängig" erfüllt, andererseits aus § 1792 Abs. 3 BGB, wonach der Zusatzpfleger die Auffassung des Vormunds hierin „einzubeziehen" hat.

Einem ehrenamtlichen Einzelvormund steht es frei, den **Mündel in** seinen **Haushalt** aufzunehmen und wie ein eigenes Kind selbst zu erziehen. Beruflichen Einzelvormündern dürfte dieses Recht allenfalls kurzfristig in Notsituationen zustehen, wenn eine andere Lösung erst gesucht werden muss. Mit der „berufsmäßigen" Führung von Vormundschaften (siehe dazu § 1 Abs. 1 VBVG) verträgt es sich nicht.

b) Verein und Jugendamt

Ein **Vereinsvormund** (§ 1774 Abs. 1 Nr. 3 BGB) ist in ein beruflicher Einzelvormund. Er trägt die gesamte Verantwortung für die Vormundschaft selbst. Dem Verein steht ihm gegenüber nur das aus dem Arbeitsverhältnis erwachsende allgemeine Weisungs- und Aufsichtsrecht zu. Das berechtigt den Verein nur dazu, allgemeine Arbeitsanweisungen zu geben und das dienstliche Verhalten des Mitarbeiters in allgemeiner Weise auf Sorgfalt und Pflichtmäßigkeit zu kontrollieren. Es gibt ihm nicht das Recht, sich in die einzelnen Vormundschaften einzumischen.

Anders ist das jedoch beim zum vorläufigen Vormund bestellten **Vormundschaftsverein** (§ 1774 Abs. 2 Nr. 1 BGB). Die Verantwortung trägt hier der Verein als juristische Person. Als solche ist er nicht handlungsfähig, sondern handelt durch seine Organe, nämlich durch den Vorstand (§ 26 Abs. 1 Satz 2 BGB) oder sonstige satzungsmäßige Vertreter (§ 30 BGB). Aus §§ 1794 Satz 3, 1826 Abs. 3 BGB folgt, dass der Mitarbeiter, der die vorläufige Vormundschaft führt, einem solchen Vertreter gleichsteht. Das bedeutet: Der Verein ist gesetzlicher Vertreter des Kindes. Er wird von demjenigen, dem er die Aufgabe überträgt, hierbei wiederum vertreten.

Das **Jugendamt** ist als solches weder handlungsfähig noch überhaupt rechtsfähig. Es kann schon deshalb nicht gesetzlicher Vertreter des Kindes sein. Allenfalls könnte dies die kommunale Körperschaft, bei der das Jugendamt errichtet ist. Diese wird aber nicht zum Vormund bestellt. Hier geht das Gesetz daher einen anderen Weg:

Gesetzlicher Vertreter des Mündels ist nach § 55 Abs. 4 Satz 2 SGB VIII der Bedienstete, dem das Jugendamt die Führung der Vormundschaft übertragen hat. Er vertritt das Kind direkt, nicht auf dem Umweg über eine juristische Person.

Das führt zu einer Spaltung des Amtes: Vormund bleibt das Jugendamt als **Legalvormund**. Der Bedienstete, dem die Aufgabe übertragen ist, vollzieht dieses Amt als **Realvormund** im eigenen Namen für das Jugendamt als Amtswalter, nicht im Auftrag oder in Vertretung des Jugendamtes.[17]

17 Oberloskamp/Kunkel § 15 Rn. 2.

Hinweis

Der Begriff des „Amtsvormunds" wird in der Praxis doppeldeutig verwendet, mal für das Jugendamt, mal für den Bediensteten, dem die Aufgabe übertragen ist.

Der Realvormund bleibt in die **Behördenhierarchie** eingebunden. Selbst wenn man annimmt, dass das Weisungsrecht des Behördenleiters in den eigentlichen Amtsgeschäften eingeschränkt ist,[18] bleibt ihm doch notfalls das Substitutionsrecht, also das Recht, dem Amtsvormund die Führung der Vormundschaft wieder zu entziehen und sie einem anderen Bediensteten zu übertragen.

c) Ausübung durch Dritte

Auch für die Sorge des Vormunds gilt, dass sie nicht übertragbar ist.

Aber auch die Ausübung zur Überlassung an Dritte ist nicht – wie bei den Eltern – uneingeschränkt zulässig. Der Vormund leitet seine Sorge ja nicht aus einer „natürlichen" Rechtsstellung ab, sondern wird vom Familiengericht mit Rücksicht darauf ausgewählt, dass er die für die Wahrung des Wohls und der Interessen des Mündels dafür am besten geeignete Person ist (vgl. § 1778 Abs. 1 BGB). Soweit er sich nicht entschließt, die Sorge in allen Aspekten selbst auszuüben (Erziehungsvormund), bleibt er jedenfalls verpflichtet, die für das Mündel maßgeblichen Entscheidung selbst zu treffen und für ihre Umsetzung jedenfalls zu sorgen (Organisationsvormund).

Das hindert den Vormund nicht daran, Dritte mit der Erledigung von Angelegenheiten zu beauftragen, die auch ein Volljähriger mit dem Wissen des Vormunds nicht selbst erledigt hätte, wie z.B. einen Rechtsanwalt mit der Vertretung vor Gericht, falls das Verfahren nicht sachlich wie rechtlich einfach ist oder einem Anwaltszwang unterliegt. Hier genügt es, wenn der Vormund sein aus dem entsprechenden Vertragsverhältnis folgendes Auskunfts- und Weisungsrecht im Interesse des Mündels wahrnimmt.

Die Rechtsbeziehung zwischen Vormund und Mündel und Dritten, denen die Pflege und Erziehung des Kindes vom Vormund anvertraut wird (Pflegepersonen oder Einrichtungen) wird bei der Personensorge (siehe unter 8.) noch näher erläutert.

8. Pflichten des Vormunds

§§ 1790, 1792 BGB beschreiben allgemeine Pflichten des Vormunds. Dem stellt § 1788 BGB eine Vorschrift über **Rechte des Mündels** voran. Das soll klarstellen, dass der Mündel ein Rechtssubjekt mit eigenen Rechten im Verhältnis zum Vormund ist. Als subjektive Rechte im zivilrechtlichen Sinne können sie nicht verstanden werden, schließlich ist es ja wiederum der Vormund, der kraft seiner Sorge solche Rechte auszuüben berufen wäre.

Tatsächlich handelt es sich um **Grundsätze der Amtsführung**, die

- teils die Personensorge (§ 1788 Nr. 1 und Nr. 2 BGB) betreffen (siehe unter 8.),
- teils in §§ 1790, 1792 BGB näher konkretisiert sind:

18 Vgl. dazu Mollik/Opitz in Kunkel, § 55 SGB VIII Rn. 27.

a) Persönlicher Kontakt

§ 1788 Nr. 3 BGB gibt dem Mündel ein Recht auf persönlichen Kontakt mit seinem Vormund. Das soll sicherstellen, dass zwischen beiden eine **persönliche Vertrauensbeziehung** entsteht, die es dem Vormund überhaupt erst ermöglicht, den individuellen Interessen des Mündels gerecht zu werden. Der Mündel soll den Vormund kennen, wissen, dass dieser für ihn die Hauptverantwortung trägt und dass er sich an den Vormund wenden kann, wenn ihm etwas am Herzen liegt.

Das wird durch § 1790 Abs. 3 Satz 2 BGB ergänzt, der vorschreibt, dass der Vormund den Mündel in der Regel **einmal monatlich** in dessen Lebensumfeld aufsuchen soll. Das steht unter der Einschränkung, das längere oder kürzere Abstände oder ein anderer Ort des Treffens von den Umständen geboten sein können. Dem Vormund obliegt hier ein Ermessensspielraum, was den konkreten Umständen des Einzelfalles am besten entspricht.[19] Immerhin aber unterliegt er einem gewissen Begründungszwang, wenn er von der Sollbesuchsregelung abweicht.

Seit dem 1.1.2023 gibt § 1790 Abs. 3 Satz 1 BGB dem Vormund ein **Recht zum persönlichen Kontakt** mit dem Mündel. Er kann von den Personen, in dessen Obhut sich der Mündel befindet, daher verlangen, dass sie die Kontakte dulden. § 1684 Abs. 2 Satz 2 BGB dürfte entsprechend anwendbar sein, so dass der Vormund wiederum verpflichtet ist, sein Kontaktrecht schonend auszuüben und den Mündel z.B. nicht zur Unzeit zu besuchen. Zur Durchsetzung des Kontaktrechts kann er die zeitweilige Herausgabe des Mündels verlangen (§§ 1795 Abs. 1 Satz 3, 1632 Abs. 1 BGB).

b) Partizipation

§ 1788 Nr. 5 BGB gibt dem Mündel ein Recht darauf, an den ihn betreffenden Angelegenheiten beteiligt zu werden, soweit das nach seinem Entwicklungsstand angezeigt ist. Das ergänzt § 1790 Abs. 2 Satz 1 BGB um die Pflicht des Vormunds, die **wachsende Eigenverantwortlichkeit** des Mündels zu berücksichtigen und zu fördern.

§ 1790 Abs. 2 Satz 2 BGB geht hier noch einen Schritt weiter: Er verpflichtet den Vormund dazu, mit dem Mündel dessen Angelegenheiten zu **besprechen und** ihn an zu treffenden Entscheidungen zu **beteiligen**, falls dies nach dem Entwicklungsstand des Mündels angezeigt ist. Hierbei soll er Einvernehmen mit dem Mündel zwar anstreben. Da er ja aber an Wohl und die Vermögensinteressen des Mündels gebunden bleibt, kann er am Ende auch gegen die Wünsche des Mündels handeln. Auch § 1788 Nr. 4 BGB gibt dem Mündel nur ein Recht darauf, dass sein Wille „geachtet“ wird.

Die Besprechungs- und Beteiligungspflicht steht unter dem Vorbehalt, dass der Mündel einen Entwicklungsstand erreicht hat, der ihm erlaubt, die jeweilige Angelegenheit zu verstehen und sich dazu eine Ansicht zu bilden. Dass er schon zur freien Willensbildung in der Lage sein muss, verlangt das Gesetz nicht.

19 OLG Braunschweig FamRZ 2019, 1713.

c) Wohl des Mündels

Im Übrigen ist der Vormund verpflichtet, die Vormundschaft im Interesse und zum Wohl des Mündels zu führen (§ 1790 Abs. 1 BGB). Letzteres ist ein unbestimmter Rechtsbegriff. Was im Einzelfalle dem Wohl entspricht, folgt aus einer Abwägung verschiedener, das Kindeswohl prägender Aspekte, die sich wiederum in **drei übergeordnete Prinzipien** zusammenfassen lassen:

- der Kontinuität der Lebenswelt des Mündels,
- der Förderung seiner Anlagen und
- seiner wachsenden Autonomie.

§ 1788 Nr. 4 BGB gibt dem Kontinuitäts- und dem Autonomieprinzip wiederum den Charakter von Rechten des Mündels, während das Förderprinzip in § 1795 Abs. 1 Satz 2 BGB einen Ausdruck findet.

§ 1790 Abs. 2 Satz 3 BGB schreibt dem Vormund vor, in seine Entscheidungen die Beziehung des Mündels zu seinen Eltern einzubeziehen. Das ist deutlich vorsichtiger als § 1626 Abs. 3 Satz 1 BGB, der ja aber auch von einer prinzipiell unbelasteten Eltern-Kind-Beziehung ausgeht, die im Vormundschaftsrecht selten sein dürfte.

Indem § 1790 Abs. 1 BGB den Vormund als unabhängig bezeichnet, stellt das Gesetz klar, dass die Abwägung dieser Prinzipien anlässlich konkret anstehender Entscheidungen dem Vormund obliegt und nur einer eingeschränkten gerichtlichen Kontrolle unterliegt. Es räumt dem Vormund demnach einen **Beurteilungsspielraum** ein. Solange er diesen nicht verlässt, muss er nicht das tun, was dem Wohl des Mündels *am besten* entspricht. Es genügt, wenn seine Entscheidung dem Wohl des Mündels *nicht widerspricht*.

9. Personensorge des Vormunds

Die Personensorge umfasst die Regelung **aller persönlichen Angelegenheiten** des Mündels. § 1795 Abs. 1 Satz 1 BGB nennt Pflege, Erziehung, Aufsicht und Aufenthaltsbestimmung beispielhaft als besondere Aspekte der Personensorge. Sie umfasst aber auch alle anderen persönlichen Angelegenheiten, soweit sie einer Vertretung nicht gänzlich entzogen sind.

a) Pflege und Erziehung

Unter Pflege versteht man die Versorgung des Kindes mit dem unmittelbar Lebensnotwendigen (Nahrung, Kleidung, Unterkunft usw.). Erziehung ist die Sorge für die geistige, körperliche, seelische und sittliche Reifung. Sie fällt mit der Pflege in der Praxis weitgehend zusammen.

Beides wird begrenzt durch das **Recht des Mündels** auf die Abwesenheit von Gewalt, körperlichen Bestrafungen, seelischen Verletzungen und anderen entwürdigenden Maßnahmen aus § 1788 Nr. 2 BGB, der mit § 1631 Abs. 2 BGB übereinstimmt. Das betraf vor dem 1.1.2023 nur die Erziehung und gilt nun für die Pflege gleichermaßen: Pflegerische und erzieherische Maßnahmen lassen sich schließlich zumindest objektiv schwer voneinander abgrenzen.

Was das genau bedeutet, ist nur für die körperlichen Bestrafungen klar. Welche – anderen – Maßnahmen als „entwürdigend" gelten können ist so wenig klar, wie welcher Gewaltbegriff § 1788 Nr. 2 BGB zugrunde liegt.[20] Seelische Verletzungen wird ein Vormund nicht vermeiden können, so dass aus § 1788 Nr. 2 BGB nicht mehr folgen kann, als dass er die Gefahr hierfür möglichst gering hält.

Das **Erziehungsrecht** des Vormunds unterscheidet sich vom Umfang her nicht von demjenigen der Eltern, wohl aber inhaltlich. Denn letzteres ist ein Grundrecht (Art. 6 Abs. 2 Satz 1 GG), das durch § 1631 ff. BGB nur einfachgesetzlich *ausgestaltet* wird, während es dem Vormund erst durch § 1795 Abs. 1 Satz 1 BGB *verliehen* wird. Dementsprechend unterliegt es dichterer Kontrolle, auch wenn die gesetzlichen Regelungen sich auf den ersten Blick nicht wesentlich unterscheiden.

Auch die elterliche Sorge ist **Pflichtrecht**, das den Eltern zum Wohle des Kindes, nicht zu ihrem eigenen verliehen ist. Es erhält aber durch Art. 6 Abs. 2 Satz 1 GG gegenüber den staatlichen Behörden dennoch den Charakter eines Freiheitsrechtes, weswegen der Staat erst bei Erreichen der Eingriffsschwelle des Art. 6 Abs. 2 Satz 1 GG berechtigt ist, pflichtwidriges Verhalten der Eltern auch zu sanktionieren.[21] Beim Vormund fehlt – jenseits seines Beurteilungsspielraums – eine **Eingriffsschwelle**. Verhält er sich in einer Weise, die das Kindeswohl beeinträchtigt, ist das Familiengericht zum Einschreiten sowohl berechtigt als auch verpflichtet.

Außerdem ist seine Entscheidung über **Erziehungsziele und -methoden** nicht, wie die der Eltern, grundsätzlich frei, sondern schon im Ansatz gebunden. Er darf weder Erziehungsziele bestimmen noch Erziehungsmethoden anwenden, die dem anerkannten Stand der pädagogischen Wissenschaft (dem pädagogischen „Stand der Technik") widersprechen. Das folgt daraus, dass § 1788 Nr. 1 BGB dem Mündel ein Recht auf Erziehung und Förderung seiner Entwicklung zu einer eigenverantwortlichen und gemeinschaftsfähigen Persönlichkeit gibt, den Vormund folglich an die in § 1 Abs. 1 SGB VIII verankerten öffentlichen Erziehungsziele bindet.[22]

Während die entsprechenden Regelungen bei Eltern lediglich den Charakter von sanktionslosen Programmsätzen haben, gehören § 1795 Abs. 1 Satz 2 und Satz 3 i.V.m. § 1631a BGB beim Vormund zu dem durch § 1802 Abs. 2 BGB sanktionierten **Pflichtenprogramm**.

Während Eltern bei besonderen Erziehungsschwierigkeiten Anspruch auf die **Unterstützung des Familiengerichts** haben (§ 1631 Abs. 3 BGB), beschränkt sich beim Vormund dies auf einen Anspruch auf Information über Unterstützungsangebote (§§ 1802 Abs. 1 Satz 2, 1862 Abs. 2 Satz 1 BGB).

---

20 Staudinger/Salgo, § 1631 Rn. 85 gehtvon einem spezifisch „familienrechtlichen" Gewaltbegriff aus, der im wesentlichen wiederum hauptsächlich die Abwesenheit von entwürdigenden Maßnahmen und seelischen Traumatisierungen beinhaltet.

21 BVerfG NJW 1982, 1375.

22 Dass im Vergleich zu § 1 Abs. 1 SGB VIII in seiner jetzigen Fassung die „selbstbestimmte" Persönlichkeit fehlt, liegt daran, dasssie erst mit dem Kinder- und Jugendstärkungsgesetz dort eingefügt wurde, welches zwar vor dem VBRRefG in Kraft getreten ist, aber erst nach ihm verabschiedet wurde.

b) Aufnahme in den Haushalt des Vormunds

Der Vormund entscheidet kraft seines **Aufenthaltsbestimmungsrechts** darüber, bei wem der Mündel lebt, wer demzufolge die Pflege und Erziehung tatsächlich leisten soll.

Hier liegt einer der Unterschiede zwischen den Pflichten des Vormunds und denen der Eltern: Die Eltern *sollen* Pflege und Erziehung des Kindes in der Regel selbst leisten (Art. 6 Abs. 2 Satz 1 GG). Sie *können* sie allerdings auch anderen Personen oder Institutionen übertragen.

Die Pflicht des Vormunds geht nur dahin, Pflege und Erziehung des Mündels persönlich zu gewährleisten (§ 1795 Abs. 1 Satz 2 BGB).[23] Er überträgt die **Ausübung** aber in der Regel anderen Personen oder Institutionen. Nach § 1791 Satz 1 BGB steht dem Vormund aber das **Recht zum Selbsteintritt** zu. Er darf die Pflege und Erziehung des Mündels selbst übernehmen, wenn er das möchte.

Der Unterschied ist vor allem für den Anspruch auf stationäre **Hilfe zur Erziehung** nach §§ 27 Abs. 1, 33, 34 SGB VIII von Bedeutung. Eltern haben einen solchen Anspruch nicht, wenn sie selbst zur Erziehung ihrer Kinder ausreichend in der Lage sind. Dem Vormund gegenüber, der Hilfe zur Erziehung verlangt, kann dies dagegen nicht eingewandt werden, denn er ist unter keinem rechtlichen Gesichtspunkt persönlich zur Pflege und Erziehung des Mündels verpflichtet.

Eine komplizierte Lage entsteht, wenn **Pflegeeltern**, die das Kind im Rahmen einer Vollzeitpflege nach §§ 27, 33 SGB VIII erziehen, die Vormundschaft für ihr Pflegekind übernehmen. Eigentlich treten sie damit in die Rolle des Personensorgeberechtigten, also des Leistungsempfängers, ein. Nun sind sie aber zugleich selbst der Leistungserbringer, müssten also an sich selbst leisten, was technisch nicht möglich ist. Auch ist damit eigentlich der erzieherische Bedarf entfallen.

Hinweis

H *Kann und will der Personensorgeberechtigte das Kind selbst erziehen, hat er keinen Anspruch aus § 27 Abs. 1 SGB VIII.*

Auf der anderen Seite würde mit dem Wegfall der Leistung des Jugendamtes den Pflegeeltern – jedenfalls faktisch – auch der **Unterhalt des Kindes** überbürdet, den sie ihm aber unter keinem rechtlichen Gesichtspunkt schulden. Die Beantragung anderer Sozialleistungen für das Kind scheitert in aller Regel daran, dass es mit den Pflegeeltern eine Haushaltsgemeinschaft bildet.

Darum hat es sich in der Praxis eingebürgert, dem **Vormund**, der zugleich **als Pflegeperson** i.S.v. §§ 27, 33 SGB VIII fungiert, die Doppelrolle des Leistungsempfängers und Leistungserbringers zuzubilligen.[24] Von der Gewährung vollkommen isolierter wirtschaftlicher Jugendhilfe unterscheidet sich dieses Konstrukt immerhin noch dadurch, dass die Hilfege-

23 BVerwG NJW 1996, 2385.

24 BVerwG NJW 1996, 2385; allerdings kann nach § 39 Abs. 4 Satz 4 SGB VIII das Pflegegeld bei Leistungsfähigkeit der Großeltern gekürzt werden.

währung in dieser Form davon abhängt, dass sie sich auch in dem in § 36 SGB VIII vorgeschriebenen Verfahren als die **dem Bedarf entsprechende Hilfeform** erweist. Tut sie das nicht, ist sie einzustellen. Der Vormund muss dann darüber entscheiden, ob er das Kind ohne finanzielle Unterstützung des Jugendamtes weiterhin selbst erzieht oder doch in Absprache mit dem Jugendamt woanders unterbringt.

Wegen § 27 Abs. 2a SGB VIII steht es der Hilfe zur Erziehung in dieser Form auch nicht im Wege, wenn der Vormund, der das Kind selbst erzieht, ihm tatsächlich auch Unterhalt schuldet (was nur auf Großeltern[25] oder Urgroßeltern zutreffen kann). Das ist insofern konsequent, als nach § 92 Abs. 1 SGB VIII nur Eltern, nicht aber andere Verwandte zu den Kosten der Vollzeitpflege herangezogen werden könnten.

Hinweis

! *Das SGB VIII zieht die Grenze der finanziellen Verantwortung für ein Kind enger als das Unterhaltsrecht.*

Das Gesetz „belohnt" den Vormund für die **Eigenunterbringung** mit einigen Privilegien, die sonst nur Eltern zustehen:

- Mündel und Vormund sind einander Beistand und Rücksicht schuldig (§ 1791 Satz 2 Hs. 1 BGB).
- Der Mündel schuldet dem Vormund Dienstleistungen in Haushalt und Erwerbsgeschäft (§§ 1791 Satz 2 Hs. 2, 1619 BGB).
- Der Vormund haftet dem Mündel für Schäden nur auf der Grundlage der eigenüblichen Sorgfalt (§ 1794 Abs. 2 BGB). Er braucht mit den Rechtsgütern des Mündels bis an die Grenze der groben Fahrlässigkeit (§ 277 BGB) nicht sorgfältiger umzugehen als mit seinen eigenen.

All dies gilt nur, solange das Rechtsverhältnis besteht, also nicht (wie nach §§ 1618a, 1619 BGB im Eltern-Kind-Verhältnis) über den Zeitpunkt der Volljährigkeit hinaus.

Das **Haftungsprivileg** aus §§ 1794 Abs. 2, 1664 Abs. 1 BGB entbindet nicht von den gesetzlichen Pflichten, die den Vormund treffen. Es verändert lediglich den Verschuldensmaßstab bei der Anwendung von § 1794 Abs. 1 BGB.

Die Grenzen dieses Haftungsprivilegs sind für den Vormund ebenso unklar wie bei den Eltern. Man wird wohl davon ausgehen müssen, dass es grundsätzlich auch den Verschuldensmaßstab bei parallel erfüllten Deliktstatbeständen entsprechend verändert, soweit die verletzten Verhaltenspflichten in denen des Vormunds aufgehen.[26] Kommt der Mündel aber dadurch zu Schaden, dass der Vormund *allgemeine* Verhaltenspflichten – z.B. die Sorgfalt eines Kraftfahrzeugführers im Straßenverkehr – verletzt, kann er schon für einfaches Verschulden haften, jedenfalls, wenn sich die Pflichtverletzung nicht ausschließlich zu

25 Nach BVerwG ZKJ 2012, 236 steht es derGewährung von Hilfen zur Erziehung im Haushalt der die Vormundschaft führenden Großeltern auch nicht entgegen, dass die Mutter ebenfalls dort lebt.

26 BGH NJW 1988, 2667.

Lasten des Mündels auswirkt.[27] Die Haftung aus Gefährdungstatbeständen (§ 7 StVG, §§ 833, 836 BGB) ist nicht eingeschränkt.

c) Mündel bei Pflegepersonen und in Einrichtungen

aa) Übertragung der Sorge zur Ausübung

Der Vormund überträgt durch die Fremdunterbringung die Ausübung der Personensorge teilweise auf die Familie oder Institution, in der das Kind untergebracht wird.

Praxistipp

Der Umfang dieser Übertragung kann näher besprochen und in einer Vereinbarung festgehalten werden und den Pflegepersonen oder der Einrichtung eine Vollmacht zur Vertretung im Außenverhältnis erteilt werden.

Da es sich dabei aber nur um eine Übertragung zur Ausübung handelt, ist dies **frei widerruflich**. Das Verhältnis des Vormunds zu Pflegepersonen ist in § 1796 Abs. 1 und Abs. 2 BGB dahin näher geregelt, dass

- der Vormund auf die Belange der Pflegeperson Rücksicht zu nehmen hat,
- der Vormund die Auffassung der Pflegeperson in seine den Mündel betreffenden Entscheidungen einzubeziehen hat und
- Vormund und Pflegeperson zur wechselseitigen Information und Zusammenarbeit im Interesse und zum Wohl des Mündels verpflichtet sind.

Nach § 1796 Abs. 3 BGB gilt dasselbe für das Verhältnis des Vormunds zu Personen, die den Mündel in einer Einrichtung oder im Rahmen einer Maßnahme nach § 35 SGB VIII betreuen.

Handelt es sich um eine **dauerhafte Fremdunterbringung** , verleiht § 1797 Abs. 1 BGB der Pflegeperson das Recht

- in Angelegenheiten des täglichen Lebens (zu diesem Begriff siehe § 1687 Abs. 1 Satz 3 BGB) selbstständig zu entscheiden und den Vormund (nicht etwa: direkt den Mündel) insoweit auch zu vertreten,
- bei Gefahr im Verzug alle zum Wohl des Mündels erforderlichen Maßnahmen zu treffen (§§ 1688 Abs. 1 Satz 3, Abs. 2, 1629 Abs. 1 Satz 4 BGB).

Auch dies erstreckt § 1797 Abs. 2 BGB auf Personen, die den Mündel in einer Einrichtung oder im Rahmen einer Maßnahme nach § 35 SGB VIII betreuen.

Der Vormund darf diese Befugnisse nur einschränken oder ausschließen (§ 1796 Abs. 3 Satz 1 BGB), soweit dies zum Wohl des Mündels erforderlich ist. Tut er dies ohne zureichenden Grund, muss das Familiengericht im Aufsichtsverfahren nach § 1802 Abs. 2 BGB hiergegen einschreiten.

27 OLG Hamm NJW 1993, 542.

bb) Übertragung durch das Familiengericht

§ 1777 Abs. 1 BGB ermöglicht darüber hinaus die gerichtliche Übertragung von Teilen der Personensorge vom Vormund auf die Pflegeeltern als Pfleger. Voraussetzung ist, dass der Mündel schon längere Zeit bei der Pflegeperson lebt oder unabhängig hiervon bereits eine persönliche Bindung zum Mündel hat.

Es handelt sich dabei um eine **besondere Form der Pflegschaft** (Pflegeeltern-Pflegschaft), nicht – wie bei § 1630 Abs. 3 BGB (siehe unter C. 6.) – nur um das Einräumen der Rechtsstellung von Pflegern. Anders als dort sind demnach auch §§ 1774, 1775, 1784 BGB anwendbar. Die gemeinsame Übertragung auf mehrere Pflegepersonen kommt folglich nur in Frage, wenn diese miteinander verheiratet sind. Auch ist die Übertragung erst nach Einholen eines Auszugs aus dem Bundeszentralregister zulässig (§§ 168f, 168 Abs. 2 FamFG).

Die Übertragung erfolgt auf **Antrag** des Vormunds oder der Pflegeperson und erfordert die Zustimmung des jeweils anderen. Sie muss dem Wohl des Mündels dienen. Das wird bei Einverständnis aller Beteiligten in der Regel der Fall sein, so dass das Gericht es nur prüfen wird, wenn der Mündel dagegen Bedenken hat.

Hinweis

Der Wille des Mündel ist in jedem Falle zu berücksichtigen (§ 1777 Abs. 1 Satz 2 BGB), so dass von seiner Anhörung im Verfahren nicht nach § 159 Abs. 2 Nr. 4 FamFG abgesehen werden kann.

Die **Reichweite der Übertragung** wird durch § 1777 Abs. 2 BGB stark eingeschränkt: Angelegenheiten von erheblicher Bedeutung erfasst sie nur dahingehend, dass sie dem Vormund und der Pflegeperson zur gemeinsamen Ausübung übertragen werden. Insoweit behält der Vormund auch seine Sorge und Vertretungsmacht (vgl. § 1789 Abs. 1 Satz 2 BGB), kann sie aber nicht mehr allein ausüben. Vielmehr entscheiden Pflegeperson und Vormund insoweit in gegenseitigem Einvernehmen (§ 1792 Abs. 4 BGB), es sei denn, es ist Gefahr im Verzug (vgl. § 1792 Abs. 5 BGB). Werden sie sich nicht einig, entscheidet das Familiengericht (§ 1793 Abs. 1 Nr. 3 BGB) auf ihren oder den Antrag des mindestens 14 Jahre alten Mündels (§ 1793 Abs. 2 BGB).

Für die **Aufhebung der Übertragung** gilt § 1776 Abs. 2 BGB entsprechend. Zusatzpflegschaft und Pflegeelternpflegschaft schließen sich im Übrigen wechselseitig aus (siehe dazu oben unter 3. d)). Es kommt jedoch in Frage, die Vormundschaft nach §§ 1804 Abs. 1 Nr. 2, 1805 Abs. 1 BGB auf die Pflegeeltern zu übertragen und den bisherigen Vormund zugleich zum Zusatzpfleger zu bestellen.

d) Gesundheitssorge

Zur Pflege des Kindes gehört auch die medizinische Versorgung. Der Vormund muss daher gelegentlich auch Entscheidungen über die Behandlung des Mündels treffen. Die Besonderheit besteht hier darin, dass es sich um Eingriffe in die körperliche Integrität des Mündels handelt. Eine solche bedarf stets der Rechtfertigung, andernfalls strafbare Körperverletzung (§ 223 StGB) vorliegt und außerdem Schadensersatz inklusive Schmerzensgeld geschuldet sein kann (§§ 823 Abs. 1, 253 Abs. 2 BGB).

Für gewöhnlich sind medizinische Behandlungen nur gerechtfertigt, wenn

- der Patient über die Chancen, Risiken und Nebenwirkungen der Behandlung aufgeklärt wurde (§ 630e BGB),
- in die Behandlung eingewilligt hat (§ 630d BGB),
- die Behandlung sodann nach den Regeln der ärztlichen Kunst durchgeführt wurde und
- nicht trotz der gegebenen Einwilligung gegen die guten Sitten verstößt (siehe hierzu § 228 StGB).

Bei einem Minderjährigen stellt sich als Erstes die Frage, ob und wenn ja, wann, dazu *seine* Einwilligung notwendig oder ausreichend ist und wann sie von seinem gesetzlichen Vertreter *in seinem Namen* erklärt werden kann oder muss.

Dazu ist vieles im Detail umstritten. Klar ist aber, dass die Eigenzuständigkeit des Patienten für medizinische Behandlungen nicht erst mit der Volljährigkeit beginnt, sondern es dazu auf seine individuelle Reife ankommt. Ist er jeweils reif genug, um die Chancen, Risiken und Nebenwirkungen einer bestimmten Behandlung zu erkennen und zu verstehen, betrachten wir ihn als einwilligungsfähig.[28] Das ist für jede Behandlung gesondert festzustellen, weil die Zusammenhänge unterschiedlich komplex sein können.

Einigkeit besteht darin, dass die Einwilligung für ein **einwilligungsunfähiges Kind** nur von seinem gesetzlichen Vertreter wirksam erteilt werden kann. Weigert sich der Vormund pflichtwidrig, in eine Behandlung einzuwilligen, kann das Familiengericht die in § 1802 Abs. 2 BGB beschriebenen Aufsichtsmaßnahmen ergreifen. Bleibt bei einer eiligen Behandlung dafür keine Zeit, darf der Arzt sich unter Umständen auch direkt über den Willen des gesetzlichen Vertreters hinwegsetzen.

Ist das Kind **einwilligungsfähig**, so ist seine Einwilligung jedenfalls erforderlich. In der Literatur ist umstritten, ob sie auch ausreicht oder ob zusätzlich die des gesetzlichen Vertreters notwendig ist. (§ 630d Abs. 1 Satz 3 BGB lässt das ausdrücklich offen.) Richtigerweise versteht man die Einwilligungsfähigkeit als Fall der Teilmündigkeit. Die Einwilligung des einwilligungsfähigen Kindes genügt daher für die Rechtmäßigkeit der Behandlung. Beim Abschluss des Behandlungsvertrages muss das Kind gesetzlich vertreten sein, falls er nicht – weil die Krankenkasse die Behandlung übernimmt – keine Rechtsnachteile für das Kind beinhaltet (siehe § 107 BGB).

Auch das noch nicht einwilligungsfähige Kind kann einer nur relativ indizierten medizinischen Behandlung widersprechen, wenn es bereits eine natürliche Einsichtsfähigkeit in deren Nutzen und Risiken besitzt.[29]

Das Risiko der späteren Feststellung der Einwilligungsfähigkeit trägt der Arzt. Daher werden Ärzte in der Praxis bemüht sein, die Einwilligung der Patienten *und* ihrer gesetzlichen Vertreter zu erlangen.

---

28 BGH NJW 1959, 811.
29 BGH NJW 2007, 217.

Praxistipp

Soweit § 1797 Abs. 1 BGB anwendbar ist, können Pflegeeltern im Namen des Vormunds in Behandlungen einwilligen, die Angelegenheiten des täglichen Lebens darstellen oder die nicht ohne Gefahr aufgeschoben werden können.

Sonderthemen

Ganz verboten ist nach §§ 1795 Abs. 1 Satz 3, 1631c BGB die **Sterilisation** von Mündeln.

Eine besondere gesetzliche Regelung gilt für **geschlechtsangleichende Behandlungen** nach §§ 1795 Abs. 1 Satz 3, 1631e BGB. Sie sind ganz verboten, wenn sie bei intersexueller Geburt ausschließlich der Angleichung an das männliche oder weibliche Geschlecht dienen. Die Angleichung an das selbst empfundene Geschlecht bei Kindern mit Transidentität unterliegt diesem Verbot nicht. Sie ist nur unter den sehr strengen Bedingungen von § 1631e Abs. 2 bis 6 BGB erlaubt, was operative Eingriffe an den Fortpflanzungsorganen betrifft. Ansonsten unterliegt sie keinen besonderen Regelungen.

Der **Schwangerschaftsabbruch** bei einem Mündel stellt nur insofern ein Sonderproblem dar, als das Lebensrecht des ungeborenen Kindes hier ebenfalls in Rechnung gestellt werden kann. Dazu sind aber andererseits die besonderen Voraussetzungen geschaffen, unter denen der Schwangerschaftsabbruch nach § 218a StGB überhaupt nur zulässig ist. Der Vormund dagegen ist nur für die Gesundheit seines schwangeren Mündels verantwortlich, nicht für das ungeborene Kind. Aus seiner Sicht ist der Schwangerschaftsabbruch daher nicht anders zu behandeln als andere medizinische Behandlungen.

Das bedeutet: Die einwilligungsfähige Schwangere kann in die Behandlung selbst einwilligen. Ist sie einwilligungsunfähig, ist dagegen die Einwilligung des Vormunds nötig. Das ist unproblematisch, wenn für den Abbruch eine Indikation (§ 218a Abs. 2, Abs. 3 StGB) besteht. Ob ein Abbruch nach dem Beratungsmodell (§ 218a Abs. 1 StGB) bei einer einwilligungsunfähigen Schwangeren möglich ist, ist m.E. zweifelhaft, möglicherweise aber auch ein Scheinproblem, weil bei einer so jungen Schwangeren regelmäßig eine Indikation gegeben sein wird.

e) Religiöse Erziehung

Die religiöse Erziehung ist in einem Spezialgesetz geregelt: dem Gesetz über die religiöse Kindererziehung – RKEG. Das Vormundschaftsrecht ergänzt dies durch das Recht des Mündels auf Achtung seines religiösen Bekenntnisses (§ 1788 Nr. 4 BGB).

Nach § 3 Abs. 2 Satz 6 RKEG darf der Vormund eine einmal erfolgte Bestimmung über die religiöse Erziehung nicht ändern. Nur wenn und soweit eine Bestimmung noch nicht getroffen ist, kann der Vormund sie treffen (§ 3 Abs. 2 Satz 1 RKEG), wobei dafür aber die **Genehmigung des Familiengerichts** erforderlich ist (§ 3 Abs. 2 Satz 2 RKEG). Das Verfahren ist dem Richter vorbehalten (§ 14 Abs. 1 Nr. 11 RPflG). Er muss Verwandte, Verschwägerte und – wenn es schon zur Schule geht – auch die Lehrer des Kindes anhören (§ 3 Abs. 2 Satz 3 RKEG). Was die Anhörung des Mündels, seiner Eltern, des Jugendamtes und von (sonstigen) Vertrauenspersonen angeht, gelten keine Besonderheiten.

Der Mündel hat aus § 1788 Nr. 4 BGB gegenüber dem Vormund und aus § 9 Nr. 1 SGB VIII gegenüber dem Jugendamt als Leistungsträger ein Recht darauf, dass bei der **Fremdunterbringung** auf seine Religion und sein Bekenntnis Rücksicht genommen wird.

Praxistipp

▶ *Ein evangelisches Kind soll möglichst nicht in einer streng katholischen Pflegefamilie, ein islamisches Kind nicht in einem dezidiert christlich geprägten Heim untergebracht werden.*

Sobald der Mündel 14 Jahre alt ist, ist er **religionsmündig** und kann sein Bekenntnis selbst bestimmen (§ 5 Satz 1 RKEG). Er darf dann seine Religion auch ändern. Bis zum 14. Geburtstag ist das dagegen wegen § 3 Abs. 2 Satz 5 RKEG ganz ausgeschlossen, weshalb § 5 Satz 2 RKEG hier ohne Bedeutung ist.

Das RKEG enthält nur staatskirchenrechtliche Regelungen. Daher ist z.B. die Frage der Wirksamkeit einer katholischen Taufe keine, für die § 3 RKEG von Bedeutung ist oder über die weltliche Gerichte überhaupt entscheiden können. Umgekehrt bedeutet daher eine wirksam erfolgte Taufe nicht stets, dass eine Neubestimmung des Bekenntnisses durch den Vormund ausscheidet, sondern dazu muss sie auch den Anforderungen des § 3 RKEG genügen.

Für religiöse Beschneidungen gilt § 1631d BGB zwar auch bei Mündeln zwar entsprechend (§ 1795 Abs. 1 Satz 3 BGB). Der Vormund kann darin unter den dort genannten Voraussetzungen einwilligen. Das gilt wegen § 3 Abs. 2 Satz 5 RKEG aber nur, wenn sie der Religion entspricht, dem der Mündel bereits angehört.

f) Aufsicht

Die Aufsichtspflicht des Vormunds deckt sich zwar im Ansatz mit der der Eltern. Der Vormund ist aber auch hier wiederum nicht verpflichtet, die Aufsicht selbst zu leisten, er muss sie lediglich **sicherstellen**.

Der Vormund riskiert die Haftung aus § 832 Abs. 1 BGB, wenn er dies nicht tut und der Mündel einem Dritten Schaden zufügt. Auch dem Mündel gegenüber ist der Vormund für dessen ordentliche Beaufsichtigung verantwortlich und haftet für die ihm entstehenden Schäden nach Maßgabe von § 1794 BGB.

Eine **Übertragung** der Aufsichtspflicht auf Dritte ist nur nach § 1777 Abs. 1 BGB möglich.

Im Falle der Fremdunterbringung genügt der Vormund seiner Aufsichtspflicht jedoch, wenn er die Institution sorgfältig auswählt und überwacht und sie vertraglich dazu verpflichtet, den Mündel ihrerseits entsprechend zu beaufsichtigen. Die Institution haftet für die Verletzung dieser vertraglich übernommenen Aufsichtspflicht dann ihrerseits unmittelbar und zwar

- dem Mündel gegenüber aus § 280 Abs. 1 BGB,
- einem durch den Mündel geschädigten Dritten gegenüber aus § 832 Abs. 2 BGB.

Der **Umfang** der sicherzustellenden Aufsicht ist von mehreren Faktoren abhängig. Zunächst hängt er von Alter, Eigenart und Charakter des Mündels ab,[30] also von dessen persönlichen Eigenschaften. Sodann spielt die Schwere der drohenden Gefahr eine Rolle.[31] Je größer sie ist, desto mehr muss unternommen werden, um sie abzuwenden. Weiter kommt es darauf an, ob sie durch zumutbare Anstrengungen abgewendet werden konnte. Schließlich ist von einer Wechselwirkung zwischen Erziehung und Aufsichtspflicht auszugehen. Je besser ein Mündel durch erzieherischen Einfluss in der Lage ist, Gefahren für sich und andere auszuschließen, desto weniger wird an Aufsicht geschuldet.

Ein Vormund wird es oft mit Mündeln zu tun haben, deren Erziehung in mancher Hinsicht gescheitert ist. Das verpflichtet ihn dann grundsätzlich dazu, ein **hohes Maß an Aufsicht** sicherzustellen. So ist bei Kindern, die zu unkontrollierter Aggressivität neigen u.U. sogar eine ständige Begleitung gefordert.[32] Hier kann jedoch eine absolute Grenze erreicht sein: Wenn feststeht, dass ein kurz vor der Volljährigkeit stehender Jugendlichen mit erzieherischen Mitteln nicht mehr zu erreichen ist, sind sie auch nicht mehr geschuldet.[33]

g) Aufenthaltsbestimmung

Minderjährige können ihren Aufenthaltsort nicht frei bestimmen. Das bedeutet aber nicht, dass ihr Aufenthalt an einem bestimmten Ort stets auch gewaltsam erzwungen werden dürfte.

Das einzige Mittel zur **Durchsetzung** des Aufenthaltsbestimmungsrechts gegenüber dem Mündel ist die erzieherische Autorität. Nur ausnahmsweise ist der Vormund zur freiheitsentziehenden Unterbringung des Mündels in einer Anstalt berechtigt.

Dritten gegenüber kann der Vormund das Aufenthaltsbestimmungsrecht jedoch grundsätzlich auch mit staatlichem Zwang durchsetzen.

Die Verlegung des Lebensmittelpunktes des Kindes ins **Ausland** steht unter dem Vorbehalt der familiengerichtlichen Genehmigung nach § 1795 Abs. 2 Nr. 3 BGB. Da es sich hierbei um einen tatsächlichen Vorgang handelt, kann der gewöhnliche Aufenthalt zwar auch ohne diese Genehmigung wirksam verlegt werden. Fehlt sie, bleibt aber eine Intervention nach dem Haager Kindesentführungsabkommen möglich, das nicht greift, wenn ein Kind mit wirksamer Zustimmung des Personensorgeberechtigten ins Ausland verbracht wird.

Praxistipp

▶ *Einem vorübergehenden Auslandsaufenthalt kann der Vormund auch ohne Genehmigung des Familiengerichts wirksam zustimmen.*

Jugendhilfemaßnahmen im Ausland werden durch § 38 SGB VIII inzwischen ganz erheblichen Einschränkungen unterworfen.

30 BGH NJW 1976, 1684.
31 BGH NJW 1990, 2553.
32 BGH NJW 1995, 3385.
33 BGH NJW 1980, 1044.

aa) Geschlossene Unterbringung

Nach §§ 1795 Abs. 1 Satz 3, 1631b Abs. 1 Satz 1 BGB ist der Vormund grundsätzlich auch zur geschlossenen Unterbringung des Mündels (z.B. in einem geschlossenen Erziehungsheim oder einem geschlossenen psychiatrischen Krankenhaus) berechtigt. Er benötigt dazu die **Genehmigung des Familiengerichts**.

Praxistipp

Bei Gefahr im Verzug kann der Vormund ausnahmsweise die Unterbringung sofort veranlassen und die Genehmigung nachträglich einholen (vgl. § 1631b Abs. 1 Satz 3 BGB).

Voraussetzung der Genehmigung ist, dass die Unterbringung für das Wohl des Mündels erforderlich ist. Das setzt in der Regel eine erhebliche Eigen- oder Fremdgefährdung voraus, die von dem Mündel ausgeht und die nicht auf anderem Wege, auch nicht durch öffentliche Hilfen beseitigt werden kann (§ 1631b Abs. 1 Satz 2 BGB).

Damit stellt das Gesetz klar, dass die geschlossene Unterbringung als Erziehungsmaßnahme nur in Frage kommt, wenn alle anderen Möglichkeiten – bis hin zu intensiver sozialpädagogischer Einzelbetreuung des § 35a SGB VIII[34] – nicht ausreichen, um die bestehenden Gefahren abzuwenden. Anders als bei Erwachsenen (dort § 1906 Abs. 1 BGB) wird eine bestimmte Ursache für die Gefahr aber nicht gefordert. Eine schwere Fehlentwicklung kann dafür genügen.[35]

Das **Verfahren** zur Genehmigung der Unterbringung ist zwar Kindschaftssache (vgl. § 151 Nr. 6 FamFG), folgt aber besonderen Regeln. Im Wesentlichen gelten die Verfahrensvorschriften zur Unterbringung Erwachsener (§§ 312 ff. FamFG) entsprechend (§ 167 Abs. 1 Satz 1 FamFG). Diese enthalten dem Gewicht des Verfahrensgegenstandes entsprechende rechtsstaatliche Garantien, die die leichtfertige Erteilung der Genehmigung ohne ausreichend gründliche Prüfung der Umstände verhindern und gleichzeitig sicherstellen sollen, dass der von einer Unterbringung Betroffene als Rechtssubjekt ernst genommen wird. Das gesamte Unterbringungsverfahren ist außerdem dem Richter vorbehalten. Dies folgt aus § 4 Abs. 2 Nr. 2 RPflG.

Der Betroffene ist nach § 167 Abs. 3 FamFG ungeachtet seines Geisteszustandes als **verfahrensfähig** zu behandeln, wenn er mindestens 14 Jahre alt ist. M.E. ist das als Teilmündigkeit anzusehen, die die gesetzliche Vertretung (in erster Instanz, zur Beschwerde siehe § 335 Abs. 3 FamFG) ausschließt. Noch nicht 14 Jahre alte Kinder werden dagegen auch im Unterbringungsverfahren nach den gewöhnlichen Vorschriften gesetzlich vertreten (§ 9 Abs. 1 Nr. 3 FamFG).

Dem Betroffenen ist ein **Verfahrensbeistand** beizuordnen, wenn dies zur Wahrnehmung seiner Interessen erforderlich ist (§§ 167 Abs. 1 Satz 2, 317 Abs. 1 FamFG). Wird keiner bestellt, bedarf dies einer besonderen Begründung (§§ 167 Abs. 1 Satz 2, 317 Abs. 2 FamFG).

34 BGH NJW 2012, 2584.

35 BGH FamRZ 2013, 115, dort: schwere Störung der sexuellen Entwicklung mit übergriffigem Verhalten anderen Kindern gegenüber.

Der Vormund wird als derjenige, der die Unterbringungsgenehmigung angeregt hat, in aller Regel in einem Interessenkonflikt stehen. Wenn dem Betroffenen kein Verfahrensbeistand beigeordnet wird, kann das also praktisch nur damit begründet werden, dass er seine Interessen selbst ausreichend vertreten konnte oder sie von einem anderen Verfahrensbeteiligten ohne Eigeninteressen wahrgenommen worden sind.

Die Beteiligung des **Jugendamtes** richtet sich nach § 315 Abs. 3 FamFG, ohne sachlichen Unterschied zu § 162 Abs. 2 FamFG. Außerdem aber kann das Gericht auch die in § 315 Abs. 4 Satz 1 FamFG genannten **Bezugspersonen** des Kindes beteiligen. Das ist sonst in Kindschaftssachen nur bei Pflegepersonen möglich.

Hinweis

Ohne Rücksicht auf sein Alter ist der Betroffene persönlich anzuhören (§ 319 Abs. 1 FamFG). Das gilt vor allem auch für das noch nicht 14 Jahre alte Kind.

Das Gericht ist verpflichtet, ein **Sachverständigengutachten** zu den Unterbringungsgründen einzuholen (§ 321 Abs. 1 FamFG). Die Qualifikation des Gutachters richtet sich jedoch nach § 167 Abs. 6 FamFG:

- Das Gutachten muss von einem Arzt für Kinder- und Jugendpsychiatrie stammen, wenn die Unterbringung aufgrund einer psychischen Krankheit oder geistigen oder seelischen Behinderung des Kindes erforderlich ist.
- Falls dagegen die Unterbringung in einem geschlossenen Heim aus erzieherischen Gründen angestrebt wird, ist das Gutachten eines in Fragen der Heimerziehung erfahrenen Psychotherapeuten, Psychologen, Pädagogen oder Sozialpädagogen einzuholen.

Die **Unterbringungsgenehmigung** muss **befristet** werden (§ 323 Abs. 1 Nr. 2 FamFG). Sie darf höchstens für ein Jahr erteilt werden, ausnahmsweise für zwei Jahre, wenn ein Jahr offensichtlich nicht ausreicht, um den mit der Unterbringung verfolgten Zweck zu erreichen (§ 329 Abs. 1 FamFG), etwas, was bei Minderjährigen kaum je angenommen werden kann. Freilich ist ihre Verlängerung in einem neuen Verfahren möglich (§ 329 Abs. 2 FamFG).

Bei **Gefahr** im Verzug kann das Familiengericht die Unterbringung durch einstweilige Anordnung auch vorläufig genehmigen (§ 331 FamFG). Das ist höchstens für sechs Wochen, nach Anhörung eines Sachverständigen für drei Monate möglich (§ 333 Abs. 1 FamFG).

Vor einer einstweiligen Anordnung muss dem Gericht zumindest ein ärztliches Attest vorliegen (§ 331 Satz 1 Nr. 2 FamFG). Mit Blick auf § 167 Abs. 6 Satz 2 FamFG dürfte auch hier ggf. das Attest eines Psychologen oder Pädagogen genügen. Die Anhörung des Betroffenen und des Verfahrensbeistandes zum Erlass der einstweiligen Anordnung ist zwar ebenfalls vorgeschrieben (§ 331 Satz 1 Nr. 3 und 4 FamFG), kann aber nachträglich erfolgen (§ 332 FamFG).

Der **Vollzug der Genehmigung** ist grundsätzlich Sache des Vormunds. Falls er mit Widerstand des Mündels rechnet, kann er nach § 326 Abs. 1 BGB die „zuständige Behörde" – das ist nach § 88 Abs. 2 FamFG hier das Jugendamt – um Unterstützung ersuchen. Das

Jugendamt kann wiederum vom Familiengericht zur Gewaltanwendung und (falls erforderlich) zur gewaltsamen Öffnung der Wohnung des Betroffenen ermächtigt werden (§ 326 Abs. 2 und 3 BGB).

Für die **Beschwerdebefugnis** gilt § 335 FamFG, wobei das Gericht bei einem noch nicht 14-jährigen Kind selbst festzustellen hat, wem es Vertrauen entgegenbringt. Es ist nicht erforderlich, dass es die Vertrauensperson benannt hat.[36]

- Die **Rechtsbeschwerde** ist zulassungsfrei statthaft, soweit sie sich gegen eine Entscheidung des Landgerichts richtet, die die Unterbringung genehmigt oder die Beschwerde dagegen zurückweist.
- Im Verfahren der einstweiligen Anordnung ist die **Beschwerde** statthaft (§ 57 Satz 2 FamFG), die Rechtsbeschwerde dagegen auch hier ausgeschlossen (§ 70 Abs. 4 FamFG).

Die Unterbringung durch den Personensorgeberechtigten ist nicht die einzige Möglichkeit, einen Minderjährigen in einer geschlossenen Anstalt unterzubringen.

- Auch seine Unterbringung auf der Basis der Landesgesetze über die Unterbringung psychisch Kranker kommt in Frage. Auch sie ist Kindschaftssache des Familiengerichts (§ 151 Nr. 7 FamFG).
- Eine Unterbringung nach § 63 StGB kommt bei strafmündigen Minderjährigen grundsätzlich ebenfalls schon in Frage (vgl. § 7 Abs. 1 JGG).
- Schließlich kann das Jugendamt im Rahmen einer **Inobhutnahme** ebenfalls die vorläufige geschlossene Unterbringung eines Minderjährigen veranlassen (§ 42 Abs. 5 SGB VIII).

bb) Sonstige freiheitsentziehende Maßnahmen

Nach § 1631b Abs. 2 BGB gilt für andere Maßnahmen, durch die einem Kind die Bewegungsfreiheit **regelmäßig** oder für **längere Dauer** entzogen werden soll, § 1631b Abs. 1 BGB entsprechend (z.B. Fixierungen im Bett oder das nächtliche Einschließen im Zimmer).

Das betrifft jedoch nur Kinder, die sich in einer Einrichtung aufhalten, gilt also nicht für Kinder, die in Familienpflege leben. Dort sind Freiheitsentziehungen, die mit dem Kindeswohl vereinbar sind, zulässig, wobei ihre regelmäßige oder längere Anwendung keine Angelegenheit des täglichen Lebens i.S.v. § 1797 Abs. 1 Satz 1 BGB ist.

Die Entscheidung darüber ist also dem Vormund vorbehalten und kann nur von den Pflegepersonen mit ihm gemeinsam getroffen werden, wenn es zu den ihnen nach § 1777 Abs. 1 BGB übertragenen Aufgaben gehört.

Altersgerechte Maßnahmen nimmt § 1631b Abs. 2 BGB aus dem Anwendungsbereich der Vorschrift aus. Das sind Freiheitsbeschränkungen, die bei Kindern des entsprechenden Alters auch sonst üblich sind, wie z.B. das Abstellen eines Kleinkindes in einen Laufstall oder das nächtliche Abschließen der Haustür, um Kinder oder jüngere Jugendliche daran zu hindern, nachts das Haus zu verlassen.

36 BGH FamRZ 2013, 115: dort eigenes Beschwerderecht der Großmutter angenommen.

cc) Herausgabeanspruch

Der Vormund hat kraft des Aufenthaltsbestimmungsrechts nach §§ 1795 Abs. 1 Satz 3, 1632 Abs. 1 BGB das Recht, den Mündel von jedem herauszuverlangen, der ihn ihm widerrechtlich vorenthält.

Da der Vormund das Recht, den Aufenthalt des Mündels zu bestimmen, nicht als solches übertragen kann (sondern nur die Ausübung anderen überlassen), ist er auch im Falle der Fremdunterbringung nicht an eine Vereinbarung gebunden, sondern kann sie im Prinzip jederzeit beenden. Ein von ihm abgeleitetes Recht, ihm den Mündel vorzuenthalten, ist daher nicht denkbar. Folglich hängt der Herausgabeanspruch lediglich davon ab, dass dem Anspruchsgegner kein aus dem Gesetz folgendes Recht zusteht, den Mündel in seiner Obhut zu behalten.

Ein solches Recht kann sich zunächst aus einer **Verbleibensanordnung** des Familiengerichts nach § 1632 Abs. 4 Satz 1 BGB ergeben. Voraussetzung einer solchen Anordnung ist, dass sich der Mündel schon längere Zeit in Familienpflege befindet und seine Herausgabe an den Vormund sein Wohl gefährden würde. Die Verbleibensanordnung setzt einen **Antrag der Pflegeperson** *nicht* voraus.[37]

Hinweis

Die mit dem Kinder- und Jugendstärkungsgesetz eingeführte Dauer-Verbleibensanordnung kann einem Vormund gegenüber nicht erfolgen, da § 1795 Abs. 1 Satz 3 BGB auf § 1632 Abs. 4 Satz 2 BGB nicht verweist.

Der Prüfungsmaßstab, der an eine **Gefährdung des Kindeswohls** durch die Herausgabe angelegt wird, ist nirgends so schwankend wie bei § 1632 Abs. 4 Satz 1 BGB. Hier kommt es ganz entscheidend darauf an, wer zu welchem Zweck von wem die Herausgabe verlangt.

- Soll die Herausgabe der Rückführung des Kindes in seine Herkunftsfamilie dienen, ist das durch Art. 6 GG privilegiert. Das Kind muss dann gewisse Beeinträchtigungen hinnehmen, der Gefahr eines erheblichen Schadens, dessen Eintritt überwiegend wahrscheinlich ist, darf es aber nicht ausgesetzt werden.[38]
- In ähnlicher Weise privilegiert die Rechtsprechung Großeltern, die als Vormund das Kind herausverlangen, um es selbst erziehen zu können.[39]
- Steht dagegen nur ein beabsichtigter Wechsel der Fremdunterbringung hinter dem Herausgabeverlangen, ist eine Verbleibensanordnung schon zu erlassen, wenn ein seelischer Schaden nicht ganz ausgeschlossen werden kann.[40]

Sowohl die Anordnung der Herausgabe als auch die des Verbleibens des Kindes in der Pflegefamilie sind dem Richter vorbehalten (§ 14 Abs. 1 Nr. 8 RPflG).

---

37 BayObLGZ 1991, 17.
38 BVerfG NJW 2010, 2336.
39 BVerfG FamRZ 2004, 771.
40 BVerfG NJW-RR 2005, 657.

Dem **Jugendamt**, das einen Minderjährigen nach § 42 Abs. 1 Satz 1 SGB VIII in Obhut genommen hat, steht das Recht zu, die Herausgabe an den Sorgeberechtigten zu verweigern, wenn es unverzüglich das Familiengericht einschaltet (vgl. § 42 Abs. 3 Nr. 2 SGB VIII).

h) Umgang mit dem Mündel

Dem Grundsatz nach kann der Vormund auch den Umgang des Mündels bestimmen (§§ 1795 Abs. 1 Satz 3, 1632 Abs. 2 BGB).

Begrenzt wird dieser Grundsatz in den in §§ 1684 ff. BGB geregelten **Umgangsrechten**, auch wenn § 1795 Satz 1 BGB auf diese Vorschriften nicht verweist, denn es handelt sich hierbei – wie aus § 1684 Abs. 2 Satz 2 i.V.m. §§ 1685 Abs. 3 Satz 1, 1686a Abs. 3 Satz 1 BGB folgt – um absolute Rechte.

Umgangsrecht der Eltern/mit den Eltern

Ein Umgangsrecht steht nach § 1684 Abs. 1 BGB zunächst den Eltern des Mündels zu. Damit sind die Eltern im abstammungsrechtlichen Sinne (§§ 1591, 1592 BGB) gemeint. Auch dem lediglich biologischen Vater eines Kindes kann ein Umgangsrecht zustehen, doch richtet sich dies nach § 1685 Abs. 2 BGB oder § 1686a Abs. 1 Nr. 1 BGB.

Das Umgangsrecht der Eltern geht in der Regel dahin, dass sie das Recht haben, Zeit mit ihrem Kind alleine an einem Ort ihrer Wahl zu verbringen. Es kann allerdings nach § 1684 Abs. 4 BGB eingeschränkt oder sogar ganz ausgeschlossen werden, wenn dies für das Wohl des Kindes erforderlich ist. Soll die Einschränkung oder der Ausschluss über einen längeren Zeitraum hinweg andauern, ist das wiederum nur zulässig, wenn der Umgang das Kindeswohl gefährden würde.

Der Vormund muss beachten, dass auch dem Mündel ein Recht zum Umgang mit seinen beiden Eltern zusteht (§ 1684 Abs. 1 Hs. 1 BGB). Es gehört daher zu seinen **Pflichten**, Umgangskontakte mit den Eltern zu fördern. Er kann auch im Namen des Mündels dessen Recht gegen Eltern einfordern, die sich weigern, mit ihm Umgang zu pflegen. Freilich bleibt auch hier das Wohl des Mündels oberste Verhaltensrichtschnur. Ist klar, dass der Umgang mit den Eltern dem Wohl des Mündels widersprechen würde, braucht der Vormund nichts in dieser Richtung zu unternehmen. Gegen einen umgangsunwilligen Elternteil darf das Recht des Kindes grundsätzlich nicht durchgesetzt werden, es sei denn, es steht fest, dass selbst der erzwungene Umgang dem Kindeswohl entspricht.[41]

Umgangsrecht der Großeltern, Geschwister und anderen

Ein eigenes Umgangsrecht steht nach § 1685 Abs. 1 BGB Großeltern und Geschwistern des Mündels zu, außerdem nach § 1685 Abs. 2 BGB allen anderen, die tatsächliche Verantwortung für das Kind tragen oder in der Vergangenheit getragen haben. Das sind alle, die einen erheblichen Anteil an seiner Entwicklung haben oder hatten. Nach § 1685 Abs. 2 Satz 2 BGB wird dies von Personen vermutet, die für längere Zeit mit dem Kind in einem Haushalt gelebt haben.

41 BVerfG NJW 2008, 1287.

Schließlich steht dem rein biologischen Vater aus § 1686a Abs. 1 Nr. 1 BGB ein Umgangsrecht zu, wenn er die Feststellung der Vaterschaft nicht betreiben kann, weil das Kind bereits einen rechtlichen Vater hat und er sich um das Kind ernsthaft bemüht.

Das Umgangsrecht der in §§ 1685, 1686a BGB genannten Personen steht aber unter dem Vorbehalt, dass der Umgang dem **Kindeswohl** dient. Dabei ist allerdings wiederum das Recht des Kindes auf Achtung seiner persönlichen Bindungen aus § 1788 Nr. 4 BGB zu berücksichtigen.

Weil das Umgangsrecht schon in seinem Bestand vom Kindeswohl abhängt, ist die Verweisung auf § 1684 Abs. 4 BGB in § 1685 Abs. 3 Satz 1 BGB missverständlich. Wird z.B. der Großmutter der Umgang verweigert, weil der Umgang dem Kindeswohl nicht entspricht, so ist das keine Einschränkung des Umgangsrechts der Großmutter.[42]

Auch der **Umfang** des geschuldeten Umgangs richtet sich ganz danach, was dem Kindeswohl dient. Die Verweisung bleibt aber wegen § 1684 Abs. 4 Satz 3 und 4 BGB von Bedeutung: Auch den in §§ 1685, 1686a BGB genannten Personen kann **begleiteter Umgang** eingeräumt werden, wenn es das ist, was dem Wohl des Mündels dient.

Umgangsverfahren

Das Umgangsverfahren ist dem Richter vorbehalten (§ 14 Abs. 1 Nr. 7 BGB). Wegen § 1684 Abs. 1 BGB ist das mindestens 14-jährige Kind nach § 9 Abs. 1 Nr. 3 FamFG verfahrensfähig, allerdings nur, soweit es um den Umgang mit den Eltern geht, denn gegenüber den in § 1685 BGB genannten Personen stehen ihm eigene Rechte nicht zu.

Pflegeeltern können – wie sonst – nach § 162 FamFG am Verfahren beteiligt werden und sind jedenfalls anzuhören. In eigenen Rechten sind sie von Verfahren über den Umgang des Kindes mit den Eltern oder mit Dritten aber grundsätzlich nicht betroffen.[43] Nur wenn das Gericht eine Umgangsregelung erlassen will, die auch gegen die Pflegeeltern vollstreckbar sein soll (was § 1684 Abs. 3 Satz 2 BGB ermöglicht), betrifft das die Pflegeeltern in ihren eigenen Rechten und sie können gegen die Regelung ggf. auch Beschwerde erheben.[44]

i) Auskunft

§ 1790 Abs. 4 BGB verpflichtet den Vormund dazu, dem Mündel nahestehenden Angehörigen und dessen sonstigen Vertrauenspersonen auf Verlangen Auskunft über die **persönlichen Verhältnisse** des Mündels zu erteilen. Das löst zugleich die Rechtsprechung des BGH ab, wonach § 1686 BGB auf das Verhältnis der Eltern zum Vormund entsprechend anwendbar sei. Daher ist davon auszugehen, dass dieser Auskunftspflicht ein Auskunftsanspruch der genannten Personen, mindestens aber der Eltern und des biologischen, nicht rechtlichen Vaters gegenübersteht.

Das **berechtigte Interesse**, das das Gesetz verlangt, folgt bei den Eltern schon aus ihrer Elternstellung und liegt beim biologischen Vater vor, wenn die Voraussetzungen des

42 OLG Celle NJW-RR 2011, 1512.
43 BGH NJW 2005, 2149.
44 OLG Hamburg FamRZ 2009, 1001.

§ 1686a Abs. 1 Nr. 2 BGB gegeben sind. Nur andere Verwandte und Vertrauenspersonen müssen es besonders darlegen.

Praxistipp

▶ *Die Auskunft darf dem Wohl des Mündels nicht widersprechen und muss dem Vormund zumutbar sein. Soweit die dem Familiengericht vorgelegten Berichte noch aktuell und ihrerseits ausführlich genug sind, wird ihm nicht wesentlich mehr zugemutet werden können, als sie – ggf. auszugsweise – zu übersenden.*

j) Ausbildung und Beruf

Der Vormund muss bei Entscheidungen, die die Ausbildung und Berufswahl des Mündels betreffen, dessen Neigung und Eignung berücksichtigen (§§ 1795 Satz 1, 1631a BGB).

Nach § 1795 Abs. 2 Satz 1 bedarf er der familiengerichtlichen Genehmigung zum Abschluss eines **Ausbildungsvertrages**, wenn die Ausbildung (ohne Rücksicht auf Verkürzungs- oder Verlängerungsregelungen) länger als ein Jahr dauern soll.

Für den Abschluss eines **Arbeitsvertrages** oder eines sonstigen Dienstvertrages, der den Mündel zu persönlichen Dienstleistungen verpflichtet, ist eine familiengerichtliche Genehmigung erforderlich, wenn der Vertrag den Mündel für länger als ein Jahr bindet. Das ist nur der Fall, wenn der Vertrag eine ordentliche Kündigung vor Ablauf eines Jahres ausschließt oder erschwert, sonst ist die Verpflichtung nicht für längere Zeit als ein Jahr eingegangen.

10. Vermögenssorge des Vormunds

Dem Vormund steht die Sorge für das Vermögen des Mündels zu. Das stand früher sehr stark im Vordergrund, weshalb auch eine große Zahl von Vorschriften dazu existiert, wie der Vormund das **Vermögen** zu **verwalten** hat.

Heute spielt die Vermögensverwaltung selten noch eine bedeutende Rolle. Meist ist eher ein Mangel zu verwalten. Dann konzentriert sich die Vermögenssorge darauf, **Unterhaltsansprüche** des Mündels geltend zu machen oder im Namen des Mündels **Sozialleistungen** zu beantragen, denn der Vormund ist (jedenfalls als solcher) nicht verpflichtet, den Mündel selbst zu unterhalten. Es ist lediglich sein Amt, den Lebensunterhalt sicherzustellen.

§ 1798 Abs. 1 BGB regelt die **allgemeinen Prinzipien** der Vermögenssorge des Vormunds dahin, dass ihn die Pflicht zu Schutz und Erhalt des Mündelvermögens trifft. Hierbei soll er die Grundsätze einer wirtschaftlichen Vermögensverwaltung einerseits, die wachsende Fähigkeit des Mündels zu eigenständigem, verantwortungsbewusstem Verhalten andererseits berücksichtigen. Letzteres gibt ihm den Spielraum, dem Mündel das Eingehen von Vermögensrisiken, die er bereits versteht und verantworten kann, in gewissen Grenzen zu gestatten.

a) Vermögensverzeichnis, Rechnungslegung

Über das Vermögen des Mündels muss der Vormund

- über das bei der Anordnung der Vormundschaft (siehe § 1798 Abs. 2 Satz 2 BGB) vorhandene Vermögen ein Verzeichnis anlegen (§§ 1798 Abs. 2 Satz 1, 1835 Abs. 1 bis 5 BGB),
- jährlich Rechnung legen (§§ 1807, 1865, 1866 BGB) und
- bei Beendigung des Amtes Schlussrechnung legen, falls der Mündel dies verlangt (§§ 1807, 1872, 1873 BGB).

Praxistipp

*Ein **Vermögensverzeichnis** ist die Auflistung und Gegenüberstellung aller Vermögenswerte (Aktiva) mit den Schulden (Passiva). Belege sind – soweit vorhanden – beizufügen (§ 1835 Abs. 2 BGB).*

Der Vormund kann statt des Vermögensverzeichnisses auch ein **notarielles Inventar** errichten oder Zeugen oder Sachverständige hinzuziehen (§ 1835 Abs. 3 BGB). Hat das Familiengericht Zweifel an der Richtigkeit des vom Vormund eingereichten Verzeichnisses, kann es die Errichtung eines notariellen Inventars anordnen (§ 1835 Abs. 5 BGB). Im Übrigen kann es die Hinzuziehung von Zeugen oder Sachverständigen anordnen, wenn es hierzu ein Bedürfnis sieht (§ 1835 Abs. 4 BGB). Das Vermögensverzeichnis soll dem Mündel zur Kenntnis gegeben werden, soweit er das nach seinem Entwicklungsstand einen Sinn ergibt (§ 1798 Abs. 2 Satz 3 BGB).

Dem Jugendamt kann die Errichtung eines notariellen Inventars nicht zur Pflicht gemacht werden (§ 56 Abs. 2 Satz 1 SGB VIII).

Praxistipp

Rechnungslegung ist nach § 1865 Abs. 3 Satz 1 BGB die übersichtliche Gegenüberstellung aller in einem bestimmten Zeitraum vorgekommenen Vermögenszu- und -abflüsse, also eine Einnahmen-Ausgaben-Rechnung.

Dieser Gegenüberstellung müssen die vorhandenen Belege beigefügt sein (Rechnungen, Quittungen usw.). Eine Bilanz ist weder notwendig noch ausreichend. Sie genügt jedoch insoweit, als das verwaltete Vermögen aus einem kaufmännischen Betrieb besteht (§ 1865 Abs. 4 BGB).

Das **Rechnungsjahr** wird vom Familiengericht festgelegt, muss mit dem Kalenderjahr folglich nicht übereinstimmen (§ 1865 Abs. 2 BGB). Die Rechnung wird vom Familiengericht auf sachliche und rechnerische Richtigkeit geprüft (§ 1866 BGB), nicht jedoch auf die Berechtigung der durchgeführten Vermögenstransaktionen.

- Hält das Familiengericht die Rechnung für unvollständig oder unrichtig, kann es Ergänzungen und Berichtigungen verlangen.
- Hat es Anhaltspunkte für das Bestehen von Schadensersatzansprüchen gegen den Vormund aus der Rechnungslegung, bestellt es zu deren Prüfung dagegen einen Ergänzungspfleger.

Die Feststellung der sachlichen und rechtlichen Richtigkeit der Rechnung ist keine anfechtbare Entscheidung. (Zur Schlussrechnung auch unter 12. b))

b) Eigenverwaltung durch den Mündel

Der Vormund kann dem Mündel Vermögenswerte zu dessen eigener freier Verfügung überlassen, wenn er schon sieben Jahre alt ist (§ 110 BGB). Dabei hat er den jeweiligen Entwicklungsstand zu berücksichtigen.

Praxistipp

Einerseits wäre es pflichtwidrig, dem Mündel die Verschwendung wesentlicher Teile seines Vermögens zu erlauben, andererseits ist es erzieherisch erforderlich, dass der Vormund auch einen unvernünftigen Umgang mit dem Taschengeld grundsätzlich zulässt.

Der Vormund kann dem Mündel nicht mehr Rechtsmacht verleihen, als er selbst hat. Soweit der Vormund die Genehmigung des Familiengerichts zur Verfügung über einen Vermögensgegenstand benötigt, ändert es hieran nichts, wenn der Mündel darüber aufgrund von § 110 BGB selbst verfügt.

c) Schenkungen

Schenkungen aus dem Mündelvermögen darf der Vormund nur vornehmen, wenn es sich um sog. **Pflicht- oder Anstandsschenkungen** handelt (§ 1798 Abs. 3 BGB). Das sind geringfügige Zuwendungen aus Rücksicht auf die Höflichkeit oder (ggf. auch substanzielle) Zuwendungen, durch die einer sittlichen Pflicht genügt wird.

§ 1798 Abs. 3 BGB enthält nicht lediglich eine Beschränkung der Vertretungsmacht. Schenkungen, die entgegen § 1798 Abs. 3 BGB vorgenommen wurden, sind vielmehr nach § 134 BGB unheilbar nichtig. Das erfasst auch das dazu gehörige Erfüllungsgeschäft.

Verschenkt der Vormund Sachen des Mündels **im eigenen Namen**, kann der so Beschenkte zwar nach §§ 929 Satz 1, 932 BGB gutgläubig Eigentum erwerben, ist aber gemäß § 816 Abs. 1 Satz 2 BGB zur Rückgabe verpflichtet.

§ 1798 Abs. 3 Satz 1 BGB verbietet es auch, dass **der Mündel selbst** Vermögensgegenstände über die durch § 1798 Abs. 3 Satz 2 BGB gezogenen Grenzen selbst verschenkt.[45] Bei der Frage, ob durch ein Geschenk eine sittliche Pflicht erfüllt wird, kann aber der Wille des Mündels von Bedeutung sein.

45 A.A. allerdings OLG Stuttgart FamRZ 1969, 39.

d) Vermögensvermischungsverbot

§§ 1798 Abs. 2 Satz 1, 1836 Abs. 1 Satz 1 BGB verbietet dem Vormund jede Vermischung von Mündelvermögen mit dem eigenen Vermögen oder auch dem Vermögen anderer Mündel. Vermögensgemeinschaften, die er vorfindet oder die ohne sein Zutun entstehen (wie z.B. eine Erbengemeinschaft) muss er jedoch nur auflösen, wenn das Familiengericht dies anordnet (§ 1836 Abs. 1 Satz 2 BGB).

Verwahrt der Vormund – auch nur zeitweise – **Bargeld** für den Mündel, muss er es, soweit er das überhaupt darf, als fremdes Geld kennzeichnen, z.B. in einem Umschlag verwahren, auf dem der Name des Mündels steht.

Zahlungseingänge für den Mündel dürfen nicht über Konten des Vormunds laufen. Der Vormund darf noch nicht einmal ein Treuhandkonto für den Mündel führen, sondern muss Bankkonten stets auf dessen Namen eröffnen.[46]

§§ 1798 Abs. 2 Satz 1, 1836 Abs. 2 Satz 1 BGB verbietet dem Vormund zudem, Vermögen des Mündels selbst zu verwenden oder auch nur zu gebrauchen. Das gilt nach § 1836 Abs. 2 Satz 2 BGB nicht, wenn es in Erfüllung eines wirksam abgeschlossenen Vertrages geschieht, wobei der Vormund einen solchen Vertrag wegen § 181 BGB nicht selbst mit dem Mündel abschließen kann.

Die Erfüllung von Verbindlichkeit ist ihm aber auch als Insichgeschäft erlaubt. Geld, das ihm als **Vergütung** oder Aufwendungsersatz zusteht, darf er aus dem Vermögen des Mündels also entnehmen. Nur bei der Vergütung setzt das voraus, das sie ihm gerichtlich bewilligt wurde.

Hinweis

§§ 1798 Abs. 2 Satz 1, 1836 Abs. 3 BGB privilegiert auch hier den Vormund, der den Mündel in seinen eigenen Haushalt aufgenommen hat. Er darf sowohl dessen Verfügungsgeld für die gemeinsamen Haushaltsausgaben verwenden und dafür auch am Monatsanfang in die gemeinsame Haushaltskasse einzahlen.

e) Verwaltung von Vermögenswerten

Was im Übrigen mit Vermögen des Mündels zu geschehen hat, regeln die §§ 1839 bis 1847 BGB, die nach § 1798 Abs. 2 Satz 1 BGB entsprechend gelten noch etwas näher für Geld und Wertpapiere.

Bei **Geld** (das ist hier sowohl Bargeld als auch Buchgeld auf einem Girokonto) unterscheidet § 1839 BGB:

- Wird es voraussichtlich demnächst für vorhersehbare Ausgaben benötigt (**Verfügungsgeld**), muss er es auf einem auf den Namen des Mündels lautenden Girokonto verwahren (§ 1839 Abs. 1 BGB). Weitere Vorgaben gibt es hierfür nicht.
- Anderes Geld (**Anlagegeld**) muss der Vormund nach §§ 1841, 1842 BGB auf einem Anlagekonto bei einem Kreditinstitut verwahren, das eine für die Anlage der Art und

46 KG NJW 1967, 883.

Höhe nach ausreichende Einlagensicherung anbietet. „Anlagekonto" ist kein bankrechtlicher, sondern ein familienrechtlicher Begriff. Aus §§ 1841 Abs. 2, 1842 BGB folgt, dass es sich dabei um eine Einlage i.S.v. § 2 Abs. 3 EinSiG handeln muss. Der Mündel muss einen Anspruch auf Rückzahlung des Kontoguthabens zum Nennwert gegen das Kreditinstitut haben, der wiederum in voller Höhe einlagengesichert ist. Das Konto muss sich „zur Verzinsung eignen". Es muss also entweder ein Positivzins vereinbart sein oder ein flexibler Zins, der zumindest potentiell positiv werden kann.

Hinweis

> **!** *Die Eröffnung eines Giro- oder Anlagekontos muss der Vormund dem Familiengericht anzeigen (§ 1846 Abs. 1 Nr. 1 und 2 BGB).*

Der Vormund kann das Anlagegeld mit Genehmigung des Familiengerichts auch in anderer Weise anlegen (§§ 1799 Abs. 1, 1848 BGB). Das wird vor allem bei besonders großen Vermögen notwendig sein, für die die Anlage auf ausschließlich einlagengesicherten Anlagekonten den Grundsätzen der Wirtschaftlichkeit nicht entspricht.

§ 1845 Abs. 1 Satz 1 BGB bestimmt, dass der Vormund mit der kontoführenden Bank für Anlagekonten eine **Sperrvereinbarung** abschließt. Davon sind Anlagekonten ausgenommen, auf denen Verfügungsgeld angelegt ist (§ 1845 Abs. 1 Satz 2 BGB). Die Sperrvereinbarung bewirkt, dass Verfügungen über das Kontoguthaben der Genehmigung durch das Familiengericht bedürfen. Das betrifft direkt die Verfügung im bankrechtlichen Sinne durch Abhebung oder Überweisung. Dass eine Abtretung des Rücknahmeanspruchs genehmigungsbedürftig ist, folgt schon aus § 1849 Abs. 1 Satz 1 Nr. 1 BGB. Die Sperrvereinbarung bewirkt nach § 1849 Abs. 3 BGB hier, dass die Ausnahmen in § 1849 Abs. 2 Satz 1 Nr. 1 a und d BGB nicht gelten.

Den **Zahlungsverkehr** soll der Vormund nach Möglichkeit bargeldlos abwickeln (§ 1840 BGB). Ausgenommen sind Geschäfte, bei denen das unüblich ist. Auch die Auszahlung von Taschengeld an den Mündel wird hiervon ausgenommen, obwohl das gar kein Zahlungsvorgang ist. Auch kann ein Schuldner, mit dem nichts anderes vereinbart ist, ggf. auf Annahme einer Barzahlung bestehen.

Hinweis

> **!** *Der Betreuer muss beachten, dass er für die Annahme von Geld eine familiengerichtliche Genehmigung nach § 1849 Abs. 4, Abs. 1 Satz 1 Nr. 1 BGB benötigt, falls keine der Ausnahmen in § 1849 Abs. 2 BGB greift. Nur soweit es für eine der in § 1840 Abs. 2 BGB beschriebenen Transaktionen erforderlich ist, darf der Vormund Bargeld des Mündels überhaupt bei sich verwahren.*

Bei **Wertpapieren** unterscheidet das Gesetz zwischen depotfähigen und nicht depotfähigen.

- Depotfähige Wertpapiere muss der Vormund in ein auf den Namen des Mündels lautendes Wertpapierdepot einbringen (§ 1843 Abs. 1 BGB). Hierfür ist dann nach § 1845 Abs. 2 Satz 1 BGB wiederum eine Sperrvereinbarung zu treffen, wonach der Vormund ohne Genehmigung des Familiengerichts weder über die Wertpapiere selbst noch über die Rechte des Mündels aus dem Depotvertrag verfügen kann. Die Eröffnung eines Wertpapierdepots muss der Vormund anzeigen (§ 1846 Abs. 1 Nr. 3 BGB).

- Nicht depotfähige Wertpapiere hat der Betreuer in ein Bankschließfach einzubringen (§ 1843 Abs. 2 BGB). Da es dort in seinem Besitz bleibt, ist eine Sperrvereinbarung wegen des Herausgabeanspruchs nicht möglich. Sobald sich in einem Bankschließfach des Mündels aber Wertpapiere befinden, muss der Vormund eine Sperrvereinbarung dahin abschließen, dass er für jeden Depotzugang die Genehmigung des Familiengerichts benötigt (§ 1845 Abs. 2 Satz 2 BGB).

Für Wertpapiere lässt § 1843 Abs. 3 BGB eine großzügige **Ausnahme** zu. Der Vormund muss sie nicht in ein Depot oder Schließfach einbringen, wenn dies zum Schutz des Mündelvermögens im Einzelfall nicht erforderlich ist. Das dürfte wohl für fast alle kleinen Inhaberpapiere i.S.v. § 807 BGB gelten und ansonsten immer, wenn sich die Kosten für ein Depot oder Schließfach wegen des geringen Gesamtwertes der Papiere nicht rechnen. Solche Wertpapiere darf der Vormund dann bei sich oder in jeder anderen Form verwahren. Er muss es dem Betreuungsgericht aber anzeigen, wenn es depotfähige Papiere betrifft (§ 1846 Abs. 1 Nr. 4 BGB).

Für **andere Wertsachen** kann das Familiengericht anordnen, dass der Vormund sie in ein Bankschließfach einbringt oder sonst bei einer geeigneten Stelle hinterlegt (§ 1844 BGB). Auch das ist mit der Pflicht verbunden, mit der Bank oder sonstigen Hinterlegungsstelle eine Sperrvereinbarung abzuschließen (§ 1845 Abs. 2 Satz 2 BGB).

Die Pflichten aus §§ 1841 bis 1845 BGB entstehen auch wegen des Geldes und der Wertpapiere, die der Vormund vorfindet. Für Vermögen, das schon bei Übernahme der Vormundschaft nicht in Geld oder Inhaberpapieren besteht, schreibt das Gesetz aber nichts Besonderes vor. Trifft das Familiengericht keine Anordnungen i.S.v. § 1844 BGB, darf der Vormund solche Gegenstände in jeder dem § 1836 BGB entsprechenden Form verwahren. Der Vormund ist auch nicht generell verpflichtet, solches Vermögen in eine andere Anlageform zu überführen. Eine solche Pflicht kann sich freilich aus der Pflicht zu Erhalt und Schutz des Mündelvermögens (§ 1798 Abs. 1 Satz 2 BGB) ergeben, wenn es sich um spekulative Anlagen handelt und diese nicht lediglich einen geringfügigen Anteil am gesamten Mündelvermögen ausmachen.

f) Weitere Genehmigungsvorbehalte

Außer den Genehmigungserfordernissen aus §§ 1799 Abs. 1, 1848 BGB oder aus einer Sperrvereinbarung kennt das Gesetz noch eine große Zahl von Rechtsgeschäften, zu deren Vornahme der Vormund der Genehmigung des Familiengerichts bedarf:

Nach §§ 1799 Abs. 1, 1849 Abs. 1 Satz 1 BGB kann der Vormund nur mit Genehmigung des Familiengerichts verfügen:

- über eine auf die Zahlung von Geld oder die Lieferung von Wertpapieren gerichteten Forderung oder ein hierauf gerichtetes sonstiges Leistungsrecht (Nr. 1),
- über ein Wertpapier (Nr. 2),
- über eine auf Anordnung des Familiengerichts versperrt hinterlegte Wertsache (Nr. 3).

Die Annahme einer geschuldeten Leistung in Natur (nicht: durch Überweisung auf ein dem Mündel gehörendes Konto oder Depot) steht der Verfügung über die Forderung gleich (§ 1849 Abs. 4 BGB).

Die **Kündigung von Dauerschuldverhältnissen,** durch die ja verhindert wird, dass nach der Kündigung noch weitere Forderungen aus ihnen erwachsen, werden als Verfügung über diese Forderungen betrachtet.

Praxistipp

§ 1849 Abs. 2 BGB enthält eine Reihe von wichtigen Ausnahmen, die dafür sorgen, dass das Verfügungsgeld von solchen Erfordernissen frei bleibt.

Aus § 1849 Abs. 3 BGB folgt, dass es für die Genehmigung von Abhebungen von einem Anlagekonto nicht darauf ankommt, ob es sich dabei tatsächlich um Verfügungsgeld handelt, sondern allein darauf, ob eine Sperrvereinbarung besteht oder nicht.

Die **Genehmigung des Familiengerichts** ist im Übrigen nötig für:

- die meisten Grundstücksgeschäfte (§§ 1799 Abs. 1, 1850 BGB),
- eine Reihe von Geschäften im Zusammenhang mit einer Erbschaft (§§ 1799 Abs. 1, 1851 BGB),
- Erwerb, Veräußerung, Pacht und Verpachtung eines (kompletten) Erwerbsgeschäfts und landwirtschaftliche Pachtverträge (§§ 1799 Abs. 1, 1852 Nr. 1 a, 1853 Satz 1 Nr. 2 BGB),
- den Abschluss eines Gesellschaftsvertrages sowie den Erwerb und die Veräußerung von Anteilen an einer Gesellschaft, falls die Gesellschaft ein Erwerbsgeschäft betreibt (§§ 1799 Abs. 1, 1852 Nr. 1 b, Nr. 2 BGB),
- alle Dauerschuldverhältnisse, die den Mündel länger als bis zu seinem 19. Geburtstag binden (§ 1799 Abs. 2 Satz 1 BGB), es sei denn, der Mündel kann sich von ihnen ohne wirtschaftliche Nachteile spätestens bis zu seinem 19. Geburtstag lösen oder sie sind insgesamt von wirtschaftlich untergeordneter Bedeutung (§ 1799 Abs. 2 Satz 2 BGB),
- jede Kreditaufnahme (§§ 1799 Abs. 1, 1854 Nr. 2 BGB), wozu außer dem Abschluss eines Darlehensvertrages auch die Einlösung einer Darlehenszusage und die schlichte, ungenehmigte Kontoüberziehung gehören, nicht jedoch der reine Warenkredit[47] (Bezug von Waren auf Raten oder mit Zahlungsziel),
- die Ausstellung verkehrsfähiger Wertpapiere (§§ 1799 Abs. 1 1854 Nr. 3 BGB), auch eines Schecks, falls die Übertragung durch Indossament nicht ausgeschlossen wird,
- die Übernahme einer Bürgschaft oder sonst der Haftung für fremde Verbindlichkeiten (§§ 1799, 1854 Nr. 4, Nr. 5 BGB) – seit 1.1.2023 allerdings nur noch, wenn das der Inhalt des Geschäftes ist, nicht lediglich eine Folge davon,
- die Erteilung von Prokura (§§ 1799, 1852 Nr. 3 BGB),

47 BGH WM1972, 698.

- den Abschluss eines Vergleichs, wenn dessen Gegenstandswert 6.000,00 EUR übersteigt, es sei denn, er ist in einem Prozess auf ausdrücklichen Vorschlag des Prozessgerichts geschlossen worden (§§ 1799 Abs. 1, 1854 Nr. 6 BGB),
- den Verzicht auf Sicherheiten (§§ 1799 Abs. 1, 1854 Nr. 7 BGB).

Wird ein genehmigungspflichtiger Vertrag vom Vormund *ohne* die erforderliche Genehmigung abgeschlossen, ist er zunächst **schwebend unwirksam**.

- Er wird – wegen § 184 Abs. 1 BGB rückwirkend – wirksam, wenn das Familiengericht ihn nachträglich genehmigt und der Vormund dies dem Vertragspartner mitteilt (§§ 1800 Abs. 2, 1856 Abs. 1 BGB).
- Er wird endgültig nichtig, wenn die Genehmigung versagt oder auf eine Aufforderung des Geschäftspartners hin diesem nicht innerhalb von zwei Monaten vom Vormund mitgeteilt wird (§§ 1800 Abs. 2, 1856 Abs. 2 BGB). Unter gewissen Umständen kann der Geschäftspartner den Vertrag in der Schwebezeit auch widerrufen (§§ 1800 Abs. 2, 1857 BGB).

Ein einseitiges Rechtsgeschäft, das ohne die erforderliche Genehmigung vorgenommen wird, ist **nichtig** (§§ 1800 Abs. 2, 1858 Abs. 1 BGB). Das gilt zum Beispiel für die Erteilung von Prokura (§ 1852 Nr. 3 BGB).

Ist das Rechtsgeschäft einer Behörde oder einem Gericht gegenüber vorzunehmen, z.B. die Ausschlagung einer Erbschaft (§ 1851 Nr. 1 BGB), gilt aber etwas anderes: Das Geschäft wird **nachträglich wirksam**, wenn der Beschluss des Familiengerichts über die Genehmigung rechtskräftig wird (§§ 1800 Abs. 2, 1858 Abs. 3 BGB). Ist es fristgebunden, so ist die Frist gehemmt, so lange das familiengerichtliche Genehmigungsverfahren anhängig ist. Es genügt hier also, wenn der Vormund das Erbe innerhalb der Frist des § 1944 BGB ausschlägt und dies dem Familiengericht mitteilt. Wird die Ausschlagung rechtskräftig genehmigt, wahrt sie noch immer die Frist. Wird die Genehmigung rechtskräftig abgelehnt, läuft damit aber auch zugleich die Frist ab.

Hinweis

Erhält der Vormund die Genehmigung nicht, haftet er dem anderen Teil gegenüber nicht etwa als Vertreter ohne Vertretungsmacht (§ 179 BGB), weil die Genehmigungspflicht nicht die Vertretungsmacht einschränkt, sondern ein eigenständiges Wirksamkeitserfordernis des Geschäftes darstellt. Der Geschäftsverkehr bedarf ja auch keines Schutzes, weil sich die Genehmigungspflicht dem Gesetz entnehmen lässt.

Die genannten Genehmigungserfordernisse gelten im Übrigen auch für den Fall, dass der Vormund, statt ein solches Geschäft vorzunehmen, in die Vornahme des Geschäfts durch den beschränkt geschäftsfähigen Mündel gemäß § 107 BGB einwilligt. Auch in diesem Falle ist das Geschäft selbst, nicht etwa die Einwilligung des Vormunds Gegenstand der Genehmigung.

Wenn der Vormund im Namen des Mündels ein **Erwerbsgeschäft** beginnt oder auflöst, ist dies seit dem 1.1.2023 nur noch anzeigepflichtig (§§ 1798 Abs. 2 Satz 1, 1747 BGB).

Dabei ist die Auflösung des Geschäfts als solche von der Veräußerung der zu dem Geschäft gehörenden Vermögensgeschäfte zu trennen. Die Geschäftsauflösung als tatsächlicher Akt muss nur angezeigt werden. Die einzelnen Abwicklungsgeschäfte können dann trotzdem noch unter §§ 1799 Abs. 1, 1850 ff. BGB fallen.

Will der Vormund dem Mündel erlauben, selbst ein Erwerbsgeschäft zu betreiben, setzt auch das die Genehmigung des Familiengerichts voraus (§ 112 BGB). Dasselbe gilt, wenn der Vormund dem Mündel diese Erlaubnis wieder entziehen will.

Nicht genehmigungspflichtig ist es dagegen, ein Erwerbsgeschäft, das der Mündel geerbt hat, in dessen Namen weiterzubetreiben.

g) Befreiungen und abweichende Anordnungen

Das **Jugendamt**, der **Verein** und der **Vereinsvormund** sind nach §§ 1802 Abs. 1, 1859 Abs. 1 Satz 1 BGB befreit von

- den Versperrungspflichten aus §§ 1798 Abs. 2 Satz 1, 1845 BGB,
- den Genehmigungserfordernissen aus §§ 1799 Abs. 1, 1849 BGB,
- der Verpflichtung zur jährlichen Rechnungslegung aus §§ 1802 Abs. 2 Satz 3, 1865 BGB.

Sie müssen jedoch dem Familiengericht einmal jährlich eine Vermögensübersicht vorlegen, aus der sich die Entwicklung des Mündelvermögens seit dem Verzeichnis oder der letzten Übersicht im Wesentlichen ergibt. Das Familiengericht kann längerer, höchstens fünfjährige Abstände anordnen (vgl. § 1859 Abs. 1 Satz 2 und 3 BGB).

Den **berufenen Vormund** können die Eltern durch letztwillige Verfügung nach §§ 1802 Abs. 3 Satz 1 BGB in gleicher Weise und zusätzlich auch noch vom Erfordernis der Genehmigung anderer Anlagen (§§ 1799 Abs. 1, 1849 BGB) befreien.

Anderen Vormündern kann das Familiengericht **auf** ihren **Antrag** dieselben Befreiungen erteilen, wobei das einheitlich voraussetzt, dass das Mündelvermögen nicht gefährdet wird (vgl. § 1860 Abs. 4 BGB). Im Übrigen setzt es voraus, dass das bewegliche Aktivvermögen 6.000 EUR nicht übersteigt (§ 1860 Abs. 1 BGB) oder dass die Befreiung von §§ 1848, 1849 BGB wegen dessen besonderer Zusammensetzung erforderlich ist (§ 1860 Abs. 2, Abs. 3 BGB). Die Befreiung nach §§ 1802 Abs. 2, 1860 Abs. 1 BGB schließt dann zusätzlich auch noch diejenige von der Anlagepflicht überhaupt ein, da ein solches Aktivvermögen das Verfügungsgeld ja kaum übersteigen dürfte.

Das Familiengericht kann die Befreiungen allesamt aufheben, wenn es die Mündelinteressen gefährdet sieht oder wenn ihre Voraussetzungen wegfallen (§ 1802 Abs. 4 BGB).

Wer einem Kind etwas durch Schenkung oder Verfügung von Todes wegen zuwendet, kann Anordnungen dazu treffen, wie der Vormund oder Pfleger das **zugewendete Vermögen** verwalten soll (§§ 1798 Abs. 2 Satz 1, 1837 BGB).

- Das erlaubt Abweichungen von §§ 1839 bis 1845 BGB in beiden Richtungen. Die Verwaltungspflichten können sowohl verschärft als auch eingeschränkt sein.
- Der Zuwendende kann bestimmte Anlageformen vorschreiben, er kann den Vormund aber auch von der Pflicht zur Anlage auf einem versperrten Anlagekonto (§§ 1841 ff.

BGB) befreien, was dann auch das Genehmigungserfordernis aus §§ 1799 Abs. 1, 1848 BGB entfallen lässt.

Die **Aufsicht des Familiengerichts** kann der Zuwendende aber in ihrem Kern nicht ändern. Er kann daher weder die Rechnungslegungspflicht einschränken noch die Genehmigungsvorbehalte aus §§ 1799 Abs. 1, 1849 ff. BGB. Zusätzliche Genehmigungen des Familiengerichts kann er allerdings auch nicht vorsehen, weil nur der Gesetzgeber den Gerichten Verfahren zuweisen kann.

Der Vormund darf mit Genehmigung des Familiengerichts von den Anordnungen des Zuwendenden abweichen, wenn die Interessen des Mündels andernfalls gefährdet wären (§ 1837 Abs. 2 BGB). Zu Lebzeiten des Zuwendenden ist dessen Zustimmung nötig, aber auch stets ausreichend (§ 1837 Abs. 2 Satz 1 BGB). Weigert er sich, sie zu erteilen, kann das Familiengericht sie notfalls ersetzen (§ 1837 Abs. 2 Satz 2 BGB).

Hinweis

Das Jugendamt wird in § 56 Abs. 2 SGB VIII durch das Jugendhilferecht von weiteren Vorschriften freigestellt. § 56 Abs. 3 SGB VIII sieht vor, dass Landesrecht hierüber noch hinausgehen kann. Das führt zu einer insgesamt ziemlich unübersichtlichen Rechtslage bei der Frage, welchen Beschränkungen Amtsvormünder in der Vermögenssorge im Einzelnen genau unterliegen.

h) Sozialleistungen für Mündel im Überblick

Zu den Aufgaben des Vormunds gehört, den Unterhalt des Mündels sicherzustellen, nicht aber, ihn zu leisten. Es gibt drei Möglichkeiten, wie dies geschehen kann:

- Der Mündel kann seinen Unterhalt aus seinem eigenen Einkommen oder dem Stamm seines Vermögens (die laufenden Vermögenserträge gehören zum Einkommen) bestreiten.
- Der Mündel kann geradlinig Verwandte (§ 1601 BGB) auf Unterhaltsleistung in Anspruch nehmen.
- Der Mündel kann Lebensunterhalt als Sozialleistung beziehen.

Der Mündel muss sein Vermögen und sein Einkommen uneingeschränkt ausschöpfen, bevor er von einem entfernteren Verwandten als seinen Eltern Unterhalt verlangen kann (§ 1602 Abs. 1 BGB). Erst wenn beides völlig aufgebraucht ist, müssen daher Großeltern Unterhalt leisten.

Dagegen darf er seine Eltern schon in Anspruch nehmen, wenn sein Einkommen nicht ausreicht (§ 1602 Abs. 2 BGB). Den Stamm seines Vermögens braucht er nicht anzugreifen, auch wenn das Vermögen sehr groß sein sollte.

Nimmt der Mündel stationäre Jugendhilfeleistungen in Anspruch, so wird er zu den Kosten weder aus seinem Vermögen noch aus seinem Einkommen herangezogen, ausnahmsweise aber mit dem Kindergeld, wenn er es selbst erhält (§ 94 Abs. 4 SGB VIII) und mit anderen Sozialleistungen, die dem Lebensunterhalt dienen (§ 93 Abs. 1 Satz 3 SGB VIII), wie z.B. einer Waisenrente.

Erhält der Mündel keine Hilfe zur Erziehung und zahlen auch seine Eltern keinen Unterhalt, kann ihm **Bürgergeld** oder Hilfe zum Lebensunterhalt zustehen. Dann muss er – bis zu den Grenzen der § 12 SGB II, § 90 SGB XII – allerdings sein Vermögen aufbrauchen, bevor er solche Leistungen beanspruchen kann.

aa) Eigenunterbringung

Nimmt der Vormund den Mündel in seinen Haushalt auf und leistet ihm so tatsächlich Unterhalt, kann er hierfür vom Mündel Aufwendungsersatz und Vorschuss auf die Aufwendungen nach § 1808 Abs. 2 Satz 1, 1877 Abs. 1 BGB verlangen, falls dessen Einkommen bzw. Vermögen dazu ausreicht.

Unterhaltszahlungen, die der Mündel von Verwandten erhält, zählen auch zu diesem Einkommen. Der Vormund darf dann diese Unterhaltsbeträge als Vorschuss auf die Aufwendungen vereinnahmen und dem Mündel hierfür Naturalunterhalt leisten.[48]

Hinweis

Dagegen erhält der Vormund für diesen Unterhalt keinen Ersatz aus der Gerichtskasse nach §§ 1808 Abs. 2 Satz 1, 1879 BGB, denn diese Vorschrift betrifft nur Aufwendungen, die durch die Führung der Vormundschaft veranlasst sind. Zur Führung der Vormundschaft gehört die Gewährung von Unterhalt aber gerade nicht.

Da der Vormund mit dem Mündel, das er selbst erzieht, in einer Haushaltsgemeinschaft lebt, kann er Sozialgeld oder Hilfe zum Lebensunterhalt für den Mündel nur beantragen, wenn dem die Bedarfsdeckungsvermutung des § 39 SGB XII bzw. § 9 Abs. 5 SGB II nicht entgegensteht. Immerhin bleibt dem Vormund in solchen Fällen das **Kindergeld**, das ihm als Pflegeperson zusteht (§ 32 Abs. 1 Nr. 2, 63 Abs. 1 Nr. 1, 64 Abs. 2 Satz 1 EStG).

Das Jugendhilferecht lässt es zu, dem Vormund die Erziehung durch ihn selbst als Hilfe zur Erziehung nach §§ 27, 33 SGB VIII zu gewähren. In diesem Falle erhält der Vormund **Pflegegeld** nach § 39 Abs. 4 bis 6 SGB VIII, das ihm als Pflegeperson zusteht und über das er dem Mündel gegenüber schon deshalb nicht abrechnen muss.

Ist der Vormund dem Mündel ausnahmsweise selbst zum Unterhalt verpflichtet (weil z.B. die Großeltern Vormund sind), hat er wie die Eltern entsprechend § 1612 Abs. 2 BGB das Recht, diesen durch **Naturalleistungen** zu erbringen. Wegen § 27 Abs. 2a SGB VIII schließt auch das die Zahlung von Pflegegeld nicht aus. Es kann aber nach Maßgabe von § 39 Abs. 4 Satz 4 SGB VIII gekürzt werden.

bb) Fremdunterbringung

Will der Vormund den Mündel in einer Einrichtung oder bei Pflegeeltern unterbringen, muss er vorher klären, wie der Aufenthalt zu finanzieren ist. Solche stationären Wohnformen werden nur sehr selten aus dem Einkommen oder Vermögen des Mündels finanziert werden können.

48 So OLGRostock FamRZ 2005, 1588 sogar für eine Betreuerin.

Auch durch **Unterhaltszahlungen** werden sie selten gedeckt sein. Zwar umfasst der Unterhaltsbedarf des Mündels die hohen Kosten einer solchen Maßnahme, da die sonst angewandte Düsseldorfer Tabelle nicht gilt, wenn der Bedarf nachweislich höher ist, aber meist werden die Unterhaltspflichtigen nicht in dieser Höhe leistungsfähig sein (§ 1603 BGB).

Deshalb kommt die Finanzierung der Fremdunterbringung in der Regel nur als **Sozialleistung** in Frage. Der Vormund muss dann also einen Antrag auf **Hilfe zur Erziehung** stellen, falls nicht eine stationäre Form der **Eingliederungshilfe** bei Behinderung in Betracht kommt.

11. Aufsicht über den Vormund

a) Familiengericht

Die Zentralnorm der Aufsicht des Familiengerichts über Vormünder und Pfleger ist § 1802 Abs. 2 Satz 1 BGB. Danach wacht das Familiengericht umfassend über deren Tätigkeit.

Berichte und Auskunft

Nach Übernahme des Amtes hat der Vormund innerhalb von drei Monaten einen **Anfangsbericht** zu erstellen (§§ 1802 Abs. 2 Satz 3, 1863 Abs. 1 BGB), der dem Familiengericht einen ersten Überblick über die persönlichen Verhältnisse des Mündels verschaffen soll.

Bei ehrenamtlichen Vormündern, die aus dem Umfeld des Mündels stammen, tritt ein **Einführungsgespräch** an die Stelle dieses Berichts (vgl. § 1863 Abs. 2 BGB).

Soweit § 1863 Abs. 1 Satz 2 BGB nähere Vorgaben zum Inhalt des Berichts macht, ist das für Vormünder nur bedingt brauchbar. Nach § 1863 Abs. 1 Satz 3 BGB gilt jedoch: Das Vermögensverzeichnis soll mit dem Anfangsbericht eingereicht werden. § 1863 Abs. 1 Satz 4 und 5 BGB werden durch § 1803 Nr. 2 BGB verdrängt.

Nach §§ 1802 Abs. 2 Satz 1, 1863 Abs. 3 Satz 1 BGB ist der Vormund danach verpflichtet, dem Familiengericht **einmal jährlich** über die persönlichen Verhältnisse des Mündels zu berichten. Auch hier sind die Vorschriften zum Inhalt des Berichts in § 1863 Abs. 3 Satz 3 BGB auf die rechtliche Betreuung zugeschnitten und nur bedingt auf Vormundschaften übertragbar. Berichten muss der Vormund aber jedenfalls über die beim Mündel durchgeführten **Besuche** (§ 1863 Abs. 3 Satz 3 Nr. 1 BGB). Dabei kann man davon ausgehen, dass der Vormund es nicht erklären muss, wenn er den Mündel häufiger als einmal pro Monat besucht. Wenn er den Mündel aber im Berichtszeitraum weniger als zwölfmal oder an einem anderen Ort aufgesucht hat, muss er darlegen können, warum das „im Einzelfall erforderlich" war.

Hinweis

Anfangs- wie Jahresbericht und Rechnungslegung hat das Familiengericht mit dem Mündel zu besprechen, wenn das nach dessen Entwicklungsstand angezeigt ist. Das beschränkt sich auf „geeignete Fälle", was bedeuten dürfte, dass der Rechtspfleger einen Entscheidungsspielraum bei der Frage hat, ob ein solches Gespräch angesichts des Berichtsinhalts sinnvoll ist.

§§ 1802 Abs. 3 Satz 3, 1864 Abs. 1 Satz 1 BGB verpflichtet den Vormund dazu, dem Familiengericht jederzeit **Auskunft** über seine Tätigkeit und die persönlichen Verhältnisse des Mündels zu geben. Das beschränkt sich auf die ihm vorliegenden Informationen. Zu Ermittlungen verpflichtet ihn das nicht.

Über **wesentliche Änderungen** der wirtschaftlichen und persönlichen Verhältnisse muss der Vormund das Familiengericht unaufgefordert unverzüglich informieren (§ 1864 Abs. 1 Satz 2 BGB). Auch hier gilt wieder, dass § 1864 Abs. 2 BGB, der dies für rechtliche Betreuungen konkretisiert, auf Vormundschaften nur teilweise passt.

Praxistipp

Als Faustregel dürfte gelten: „Wesentlich" ist, was das Familiengericht zu einer Entscheidung veranlassen könnte.

Pflichtwidrigkeit und Aufsichtsmaßnahmen

Sobald das Familiengericht feststellt – bzw. ihm zugetragen wird –, dass der Vormund pflichtwidrig handelt, hat es von Amts wegen Abwehrmaßnahmen dagegen zu treffen. Pflichtwidrig handelt der Vormund, wenn er gegen gesetzliche Pflichten oder gegen Anordnungen des Familiengerichts verstößt oder wenn er persönliche oder wirtschaftliche Interessen des Mündels objektiv vernachlässigt.[49] Es ist (anders als bei der Haftung) nicht notwendig, dass den Vormund hieran ein Verschulden trifft.

Das Familiengericht hat dann unter den zur Verfügung stehenden Maßnahmen diejenige auszuwählen, die sich als verhältnismäßiges Mittel zur **Beseitigung der Pflichtwidrigkeit** darstellt. Verhältnismäßig ist eine Maßnahme, wenn sie geeignet, erforderlich und angemessen ist.

- Geeignet ist eine Maßnahme, wenn sie mit hoher Verlässlichkeit den gewünschten Erfolg haben wird.
- Erforderlich ist von mehreren geeigneten Maßnahmen diejenige, die am geringsten in die Rechte der Beteiligten eingreift.
- Angemessen ist die geeignete und erforderliche Maßnahme wiederum nur, wenn sie die Beteiligten weniger stark in ihren Rechten beeinträchtigt als ihr Unterbleiben, wenn – mit anderen Worten – der durch die Maßnahme angerichtete Schaden geringer ist als der verhinderte.

49 MünchKomm/Kroll-Ludwigs § 1837FamFG Rn. 13.

Einfache Aufsichtsmaßnahmen sind die Erteilung von Weisungen (Geboten und Verboten) nach § 1802 Abs. 2 Satz 2 BGB und deren Untermauerung durch Anordnung von Zwangsgeld, falls sie missachtet werden (§§ 1802 Abs. 2 Satz 3, 1862 Abs. 3 Satz 1 BGB).

Hinweis

Gegen den Verein und das Jugendamt ist die Anordnung von Zwangsgeld nicht zulässig (§ 1862 Abs. 3 Satz 3 BGB). Hier bleibt es bei den Weisungen.

Ist das **Kindeswohl** gefährdet, erweitert § 1802 Abs. 2 Satz 3 BGB den Katalog der Aufsichtsmaßnahmen um all diejenigen, die nach §§ 1666, 1666a BGB auch ergriffen werden können, wenn das Kind unter elterlicher Sorge steht.

Konkret gefährdet ist das Kindeswohl, wenn eine akute Gefahr besteht, die ohne ein Einschreiten des Familiengerichts beim Kind mit hinreichender Wahrscheinlichkeit zu einem erheblichem Schaden führen würde. Dieser zu prognostizierende Schaden kann körperlicher, geistiger, seelischer Natur sein. Weitere Voraussetzung der Maßnahme ist, dass der Vormund nicht willens oder nicht in der Lage ist, die Gefahr ohne Mitwirkung des Gerichts abzuwenden.

Eine Gefährdung des **Mündelvermögens** wird vermutet, wenn der Vormund gegen eine mit der Vermögenssorge verbundene gesetzliche Pflicht verstoßen hat (§§ 1837 Abs. 4, 1666 Abs. 2 BGB).

Beispiele für Gefährdung des Mündelvermögens

Der Vormund legt kein Vermögensverzeichnis vor. Die Rechnungslegung erfolgte nicht oder nur sehr unvollständig. Es wurden genehmigungspflichtige Geschäfte ohne Genehmigung vorgenommen.

Es genügt, dass die Gefahr von einem Dritten ausgeht (§ 1666 Abs. 4 BGB).

Als **Maßnahmen** nach §§ 1802 Abs. 2 Satz 3, 1666 Abs. 1 BGB kommen zunächst alle in § 1666 Abs. 3 BGB genannten in Frage, wobei sich die in Nr. 1 bis Nr. 4 genannten nicht auf den Vormund selbst beziehen können, da sie dort ja schon auf § 1802 Abs. 2 Satz 1 BGB gestützt werden könnten.

Vor allem kommt daher

- das Ersetzen einer Erklärung des Vormunds und
- der teilweise Entzug der Personen- und/oder Vermögenssorge (§ 1666 Abs. 3 Nr. 5 und 6 BGB) in Frage.

Der *vollständige* Entzug der Personen- und Vermögenssorge ist dagegen nicht möglich, denn er würde vom Amt des Vormunds nichts übriglassen. An seine Stelle tritt daher die **Entlassung des Vormunds** nach § 1804 Abs. 1 Nr. 1 BGB.[50] Das Jugendamt kann jedoch auch bei einer Kindeswohlgefährdung nur ganz aus der Vormundschaft entlassen werden, wenn ein anderer geeigneter Vormund zur Verfügung steht.

50 BayObLGZ 1976, 247.

Auch ein *weitgehender* Entzug der Personensorge kann hierauf nicht gestützt werden, denn ein Vormund, dem diese fehlt, kann die Gesamtverantwortung für den Mündel nicht mehr sinnvoll tragen. Er ist stattdessen ebenfalls zu entlassen. Hierauf ist dann aber § 1666a BGB entsprechend anwendbar. Die Entlassung des Vormunds erfordert eine strenge Prüfung der Verhältnismäßigkeit, wenn er ihr widerspricht. Stimmt er ihr dagegen selbst zu, kann er ohne weiteres entlassen werden, weil der Mündel kein Recht auf einen bestimmten Vormund hat.

Ist der Mündel in den Haushalt des Vormunds aufgenommen, ist ferner § 1666a Abs. 1 BGB zu beachten. Maßnahmen, die auf die **Herausnahme des Mündels aus** diesem **Haushalt** abzielen, dürfen nur getroffen werden, wenn die Gefahr durch die Gewährung öffentlicher Hilfen, einschließlich ambulanter Jugendhilfeleistungen, nicht abgewendet werden kann. Zumindest wenn der Vormund mit dem Mündel verwandt ist, kann er sich insoweit auch auf das Grundrecht aus Art. 6 Abs. 3 GG berufen.[51]

Überprüfung der Aufsichtsmaßnahmen

Aus der Verweisung auch auf § 1696 BGB folgt, dass das Familiengericht verpflichtet ist, getroffene Aufsichtsmaßnahmen in angemessenen Zeitabständen darauf zu überprüfen, ob sie noch notwendig sind (§ 166 Abs. 3 FamFG), und sie andernfalls aufzuheben (§§ 1802 Abs. 2 Satz 3, 1696 Abs. 2 BGB).

Auch wenn ein vom Familiengericht durchgeführtes Aufsichtsverfahren nicht zu einer Maßnahme geführt hat, muss das Gericht dies nach drei Monaten noch einmal überprüfen (§ 166 Abs. 3 FamFG).

Wird das Wohl des Mündels durch das **Verhalten eines Dritten** gefährdet, kann das Familiengericht nach §§ 1802 Abs. 2 Satz 3, 1666 Abs. 4 BGB auch gegen diesen Dritten unmittelbare Maßnahmen ergreifen, ihm z.B. die Kontaktaufnahme zum Mündel oder den Aufenthalt in dessen Nähe verbieten. „Dritter" ist hier jeder, dem das Sorgerecht nicht zusteht, also z.B. auch die Eltern, denen es entzogen wurde.

Zuständigkeit

Für die Verrichtungen nach § 1802 Abs. 2 Satz 2 und Satz 3 i.V.m. § 1863 Abs. 3 BGB ist jedenfalls der **Rechtspfleger** zuständig. Das gilt auch für alle Maßnahmen nach §§ 1802 Abs. 2 Satz 3, 1666 BGB, durch die einer Gefährdung des Mündelvermögens begegnet werden soll.

Maßnahmen nach §§ 1802 Abs. 2 Satz 3, 1666 BGB zum Schutze des körperlichen, seelischen oder geistigen Wohls des Kindes sind dagegen nach § 14 Abs. 1 Nr. 2 RPflG dem **Richter** vorbehalten.

Auch die Entlassung des Vormunds nach § 1804 Abs. 1 Nr. 1 BGB obliegt daher dem Richter, wenn sie gegen den Willen des Vormunds zur Abwendung einer Gefahr für das Kindeswohl erfolgt. Erfolgt sie aus anderen Gründen oder mit Zustimmung des Vormunds, obliegt sie dagegen dem Rechtspfleger.

51 Badura in Maunz/Dürig, Art. 6 GG Rn. 101.

b) Jugendamt

Der ehrenamtliche und der Berufsvormund stehen unter einer doppelten Aufsicht, nämlich

- der des Familiengerichts (§ 1802 Abs. 2 Satz 1 BGB) und
- der des Jugendamtes (§ 53a Abs. 2 Satz 1 SGB VIII).

Das Jugendamt ist hiernach nicht nur Berater und Begleiter des Vormunds, sondern hat mit dafür zu sorgen, dass die Vormundschaft im Interesse des Mündels geführt wird.

Die Aufsicht des Jugendamtes wird flankiert von der Pflicht, den Vormund in seiner Amtsführung **zu beraten und zu unterstützen** (§ 53a Abs. 1 SGB VIII). Beides ist allerdings auf die Personensorge beschränkt.

Zuständig ist nach § 87d Abs. 1 SGB VIII das Jugendamt, in dessen Bezirk der Vormund seinen gewöhnlichen Aufenthalt hat.

Für das Jugendamt bilden **Mängel in der Amtsführung** des Vormunds die vom Gesetz genannte Schwelle, ab der ein Einschreiten gefordert wird. Diese dürften kaum anders zu definieren sein als die Pflichtwidrigkeit in § 1802 Abs. 2 Satz 2 BGB:

Hinweis

! *Ein Mangel liegt also vor, wenn das Verhalten des Vormundes gesetzwidrig ist, gegen Anordnungen des Familiengerichts verstößt oder den Interessen des Mündels objektiv zuwiderläuft.*

Die **Aufsichtsmaßnahmen** des Jugendamtes beschränken sich freilich auf zwei:

- Stellt es Mängel in der Führung der Vormundschaft fest, so hat es beratend auf deren Beseitigung hinzuwirken (§ 53a Abs. 2 Satz 2 SGB VIII). Das bedeutet, dass dem Vormund ein Gespräch anzubieten ist, in dessen Verlauf die festgestellten Probleme erörtert und Lösungsmöglichkeiten aufgezeigt werden.
- Führt diese Beratung nicht zum Erfolg – oder ist sie von Anfang an aussichtslos –, so muss das Jugendamt das Familiengericht informieren (§ 57 Abs. 3 Satz 2 SGB VIII). Weitere Aufsichtsmaßnahmen bleiben dann dem Familiengericht überlassen.

Sind konkrete Anhaltspunkte dafür vorhanden, dass die Mängel in der Amtsführung des Vormunds den Mündel gefährden, ist unabhängig hiervon ein Verfahren nach § 8a Abs. 1 SGB VIII einzuleiten und bei Gefahr im Verzug der Mündel in Obhut zu nehmen (§§ 8a Abs. 2 Satz 2, 42 Abs. 1 Satz 1 Nr. 2 b SGB VIII).

Für Jugendamt gelten zudem einige **Informationspflichten**. Es muss dem Familiengericht auf dessen Anforderung Auskunft über die persönlichen Verhältnisse des Mündels geben (§ 57 Abs. 3 Satz 1 SGB VIII).

Das Jugendamt hat zwar die Vermögensverwaltung des Vormunds *nicht* zu überwachen oder den Vormund hierbei zu beraten. Erfährt es aber von einer Gefährdung des **Mündelvermögens**, ist es verpflichtet, auch dies dem Familiengericht weiterzumelden (§ 57 Abs. 3 Satz 3 SGB VIII).

Vormundschaftsvereine und Vereinsvormünder

Für Vormundschaftsvereine und Vereinsvormünder gelten die Aufsichtsbestimmungen aus § 53a SGB VIII nicht (siehe § 53a Abs. 3 SGB VIII). Ihre Qualität ist durch die Anerkennung gewährleistet, die der Verein hierfür benötigt. Diese **Anerkennung** ist an die in § 54 Abs. 1 SGB VIII aufgestellten Anforderungen geknüpft. Landesrecht kann zusätzliche Anforderungen aufstellen (§ 54 Abs. 4 SGB VIII). In Bayern muss der Verein z.B. von einer Fachkraft der Sozialen Arbeit geleitet werden (Art. 60 Abs. 1 Nr. 1 BayAGSG).

Erfüllt der Verein die Anforderungen nicht mehr, ist die Erlaubnis zu widerrufen. Der Verein wie auch die bei ihm beschäftigten Vereinsvormünder müssen dann aus wichtigem Grund (§ 1804 Abs. 1 Nr. 5 BGB) aus all ihren Vormundschaften entlassen werden. Bei Letzteren dürfte auch die in § 1805 Abs. 2 BGB vorgesehene Feststellung, dass sie die Vormundschaft als Berufsvormund oder ehrenamtlicher Vormund weiterführen, möglich sein.

Für die Erteilung, den Widerruf und die **Rücknahme der Erlaubnis** ist das Landesjugendamt zuständig, in dessen Bezirk der Verein seinen Sitz hat (§ 87d Abs. 2 SGB VIII).

Die Anerkennung als Vormundschaftsverein ist regional beschränkt. Sie gilt nur für das Bundesland, indem der Verein seinen Sitz hat, falls das Landesjugendamt sie nicht sogar auf seinen Bezirk beschränkt (§ 54 Abs. 2 SGB VIII).

Ob ein Verein danach als anerkannt zu gelten hat oder nicht, ist davon abhängig, bei welchem Gericht die Vormundschaft anhängig ist – nicht davon, wo der Mündel sich aufhält.

Hinweis

Das Jugendamt kann nicht unter seiner eigenen Aufsicht stehen. § 53a SGB VIII ist auf den Amtsvormund daher nicht anwendbar.

Der Realvormund unterliegt vielmehr der innerdienstlichen Fachaufsicht seines Vorgesetzten. Immerhin muss das Jugendamt dem Familiengericht aber mitteilen, wem es die Führung der Vormundschaft übertragen hat (§ 57 Abs. 2 SGB VIII).

12. Ausgewählte Haftungsfragen

a) Haftung im Innenverhältnis

aa) Einzelvormund

Pflichtwidriges Verhalten des Vormunds zieht die Haftung für die dem Mündel dadurch entstandenen Schäden nach sich.

Die zentrale Haftungsnorm des Vormundschaftsrechts ist § 1794 Abs. 1 BGB: Danach hat der Vormund dem Mündel jeden Schaden zu ersetzen, den dieser durch ein pflichtwidriges Verhalten des Vormunds erleidet. Voraussetzung ist, dass ihm ein **Verschulden** zur Last fällt. Als Verschulden kommt nach § 276 Abs. 1 Satz 1 BGB Vorsatz oder Fahrlässigkeit in Frage.

Was pflichtwidrig ist, ist hier nicht anders zu bestimmen als für § 1802 Abs. 2 BGB. Schuldhaft pflichtwidrig handelt der Vormund, wenn er die **Pflichtwidrigkeit** seines Verhaltens kannte oder bei Aufbietung der erforderlichen Sorgfalt hätte erkennen können.

Die **Beweislast** für die objektive Pflichtwidrigkeit und deren Kausalität für den Schaden liegt beim Mündel.[52] Die Beweislast dafür, dass ihn kein Verschulden trifft, liegt jedoch aufgrund der doppelten Verneinung in § 1794 Abs. 1 Satz 2 BGB beim Vormund. Das gilt auch, wenn der Verschuldensmaßstab aufgrund von § 1794 Abs. 2 BGB erleichtert ist. Ggf. kann die Situation des Zusammenlebens in einem Haushalt aber auch schon den Maßstab des *objektiv* Erforderlichen einschränken.

Gehaftet wird für

- jeden materiellen Verlust, den der Mündel erleidet (§ 253 Abs. 1 BGB), einschließlich eines entgangenen Gewinns, der bei einem „gewöhnlichen Verlauf" der pflichtwidrig durchgeführten Angelegenheit zu erwarten gewesen wäre (§ 252 BGB).
- Auch den immateriellen Schaden muss der Vormund ersetzen, wenn der Mündel durch sein Verschulden an einem der in § 253 Abs. 2 BGB aufgezählten Rechtsgüter verletzt worden ist.
- Der Vormund kann dem Mündel auch aus einem anderen Rechtsgrund, insbesondere den §§ 823 ff. BGB, haften, wenn sein Verhalten zugleich die Voraussetzung einer der dort aufgezählten unerlaubten Handlungen erfüllt (deliktische Haftung).

bb) Vormundschaftsverein

Der Vormundschaftsverein übt die (vorläufige) Vormundschaft durch den Mitarbeiter aus, dem er sie zur Ausübung überträgt. Er muss für deren Verschulden einstehen (§§ 1794 Abs. 1 Satz 3, 1826 Abs. 3, 31 BGB). Das gilt sowohl für die Haftung aus § 1794 Abs. 1 Satz 1 BGB als auch für die deliktische Haftung aus §§ 823 ff. BGB, soweit die unerlaubte Handlung in Ausübung der vormundschaftlichen Pflichten begangen worden ist und nicht etwa ganz außerhalb derselben.

Hat die unerlaubte Handlung mit der Vormundschaft nicht direkt etwas zu tun, haftet lediglich der Mitarbeiter selbst.

Im Verhältnis zum Verein haftet derjenige, der die Vormundschaft für ihn ausführt, jedoch wegen § 31a BGB nur für **grobes Verschulden**. Fällt ihm nur leichte Fahrlässigkeit zur Last, kann der Verein ihn nicht in Regress nehmen, wohl aber er den Verein, falls er selbst vom Mündel in Anspruch genommen wird.

Wird der Mitarbeiter eines Vereins zum Vereinsvormund bestellt, haftet er dem Mündel jedenfalls selbst aus § 1794 Abs. 1 Satz 1 BGB. Ob daneben auch der Verein haftet, ist bisher nicht geklärt.

Die Verweisung auf § 1826 BGB hilft nicht weiter, weil die Frage auch im Betreuungsrecht nicht gesetzlich geregelt und in den Details ziemlich umstritten ist.[53] Vermutlich verhält es

52 BGH NJW 2011, 1009.

53 Vgl. dazu im Einzelnen Fröschle, BtPrax 2008, 190 ff.

sich auch hier so, dass der Verein nur für die sorgfältige Auswahl, Anleitung und Überwachung des Mitarbeiters dem

cc) Amtsvormund

Auch für den Amtsvormund gilt § 1794 Abs. 1 BGB in vollem Umfang. An die Stelle der gewöhnlichen deliktischen Haftung nach §§ 823 ff. BGB tritt dagegen diejenige aus § 839 Abs. 1 Satz 1 BGB. Da in jeder Verletzung der vormundschaftlichen Pflichten zugleich diejenige einer Amtspflicht liegt, bedeutet dies, dass beide Vorschriften nebeneinander greifen. Es besteht Anspruchskonkurrenz.[54]

Im Übrigen greift Art. 34 Satz 1 GG: Danach haftet dem Mündel nicht der Realvormund, sondern die Körperschaft , bei der das Jugendamt eingerichtet ist.

Das Jugendamt kann von seinem Mitarbeiter Regress nur verlangen, wenn dieser mindestens **grob fahrlässig** gehandelt hat (Art. 34 Satz 2 GG). Für die Haftung aus § 1794 Abs. 1 Satz 1 BGB gilt nichts anderes. Zwar wird sie von Art. 34 Satz 1 GG nicht erfasst, aber Vormund ist das Jugendamt und nicht der Mitarbeiter.

b) Haftung im Außenverhältnis

Im Verhältnis zu Dritten kommt eine direkte Haftung des Vormunds vor allem aus **Aufsichtspflichtverletzung** (§ 832 Abs. 1 BGB) in Frage. Dass dem Vormund auch die Aufsicht über den Mündel obliegt, folgt aus § 1795 Abs. 1 Satz 1 BGB. (Siehe hierzu ausführlich 9. f))

Die problematische Seite der Vorschrift ist die **Beweislastverteilung**: Der Geschädigte muss lediglich beweisen, dass er durch – irgendeine – unerlaubte Handlung des Mündels geschädigt worden ist. Ob der Mündel hierfür nach Maßgabe von § 828 BGB verantwortlich war oder nicht, ist nicht relevant. Der Vormund muss den Schaden dann ersetzen, es sei denn, er kann darlegen und beweisen, dass

- er seine Aufsichtspflicht in der unter Berücksichtigung von §§ 1795 Abs. 1 Satz 2, 1790 Abs. 2 BGB gebotenen Weise erfüllt hat oder
- dass der Schaden auch entstanden wäre, wenn er dies getan hätte.

Das heißt, dass er vor allem darlegen können muss, was er zur Verhinderung von solchen Schäden unternommen hat. Steht ein Aufsichtsverstoß fest, kann er noch versuchen darzulegen, dass der Schaden ohnehin entstanden wäre.

Das **Jugendamt** als Vormund kann, da die Aufsichtspflicht bei ihm Amtspflicht ist, nicht aus § 832 BGB haften. Hier ist vielmehr auch im Verhältnis zu einem Drittgeschädigten nur § 839 BGB i.V.m. Art. 34 Satz 1 BGB anwendbar. Das ändert jedoch nichts an der Beweislastverteilung, denn wenn die öffentlich-rechtliche Aufsichtspflicht einer zivilrechtlichen Aufsichtspflicht entspricht, liegt auch hier die Darlegungs- und Beweislast für ihre Erfüllung beim Hoheitsträger.[55]

54 OLG Saarbrücken ZKJ 2012, 158.
55 BGH NJW 2013,1233.

c) Strafbewehrte Pflichtverstöße

Ganz am Rande sei darauf hingewiesen, dass der Vormund sich ggf. auch strafbar machen kann, wenn er seine Pflichten aus § 1795 Abs. 1 BGB nicht ausreichend ernst nimmt. Auf Vorsatzdelikte soll hier nicht eingegangen werden. Dass es strafbar ist, den Mündel zu schlagen oder sein Vermögen zu veruntreuen, bedarf keiner Erörterung. Aber auch wer den Mündel nicht absichtlich schädigt, kann sich ggf. strafbar gemacht haben.

So kann sich z.B. auch der Vormund wegen **Verletzung der Fürsorge- oder Erziehungspflicht** (§ 171 StGB) strafbar machen. Das setzt zunächst einen groben, vorsätzlichen Verstoß gegen die aus seinem Amt folgenden Pflichten voraus, wofür ein Unterlassen genügen kann (z.B. indem bei der Pflegefamilie überhaupt keine Kontrollbesuche gemacht werden, obwohl es Hinweise auf eine Vernachlässigung gibt). Es setzt weiter voraus, dass eine der in der Vorschrift genannten schweren Folgen eingetreten ist, nämlich

- eine erhebliche Schädigung in der körperlichen oder psychischen Entwicklung,
- ein krimineller Lebenswandel des Mündels oder
- die Ausübung der Prostitution durch den Mündel.

Die Vorschrift greift allerdings nur bis zur Vollendung des 16. Lebensjahres.

Aufgrund seiner Verantwortung für den Mündel hat der Vormund ferner die Rechtsstellung eines Beschützergaranten für die Rechtsgüter des Mündels, sodass er sich nach § 13 StGB wegen eines Deliktes strafbar machen kann, das sonst aktives Tun erfordern würde. Erleidet der Mündel einen gesundheitlichen Schaden oder stirbt er gar, weil der Vormund Hinweisen auf eine Gefahr nicht nachgegangen ist, kann das daher den Vorwurf der **fahrlässigen Körperverletzung** (§ 229 StGB) oder der **fahrlässigen Tötung** (§ 222 StGB) durch Unterlassen begründen. Dasselbe gilt erst recht, wenn er den Mündel jemandem zur Erziehung anvertraut, bei dem eine Vernachlässigung oder ein Missbrauch des Mündels vorhersehbar war.

Schließlich folgt aus der zivilrechtlichen Aufsichtspflicht , dass er das in seiner Macht stehende unternehmen muss, um eine *konkret* bevorstehende Straftat des Mündels zu verhindern, andernfalls er sich der **Beihilfe** zu dieser Tat durch Unterlassen (§§ 27, 13 StGB) strafbar machen kann.

13. Beendigung und Abwicklung des Vormundsamtes

Ebenso wie zwischen der Anordnung der Vormundschaft einerseits und der Auswahl und Bestellung des Vormunds andererseits unterschieden werden muss, ist es bei der Beendigung des Amtes:

- Die **Vormundschaft** kann als solche enden. Daran schließt sich nur noch ihre Abwicklung an.
- Es kann aber auch das **Amt des Vormunds** enden, ohne dass dies die Anordnung der Vormundschaft berührt. Dann schließt sich daran die Neubestellung eines (anderen) Vormunds an und auch hier stellt sich wiederum die Frage nach Pflichten, die durch den Wechsel im Amt bedingt sind.

a) Ende der Vormundschaft

Jede Vormundschaft endet nach § 1806 BGB, wenn die **Voraussetzungen für ihre Anordnung wegfallen**. Sie endet dann ohne Weiteres, ein Beschluss des Familiengerichts ist nicht erforderlich. Es macht auch keinen Unterschied, ob die Vormundschaft ihrerseits angeordnet worden oder kraft Gesetzes eingetreten ist.

In Zweifelsfällen kann das Gericht das Ende der Vormundschaft und dessen exakten Zeitpunkt aber durch Beschluss feststellen (§ 168e FamFG). Das kann vor allem Vormundschaften betreffen, die wegen unbekannten Personenstands (§ 1773 Abs. 1 Nr. 3 FamFG) oder wegen Geschäftsunfähigkeit der Eltern (§ 1673 Abs. 1 BGB) erforderlich geworden sind.

Ist die Vormundschaft überhaupt **zu Unrecht angeordnet** worden, kann sie nicht nach § 1806 BGB enden, weil Voraussetzungen, die nie vorgelegen haben, nicht wegfallen können, der Beschluss eines Gerichtes andererseits aber auch dann wirksam ist, wenn er falsch ist. In diesem Fall ist das Gericht zur Aufhebung der Vormundschaft durch Beschluss verpflichtet und sie endet auch erst durch diesen.[56]

Schließlich kann die Vormundschaft dadurch enden, dass die einstweilige Anordnung, durch sie erforderlich wurde, ihrerseits nach § 56 Abs. 1 FamFG außer Kraft tritt, weil eine **abweichende Hauptsacheentscheidung** ergeht. Diese Wirkung wird auf Antrag durch Beschluss festgestellt, und zwar vom Eilgericht, nicht vom Gericht der Hauptsache (§ 56 Abs. 3 FamFG).

Da jede Vormundschaft einen rechtsfähigen, minderjährigen Mündel voraussetzt, endet sie nach § 1806 BGB, wenn dieser **volljährig** wird oder **stirbt**. Die Totenfürsorge für den verstorbenen Mündel steht dem Vormund nicht als solchem zu, sondern allenfalls als demjenigen, der dem Mündel zu Lebzeiten am nächsten gestanden hat.

Ist die Vormundschaft erforderlich geworden, weil der allein sorgeberechtigte Elternteil weggefallen ist, so kann sie dadurch enden, dass das Gericht die **elterliche Sorge** dem anderen Elternteil nach §§ 1678 Abs. 2, 1680 Abs. 2 BGB oder durch Abänderung einer früheren Sorgerechtsentscheidung nach § 1696 Abs. 1 Satz 1 BGB überträgt.

Ist ein Elternteil zu Unrecht für tot erklärt worden und stellt sich das als Irrtum heraus, ist das dagegen kein Grund, aus dem die Vormundschaft ohne Weiteres endet, denn nach § 1681 Abs. 2 BGB bekommt dieser Elternteil die elterliche Sorge nur auf seinen Antrag vom Familiengericht zurückübertragen und nur, wenn es dem Wohl des Kindes nicht widerspricht. Stellt er keinen Antrag oder wird dieser abgelehnt, bleibt es dagegen bei der Beendigung der elterlichen Sorge durch die Todeserklärung und folglich bleiben auch die Voraussetzungen für eine Vormundschaft gegeben.

Wird der **Entzug** der elterlichen Sorge nach § 1696 Abs. 2 BGB vom Familiengericht wieder aufgehoben, endet die Vormundschaft.

56 RGSt 45, 309.

Praxistipp

Das gilt sogar dann, wenn dieser Entzug nur teilweise aufgehoben wird, denn schon dadurch liegen die Voraussetzungen des § 1773 Abs. 1 Nr. 1 BGB nicht mehr vor. Es ist dann zugleich wegen der weiterhin entzogenen Teile der elterlichen Sorge Pflegschaft anzuordnen.

Die Vormundschaft endet ferner, wenn das **Ruhen** der elterlichen Sorge nach § 1673 BGB endet, also wenn der geschäftsunfähige Elternteil die Geschäftsfähigkeit wiedererlangt oder der minderjährige Elternteil volljährig wird.

Praxistipp

Will die bisher minderjährige Mutter nicht schon ab ihrem 18. Geburtstag alles alleine regeln, kann sie Beistandschaft beantragen.

Ist die Vormundschaft angeordnet worden, weil die tatsächliche Verhinderung der Eltern vom Familiengericht festgestellt wurde (§ 1674 Abs. 1 BGB), dann endet sie nicht schon dadurch, dass die Verhinderung der Eltern endet. Vielmehr ruht in diesem Fall die elterliche Sorge so lange, bis das Familiengericht durch einen erneuten Beschluss feststellt, dass die Eltern nicht mehr verhindert sind (§ 1674 Abs. 2 BGB). Erst dieser Beschluss beendet das Ruhen der elterlichen Sorge und damit nach § 1806 BGB auch die Vormundschaft.

Die nach § 1751 Abs. 1 Satz 1 und 2 BGB durch Einwilligung in die Adoption des Kindes eingetretene Amtsvormundschaft dauert an, solange diese Einwilligung wirksam ist. Sie endet mit dem **Ausspruch der Adoption**, da dadurch die elterliche Sorge der oder des Annehmenden begründet wird und demnach die Voraussetzungen des § 1773 BGB wegfallen. Kommt es nicht zu der Adoption, der die Eltern zugestimmt haben, verliert die Einwilligung ihre Wirksamkeit, wenn die Adoption entweder infolge Rücknahme oder rechtskräftiger Ablehnung des Adoptionsantrags endgültig gescheitert ist (§ 1751 Abs. 4 Satz 1 BGB) oder wenn sie nicht innerhalb von drei Jahren seit der Einwilligung zustande gekommen ist (§ 1751 Abs. 4 Satz 2 BGB).

Dies bewirkt aber nicht schon ohne Weiteres den Wegfall der gesetzlichen Amtsvormundschaft des Jugendamtes. Denn nach § 1751 Abs. 3 BGB lebt in diesem Fall die elterliche Sorge der Einwilligenden nur wieder auf, wenn das Familiengericht sie ihnen zurücküberträgt. Das tut es nur, wenn und soweit es dem Wohl des Kindes nicht widerspricht. Lehnt es die Zurückübertragung ab, ruht die elterliche Sorge auf Dauer und die Vormundschaft bleibt bestehen.

Die für ein Findelkind angeordnete Vormundschaft (§ 1773 Abs. 1 Nr. 3 BGB) endet, wenn die **Abstammung des Kindes aufgeklärt** worden ist. Das Personenstandsregister braucht dazu noch nicht berichtigt worden zu sein, da die Einträge dort nur deklaratorischen Charakter haben. Benötigt das zugeordnete Findelkind jedoch aus anderem Grund einen Vormund (z.B. weil die ermittelte Mutter verstorben oder geschäftsunfähig ist), bleibt die Vormundschaft bestehen. Sie braucht nicht neu angeordnet zu werden.

Ruht die elterliche Sorge der Mutter, weil sie das Kind **vertraulich geboren** hat, so wird dies nach § 1674a Satz 2 BGB nur dadurch beendet, dass sie oder der Vater die Angaben zu ihren Personalien nachholt. Wird ihre Identität auf anderem Wege festgestellt, ändert das nichts daran, dass die elterliche Sorge beider Eltern ruht.

Hinweis

Wegfall der internationalen Zuständigkeit

Der Wegfall der internationalen Zuständigkeit deutscher Gerichte aus § 99 Abs. 1 FamFG ist früher als Beendigungsgrund für die Vormundschaft angesehen worden. Soweit der Mündel noch nicht 18 Jahre alt ist, wird diese Norm aber vollständig durch die Brüssel-IIa-Verordnung und das Haager Kinderschutzübereinkommen verdrängt.

Art. 14 KSÜ regelt dazu das Gegenteil: Es berührt den Bestand einer Vormundschaft nicht, wenn der Mündel seinen gewöhnlichen Aufenthalt in einen anderen Staat verlegt. Da das KSÜ auch im Verhältnis zu Nicht-Mitgliedsstaaten angewendet wird, dürfte damit eine Vormundschaft auch sonst von einem Wegfall der internationalen Zuständigkeit in ihrem Bestand unberührt bleiben.

b) Abwicklung der beendeten Vormundschaft

aa) Entlassung von Amts wegen

Der Vormund ist nach § 1804 Abs. 1 BGB vom Amts wegen zu entlassen, wenn hierfür ein **wichtiger Grund** besteht. § 1804 Abs. 1 Nr. 1 bis 4 BGB nennen konkrete Fälle und stecken damit den Rahmen auch für die Auslegung der offenen Nr. 5.

Nach § 1804 Abs. 1 Nr. 1 BGB ist die **Gefährdung** des Wohls oder der Vermögensinteressen des Mündels Entlassungsgrund. Das wird oft, muss aber nicht zwangsläufig auf pflichtwidrigem Handeln beruhen. Hier sind §§ 1802 Abs. 2 Satz 3, 1666, 1666a BGB mitzulesen.

- Gegen seinen Willen darf der Vormund nur entlassen werden, wenn andere Schutzmaßnahmen zur Abwendung der Gefahr nicht ausreichen (siehe auch oben 10. a)).
- Gefährdet der Amtsvormund das Mündelinteresse, kann das Familiengericht das Jugendamt überhaupt nur entlassen, wenn ein anderer geeigneter Vormund zur Verfügung steht.[57]

Über § 1804 Abs. 1 Nr. 2 BGB setzt sich der **Vorrang des Ehrenamtes** nachträglich durch, allerdings unter dem Vorbehalt, dass der Wechsel dem Wohl des Mündels nicht widerspricht. Zum Wohl des Mündels gehört ja das Interesse an Kontinuität seiner Lebensverhältnisse, was bedeuten kann, dass ein **Wechsel des Vormunds** eine zu vermeidende Belastung für ihn bilden kann. Das ist beim Berufsvormund naheliegender als beim Vereins- oder Amtsvormund, denn dort wird ja oft schon die Arbeitnehmerfluktuation dafür

57 BayObLG FamRZ 1999, 1457.

sorgen, dass der Mündel nicht über die gesamte Vormundschaft hinweg dieselbe Bezugsperson hat.

Hinweis

Das Jugendamt ist nach § 47 Abs. 4 SGB VIII verpflichtet, regelmäßig, normalerweise einmal im Jahr zu prüfen, ob inzwischen ein geeigneter ehrenamtlicher Vormund zur Verfügung steht und muss dies auch mitteilen, wenn es hiervon auf anderem Wege erfährt.

Die Entlassung des **Vereinsvormunds** ist nach § 1804 Abs. 1 Nr. 3 BGB vorgeschrieben, wenn sein Arbeitsverhältnis mit dem Verein endet. Als solcher darf er dann nicht weiteramtieren. Da das seiner Neubestellung als ehrenamtlicher Vormund, Berufsvormund oder Mitarbeiter eines anderen Vereins nicht im Wege steht, kann das Gericht m.E. auch entsprechend § 1805 Abs. 2 BGB beschließen, dass er die Vormundschaft in neuer Rolle weiterführt. Das muss aber dem Wohl des Mündels dienen. Gibt es bessere Optionen, bleibt es bei der Entlassung.

Einen unbenannten wichtigen Grund i.S.v. § 1804 Abs. 1 Nr. 5 BGB bildet es außerdem, wenn der Vereinsvormund aus anderem Grund nicht als solcher weiter amtieren kann, nämlich weil der Verein aufgelöst wird oder die Anerkennung verliert oder wenn diese wegen territorialer Beschränkung (§ 54 Abs. 2 SGB VIII) die Vormundschaft nicht mehr erfasst usw. Auch hierauf kann m.E. § 1805 Abs. 2 BGB entsprechend angewendet werden.

Nach § 1804 Abs. 1 Nr. 4 BGB ist ein Vormund zu entlassen, wenn er aus einem der in § 1784 BGB genannten Gründen (dazu oben unter 3. a)) nicht mehr bestellt werden dürfte, sei es

- dass sich das erst nachträglich ergibt, oder
- dass es sich erst nachträglich herausstellt.

Auch hier gilt, dass das nur bei Eintritt der Geschäftsunfähigkeit zwingend ist. Wird dem Vormund ein Betreuer bestellt oder bringt er den Mündel in einer Einrichtung unter, in der er ihn zudem als deren Angestellter betreut, kann der Vormund ausnahmsweise im Amt belassen werden, wenn er dennoch bestellt werden könnte, weil Nachteile für den Mündel nicht zu befürchten sind.

bb) Entlassung auf Antrag

Zwingend zu entlassen ist der Vormund, wenn ihm die Fortführung des Amts nicht mehr zugemutet werden kann und er die Entlassung selbst beantragt (§ 1804 Abs. 2 Nr. 1 BGB). Die **Zumutbarkeit** kann von der Rolle abhängen, in der er tätig ist. Berufs- und Vereinsvormündern können manche Belastungen zugemutet werden, die bei ehrenamtlichen Vormündern einen Entlassungsgrund bilden, wie z.B. aggressives Verhalten des Mündels ihnen gegenüber.

Für **Berufsvormünder** kann die Unzumutbarkeit der Fortführung jedoch aus dem Willen zur Berufsaufgabe folgen. Das folgt aus Art. 12 Abs. 1 GG, der auch die negative Berufsfreiheit garantiert. Wer einen Beruf selbständig ausübt, darf ihn jederzeit aufgeben. Er kann höchstens noch für eine Übergangszeit verpflichtet sein, die Geschäfte weiterzuführen, um dem Familiengericht den für die Ablösung erforderlichen Zeitraum zu verschaffen.

Das **Jugendamt** kann nicht nach § 1804 Abs. 2 Nr. 1 BGB entlassen werden. Einer Behörde ist die Erledigung einer ihr durch das Gesetz zugewiesenen Aufgabe stets zumutbar.

Der **Vereinsvormund** ist zwingend zu entlassen, wenn der Verein es beantragt (§ 1804 Abs. 2 Nr. 2 BGB). Auch das folgt letztlich aus der in Art. 12 Abs. 1 GG verankerten Personalhoheit des Vereins.

Nach § 1804 Abs. 3 Satz 1 BGB soll das Familiengericht den Vormund auf Antrag entlassen, wenn der Wechsel dem Wohl des Mündels dient. **Antragsbefugt** sind nach § 1804 Abs. 3 Satz 3 BGB

- der (bisherige) Vormund,
- derjenige, der sich als neuer Vormund selbst anbietet,
- der mindestens 14 Jahre alte Mündel,
- jeder andere, der ein berechtigtes Interesse des Mündels geltend macht.

Ob der Wechsel dem **Wohl des Mündels** dient, kann nicht geprüft werden, wenn der potentielle Nachfolger im Amt nicht feststeht. Der Antrag ist daher nur zulässig, wenn er hierzu Angaben enthält. Dem Wohl des Mündels dient der Wechsel, wenn er unter Berücksichtigung der das Kindeswohl tragenden Prinzipien (siehe unter 7. c)) für ihn eine Verbesserung der Situation bildet. Das ist auch möglich, wenn sich der Mündel gegen den Wechsel sperrt, weshalb sein entgegenstehender Wille nur „zu berücksichtigen" ist (§ 1804 Abs. 3 Satz 2 BGB).

Ein **Jedermannsantrag** i.S.v. § 1804 Abs. 3 Satz 3 Nr. 4 BGB ist überhaupt nur zulässig, wenn der Antragsteller darlegt, dass der Mündel ein berechtigtes Interesse an dem Wechsel hat. Dazu muss er vortragen, in welcher Hinsicht sich dessen Situation durch den Wechsel verbessern könnte.

Hinweis

Dem Familiengericht verbleibt bei § 1804 Abs. 3 Satz 3 BGB ein Ermessensspielraum. Es kann aus besonderen Gründen von dem Wechsel absehen, selbst wenn die Voraussetzungen für ihn vorliegen.

Für die Beschwerde gegen die **Ablehnung eines Antrags** ist § 59 Abs. 2 FamFG zu beachten. Sie steht nur dem Antragsteller zu. § 59 Abs. 1 FamFG gilt jedoch außerdem. In eigenen Rechten verletzt sind durch die Ablehnung nur die Antragsteller nach § 1804 Abs. 2, Abs. 3 Satz 3 Nr. 1 und Nr. 3 FamFG, nicht jedoch solche nach § 1804 Abs. 3 Satz 3 Nr. 2 und Nr. 4 FamFG.

Beschwerde gegen Ablehnung des Antrags

Das Jugendamt, der Mündel und der Vormund können eine Beschwerde gegen die Ablehnung eines Antrags aber darauf stützen, dass der Wechsel des Vormunds hätte von Amts wegen erfolgen müssen.

c) Geschäfte nach beendeter Vormundschaft

Geschäfte, die der Vormund nach Beendigung seines Amtes noch vornimmt, sind wirksam, wenn er von der Beendigung des Amtes noch nichts wusste und auch noch nichts wissen musste (§§ 1807, 1874 Abs. 1 BGB).

Hinweis

! *„Wissenmüssen" liegt nach der Legaldefinition in § 122 Abs. 2 BGB vor, wenn die Unkenntnis auf Fahrlässigkeit beruht. Das ist ein wichtiges Korrektiv zur Amtsbeendigung kraft Gesetzes nach § 1806 BGB, von der der Vormund ja unter Umständen nicht sofort erfährt.*

Außerdem ist er nach dem **Tod des Mündels** berechtigt und verpflichtet, alle unaufschiebbaren Geschäfte vorzunehmen, solange der Erbe die Verwaltung nicht übernehmen kann (§§ 1807, 1874 Abs. 2 BGB), z.B. weil noch gar nicht feststeht, wer geerbt hat.

Unaufschiebbar sind Geschäfte, bei deren Aufschub der Erbe einen erheblichen Vermögensnachteil erleiden würde. Da das Kind tot ist, ist Richtschnur des Handelns nach §§ 1807, 1874 Abs. 2 BGB nicht mehr dessen Wohl, sondern es sind nun die Vermögensinteressen des Erben.

Die Bestattung des Mündels gehört nicht zu diesen „unaufschiebbaren" Geschäften, da sie erstens dem Erben gar nicht obliegt und zweitens durch Landesrecht umfassend geregelt ist, wer hierzu verpflichtet ist. Sind keine bestattungspflichtigen Angehörigen vorhanden oder erreichbar, ist in aller Regel das Ordnungsamt dafür zuständig. Einige Bundesländer kennen eine Bestattungspflicht des Sorgeberechtigten eines minderjährig Verstorbenen (so z.B. § 9 Abs. 1 Nr. 4 BestG-RP). Das kann dann auch den Vormund treffen. Inhalt und Reichweite dieser Pflicht richten sich aber nach dem jeweiligen Landesrecht, § 1874 Abs. 2 BGB ist auch dort nicht einschlägig.

d) Tod des Vormunds

Dass mit dem Tod des Vormunds das **Vormundschaftsverhältnis** beendet ist, folgt aus § 1805 Abs. 1 Satz 1 BGB. Es handelt sich um ein persönliches Verhältnis, dass als solches nicht vererblich ist.

Das Familiengericht hat einen neuen Vormund nach den in §§ 1778 bis 1785 BGB dargelegten Prinzipien auszuwählen und zu bestellen (§ 1805 Abs. 1 Satz 2 BGB). Das ist eine unvollständige Verweisung, denn auch §§ 1774 bis 1776 BGB sind erneut anwendbar. Über die Erforderlichkeit eines zusätzlichen Pflegers ist neu zu entscheiden. Soweit Teile der Sorge des Vormunds nach § 1777 BGB auf Pflegeeltern übertragen worden sind, hat das m.E. aber Bestand, weil es in erster Linie aufgrund der Eignung der Pflegeeltern für die Übernahme erfolgt ist. Allenfalls kann der neue Vormund nach §§ 1777 Abs. 3 Satz 1, 1776 Abs. 2 Nr. 2 BGB die Aufhebung beantragen.

Die **öffentlich-rechtlichen Pflichten** des Vormunds gegenüber dem Familiengericht sind ebenfalls unvererblich. Seine Erben stehen nicht unter gerichtlicher Aufsicht. Sie schulden daher weder einen Schlussbericht noch kommt überhaupt die Verhängung von Zwangsgeld gegen sie in Frage.

Hinweis

Die zivilrechtlichen Pflichten aus dem Abwicklungsverhältnis treffen jedoch auch die Erben des Vormunds. Sie sind dem Mündel zur Herausgabe von Vermögensgegenständen und Unterlagen nach Maßgabe von §§ 1807, 1872 Abs. 4 Satz 1 BGB und zur Erteilung einer Zwischenrechnung nach §§ 1807, 1872 Abs. 4 Satz 2 BGB zwar verpflichtet, doch kann auch das nicht vom Familiengericht erzwungen werden, sondern nur dadurch, dass der (von seinem neuen Vormund vertretene) Vormund deswegen eine Zivilklage erhebt.

e) Entlassung des Vormunds

§ 1804 BGB regelt die Gründe, aus denen ein Vormund entlassen werden kann. Er differenziert zwischen Gründen, aus denen

- die Entlassung von Amts wegen erfolgen muss (Abs. 1),
- sie zwingend zu erfolgen hat, wenn sie beantragt wird (Abs. 2) und
- sie erfolgen soll, wenn sie beantragt wird (Abs. 3).

Einen Ermessensspielraum lässt dem Familiengericht nur Abs. 3.

Hinzu kommt noch, dass der Nachfolger im Amt von Amts wegen wieder zu entlassen ist, wenn die Entlassung des bisherigen Vormunds im Rechtsmittelzug aufgehoben wird,[58] es sei denn, es war nicht nur die Entlassung des bisherigen, sondern auch die Bestellung des neuen Vormunds Gegenstand der Beschwerde, denn dann bedingt das eine das andere ohne Weiteres.

Hinweis

Eine Entlassung des vorläufigen Vormunds ist dagegen nicht vorgesehen. Er verliert sein Amt nach § 1781 Abs. 5 BGB mit der Bestellung des (endgültigen) Vormunds vielmehr kraft Gesetzes.

Wegen § 56 Abs. 1 FamFG gilt dasselbe, wenn der durch einstweilige Anordnung bestellte Vormund mit der Hauptsacheentscheidung durch einen anderen Vormund ersetzt wird.

58 BayObLG FGPrax 1995, 197 (zum Betreuer).

f) Neubestellung nach Entlassung

Auch für die Auswahl und Bestellung des neuen Betreuers nach Entlassung des Vorgängers gilt grundsätzlich § 1805 Abs. 1 BGB: Die Auswahl und Bestellung richten sich nach den §§ 1774 bis 1785 BGB. Das gilt aber nicht stets uneingeschränkt:

- Über eine Entlassung nach § 1804 Abs. 1 Nr. 2, Abs. 3 BGB ist nicht unabhängig von der Bestellung des Nachfolgers zu entscheiden. Hier ist beides zu verbinden. Für ein Auswahlverfahren nach der Entlassung bleibt kein Raum.
- Die Neubestellung ist nach § 1805 Abs. 2 BGB überhaupt entbehrlich, wenn es dem Kindeswohl dient, dass der bisherige Vereinsvormund die Vormundschaft in anderer Rolle weiterführt.
  Das erlaubt über den Wortlaut hinaus m.E. auch die Feststellung, dass er die Vormundschaft nunmehr als bei einem anderen Verein beschäftigter Vereinsvormund weiterführt. Es ist überdies auf einige Fälle der Entlassung von Amts wegen entsprechend anzuwenden (siehe oben unter b) aa)).
- Völlig ungeregelt bleibt in §§ 1804, 1805 BGB der Fall, dass von zwei nach § 1775 Abs. 1 BGB bestellten **Mitvormündern** einer stirbt oder nur bei einem von ihnen ein Entlassungsgrund vorliegt.
  Hier sollte entsprechend § 1805 Abs. 2 BGB an die Stelle der Neubestellung die Feststellung treten, dass der andere Mitvormund das Amt nun alleine weiterführt, wenn dies dem Kindeswohl dient. Dient es dem Kindeswohl nicht, bildet der Wegfall des einen auch einen wichtigen Grund für die Entlassung des anderen Vormunds.

Trennung oder Scheidung der Mitvormünder

▶ *Trennung oder Scheidung der Mitvormünder ist zwar kein eigenständiger Entlassungsgrund, da § 1804 Abs. 1 Nr. 4 BGB lediglich § 1784 BGB, nicht aber § 1775 Abs. 1 BGB erwähnt. Das kann aber einen sonstigen wichtigen Grund bilden, wenn sich die damit verbundenen Konflikte negativ auf die Beziehung zum Mündel auswirken. Das kann dann die Entlassung eines oder auch beider Ehegatten zur Folge haben.*

Die Feststellung einer Gefährdung des Wohls nach § 1804 Abs. 1 Nr. 1 BGB ist nicht erforderlich. Es genügt, dass eine einheitliche Gesamtverantwortung für den Mündel nicht mehr wahrgenommen wird.

g) Amtsübergabe

Auch der entlassene Vormund hat dem Familiengericht die Bestellungsurkunde zurückzugeben und einen **Schlussbericht** über die persönlichen Verhältnisse vorzulegen (siehe oben unter b)).

Der Schlussbericht ergibt hier deutlich mehr Sinn als bei Ende der Vormundschaft, ist er doch zugleich wichtige Informationsquelle für die Weiterführung der Vormundschaft und kann das Familiengericht in den Stand setzen, den neuen Vormund über notwendig werdende Maßnahmen zu unterrichten.

Der entlassene Vormund muss dem Familiengericht stets eine **Schlussrechnung** vorlegen (§§ 1807, 1872 Abs. 4 Satz 1, 1873 Abs. 1 BGB), die sich jedoch auf den Zeitraum zwischen der letzten jährlichen Rechnungslegung und dem Ende des Amts beschränkt, also besser als Zwischenrechnung bezeichnet werden sollte. An diese schließt dann die nächste Jahresrechnung des neuen Vormunds an, für die wiederum das Familiengericht das Rechnungsjahr bestimmt.

Das Familiengericht prüft die Zwischenrechnung nur auf Verlangen des Mündels, das hierbei von seinem neuen Vormund vertreten wird (vgl. § 1873 Abs. 3 Satz 1 BGB). In erster Linie ist es nämlich der neue Vormund, der die Zwischenrechnung auf sachliche und rechnerische Richtigkeit prüfen soll.

Der neue Vormund hat zwar einen **Anfangsbericht** zu erstatten, aber kein neues Vermögensverzeichnis. Letzteres folgt aus § 1798 Abs. 2 Satz 2 BGB, wonach die Anordnung der Vormundschaft, nicht die Bestellung des Vormunds den Stichtag bildet. Die Anordnung der Vormundschaft wird von einem Wechsel im Amt nicht berührt.

Der bisherige Vormund hat **Vermögensgegenstände und Unterlagen**, die sich in seinem Besitz befinden, direkt an den neuen Vormund herauszugeben (§§ 1807, 1872 Abs. 4 Satz 1 BGB). Das dürfte nicht dahin gemeint sein, dass der Herausgabeanspruch direkt dem Mündel zusteht. Vielmehr ist es m.E. so zu verstehen, dass es sich hierbei um eine auch öffentlich-rechtliche Verpflichtung handelt, die der Aufsicht des Familiengerichts unterliegt.

Das Familiengericht kann folglich alle diese Verpflichtungen mit den **Aufsichtsmitteln** aus §§ 1802 Abs. 2 Satz 3, 1862 Abs. 3 BGB durchsetzen.

Zu guter Letzt gilt auch §§ 1807, 1874 Abs. 1 BGB beim Amtswechsel. Geschäfte, die der Vormund vornimmt, ehe er seine Entlassung kennt oder kennen musste, sind wirksam. Das setzt freilich voraus, dass das Gericht die sofortige Wirksamkeit seiner Entlassung angeordnet hat, denn sonst wird sie ja ohnehin erst mit der Bekanntgabe an ihn wirksam.

14. Vergütung und Aufwendungsersatz

Aufwendungen sind freiwillige Opfer an Geld oder geldwerten Gegenständen. Den persönlichen Einsatz betrachtet das deutsche Zivilrecht nicht allgemein als geldwerten Gegenstand. Er ist daher nur unter besonderen Umständen („kommerzialisierte Arbeitszeit") als Aufwendung zu qualifizieren (§ 1877 Abs. 3 BGB). Im Übrigen kann aber für die Tätigkeit als solche eine **Vergütung** geschuldet sein.

Hinweis

Im Vormundschaftsrecht gilt grob vereinfacht das Prinzip, dass dem Vormund seine Aufwendungen ersetzt werden (§§ 1808 Abs. 2 Satz 1 BGB), er jedoch für seine Tätigkeit keine Vergütung erhält (§ 1808 Abs. 1 BGB).

Dieses Prinzip wird jedoch vielfach durchbrochen.

a) Aufwendungsersatz

aa) Ehrenamtlicher Vormund

Nach §§ 1808 Abs. 2 Satz 1, 1877 Abs. 1 Satz 1, 670 BGB muss der Mündel dem Vormund alle Aufwendungen erstatten, die dieser nach den Umständen für erforderlich halten durfte.

Dazu können Fahrtkosten, Telefongebühren, Porto und Ähnliches gehören. Entscheidend ist, dass es die **Führung der vormundschaftlichen Geschäfte** betrifft. Die Tätigkeit, aus der sie erwachsen sind, muss den Pflichten eines Vormunds direkt zuzuordnen sein.

- Die Besuchspflicht aus § 1790 Abs. 3 BGB gehört dazu.
- Aufwendungen, die aus der Aufnahme des Kindes in den eigenen Haushalt entstehen, sind erstattungsfähig, soweit der Vormund nicht die Möglichkeit hat, diesen Aufenthalt durch Sozialleistungen oder über Unterhalt zu finanzieren – also letztlich nur, wenn der Mündel über ausreichendes eigenes Einkommen oder Vermögen verfügt, um seinen Unterhalt selbst zu bestreiten. Andernfalls fehlt es an der Erforderlichkeit solcher Aufwendungen.

Erstattet wird nur der **tatsächlich angefallene** Aufwand.

Praxistipp

▶ *Eine Ausnahme bilden Fahrten, die der Vormund mit dem eigenen Pkw unternimmt. Hierfür erhält er nach § 1877 Abs. 1 Satz 2 BGB i.V.m. § 5 Abs. 2 Satz 1 Nr. 2 JVEG pauschal 0,42 € pro gefahrenem Kilometer.*

Verfahrensrechtlich schafft die hier für zulässig gehaltene entsprechende Anwendung von § 287 ZPO gewisse Erleichterungen: Das Gericht kann einen nicht exakt bezifferbaren Aufwand in bestimmten Grenzen auch schätzen, wenn der Vormund ausreichende Grundlagen für eine solche Schätzung anbietet.[59]

Die **Haftung des Mündels** für den Aufwendungsersatz wird durch §§ 1808 Abs. 2 Satz 1, 1880 Abs. 2 BGB begrenzt: Er muss sein Einkommen gar nicht und sein Vermögen nur einsetzen, soweit es über dem sozialhilferechtlichen Schonvermögen (§ 90 SGB XII) liegt.

Hier sind Sozialrecht und Familienrecht nicht aufeinander abgestimmt. Es ergibt wenig Sinn, das Vermögen eines Heimkindes zu schonen, soweit es die Heimkosten angeht (so i.E. das Kostenregime in §§ 92 ff. SGB VIII), nur um dann zu verlangen, dass es für die Entschädigung des Vormunds verbraucht wird.

Kann der Mündel die fällige Entschädigung nicht, nicht vollständig, nicht auf einmal oder nicht sofort aus diesen einzusetzenden Mitteln bestreiten, gilt er nach § 1880 Abs. 1 BGB als mittellos. Der Vormund hat dann Anspruch auf **Entschädigung aus der Staatskasse** (§§ 1808 Abs. 2 Satz 1, 1879 BGB). Ein Regress der Staatskasse in das einzusetzende Ver-

59 OLG Zweibrücken BtPrax 1997, 116; BayObLG BtPrax 1994, 173.

mögen ist nicht vorgesehen. Auf § 1881 BGB verweist das Vormundschaftsrecht bewusst nicht.

bb) Berufsvormund, Verein und Jugendamt

§ 1808 Abs. 3 BGB verweist wegen aller Ansprüche des Berufsvormunds, des Vormundschaftsvereins und des Jugendamtes auf das VBVG. §§ 1808 Abs. 2, 1877 ff. BGB sind nicht – direkt – anwendbar.

Für den **Berufsvormund** gilt jedoch im Wesentlichen dasselbe wie für den ehrenamtlichen Vormund, dass § 4 Abs. 1 VBVG auf § 1877 Abs. 1 BGB verweist. Der **Vereinsbetreuer** kann selbst nichts verlangen (§ 5 Abs. 2 VBVG). Sowohl für seinen Einsatz als auch für die im Rahmen der Bestellung des Vereins zum vorläufigen Vormund angefallenen Aufwendungen kann aber der Verein Aufwendungsersatz wiederum nach Maßgabe von § 1877 Abs. 1 BGB verlangen (§ 5 Abs. 1 Satz 2 VBVG). Für beide gilt auch, dass statt des mittellosen Mündels die Staatskasse haftet (§ 2 Abs. 1 VBVG).

Ist das **Jugendamt** zum Vormund bestellt, schuldet der Mündel Ersatz der Aufwendungen des mit der Führung der Geschäfte betrauten Bediensteten nur, soweit sein einzusetzendes Vermögen hierfür ausreicht (§ 6 Abs. 2 Satz 2 BGB). Der Eintritt der Staatskasse ist dadurch ausgeschlossen.

Es ist nicht ganz klar, ob der Mündel, der zwar einzusetzendes Vermögen oder Einkommen besitzt, aber nicht genug, um den Aufwendungsersatz in vollem Umfang zu leisten, wenigstens teilweise dazu herangezogen werden kann. Der Wortlaut („insoweit") des § 6 Abs. 2 Satz 2 VBVG legt das zumindest nahe.

Da die meisten Mündel mittellos sind, bedeutet § 6 Abs. 2 Satz 2 BGB in der Praxis meist den Ausschluss entsprechender Ansprüche. Das ist beim Jugendamt sachgerecht, denn es kann nicht Aufgabe des Familienrechts sein, staatliche Mittel (hier: zwischen Kommune und Land) umzuverteilen.

cc) Versicherungs- und Verwaltungsaufwand

Nur diejenigen Aufwendungen sind erstattungsfähig, die sich auf die konkrete Vormundschaft beziehen.

Allgemeine Verwaltungskosten – auch die Gehälter der Mitarbeiter – gehören nicht dazu. Der Verein und das Jugendamt können sie daher nicht auf die einzelnen Vormundschaften umlegen (§§ 5 Abs. 1 Satz 3, 6 Abs. 2 Satz 3 BGB). Das gilt auch für die Tätigkeit des Vereinsvormunds.

Auch ein Berufsvormund muss seine *allgemeinen* Kosten (z.B. für Büromiete und Schreibkräfte) aus der Vergütung zahlen.

Zum Verwaltungsaufwand gehören an sich auch die Prämien für die **Haftpflichtversicherung** des Vormunds. Diese Versicherungsprämien erhält der ehrenamtliche aber Einzelvormund nach §§ 1808 Abs. 2 Satz 1, 1877 Abs. 2 BGB dennoch erstattet. Für den Berufsvormund gilt dies nicht. Ein besonders hoher Versicherungsaufwand kann allenfalls ein Umstand sein, der die Erhöhung seines Stundensatzes gemäß § 3 Abs. 3 VBVG rechtfertigt.

dd) Kommerzialisierte Arbeitszeit

§ 1877 Abs. 3 BGB hat Bedeutung weit über das Betreuungs- und Vormundschaftsrecht hinaus. Ihm wird ein allgemeiner Rechtsgrundsatz des Inhalts entnommen, dass der Arbeitseinsatz ausnahmsweise Geldwert besitzt, wenn die Arbeitszeit desjenigen, der sie opfert, „kommerzialisiert" ist, nämlich zu einem von diesem *unabhängig* von der konkreten Tätigkeit ausgeübten **Beruf oder Gewerbe** gehört.

Die dahinterstehende Idee ist, dass der Mündel die Kosten, die er für die professionelle Erledigung einer bestimmten Angelegenheit aufwenden müsste, nicht dadurch spart, dass sein Vormund „zufällig" die entsprechende Qualifikation hat. Von dieser Zweckbestimmung her ist die Norm auszulegen:

Aufwendungsersatz

Aufwendungsersatz nach § 4 Abs. 2 VBVG oder § 1808 Abs. 2 Satz 1 BGB i.V.m. 1877 Abs. 3 BGB wird immer, aber auch nur, geschuldet, wenn ein vernünftiger Vormund, der den entsprechenden Beruf ***nicht*** *selbst ausübt, einen Dritten mit dieser Tätigkeit beauftragt hätte.*

Der Vormund erhält daher Aufwendungsersatz in Höhe der gesetzlichen, hilfsweise der üblichen Vergütung, wenn er für den Mündel im Rahmen seines (sonstigen) Berufes tätig wird.

Beispiele

Ist der Vormund Rechtsanwalt und vertritt er den Mündel vor Gericht, muss dieser ihm Aufwendungsersatz in Höhe der gesetzlichen Anwaltsgebühren leisten.

Ist der Vormund Arzt und behandelt den Mündel, schuldet dieser ihm Aufwendungsersatz in Höhe des gesetzlichen Arzthonorars.

Es genügt nicht, dass der Vormund die Qualifikation für einen solchen Beruf hat, er muss ihn auch tatsächlich selbstständig ausüben.[60] Außerdem muss die Tätigkeit jenseits dessen liegen, was er ihm schon als Vormund schuldig ist.

Gegenbeispiel

Ist der Vormund Buchhalter, kann er z.B. darum für die Rechnungslegung keinen Aufwendungsersatz verlangen.

Es fällt schließlich auch nicht unter § 1877 Abs. 3 BGB, wenn der Vormund die Vormundschaft *als solche* selbstständig beruflich führt. Das führt vielmehr zu einem Vergütungsanspruch aus § 1808 Abs. 3 BGB i.V.m. § 1 Abs. 1 und 3, § 3 VBVG.

Soweit die **Staatskasse** aus § 1877 Abs. 3 BGB Anwaltshonorar schuldet, kann sie sich darauf berufen, dass der Mündel einen Anwalt nur im Rahmen vorher bewilligter Beratungs-

60 BGH FGPrax 2010, 23.

hilfe, Prozesskostenhilfe oder Verfahrenskostenhilfe beauftragt hätte, und schuldet daher auch nur die dafür vorgesehene Vergütung.[61] Aus demselben Grund muss der Vormund, der für den mittellosen Mündel als Strafverteidiger auftreten will, seine eigene Beiordnung als Pflichtverteidiger beantragen.

ee) Fälligkeit, Zinsen und Vorschuss

Der Anspruch auf Aufwendungsersatz wird mit der entsprechenden Ausgabe **sofort** fällig. Verwaltet der Vormund das Vermögen des Mündels und schuldet der Mündel ihm Aufwendungsersatz, darf er sich diesen aus dem Vermögen des Mündels selbst auszahlen und muss dies nur in der Rechnungslegung entsprechend aufführen.

§ 181 BGB steht nicht im Wege, da es sich um ein reines Erfüllungsgeschäft handelt. Ist er zu Grund und Höhe des Anspruchs unsicher, kann er dazu einen Rat des Gerichts einholen (§ 1802 Abs. 1 BGB).

Verzögert sich die Auszahlung, kann der Vormund vom Tage des jeweiligen Aufwandes an 4 % **Zinsen** auf den Aufwendungsersatz verlangen (§§ 256 Satz 1, 246 BGB).

Der Vormund hat außerdem Anspruch auf Zahlung eines **Vorschusses** für konkret vorhersehbare Ausgaben (vgl. §§ 1877 Abs. 1 Satz 1, 669 BGB). Auch diesen darf er dem Vermögen des nicht mittellosen Mündels direkt entnehmen. Er muss später darüber abrechnen und nicht verbrauchte Beträge zurückzahlen.

ff) Gerichtliche Geltendmachung des Aufwendungsersatzes

Gegenüber dem Mündel kann der Vormund den Anspruch auf Aufwendungsersatz nur gerichtlich geltend machen, wenn er nicht selbst sein Vermögen verwaltet (§§ 168d, 292 Abs. 1 Nr. 1 FamFG). Es genügt, wenn er dieses Vermögen nicht *mehr* verwaltet, weil der Mündel z.B. volljährig geworden oder ein anderer Vormund bestellt ist.

Geltend gemacht wird der Anspruch beim Familiengericht durch **Antrag auf gerichtliche Festsetzung**. Das Familiengericht prüft den Anspruch und entscheidet durch Beschluss, der Endentscheidung i.S.v. § 38 FamFG ist. Das Gericht kann die Vergütung des Vormunds auch auf Antrag des Mündels oder von Amts wegen festsetzen, doch ist das in der Praxis unüblich.

Aus dem Beschluss, durch den die Vergütung festgesetzt ist, findet nach § 95 Abs. 1 Nr. 1 FamFG die **Zwangsvollstreckung** nach Maßgabe der ZPO statt. Es ist unklar, ob das – wegen § 704 ZPO – Rechtskraft voraussetzt, oder ob es – wegen § 794 Abs. 1 Nr. 3 ZPO – genügt, dass die Entscheidung wirksam geworden ist. Wirksam wird sie nach § 40 Abs. 1 FamFG mit der Bekanntgabe an den Vormund.

Gegenüber **der Staatskasse** hat der Vormund zwei Möglichkeiten zur Geltendmachung seiner Ansprüche, nämlich:

- den Antrag auf gerichtliche Festsetzung (§§ 168d, 292 Abs. 1 Nr. 1 FamFG) und
- den Antrag auf Zahlbarmachung im Verwaltungsverfahren (§§ 168d, 292 Abs. 5 FamFG).

61 BGH NJW 2014, 865 (zum Ergänzungspfleger); NJW 2007, 844 (zum Betreuer).

Will der Vormund Aufwendungsersatz aus der Staatskasse, muss er zudem §§ 168d, 292 Abs. 3 FamFG beachten: Er muss dem Gericht dazu die **Mittellosigkeit** des Mündels nachweisen, was durch das Ausfüllen des auch für den Antrag auf Prozesskostenhilfe vorgesehenen Formulars geschieht.

Ansprüche auf Aufwendungsersatz **erlöschen**, wenn sie nicht binnen 15 Monaten ab Fälligkeit geltend gemacht werden (§ 1877 Abs. 4 Satz 1 BGB, § 2 Abs. 2 VBVG). Das ist eine materiellrechtliche Ausschlussfrist. Sie ist gewahrt, wenn der Vormund innerhalb von 15 Monaten einen Antrag gestellt hat, auch wenn der sich gegen den falschen Schuldner gerichtet hat (§ 2 Abs. 2 Satz 2 VBVG, § 1877 Abs. 4 Satz 2 und 3 BGB).

Wird die Frist versäumt, erlischt der Anspruch. Ein verspäteter Antrag ist dann nicht unzulässig, sondern unbegründet. Das Gericht kann die Frist verlängern, aber auch auf bis zu zwei Monate verkürzen (§ 2 Abs. 2 Satz 2 VBVG, § 1877 Abs. 5 BGB). Eine schon abgelaufene Frist kann nur noch verlängert werden, wenn wenigstens der Verlängerungsantrag vor ihrem Ablauf eingegangen ist.

Praxistipp

Die Frist gilt auch für die Selbstauszahlung des Aufwendungsersatzes. Der Vormund muss dies innerhalb von 15 Monaten tun, sonst hat er sich Geld auf einen nicht mehr bestehenden Anspruch ausgezahlt und muss es als ungerechtfertigte Bereicherung zurückgeben (§ 812 Abs. 1 Satz 1 Alt. 1 BGB).

Die Frist beginnt, sobald der Anspruch fällig ist, also taggenau. Mit einem am 15. Mai 2020 gestellten Antrag kann man daher keine Aufwendungen mehr ersetzt verlangen, die man vor dem 16. Februar 2019 gemacht hat.

Soweit nach § 1877 Abs. 3 BGB eine gesetzliche Vergütung geschuldet wird, gelten dagegen die hierfür bestehenden Fälligkeitsregeln (für Anwaltsgebühren also § 8 RVG). Dementsprechend beginnt dann auch die Frist später.[62]

b) Aufwandspauschale

Der **ehrenamtliche Vormund** kann nach §§ 1808 Abs. 2 Satz 1, 1878 Abs. 1 BGB statt des Ersatzes seiner konkreten Aufwendungen eine Aufwandspauschale verlangen, soweit er keine Vergütung erhält. Die Aufwandspauschale macht 425,00 € pro Jahr aus, nämlich das 17-fache des höchsten Stundenhöchstsatzes der Zeugenentschädigung, der nach § 22 Satz 1 JVEG wiederum 25,00 € beträgt.

Auch für die Aufwandspauschale gilt, dass sie für den mittellosen Mündel aus der Staatskasse zu zahlen ist (§§ 1808 Abs. 2 Satz 1, 1879 BGB).

Fällig wird die Aufwandspauschale immer, wenn seit der Bestellung zum Vormund ein (neuerliches) volles Jahr vergangen ist. Es wird demnach in Vormundschaftsjahren gerechnet, die mit einem beliebigen Datum beginnen können.

62 BGH FamRZ 2023, 793.

Fälligkeit der Aufwandspauschale

Wer am 3. September 2025 zum Vormund bestellt wird, erhält die Aufwandspauschale zum ersten Mal am 3. September 2026 (für das erste Vormundschaftsjahr vom 3.9.2025 bis 2.9.2026), dann wieder am 3. September 2027 (für das zweite Vormundschaftsjahr) usw.

Hinweis

Der Anspruch auf die Aufwandspauschale erlischt sechs Monate nach Ende des Kalenderjahres,[63] in dem er fällig geworden ist (§ 1878 Abs. 4 Satz 1 BGB).

Folglich droht immer am 30. Juni die Verfristung von Aufwandspauschalen!

Ende das Amt des ehrenamtlichen Vormunds, wird damit eine anteilige Aufwandspauschale fällig, die 1/12 für jeden angefangenen Monats des begonnenen Vormundschaftsjahres beträgt (siehe § 1878 Abs. 3 Satz 2 BGB).

Der Vormund kann **Aufwendungsersatz und Aufwandspauschale** nicht kumulieren, wohl aber kombinieren. Hat er im Laufe eines Vormundschaftsjahres schon Aufwendungsersatz erhalten, kann er eine Restpauschale in Höhe der Differenz verlangen.

Beispiel Fahrtkosten

Wer sich für Fahrtkosten unter dem Jahr schon insgesamt 58,00 € ausgezahlt hat, kann am Ende des Vormundschaftsjahres noch eine Aufwandsentschädigung von weiteren 367,00 € verlangen.

Das **Verfahren** ist für die Geltendmachung der Aufwandspauschale dasselbe wie für den Aufwendungsersatz, also

- Selbstauszahlung oder gerichtliche Festsetzung, wenn der Mündel ihn schuldet,
- Antrag auf gerichtliche Festsetzung oder Zahlbarmachung gegenüber der Staatskasse.

c) Vergütung

Grundsätzlich wird die Vormundschaft unentgeltlich geführt (§ 1808 Abs. 1 BGB). Nur in Ausnahmefällen erhält der Vormund auch für schlichtes Tätigwerden Geld.

Man unterscheidet:

- die **Muss-Vergütung** nach § 1808 Abs. 3 BGB, § 1 Abs. 1 und 3 VBVG, die dem Berufsvormund und dem Vormundschaftsverein gezahlt wird,
- die **Kann-Vergütung** nach § 1808 Abs. 2 Satz 2 BGB, die das Familiengericht dem ehrenamtlichen Vormund nach seinem Ermessen bewilligt.

Dem Jugendamt kann eine Vergütung nicht bewilligt werden (§ 6 Abs. 1 VBVG).

63 OLG Frankfurt BtPrax 2004, 243.

aa) Berufsvormund

Berufsvormund ist nur, von wem das Familiengericht festgestellt hat, dass er die Vormundschaft berufsmäßig führt. Das Recht auf die Bewilligung einer Vergütung hängt beim Einzelvormund von dieser Feststellung ab (§ 1 Abs. 3 VBVG).

Die **Feststellung der Berufsmäßigkeit** trifft das Familiengericht, wenn der Vormund Vormundschaften in einem solchen Umfang übernommen hat, dass ihre Führung in seiner Freizeit von ihm nicht mehr erwartet werden kann (§ 1 Abs. 1 Satz 1 VBVG). Sie kann sie auch treffen, wenn er gerade mit Rücksicht auf einen von ihm ausgeübten selbstständigen Beruf – zum Beispiel als beruflicher Betreuer i.S.v. § 19 Abs. 2 BtOG – zum Vormund bestellt worden ist.

§ 1 Abs. 1 Satz 2 VBVG enthält zwei **Regelbeispiele**, bei deren Erfüllung von Berufsmäßigkeit auszugehen ist,

- nämlich einmal, wenn die Anzahl der geführten Vormundschaften zehn übersteigt oder
- wenn die daraus folgende zeitliche Belastung bei über 20 Wochenstunden liegt.

Soweit es um die Erfüllung dieser Regelbeispiele geht, werden verwandte Tätigkeiten, nämlich als

- Pfleger,
- Verfahrensbeistand oder
- Verfahrenspfleger,

mitgerechnet. Es genügt, wenn der Vormund darlegen kann, dass er eines der Regelbeispiele in absehbarer Zeit erfüllen wird, auch wenn das derzeit noch nicht der Fall ist.

Die Feststellung der Berufsmäßigkeit ist bei der Bestellung zu treffen (vgl. § 1 Abs. 1 Satz 1 VBVG). Ist das übersehen worden, kann sie zwar nachgeholt werden, rückwirkend aber höchstens bis zu dem Zeitpunkt, zu dem die nachträgliche Feststellung beantragt wurde, weil der Mündel für die Zeit davor ja davon ausgehen konnte, keine Vergütung zu schulden, und das Vertrauen hierauf geschützt sein muss.[64]

Auch für die Vergütung gilt, dass die **Staatskasse** für sie haftet, wenn der Mündel nach Maßgabe von § 1880 BGB mittellos ist (§ 2 Abs. 1 VBVG).

Die **Höhe der Vergütung** ist in § 3 VBVG geregelt. Sie wird in Stundensätzen berechnet, wobei der tatsächliche Zeitaufwand dafür maßgeblich ist. Genau wie bei den Aufwendungen ist Zeitaufwand nur vergütungsfähig, wenn der Vormund ihn für erforderlich halten durfte. Das ist aus *ex ante* zu beurteilen.

Auch der Zeitaufwand für den vergeblichen Versuch, den Mündel zu besuchen, kann vergütungsfähig sein. Der Vormund muss sich dabei aber vernünftig verhalten. Hat er keinen Besuchstermin abgesprochen und musste er daher damit rechnen, den Mündel im Zweifel gar nicht vorzufinden, erhält er das nicht vergütet.

64 LG Dessau-Roßlau, Beschluss vom 8.11.2011 – 1 T 179/11.

Die Höhe des Stundensatzes ist – schematisch – an die **berufliche Qualifikation** des Vormunds gekoppelt. Wer durch eine abgeschlossene Ausbildung „nutzbare" Kenntnisse erworben hat, wird höher vergütet. Handelt es sich dabei um eine Hochschulausbildung, beträgt der Stundensatz 39,00 €, handelt es sich um eine Berufsausbildung, beträgt er 29,50 €. Der Basis-Stundensatz, der gezahlt wird, wenn das nicht der Fall ist, liegt bei 23,00 €.

Das Gericht kann den Stundensatz anheben, wenn der Mündel die Vergütung (dann immer noch) selbst zahlen kann (§ 3 Abs. 3 VBVG). Voraussetzung dafür ist allerdings, dass die Vormundschaft **besondere Schwierigkeiten** aufweist, die sich nicht schon in einem erhöhten Zeitaufwand niederschlagen.

Praxistipp

▶ *In den Fällen, in denen man das in der Praxis am ehesten wird bejahen können – nämlich bei Vormundschaften, die schwierige Jugendliche betreffen –, wird freilich kaum je der Mündel die Vergütung zahlen können, sodass § 3 Abs. 3 VBVG ein Schattendasein führt.*

bb) Vereinsvormund und Vormundschaftsverein

Ein **Vereinsvormund** erhält selbst keine Vergütung (§ 5 Abs. 2 VBVG), da er ja für seine Tätigkeit vom Vormundschaftsverein entlohnt wird. Dafür aber erhält der Vormundschaftsverein die Vergütung, die dem Vereinsvormund zustehen würde, wäre er zum Berufsvormund bestellt (§ 5 Abs. 1 Satz 1 VBVG). Die Feststellung der Berufsmäßigkeit ist zwar entbehrlich (§ 1 Abs. 2 VBVG), es muss sich aus dem Beschluss aber eindeutig ergeben, dass der Vormund als Mitarbeiter des Vormundschaftsvereins – also nach § 1774 Abs. 1 Nr. 3 BGB – zum Vormund bestellt wurde.

Wird der **Verein** selbst zum vorläufigen Vormund bestellt, so ist ihm eine Vergütung nach Maßgabe von § 3 Abs. 1 Nr. 2 VBVG zu bewilligen, also zu dem festen gesetzlichen Stundensatz von 39,00 EUR. Auf die Qualifikation des Mitarbeiters, dem er die Führung der Geschäfte überträgt, kommt es nicht an, aber auch eine Erhöhung nach § 3 Abs. 3 VBVG scheidet aus. Maßgeblich ist die Arbeitszeit, die dieser Mitarbeiter auf die Vormundschaft verwendet.

Hinweis

! *Allgemeiner Personalaufwand kann so wenig auf die einzelne Vormundschaft umgelegt werden wie Allgemeinkosten.*

Wird dagegen ein **hauptamtlicher Mitarbeiter** des Vormundschaftsvereins analog § 1897 Abs. 2 Satz 1 BGB zum Vereinsvormund bestellt, gilt § 7 Abs. 1 VBVG mit der Maßgabe entsprechend, dass die Verweisung als eine auf § 3 VBVG zu lesen ist: Der Verein wird

dann in gleicher Weise vergütet, wie der Mitarbeiter vergütet würde, wenn er zum Berufsvormund bestellt wäre.[65]

cc) Ehrenamtlicher Einzelvormund

Dem ehrenamtlichen Vormund kann eine Vergütung bewilligt werden, wenn das Familiengericht aufgrund pflichtgemäßen Ermessens dafür hält, dass dies mit Blick auf den Umfang oder die Schwierigkeit seiner Tätigkeit angemessen und soweit der Mündel nicht mittellos ist (§ 1808 Abs. 2 Satz 2 und Satz 3 i.V.m. § 1876 Satz 2 BGB), also die gesamte Vergütung aus seinem einzusetzenden Vermögen sofort zahlen kann.

Praxistipp

▶ *§ 1808 Abs. 2 Satz 2 BGB wird in der Praxis hauptsächlich angewendet, wenn der Vormund für den Mündel ein großes Vermögen verwaltet.*

dd) Verfahren

Das Verfahren ist dasselbe wie für den Aufwendungsersatz, mit dem Unterschied, dass sich der Vormund die Vergütung **niemals ohne gerichtliche Bewilligung** selbst auszahlen darf, weil der Anspruch erst mit der Entscheidung des Gerichts entsteht (Bewilligungsprinzip). Bis dahin hat auch der Berufsvormund nur ein Recht auf eben diese Bewilligung.

- Gegen den Mündel bedarf es daher immer der gerichtlichen Festsetzung (§§ 168d, 292 Abs. 1 Nr. 2 und 3 FamFG).
- Gegen die Staatskasse hat der Vormund auch hier die Wahl zwischen der gerichtlichen Festsetzung und der Zahlbarmachung im Verwaltungsverfahren (§§ 168d Abs. 5 FamFG).

Eine **Ausschlussfrist** gilt nur für die Muss-Vergütung. Sie folgt denselben Regeln wie beim Aufwendungsersatz (§ 2 Abs. 2 VBVG).

Für die Kann-Vergütung läuft dagegen keine Frist. Der Anspruch auf sie kann auch nicht verjähren, weil er ja erst mit der Bewilligung entsteht.

Praxistipp

▶ *Je länger der Vormund mit einem Antrag wartet, desto weniger wird es jedoch noch pflichtgemäßem Ermessen entsprechen, ihm eine Vergütung zu bewilligen. Daher kann damit auch nicht beliebig lange gewartet werden.*

Die Vergütung, die einem Berufsvormund nach § 3 VBVG bewilligt werden könnte, bildet die Obergrenze für eine Kann-Vergütung.[66]

65 BGH NJW 2011, 2727.
66 OLG Frankfurt FamRZ 2008, 2153; BayObLG FamRZ 2004, 1138.

C. Pflegschaft

Das Pflegschaftsrecht ist eine unübersichtliche Rechtsmaterie. Schon der Kern der gesetzlichen Regelung in den §§ 1809 bis 1813, 1882 bis 1888 BGB betrifft eine ganze Bandbreite von höchst unterschiedlichen Arten von Pflegschaften. Weitere Pflegschaften sind teils an anderer Stelle im BGB, teils in anderen Gesetzen geregelt.

Hier soll es nur um die Pflegschaften gehen, die **minderjährige** oder noch **ungeborene Kinder** betreffen.

1. Geltung von Vormundschaftsrecht, Generalverweisung

Das Pflegschaftsrecht enthält nur eine rudimentäre Regelung. Soweit weder die §§ 1809 bis 1813 BGB noch andere Gesetze Abweichendes bestimmen, verweist § 1813 Abs. 1 BGB auf das Vormundschaftsrecht und ordnet dessen „entsprechende" Anwendung an.

Das kann dessen erhebliche **Modifikation** erfordern, soweit die Besonderheiten der jeweiligen Pflegschaft eine eins-zu-eins-Übertragung von Normen des Vormundschaftsrechts nicht erlauben. Verkompliziert wird das weiterhin dadurch, dass es die unzähligen Verweisungen auf Betreuungsrecht einschließt, was zu zusätzlichen Modifikationen zwingen kann.

Besonderheiten können gegenüber dem Vormundschaftsrecht vor allem daraus folgen, dass dem Pfleger nur bestimmte Aufgaben zugewiesen werden und sich daran die Frage knüpfen kann, wie diese Zuweisung formuliert sein muss, damit er bestimmte, einem Vormund stets zustehende Rechte oder Pflichten hat:

- So reicht z.B. die aus §§ 1813 Abs. 1, 1789 Abs. 2 Satz 1 BGB folgende **gesetzliche Vertretungsmacht** des Pflegers nie weiter als die ihm übertragenen Aufgaben.
  - Das Recht, das Kind zu sich zu nehmen und selbst zu erziehen aus § 1791 BGB, setzt voraus, dass ihm sowohl die Aufenthaltsbestimmung als auch die Erziehung des Kindes übertragen worden ist.
  - Auch für die Regelung einer Fremdunterbringung im Rahmen von Hilfe zur Erziehung müssen ihm mindestens die Aufenthaltsbestimmung und das Recht übertragen sein, Hilfe zur Erziehung zu beantragen.
- Auch für den Pfleger gelten zwar die durch §§ 1788 Nr. 5, 1790 Abs. 2, Abs. 3 BGB geregelten Grundsätze zur **Partizipation des Kindes**.
  - Hat er nur begrenzte Aufgaben, kann jedoch auch schon allein hieraus folgen, dass nur seltenere als monatliche Kontakte dafür ausreichen
  - Besteht seine Aufgabe nur aus einer Erbauseinandersetzung, muss er das Kleinkind, dass zu dieser Materie nichts beitragen kann, womöglich sogar überhaupt nicht besuchen.
- Ein **Vermögensverzeichnis** schuldet der Pfleger nur, soweit ihm die Verwaltung von Vermögen übertragen ist.

- Beschränken sich seine Aufgaben auf die Vornahme einzelner Vermögensgeschäfte oder überhaupt nur auf persönliche Angelegenheiten, muss er keines errichten.
- Unterliegt nur ein gegenständlich beschränkter Teil des Kindesvermögens seiner Verwaltung, muss er auch nur dieses verzeichnen. **Rechnung legen** muss der Pfleger ebenfalls nur über diejenigen Einnahmen und Ausgaben, die nach Maßgabe der ihm übertragenen Aufgaben seiner Kontrolle unterliegen.

- **Freiheitsentziehungen** kann der Pfleger nur veranlassen, die **Herausgabe** des Kindes nur fordern, wenn ihm die Aufenthaltsbestimmung übertragen ist.

Weitere Unterschiede folgen daraus, dass dem Pfleger die **Gesamtverantwortung** für das Kind nicht zusteht. § 1809 Abs. 1 Satz 2 BGB bringt das dadurch zum Ausdruck, dass es zwar § 1789 Abs. 1 Satz 1 BGB wiederholt, ohne aber die Unabhängigkeit des Ergänzungspflegers zu betonen. Der Beurteilungsspielraum des Pflegers bei der Frage, was dem Kindeswohl entspricht, ist folglich enger als der des Vormunds, die Aufsicht des Familiengerichts dementsprechend weiter.

Hinweis

Anders als der Vormund, der durch die Pflegschaft nicht davon entlastet wird, die gesamten Belange des Mündels im Blick zu behalten, ist der Pfleger eben doch letztlich nur für die ihm übertragenen Aufgaben verantwortlich.

Eigenständig geregelt sind in den §§ 1809 bis 1812 BGB die **Anlässe** für eine Pflegschaft und ihre Beendigung, Letztere wiederum in Abhängigkeit vom jeweiligen Anlass. Im Folgenden werden dazu die einzelnen Pflegschaften nach ihren Anlässen geordnet dargestellt.

Für **Vergütung und Aufwendungsersatz** des Pflegers gilt im Wesentlichen zwar nichts Besonderes (außer für den Zuwendungspfleger und den Umgangspfleger, siehe dazu unter 4.). Insbesondere kann der ehrenamtliche Pfleger unabhängig von den ihm übertragenen Aufgaben in voller Höhe eine Aufwandspauschale nach § 1878 BGB verlangen.

Das **Gerichtsverfahren** entspricht nach § 168f BGB demjenigen bei Vormundschaften. Allerdings gibt es keine gesetzlichen Pflegschaften, sodass die Pflegschaft immer mit ihrer **Anordnung** beginnt, die mit der Bestellung zumindest eines vorläufigen Pflegers nach §§ 1813 Abs. 1, 1781 BGB verbunden werden sollte, falls nicht die Pflegschaftsgeschäfte ohne Nachteil für das Kind bis zum Abschluss der Auswahl des Pflegers aufschiebbar sind.

Die Tauglichkeit zum Pfleger und die **Auswahl** folgt den §§ 1774 bis 1785 BGB. § 1813 Abs. 2 BGB schließt jedoch die Anwendung von §§ 1782, 1783 BGB aus.

Auch die Pflegschaft ist vom Wirksamwerden der Anordnung bis zur endgültigen Abwicklung **Bestandsverfahren**.

Alle Pflegschaften der hier besprochenen Art gehören zu den Kindschaftssachen des Familiengerichts (§ 151 Nr. 5 FamFG) und sind daher Rechtspflegersachen nach § 3 Nr. 2 a RPflG, soweit aus § 14 RPflG kein Richtervorbehalt folgt.

2. Ergänzungspflegschaft

a) Anlässe für eine Ergänzungspflegschaft

Die sehr weitreichende Norm des § 1809 Abs. 1 Satz 1 BGB bestimmt, dass ein Minderjähriger einen Pfleger erhält, wenn er unter elterlicher Sorge oder unter Vormundschaft steht und eine Angelegenheit zu erledigen ist, die die Eltern oder der Vormund nicht erledigen können. Das heißt Ergänzungspflegschaft, weil es folglich daneben ein – grundsätzlich umfassendes – Sorgerecht (nämlich aus § 1626 Abs. 1 BGB oder § 1789 Abs. 1 Satz 1 BGB) gibt, das durch die Pflegschaft dann ergänzt wird.

Es gibt drei mögliche Gründe, aus denen eine solche Ergänzung erforderlich werden kann, nämlich:

- weil das ergänzte Sorgerecht überhaupt nur Teile der Sorge umfasst – **Sorgerechtspflegschafen**,
- weil Vormund oder Eltern an der Erledigung einer Angelegenheit rechtlich verhindert sind – **Ergänzungspflegschaften** im engeren Sinne (in Anlehnung an § 1817 Abs. 5 BGB),
- weil Vormund oder Eltern eine Angelegenheit aus tatsächlichen Gründen nicht wahrnehmen können – **Verhinderungspflegschaften** (in Anlehnung an § 1817 Abs. 4 BGB)

Die Ergänzung einer Pflegschaft durch eine weitere Pflegschaft scheint auf den ersten Blick an **§ 1775 BGB** zu scheitern. Das würde aber vor allem bei Sorgerechtspflegschaften zu merkwürdigen Ergebnissen führen: Der Pfleger, dem nach Sorgerechtsentzug erhebliche Teile der elterlichen Sorge übertragen sind, müsste bei jeder vorübergehenden Verhinderung entlassen werden. § 1775 BGB ist daher nur dahin anzuwenden, dass aus demselben Anlass mehrere Pfleger nur bestellt werden können, wenn sie miteinander verheiratet sind, dass aber die Bestellung eines weiteren Pflegers aus einem weiteren Anlass möglich bleibt.

Ebenso sind die Einschränkungen aus **§ 1776 Abs. 3 Satz 2 BGB und § 1777 Abs. 4 Satz 3 BGB** zu lesen: Sie sind ihrerseits Sorgerechtspflegschaften und können daher nicht neben einer solchen angeordnet werden. Die Bestellung eines weiteren Pflegers wegen Verhinderung des Vormunds – oder des Pflegers – bleibt möglich.

Hinweis

Ist ein Verhinderungspfleger oder Ergänzungspfleger im engeren Sinne tatsächlich oder rechtlich verhindert, ist er dagegen zu entlassen und durch einen nicht verhinderten Pfleger zu ersetzen.

aa) Sorgerechtspflegschaft

Einer der Hauptanwendungsfälle des § 1809 Abs. 1 Satz 1 BGB ist derjenige des **teilweisen Entzugs der elterlichen Sorge** durch das Familiengericht nach § 1666 Abs. 1, Abs. 3 Nr. 6 Alt. 1 BGB. Anders als beim vollständigen Entzug steht das Kind hier noch immer unter elterlicher Sorge, sodass die Voraussetzungen für die Anordnung einer Vormundschaft

regelmäßig fehlen, es sei denn, es wäre den Eltern die gesamte gesetzliche Vertretungsmacht entzogen worden (§ 1773 Abs. 1 Nr. 2 BGB).

Das Familiengericht hat im Verfahren nach §§ 1666 bis 1667 BGB diejenige Maßnahme zu wählen, die erforderlich, geeignet und angemessen ist, eine Gefahr für das Kindeswohl zu beseitigen.

- Gefährden die Eltern nur das Vermögen des Kindes, wird es in aller Regel genügen, ihnen die **Vermögenssorge** zu entziehen.
- Verweigern sie die Mitwirkung bei einer stationären Behandlung des Kindes, reicht es, ihnen die **Sorge für die Gesundheit** und das **Aufenthaltsbestimmungsrecht** zu entziehen usw.
- Sogar der Teilentzug des Aufenthaltsbestimmungsrechts dahin, dass die Eltern lediglich über den dauerhaften Umzug des Kindes nicht entscheiden können, ist zulässig.

Wird die Lücke nicht nach § 1680 Abs. 1 BGB durch den anderen Elternteil gefüllt oder diesem nach §§ 1680 Abs. 3, Abs. 2 BGB die elterliche Sorge insoweit übertragen, ist **wegen des entzogenen Teils** der elterlichen Sorge nach § 1809 Abs. 1 Satz 1 BGB ein Pfleger zu bestellen, weil stets für alle Teilbereiche der elterlichen Sorge ein Sorgeberechtigter vorhanden sein muss.

Hinweis

Auch einem Vormund kann die Sorge für den Mündel teilweise entzogen sein, nämlich im Ergebnis eines Aufsichtsverfahrens §§ 1802 Abs. 2 Satz 3, 1666 Abs. 1, Abs. 3 Nr. 6 BGB. Doch wird man einen Vormund, der das Wohl des Mündel gefährdet, meistens eher ganz entlassen. Jedenfalls muss ihm die Sorge noch immer überwiegend zustehen, weil er sonst die Gesamtverantwortung für den Mündel nicht mehr sinnvoll wahrnehmen kann. Immerhin kann dem Vormund die Vermögenssorge auch insgesamt entzogen sein.

Auch ein **teilweises Ruhen der elterlichen Sorge** ist grundsätzlich möglich, wie schon aus § 1673 Abs. 2 BGB folgt (wobei dies dort wegen § 1773 Abs. 1 Nr. 2 BGB zur Vormundschaft führt).

In Frage kommt jedenfalls ein Beschluss nach § 1674 Abs. 1 BGB des Inhalts, dass die teilweise tatsächliche Verhinderung eines Elternteils festgestellt wird.[67] Erforderlich ist das nicht unbedingt, denn auch ohne diese Feststellung trägt die teilweise Verhinderung ja die Bestellung eines Ergänzungspflegers als Verhinderungspfleger.

Denkbar ist auch, dass die elterliche Sorge wegen partieller Geschäftsunfähigkeit (z.B. nur für Vermögensgeschäfte) teilweise nach § 1673 Abs. 1 BGB ruht.

Zur Anwendung von § 1809 Abs. 1 Satz 1 BGB kann es außerdem führen, wenn die nur teilweise bestehende elterliche Sorge ruht.

67 BGH NJW 2005, 221.

Beispiel

Aufgrund einer Entscheidung des Familiengerichts nach § 1671 BGB stand der Mutter das Aufenthaltsbestimmungsrecht allein zu und die Mutter wird nunmehr geschäftsunfähig. Der Vater kann nun zwar alle Teile der elterlichen Sorge nach § 1678 Abs. 1 Alt. 2 BGB allein ausüben, die ihm zustehen, nicht aber das Aufenthaltsbestimmungsrecht. Ändert das Familiengericht seine frühere Entscheidung nicht ab, benötigt das Kind hierfür einen Pfleger.

Weitere Fälle sind viel seltener. Zu nennen ist vielleicht noch die nur teilweise Zurückübertragung der elterlichen Sorge auf die Eltern nach Aufhebung einer Todeserklärung (§ 1681 Abs. 2 BGB) oder Nichtzustandekommen (§ 1751 Abs. 3 BGB) oder Aufhebung (§ 1764 Abs. 4 Hs. 1 BGB) einer Adoption.

Schon durch die teilweise Wiederherstellung der elterlichen Sorge liegt ein Fall der Vormundschaft nach § 1773 Abs. 1 BGB nicht mehr vor. Stattdessen ist dann ein Pfleger zu bestellen (so ausdrücklich § 1764 Abs. 4 Hs. 2 BGB).

bb) Ergänzungspflegschaft im engeren Sinn

Ein Fall des § 1809 Abs. 1 Satz 1 BGB kann ferner dadurch eintreten, dass der Sorgeberechtigte ein Geschäft vornehmen will, bei dem er das Kind nicht vertreten kann. Die gesetzliche Vertretung ist bei besonderen Interessenkollisionen ausgeschlossen:

§ 181 BGB verbietet die gesetzliche Vertretung des Kindes bei einem Rechtsgeschäft, dessen anderer Teil der gesetzliche Vertreter ist oder ebenfalls von diesem vertreten wird (sog. **Insichgeschäft**).

Beispiel Insichgeschäft

- *wenn nach dem Tod des Vaters die Mutter und ihr minderjähriges Kind eine Erbauseinandersetzungsvereinbarung schließen wollen, oder*
- *wenn nach dem Tod beider Eltern der Vormund eine Erbauseinandersetzungsvereinbarung zwischen den minderjährigen Geschwistern herbeiführen will.*

Im ersten Fall wäre der gesetzliche Vertreter selbst Vertragspartei. Im zweiten würde er mehrere Vertragsparteien zugleich vertreten. Beides geht nach § 181 BGB nicht.

§§ 1789 Abs. 2 Satz 2, 1824 Abs. 1 Nr. 1 BGB dehnen dieses Verbot auf Rechtsgeschäfte aus, deren anderer Teil der Ehegatte des Vormunds oder mit diesem in gerader Linie verwandt ist. Nach § 1629 Abs. 2 Satz 1 BGB gilt das auch für die Eltern. Seine frühere Auffassung, dass es die gemeinsam sorgeberechtigten Eltern stets beide betrifft, hat der BGH aufgegeben. Obwohl § 1678 Abs. 1 Hs. 1 BGB nur die *tatsächliche* Verhinderung erwähnt, ist er nun der Auffassung, dass das auch bei *rechtlicher* Verhinderung gilt, die nur einen Elternteil betrifft.

Hinweis

Diese Vertretungsverbote gelten auch für Zivilprozesse in den genannten Konstellationen, was nur in § 1824 Abs. 1 Nr. 3 BGB im Gesetz steht, im Übrigen aber natürlich erst recht gelten muss, sodass ansonsten § 181 BGB analog anzuwenden ist.

Für **familiengerichtliche Verfahren**, die keine Familienstreitsachen sind, gilt § 1824 Abs. 1 Nr. 3 BGB nicht. Hier kann – wie schon aus § 10 Abs. 2 Nr. 2 FamFG folgt – ein Beteiligter einen anderen Beteiligten vertreten. In **Kindschaftssachen** wird das Kind von seinen sorgeberechtigten Eltern auch vertreten, wenn die Interessen der Eltern andere sind.[68]

- Die Bestellung eines Ergänzungspflegers kommt hier nicht in Frage. Ggf. ist ein Verfahrensbeistand zu bestellen, der die Interessen des Kindes wahrnimmt (wegen § 158 Abs. 4 Satz 2 BGB, ohne das Kind zu vertreten).

Für Verfahren der **Vaterschaftsanfechtung** sieht der BGH das allerdings anders: Der Scheinvater soll das Kind hier nicht vertreten können, und zwar auch dann nicht, wenn er nicht der Anfechtende ist.[69] Für die Mutter bleibt es dagegen bei der normalen Regel: Ihre Beteiligtenstellung steht für sich genommen der Vertretung des Kindes durch sie nicht im Wege.

- Eine Ergänzungspflegschaft ist zwar nötig, wenn sie mit dem Scheinvater (noch immer) verheiratet ist. Ansonsten wird das Kind in Abstammungssachen aber durch die Mutter wirksam vertreten. Seine von der Mutter abweichenden Interessen kann ggf. ein Verfahrensbeistand wahrnehmen.

Die genannten **Vertretungsverbote gelten nicht**, wenn

- das Geschäft, um das es geht, ein reines Erfüllungsgeschäft ist, und zwar gleichgültig, ob der Vertreter damit eine Forderung gegen den Vertretenen einzieht oder eine Schuld bei dem Vertretenen begleicht – diese Ausnahme steht im Gesetz,
- das Geschäft für den Vertretenen ausschließlich rechtlich vorteilhaft ist – diese Ausnahme wird im Wege der teleologischen Reduktion in die Vorschrift hineingelesen.[70]

Dafür aber gelten die Vertretungsverbote über ihren unmittelbaren Wortlaut hinaus für Geschäfte, durch die ein nach § 108 Abs. 1 BGB schwebend unwirksamer Vertrag in einer der genannten Konstellationen genehmigt werden soll.[71]

Weitere Vertretungsverbote (selten praktische) finden sich in §§ 1789 Abs. 2 Satz 2, 1824 Abs. 1 Nr. 2 BGB. Das Familiengericht kann den Eltern oder dem Vormund die Vertretung für einzelne Angelegenheiten schließlich auch noch durch Beschluss entziehen, wenn es einen von §§ 181, 1824 BGB nicht erfassten erheblichen Interessengegensatz erkennt (§ 1789 Abs. 2 Satz 3 und 4 BGB).

- Soll – oder muss – eine solche Angelegenheit für den Minderjährigen vorgenommen werden, so erhält das Kind einen Ergänzungspfleger im engeren Sinne.

68 BGH NJW 2011, 3454.
69 BGH NJW 2012, 1731.
70 BGH NJW 1985, 2407.
71 KG KGJ 45, 237.

Hinweis

Gegen den Willen des Sorgeberechtigten darf eine solche Ergänzungspflegschaft nur unter den Voraussetzungen des § 1666 Abs. 1 BGB angeordnet werden, denn die Entscheidung, ***ob*** *eine solche Angelegenheit überhaupt für das Kind vorgenommen werden soll, liegt trotz des Vertretungsverbots beim Sorgeberechtigten. Die Bestellung des Ergänzungspflegers gegen seinen Willen ist daher bereits ein Eingriff in die Personen- oder Vermögenssorge.*

Umgekehrt kann sich der Sorgeberechtigte einer Angelegenheit, die er eigentlich vornehmen will, freiwillig enthalten, wenn er selbst einen Interessenkonflikt erkennt, der von §§ 181, 1795 BGB nicht erfasst wird. Auch dann muss auf seine Anregung hin ein Ergänzungspfleger bestellt werden.

Ein gesetzlich eigens geregelter **Sonderfall der rechtlichen Verhinderung** ist in § 52 Abs. 2 Satz 2 StPO enthalten:

- Soll ein Kind im Strafverfahren als Zeuge aussagen und hat es aufgrund seiner verwandtschaftlichen Verbundenheit mit den Eltern oder dem Vormund aus § 52 Abs. 1 StPO ein Zeugnisverweigerungsrecht, so kann es zur Aussage jedenfalls nicht gezwungen werden. Aber auch wenn es aussagebereit ist, darf es ohne Zustimmung seines gesetzlichen Vertreters nur vernommen werden, wenn es nach Einschätzung des Strafrichters bereits die erforderliche Reife hat, Zweck und Bedeutung des Zeugnisverweigerungsrechtes zu erfassen. Ist der gesetzliche Vertreter der Beschuldigte oder dessen Ehegatte, so ist er von dieser Entscheidung nach § 52 Abs. 2 Satz 2 StPO ausgeschlossen. Es ist ein Ergänzungspfleger mit der Aufgabe der „Entscheidung über das Aussageverweigerungsrecht" zu bestellen.

Die Ergänzungspflegschaft setzt hier nicht voraus, dass das Kindeswohl andernfalls gefährdet wäre. Sie erfordert nur die Feststellung, dass das Kind über das Zeugnisverweigerungsrecht nicht selbst entscheiden kann und dass es aussagebereit ist. An die Einschätzung des Fehlens der erforderlichen Reife und an die Feststellung der Aussagebereitschaft durch die Strafverfolgungsbehörden ist das Familiengericht gebunden.[72] Konnten die Strafverfolgungsbehörden dazu keine Feststellungen treffen, hat es die Aussagebereitschaft aber selbst zu prüfen.[73]

Hinweis

Auch wenn die Ergänzungspflegschaft im Interesse der Strafverfolgung angeordnet werden kann, bedeutet das aber nicht, dass sie auch in ihrem Interesse auszuüben wäre. Auch ein eigenes Recht an der Bestellung des Ergänzungspflegers haben die Strafverfolgungsbehörden nicht, sodass ihnen gegen die Ablehnung kein Rechtsmittel zusteht.[74]

72 OLG Schleswig FamRZ 2013, 1271.
73 OLG Bremen FamRZ 2017, 970; OLG Saarbrücken NJW 2011, 2306.
74 OLG Hamm FanRZ 2016, 566.

Der Zeugenpfleger ist vielmehr, genau wie das Familiengericht, allein dem **Kindeswohl** verpflichtet. Kommt er zu dem Ergebnis, dass die Belastung des Kindes durch die Aussage schwerer wiegt als der dadurch womöglich in Kauf genommene Freispruch des Angeklagten, muss er die Vernehmung verbieten. Hiergegen kann die Staatsanwaltschaft zwar ein Aufsichtsverfahren nach § 1802 Abs. 2 Satz 2 und 3 BGB anregen. Ihr steht jedoch kein Rechtsmittel gegen die Ablehnung einer Aufsichtsmaßnahme durch das Familiengericht zu.

cc) Verhinderungspflegschaft

Ein weiterer Anwendungsfall des § 1809 Abs. 1 Satz 1 BGB ist die **tatsächliche Verhinderung** der Eltern bzw. des alleinsorgeberechtigten Elternteils oder auch des Vormunds an der Vornahme bestimmter Angelegenheiten.

Diese kann auf den unterschiedlichsten Gründen beruhen: vorübergehende Bewusstlosigkeit, vorübergehende Abwesenheit, vorübergehender Aufenthalt an einem „abgeschnittenen" Ort usw. Entscheidend ist zweierlei:

- Die Aufgabe, für die ein Pfleger bestellt wird, darf **keinen Aufschub** dulden, bis die Verhinderung beendet ist.
- Die Verhinderung muss so beschaffen sein, dass weder der Elternteil noch ein anderer eben diese Angelegenheit wirksam regeln kann. Bei **Gefahr im Verzug** können folgende Personen/Amt für das Kind wirksame Regelungen treffen:
    - der nicht sorgeberechtigte Elternteil, bei dem sich das Kind tatsächlich aufhält (§§ 1687a, 1687 Abs. 1 Satz 5, 1629 Abs. 1 Satz 4 BGB),
    - der Ehegatte (§ 1687b Abs. 2 BGB) des alleinsorgeberechtigten Elternteils oder
    - das Jugendamt, das das Kind in Obhut genommen hat (§ 42 Abs. 2 Satz 4 SGB VIII).

Auch kann von mehreren gemeinsam Sorgeberechtigten bei Gefahr im Verzug jeder allein handeln. Das folgt für Eltern direkt aus § 1629 Abs. 1 Satz 4 BGB, für Mitvormünder aus § 1792 Abs. 5 BGB. Für das Verhältnis des Vormunds zum Pflegeeltern-Pfleger folgt es ebenfalls aus § 1792 Abs. 5 BGB. Für das Verhältnis mehrerer Mitpfleger untereinander wiederum aus §§ 1813 Abs. 1, 1792 Abs. 5 BGB.

Einem Verhinderungspfleger sind im Regelfall nur **die konkret anstehenden Aufgaben** zu übertragen. Nur wenn sich das gar nicht übersehen lässt, kann eine umfassendere Bestimmung seiner Aufgaben – im Extremfall auch für alle Aufgaben der Personen- und Vermögenssorge – erfolgen.

b) Ende der Pflegschaft

Für die Beendigung von Pflegschaften enthält § 1812 BGB eine Sonderregelung. § 1806 ist nicht anwendbar. Während § 1812 Abs. 2 BGB zwei Fälle der Beendigung einer Pflegschaft **kraft Gesetzes** regelt, folgt aus § 1812 Abs. 1 BGB das Prinzip, das eine Pflegschaft vom Familiengericht **durch Beschluss** aufgehoben werden muss, damit sie beendet ist.

Für den Wechsel des Pflegers und die Abwicklung der Pflegschaft gelten die §§ 1804, 1805, 1807 BGB.

aa) Wegfall des ergänzten Sorgerechts

Jede Pflegschaft endet nach § 1812 Abs. 2 BGB kraft Gesetzes, wenn das Sorgerecht, zu dessen Ergänzung sie angeordnet worden ist, endet. Das betrifft auch den Fall, dass das Kind stirbt oder volljährig wird.

Die wegen eines **teilweisen Sorgerechtsentzugs** notwendig gewordene Pflegschaft endet daher, wenn später auch der Rest der elterlichen Sorge entzogen wird oder der Elternteil, dem dieser Rest allein zusteht, stirbt oder geschäftsunfähig wird.

Die wegen **tatsächlicher Verhinderung** der Eltern angeordnete Pflegschaft endet, sobald die (umfassende) tatsächliche Verhinderung durch Beschluss festgestellt wird, weil dann die elterliche Sorge *insgesamt* ruht.

Die **Zuwendungspflegschaft** endet, wenn den Eltern, die von der Verwaltung ausgeschlossen sind, die Vermögenssorge insgesamt verlieren, oder der davon ausgeschlossene Vormund nicht mehr amtiert.

Die wegen **Verhinderung des Vormunds** angeordnete Pflegschaft endet, wenn die Vormundschaft aufgehoben, der Vormund entlassen wird oder die Vormundschaft ihrerseits nach § 1806 BGB kraft Gesetzes endet.

Aufgrund der Verweisung in §§ 1776 Abs. 3 Satz 1, 1777 Abs. 4 Satz 2 BGB dürfte § 1812 Abs. 2 BGB auf den Zusatzpfleger und die Pflegeelternpflegschaft anwendbar sein: Sie enden jeweils, wenn die Vormundschaft, auf der sie beruhen, ihrerseits nach § 1806 BGB endet.

bb) Endgültige Erledigung (§ 1918 Abs. 3 BGB)

Nach § 1812 Abs. 2 BGB endet außerdem eine Pflegschaft, die lediglich zur Erledigung einer einzelnen Angelegenheit angeordnet worden ist, mit deren endgültiger Erledigung .

Das kommt bei Ergänzungspflegschaften im engeren Sinne (also wegen rechtlicher Verhinderung der Eltern oder des Vormunds) häufiger vor. Wird dem Kind z.B. ein Pfleger bestellt, der im Namen des Kindes mit einem Elternteil einen Erbauseinandersetzungsvertrag schließen soll, so endet diese Pflegschaft, sobald der Vertrag wirksam abgeschlossen ist – oder der Pfleger sich endgültig geweigert hat, hierbei mitzuwirken.

Da zur Wirksamkeit von Rechtsgeschäften nach § 1813 Abs. 1, 1795 Abs. 2, 1799 BGB die **Genehmigung des Familiengerichts** erforderlich sein kann, ist der Pfleger auch noch für die Einholung und Übermittlung (siehe § 1856 BGB) der Genehmigung zuständig. Die Pflegschaft endet dann erst, wenn er dies getan oder das Familiengericht die Genehmigung rechtskräftig abgelehnt hat.

Einzelne Angelegenheit i.S.v. § 1812 Abs. 2 BGB kann auch die Vertretung des Kindes im Rahmen eines **Dauerrechtsverhältnisses** sein. Mit dessen Abwicklung (nicht schon: Beendigung) endet dann die Pflegschaft. Ist z.B. ein Ergänzungspfleger für die Gesellschafterstellung des Kindes bestellt, weil auch der gesetzliche Vertreter Gesellschafter – mit abweichenden Interessen – ist, so endet die Pflegschaft mit der Liquidation der Gesellschaft ebenso wie mit der Erledigung der nach Ausscheiden des Kindes aus der Gesellschaft noch bestehenden Abwicklungspflichten. Sie endet dagegen nicht durch das Ausscheiden des gesetzlichen Vertreters aus der Gesellschaft, weil sich damit nicht die dem Pfleger übertragene Angelegenheit erledigt, sondern nur der Grund für die Pflegschaft weggefallen ist. Das fällt unter § 1812 Abs. 1 BGB.

Die **Zeugenpflegschaft** endet nach § 1812 Abs. 2 BGB erst mit rechtskräftigen Abschluss des Strafverfahrens, da die Frage einer (erneuten) Aussage bis dahin noch immer im Raume steht und ggf. neu zu prüfen sein kann, ob eine Aussage – nunmehr – dem Kindeswohl entspricht oder widerspricht.

cc) Aufhebung wegen Wegfalls der Voraussetzungen

Im Unterschied zur Vormundschaft endet die Pflegschaft dagegen nicht schon kraft Gesetzes, wenn die Voraussetzungen für ihre Anordnung wegfallen. Sie muss dann vielmehr erst durch **Endentscheidung des Familiengerichts** aufgehoben werden. Solange das nicht der Fall ist, amtiert der Pfleger auch weiterhin und verdrängt im Rahmen seines Wirkungskreises Eltern (§ 1630 Abs. 1 BGB) wie Vormund (§ 1789 Abs. 1 Satz 2 BGB).

Hinweis

Das ist vor allem für die Pflegschaft wegen tatsächlicher Verhinderung von Vormund oder Eltern von Bedeutung: Auch wenn diese Verhinderung entfällt, die verschwundenen Eltern z.B. wieder aufgetaucht sind, bleibt der Pfleger im Amt, bis das Familiengericht die Pflegschaft auch tatsächlich aufgehoben hat.

3. Pflegschaft für ein ungeborenes Kind

Vor seiner Geburt ist der Mensch an und für sich nicht rechtsfähig (vgl. § 1 BGB). Seine gesetzliche Vertretung erübrigt sich folglich im Allgemeinen. Dennoch gibt es Situationen, in denen für ein noch nicht geborenes Kind wirksam gehandelt werden muss.

Beispiel aus § 1923 Abs. 2 BGB

Ein noch nicht geborener Nachkomme des Erblassers kann später rückwirkend zum Miterben werden. Soll nun vor seiner Geburt für den Nachlass ein Rechtsgeschäft vorgenommen werden, das nur mit Zustimmung aller Erben wirksam ist, ist ein solches Geschäft nur von Dauer, wenn auch der ungeborene Erbe zustimmt.

Aus § 1810 BGB folgt indirekt, dass sich die **elterliche Sorge** auch schon auf das ungeborene Kind erstreckt, soweit sie beim geborenen Kind reichen würde. Die Bestellung eines Pflegers nach § 1810 Satz 1 BGB für ein ungeborenes Kind ist nicht erforderlich, wenn es von seinen Eltern vertreten werden könnte, wäre es bei Vornahme des Geschäfts bereits geboren.

Eine **Vormundschaft** erstreckt sich dagegen nie auf die Zeit vor der Geburt des Kindes. Auch wenn der Vormund bereits vorsorglich vorher bestellt wurde, amtiert er erst vom Moment der Geburt an, da die Vormundschaft immer einen rechtsfähigen Mündel voraussetzt.

Eine Pflegschaft ist nicht erforderlich, wenn zwar nicht die Mutter, wohl aber ein **Beistand** das Kind bereits vor seiner Geburt vertreten kann. Das deckt den Fall ab, dass für das ungeborene Kind einer minderjährigen Mutter bereits die Vaterschaft anerkannt werden soll. Dass das schon vor der Geburt möglich ist, ist in § 1594 Abs. 4 BGB ausdrücklich geregelt. Die minderjährige Mutter kann das Kind nicht nach vertreten, weil sie es wegen § 1673 Abs. 2 Satz 2 Hs. 2 BGB auch nicht vertreten könnte, wenn es schon geboren wäre. Daher ist nach § 1595 Abs. 2 BGB zu einem wirksamen Anerkenntnis die Zustimmung des – noch ungeborenen – Kindes notwendig. Genau diese Zustimmung kann im Namen des Kindes ein Beistand erteilen. § 1713 Abs. 2 BGB lässt die Antragstellung durch eine beschränkt geschäftsfähige Mutter bereits vor der Geburt des Kindes zu. Da die Wirkungen der Beistandschaft auch in diesem Fall sofort eintreten (siehe § 1714 Satz 2 BGB), kann der Beistand das Kind im Rahmen des Vaterschaftsanerkenntnisses auch schon vertreten.

Ob der Weg über § 1810 BGB hier ganz verschlossen ist, ist allerdings fraglich. Die Mutter kann sich aus guten Gründen weigern, einen Antrag nach § 1713 Abs. 2 BGB zu stellen, und dennoch bereit sein, ein Vaterschaftsanerkenntnis in die Wege zu leiten.

Ein Pfleger nach § 1810 Satz 1 BGB wird demnach bestellt, wenn

- das ungeborene Kind bei einer bestimmten Angelegenheit rechtlich vertreten sein muss,
- die Eltern es in dieser Angelegenheit nicht vertreten könnten, wenn es schon geboren wäre, und
- es auch nicht von einem vor der Geburt bereits beantragten Beistand vertreten werden kann.

Das **Erbrecht** kennt Konstellationen, in denen für ein noch nicht einmal gezeugtes Kind bereits wirksam gehandelt werden muss. Das wird von § 1810 Satz 1 BGB nicht erfasst, was sich zwar nicht aus seinem Text, wohl aber aus seiner Überschrift ergibt. Es führt vielmehr zur Bestellung eines Pflegers einen unbekannten Beteiligten nach § 1882 BGB. Hierfür ist nicht das Familiengericht, sondern das Betreuungsgericht zuständig.

Die **Pflegschaft** für ein ungeborenes Kind **endet** nach § 1812 Abs. 2 BGB, wenn die Angelegenheit, für die der Pfleger bestellt wurde, endgültig erledigt ist. Sie endet außerdem nach § 1810 Satz 2 BGB mit der Geburt des Kindes.

4. Zuwendungspflegschaft

Wer einem Minderjährigen etwas **schenkt, vererbt oder vermacht**, kann nach § 1638 Abs. 1 BGB damit die Bestimmung verbinden, dass die Eltern den zugewandten Gegenstand nicht verwalten sollen. Dasselbe kann er für ein dem Minderjährigen nach seinem Tod zufallendes **gesetzliches Erbrecht** oder einen **Pflichtteilsanspruch** durch letztwillige Verfügung anordnen.

§ 1811 Abs. 1 BGB bestimmt, dass in einem solchen Falle für das Kind ein Zuwendungspfleger bestellt wird.

Wie aus § 1811 Abs. 1 BGB folgt, kann – mit derselben Folge – auch der Vormund von der Verwaltung solchen Vermögens ausgeschlossen werden. Es entsteht dadurch ein **Sondervermögen**. Über Gegenstände, die hierzu gehören, kann nur der Zuwendungspfleger verfügen. Nach § 1638 Abs. 2 BGB gehören auch alle Surrogate des ursprünglichen Vermögens zu diesem Sondervermögen. Hat der Pfleger den Pflichtteil erfolgreich eingefordert, verwaltet er folglich auch den nunmehr dem Kind gehörenden Geldbetrag. Schafft er hiervon eine Immobilie an, verwaltet er auch diese.

Zu den Surrogaten gehören ferner: Veräußerungserlöse, Schadensersatzansprüche, ersatzbeschaffte Gegenstände und auch die Einkünfte, die der zugewandte Vermögensgegenstand generiert.

Der Sorgerechtsausschluss umfasst im Falle des Erwerbs von Todes wegen auch die Entscheidung über die **Annahme oder Ausschlagung der Erbschaft**[75] oder des Vermächtnisses bzw. über die Geltendmachung des Pflichtteilsanspruchs. Auch das gehört schon zu den Aufgaben des Zuwendungspflegers.

Für die Zuwendungspflegschaft gilt die weitere Besonderheit, dass § 1811 Abs. 2 Satz 1 Nr. 1 BGB die **Benennung des Pflegers durch den Zuwendenden** ermöglicht. Das hat dieselben Konsequenzen wie die Benennung eines Vormunds im Vormundschaftsrecht. Ist der Sorgerechtsausschluss durch letztwillige Verfügung erfolgt, so muss sie auch die Benennung enthalten. Ist er mit einer Schenkung unter Lebenden verbunden, genügt eine einseitige Erklärung des Schenkers spätestens beim Vollzug der Schenkung.

Die Befreiungen, die der Zuwendende dem berufenen Pfleger nach § 1811 Abs. 2 Satz 1 Nr. 2 BGB gewähren kann, gehen über diejenigen, die Eltern dem berufenen Vormund gewähren können, sogar noch hinaus. Sie können auch die Depot- und Schließfachpflicht als solche (nicht lediglich die Versperrung) und die Anzeigepflichten aus § 1846 BGB erfassen.

Für die **Vergütung** des Zuwendungspflegers gelten zwei Besonderheiten:

- Die Stundensätze aus § 3 Abs. 1 VBVG gelten nur für die Zahlung der Vergütung aus der Staatskasse. Ist das Kind nicht mittellos, sind sie gemäß § 1811 Abs. 4 Satz 1 BGB nach Maßgabe von Fachkenntnissen und Schwierigkeit der Geschäfte frei zu bestimmen. Hierfür bilden dann die Stundensätze aus § 3 Abs. 1 VBVG nur eine Untergrenze und ersten Anhaltspunkt.
- Befriedigt die Staatskasse den Zuwendungspfleger, so geht nach § 1811 Abs. 4 Satz 2 BGB sein Vergütungsanspruch gegen den Mündel auf sie über. Sie kann dann – nach näherer Maßgabe von § 1881 BGB – beim Mündel Regress nehmen.

Da das Sondervermögen und das sonstige Vermögen des Mündels einen Haftungsverband bilden, haftet der Mündel grundsätzlich mit beiden Vermögensmassen für die Vergütung des Zuwendungspflegers. § 1880 Abs. 2 BGB ist insgesamt nur einmal anwendbar. Die Vergütung ist aber wegen §§ 1813 Abs. 1, 1798 Abs. 1 Satz 2 BGB vorrangig aus dem Sondervermögen zu entnehmen.

Sobald das Sondervermögen aufgebraucht ist, ist der Zuwendungspfleger zu entlassen, damit dem Mündel sein sonstiges Vermögen erhalten bleibt.

75 BGHNJW 2016, 3032.

5. Umgangspflegschaft

In § 1684 Abs. 3 Satz 3 bis 6 BGB ist mit der Umgangspflegschaft ein weiterer Fall der Pflegschaft kodifiziert. Sie lässt sich nicht unter die Ergänzungspflegschaften subsumieren, da sie

- weder die Verhinderung der Eltern
- noch einen Teilentzug der elterlichen Sorge voraussetzt.

Soweit sein Wirkungskreis reicht, verdrängt aber auch der Umgangspfleger den Inhaber der elterlichen Sorge aus seinen Rechten (§ 1630 Abs. 1 BGB).

Daneben kommt ggf. auch der **Entzug des Umgangsbestimmungsrechts** mit Anordnung einer – dann echten – Sorgerechtspflegschaft zur Bestimmung des Umgangs in Frage. Das ist aber unverhältnismäßig, wenn der Gefahr für das Kindeswohl, die der nicht funktionierende Umgang begründet, nicht auch schon durch eine Umgangspflegschaft begegnet werden kann, denn die ist das mildere Mittel.

Nach § 1684 Abs. 3 Satz 3 BGB erfordert die **Anordnung** einer Umgangspflegschaft nur die Feststellung, dass entweder ein dauerhafter oder wiederholte und erhebliche Verstöße gegen die Loyalitätspflicht des § 1684 Abs. 2 BGB vorliegen. Das ist die wechselseitige Rücksichtnahmepflicht zwischen einem Umgangs- und dem Sorgeberechtigten.

- Die Feststellung einer **Gefährdung des Kindeswohls** durch diese Verletzung der Loyalitätspflicht ist nur notwendig, wenn es sich bei dem Umgangsberechtigten nicht um einen Elternteil handelt (§§ 1685 Abs. 3 Satz 2, 1686a Abs. 2 Satz 2 BGB).
- Die Anordnung einer Umgangspflegschaft greift in die elterliche Sorge ein, nicht in das Umgangsrecht (sonst müsste sich die Regelung in § 1684 Abs. 4 BGB befinden). Ist es allein der Umgangsberechtigte, der gegen die Loyalitätspflicht verstößt, darf die Umgangspflegschaft daher nicht gegen den Willen des Sorgeberechtigten angeordnet werden.

Die **Aufgaben** des Umgangspflegers folgen direkt aus dem Gesetz (§ 1684 Abs. 3 Satz 4 BGB). Er soll die **Durchführung des Umgangs** gewährleisten. Das Familiengericht kann anordnen, dass er während der Umgangskontakte auch selbst anwesend zu sein hat.[76] Ohne eine solche ausdrückliche Anordnung ist er dazu nicht befugt, weil sie eine Beschränkung des Umgangsrechtes enthält. Der Umgangspfleger übt im Übrigen nur das Umgangsbestimmungsrecht des § 1632 Abs. 2 BGB aus und für die Dauer des Umgangs steht ihm nach § 1684 Abs. 3 Satz 4 BGB auch das Aufenthaltsbestimmungsrecht zu.

Das bedeutet konkret:

- Der Sorgeberechtigte verliert das Recht, mitzubestimmen, wo und wie der Umgang stattfinden soll. Entscheidungen des Umgangsberechtigten über den Aufenthalt des Kindes, die über dasjenige hinausgehen, was er nach §§ 1687a, 1687 Abs. 1 Satz 4 BGB ohnehin allein entscheiden kann, muss er nun mit dem Umgangspfleger statt mit dem Sorgeberechtigten absprechen. Der Umgangspfleger hat nach § 1684 Abs. 3 Satz 3

76 BGH NJW 2019, 435.

BGB außerdem das Recht, die Herausgabe des Kindes zum Zwecke des Umgangs zu verlangen. Das gibt ihm einerseits die eigenständige Möglichkeit, die vom Gericht getroffene Umgangsregelung auch zu vollziehen. Andererseits nimmt er so eine Mittlerrolle bei der Übergabe des Kindes ein, denn er kann Herausgabe an *sich* fordern, muss das Kind dann freilich dem Umgangsberechtigten übergeben.

- Da nur die *Durchführung* des Umgangs Aufgabe des Umgangspflegers ist, hat er nicht das Recht, anstelle der Beteiligten oder des Familiengerichts eine Umgangsregelung überhaupt erst zu treffen. Er kann und soll zwar auf eine Einigung hinwirken, kommt eine solche aber nicht zustande, muss das Gericht die grundlegenden Entscheidungen über Häufigkeit und jeweilige Dauer des Umgangs selbst treffen. Einzelheiten des Vollzugs (Umgangs- und Übergabeort, Nachholtermine, etc.) kann es dann dem Umgangspfleger überlassen.

Die Anordnung der Umgangspflegschaft und die Auswahl des Umgangspflegers sind Teil des **Umgangsverfahrens** und daher nach § 14 Abs. 1 Nr. 7 RPflG dem Richter vorbehalten. Das Bestandsverfahren mit seinen Verrichtungen obliegt dagegen dem Rechtspfleger. Ihm obliegt insbesondere die Aufsicht über den Umgangspfleger (§§ 1802 f. BGB).

Vergütung und Aufwendungsersatz des Umgangspflegers erfahren in § 1684 Abs. 3 Satz 6 BGB eine Sonderregelung: Sie folgen den Regeln, die nach § 277 FamFG für einen Verfahrenspfleger in Betreuungssachen gelten. Das bedeutet:

- Der in der Praxis seltene **ehrenamtliche Umgangspfleger** erhält Aufwendungsersatz nur nach Maßgabe von § 1877 Abs. 1 und 2 BGB. Es gilt die Ausschlussfrist aus § 1877 Abs. 4 Satz 1 BGB ohne Abänderungsmöglichkeit (§ 277 Abs. 1 FamFG). Die Gewährung einer Vergütung ist ebenso ausgeschlossen wie die Pauschalierung der Aufwendungen.
- Für den **Berufsumgangspfleger** und einen **Vormundschaftsverein** gelten die §§ 3 bis 5 VBVG entsprechend (§ 277 Abs. 2 Satz 2 FamFG). Dazu muss bei der Bestellung des Umgangspflegers festgestellt worden sein, dass er sie berufsmäßig führt (§ 277 Abs. 2 Satz 1 FamFG). § 277 Abs. 3 FamFG erlaubt es dem Familiengericht, eine Pauschalentschädigung festzusetzen, die sich anhand des voraussichtlichen Zeitaufwands berechnet.

Schuldner der Ansprüche ist stets die Staatskasse. Der Umgangspfleger kann sowohl die Festsetzung seiner Ansprüche durch Beschluss als auch die formlose Auszahlung beantragen (vgl. § 277 Abs. 4 FamFG).

Ob auch das **Jugendamt** zum Umgangspfleger bestellt werden kann, ist umstritten. Ich sehe jedoch nicht, wodurch das ausscheiden sollte, da § 1684 Abs. 3 Satz 3 BGB zur Auswahl des Umgangspflegers keinerlei Vorschriften enthält, so dass sie sich nach §§ 1774 bis 1785 BGB richten dürfte. Mangels Verweisung auf § 6 VBVG in § 277 FamFG wird es für die Tätigkeit jedenfalls nicht entschädigt.

Die Anordnung der Umgangspflegschaft ist nach § 1684 Abs. 3 Satz 5 BGB zu befristen. Sie **endet durch Fristablauf**, falls sie nicht vorher verlängert wird. § 1812 Abs. 1 BGB passt insofern nicht, als die Voraussetzung einer Umgangspflegschaft ja ein in der Vergangenheit liegender Verstoß gegen § 1684 Abs. 2 BGB ist, der nicht wegfallen kann. Das Familiengericht kann sie aber vor Fristablauf **aufheben**, wenn es feststellt, dass es zu einer dem Kindeswohl entsprechenden Durchführung des Umgangs keines Umgangspflegers mehr bedarf.

6. Quasi-Pflegschaft von Pflegepersonen

Keine wirkliche Pflegschaft, aber ein ihr nachgebildetes Rechtsverhältnis kann nach § 1630 Abs. 3 BGB bei Kindern in Familienpflege errichtet werden. Das ist einer der wesentlichen Unterschiede zu der Übertragung nach § 1777 Abs. 1 BGB, die eine echte Form der Pflegschaft (Pflegepersonen-Pflegschaft) bildet.

a) Überlassung des Sorgerechts zur Ausübung

Das Sorgerecht kann grundsätzlich nicht durch Rechtsgeschäft übertragen werden. Selbst Übertragungen von einem Elternteil auf den anderen setzen – von der Sorgeerklärung abgesehen – eine gerichtliche Entscheidung voraus (vgl. §§ 1671 ff. BGB).

Der Sorgeberechtigte braucht aber die mit dem Sorgerecht verbundenen Befugnisse nicht auch persönlich auszuüben. Er kann vielmehr ihre Ausübung durch Rechtsgeschäft anderen Personen überlassen. Dies ist allerdings in zweifacher Weise **eingeschränkt**:

- Unabhängig von dem sonstigen Inhalt des Rechtsgeschäfts ist die Überlassung des Sorgerechts zur Ausübung jederzeit frei widerruflich. Der Sorgeberechtigte kann sich für die Zukunft nicht vertraglich binden.
- Der Sorgeberechtigte darf sich nicht aus der Möglichkeit begeben, die Ausübung der elterlichen Sorge wenigstens zu beaufsichtigen und im erforderlichen Fall selbst einzugreifen. Er muss zumindest noch als Sorgeberechtigter im Hintergrund zur Verfügung stehen.[77]

Überlassen Eltern anderen Personen die Erziehung in der Weise, dass das Kind seinen Lebensmittelpunkt im Haushalt dieser anderen Personen („Pflegepersonen") hat, spricht man von **Familienpflege**.

Welche Teile der elterlichen Sorge solchen Pflegepersonen zur Ausübung überlassen werden sollen, wird selten explizit vereinbart. Hier enthält § 1688 Abs. 1 BGB daher eine gesetzliche Regel, die richtigerweise als vermuteter Inhalt einer stillschweigenden Vereinbarung begriffen wird. Jedenfalls gibt § 1688 Abs. 3 Satz 1 BGB den Eltern das Recht, die in § 1688 Abs. 1 BGB genannten Befugnisse der Pflegepersonen einzuschränken.

Nur wenn das Familiengericht den Verbleib des Kindes bei den Pflegepersonen anordnet (was auf der Grundlage von §§ 1632 Abs. 4, 1682 BGB oder auch als Schutzmaßnahme i.S.v. § 1666 Abs. 1 BGB möglich ist), kann auch nur noch das Familiengericht eine hinter § 1688 Abs. 1 BGB zurückbleibende Regelung treffen.

---

77 OLG Köln FamRZ 1992, 1093.

Hinweis

In all diesen Fällen handelt es sich aber nie darum, dass den Pflegepersonen das Sorgerecht teilweise zusteht, sondern sie sind immer nur zur Ausübung des den Eltern zustehenden Sorgerechts berechtigt.

b) Übertragung von sorgerechtlichen Befugnissen auf Pflegepersonen

§ 1630 Abs. 3 BGB erlaubt es, Teile der elterlichen Sorge auf Pflegepersonen zu übertragen. Das geschieht durch Beschluss des Familiengerichts. Er ist nur auf Antrag möglich. Den Antrag kann der Sorgeberechtigte stellen oder mit Zustimmung des Sorgeberechtigten auch die Pflegeperson.

§ 1630 Abs. 3 BGB macht keine Vorgaben dazu, welche Teile der elterlichen Sorge auf Pflegepersonen übertragen werden können. Es kann die Personen- wie die Vermögenssorge und auch die gesamte elterliche Sorge betreffen.[78]

Konsequenz einer solchen Übertragung der elterlichen Sorge auf Pflegepersonen ist, dass diese dadurch die **Rechtsstellung eines Pflegers** erlangen, ohne dass sie das allerdings tatsächlich auch wären. Aus dem Pflegschaftsrecht (oder, soweit dort nichts geregelt ist, wegen § 1813 Abs. 1 BGB aus dem Vormundschaftsrecht) sind nur diejenigen Vorschriften anzuwenden, die die Rechte und Pflichten von Pflegern regeln, nicht aber die, die den Bestand des Amtes betreffen. §§ 1774 bis 1787 BGB sind daher nicht anzuwenden, wohl aber §§ 1788 bis 1803, 1807, 1808 BGB. Insbesondere steht ihnen die Aufwandspauschale aus §§ 1813 Abs. 1, 1808 Abs. 2 Satz 1, 1878 BGB zu. Welche Geschäfte der Pflegepersonen einer familiengerichtlichen Genehmigung bedürfen, richtet sich nach §§ 1795 Abs. 2, 1799 BGB, nicht nach § 1643 BGB.

Die Anwendung von § 1630 Abs. 3 BGB setzt voraus, dass sich das Kind für längere Zeit in Familienpflege befindet. Gemeint ist damit der *voraussichtliche*, nicht der bereits abgelaufene Gesamtzeitraum.

Hinweis

Was eine „längere Zeit" ist, bestimmt sich aus Sicht des Kindes. Mehr als acht Wochen dürften nach der gesetzgeberischen Wertung, die § 44 Abs. 1 Satz 2 Nr. 4 SGB VIII zugrunde liegt, jedenfalls erforderlich sein.

Im Übrigen kommt es darauf an, ob der Zeitraum ausreicht, damit zwischen Kind und Pflegeperson eine Bindung entstehen kann.

Das Gericht ist nicht verpflichtet, dem Antrag stattzugeben, nur weil seine formalen Voraussetzungen vorliegen. Es hat vielmehr nach dem Maßstab des § 1697a BGB zu entscheiden, ob die beantragte Übertragung – oder womöglich nur ein Teil davon – dem **Kindeswohl** am besten entspricht.

78 KG FamRZ 2006, 1291; a.A.allerdings OLG Jena FamRZ 2009, 992.

c) Rückübertragung

Keine Einigkeit herrscht in der Frage, unter welchen Voraussetzungen die Rückübertragung der elterlichen Sorge von der Pflegeperson auf den Antragsteller erfolgt. Jedenfalls erfordert sie einen **Gerichtsbeschluss**.

Sie hat entsprechend § 1812 Abs. 1 BGB jedenfalls zwingend zu erfolgen, wenn das **Pflegeverhältnis beendet** wird. Das kann auch dadurch geschehen, dass die Eltern, denen das Aufenthaltsbestimmungsrecht noch immer zusteht, das Kind von der Pflegeperson herausverlangen, ohne dass die Voraussetzungen für eine Verbleibensanordnung nach § 1632 Abs. 4 BGB vorliegen.

Rechtsprechung und Lehre nehmen überwiegend an, dass sie außerdem aufzuheben ist, wenn der Elternteil seine **Zustimmung widerruft**.[79] M.E. ist das nicht überzeugend. Jederzeitige Widerruflichkeit nimmt der Übertragung nach § 1630 Abs. 3 BGB den Vorteil, den sie gegenüber der bloßen Überlassung zur Ausübung hat. § 1630 Abs. 3 BGB kann ohne Weiteres so gelesen werden, dass die Zustimmung lediglich zum Zeitpunkt der Entscheidung vorgelegen haben muss, aber keine Voraussetzung für die Aufrechterhaltung der Übertragung ist.

Folgt man dem, so ist auf die Rückübertragung § 1696 Abs. 1 Satz 1 Hs. 1 BGB anzuwenden: Das Familiengericht hebt sie von Amts wegen auf, wenn das aus triftigen, das Kindeswohl nachhaltig berührenden Gründen erforderlich ist.

79 OLG Celle, FamRZ 2011, 1664.

D. Beistandschaft

Die Beistandschaft entsteht durch einseitiges Rechtsgeschäft. Sie tritt nach § 1714 BGB ohne Weiteres dadurch ein, dass der Antrag eines Antragsberechtigten beim zuständigen Jugendamt eingeht.

Sie ist grundsätzlich **Amtsbeistandschaft**. Von der Möglichkeit, durch Landesrecht **Vereinsbeistandschaften** zuzulassen (Art. 144 EGBGB und § 54 Abs. 1 Satz 2 SGB VIII), haben bislang nur vier Bundesländer Gebrauch gemacht, nämlich Bayern, Berlin, Sachsen und Sachsen-Anhalt. Die Übertragung der Beistandschaft auf Einzelpersonen ist nirgendwo möglich.

Die Beistandschaft entspricht in ihren Wirkungen der Pflegschaft (§ 1716 Satz 2 BGB). Auch der Beistand ist gesetzlicher Vertreter des Kindes und – wie sich aus § 1712 Abs. 1 Nr. 2 BGB ergibt – auch Inhaber der tatsächlichen Sorge, soweit seine Aufgaben reichen. Der **Unterschied zur Pflegschaft** ist: Die Pflegschaft hat verdrängenden Charakter (§§ 1630 Abs. 1, 1789 Abs. 1 Satz 2 BGB). Soweit der Wirkungskreis eines Pflegers reicht, ist die elterliche Sorge wie diejenige des Vormunds suspendiert. Der Beistand dagegen tritt nur neben den Antragsteller. Er verdrängt ihn nicht (§ 1716 Satz 1 BGB). Es entsteht eine **Doppelzuständigkeit.**

Ausnahmsweise verdrängt der Beistand den Antragsteller, wenn er das Kind **vor Gericht** vertritt (§§ 173, 234 FamFG). Das dürfte über den Wortlaut dieser Norm hinaus auch für den Fall gelten, dass der Antragsteller ein ehrenamtlicher Vormund ist. Grund für die Regelung ist, dass es in einem gerichtlichen Verfahren ungünstig wäre, könnten mehrere Personen für ein Kind wirksam einander widersprechende Prozesshandlungen vornehmen.

1. Aufgaben

Nach § 1712 Abs. 1 BGB kann eine Beistandschaft nur für zwei Aufgaben umfassen, nämlich:

- die Feststellung der Vaterschaft (§ 1712 Abs. 1 Nr. 1 BGB) und
- die Geltendmachung von Unterhaltsansprüchen (§ 1712 Abs. 1 Nr. 2 BGB).

a) Vaterschaftsfeststellung

Der erste Fall (Vaterschaftsbeistand) umfasst nicht nur die **gerichtliche Feststellung** der Vaterschaft nach §§ 1600d BGB, sondern auch die Mitwirkung des Kindes beim **Anerkenntnis** der Vaterschaft, soweit diese nach § 1595 Abs. 2 BGB erforderlich ist, denn auch durch Anerkenntnis wird der Vater „festgestellt".

Nicht zuständig ist der Beistand für die Beseitigung einer bestehenden Vaterschaft durch Anfechtung. Daraus folgt auch, dass eine Beistandschaft nach § 1712 Abs. 1 Nr. 1 BGB nur bei einem (im Rechtssinne) vaterlosen Kind denkbar ist und sich die reine Vaterschaftsbeistandschaft durch wirksame Begründung der Vaterschaft von selbst erledigt, ohne dass es ihrer Aufhebung bedarf.

b) Geltendmachung von Kindesunterhalt

Der zweite Fall (Unterhaltsbeistand) umfasst außer der Geltendmachung der genannten Ansprüche auch das Betreiben der Zwangsvollstreckung und das Inkasso.

Der Unterhaltsbeistand ist nicht berechtigt, bei ihm eingegangene Beträge zu verwalten, er muss sie vielmehr sofort nach Eingang an den Antragsteller oder im Fall des § 1712 Abs. 1 Nr. 2 Hs. 2 BGB an die Pflegeperson auskehren.

Der Unterhaltsbeistand ist dagegen berechtigt, namens des Kindes über den Unterhaltsanspruch **zu verfügen**, d.h. ihn (soweit § 1614 Abs. 1 BGB dies zulässt) ganz oder teilweise zu erlassen oder sich über ihn zu vergleichen (§ 779 Abs. 1 BGB). Verwehrt ist dem Beistand allerdings wegen §§ 1716 Satz 2 Hs. 1, 1813 Abs. 1, 1798 Abs. 3 BGB der schenkweise Erlass, also ein Erlass ohne jede Gegenleistung.

Da die Vorschriften über die Aufsicht des Familiengerichts auf den Beistand nicht anwendbar sind, kann er Verfügungen aller Art **ohne Genehmigung des Familiengerichts** vornehmen und braucht diese auch nicht etwa für einen Vergleichsschluss.

Unterhaltsansprüche der in § 1712 Abs. 1 Nr. 2 BGB gemeinten Art sind alle zivilrechtlichen Ansprüche auf Unterhalt, ohne Rücksicht auf den Rechtsgrund. Vor allem kommen natürlich Ansprüche gegen Elternteile oder andere Verwandte (§ 1601 BGB) in Frage. Ansprüche auf Schadensersatz wegen entgangenen Unterhalts (§ 844 Abs. 2 BGB) dürften auch noch dazugehören.

Hinweis

! *Die Beistandschaft umfasst dagegen nicht die Geltendmachung von öffentlich-rechtlichen Ansprüchen, z.B. auf Sozialgeld, Sozialhilfe, wirtschaftliche Jugendhilfe oder Unterhaltsvorschuss.*

c) Beschränkung des Antrags

Ein nicht näher spezifizierter Antrag ist dahin auszulegen, dass er alle im konkreten Fall überhaupt in Frage kommenden Aufgaben aus dem Katalog des § 1712 Abs. 1 BGB umfassen soll. Nach § 1712 Abs. 2 BGB kann der Antrag aber auch auf **einzelne Aufgaben** beschränkt werden, sei es auf einen der beiden in § 1712 Abs. 1 BGB genannten Aufgabenkreise oder sogar auf nur einen Ausschnitt davon.

Die Beschränkung darf jedoch nicht dazu führen, dass dem Beistand kein **Gestaltungsspielraum** mehr verbleibt, denn er ist nicht Weisungsempfänger des Antragstellers. Wo hierfür die exakte Grenze liegt, ist freilich nicht klar. So wird z.B. in der Literatur vertreten, dass der Beistand nicht darauf beschränkt werden könne, Unterhalt nur von bestimmten Verwandten zu fordern.[80] Das ist m.E. aber nicht richtig, denn es kann sehr wohl ein legitimes Interesse des Elternteils daran bestehen, bestimmte Verwandte zu schonen, vor allem, wenn für das Kind Bürgergeld beantragt werden kann, ohne dass der Leistungsträger auf sie eine Rückgriffsmöglichkeit hätte (z.B. Großeltern des Kindes) – und der Beistand ist zur Stellung eines Bürgergeldantrages ja gerade nicht berechtigt.

---

80 MünchKomm/v. Sachsen-Gessaphe, § 1712 BGB Rn. 6 m.w.N.

2. Voraussetzungen

a) Entstehen der Beistandschaft durch Antrag

Die Beistandschaft beginnt ohne Weiteres mit dem **Eingang eines Antrags beim zuständigen Jugendamt** (§ 1714 Satz 1 BGB). Es ist weder eine gerichtliche Entscheidung noch ein Verwaltungsakt des Jugendamtes notwendig. Geht der Antrag beim unzuständigen Jugendamt ein, hat es ihn an das zuständige Jugendamt weiterzuleiten. Aber erst mit dem dortigen Eingang beginnt die Beistandschaft. § 16 Abs. 2 Satz 2 SGB I ist nicht anwendbar, weil es sich nicht um eine Sozialleistung handelt.

Der Antrag ist ein **Rechtsgeschäft**, nämlich eine einseitige, amtsempfangsbedürftige Willenserklärung, keine verwaltungsrechtliche Verfahrenshandlung.

Das **Antragsrecht** ist demnach materiell-rechtliches Gestaltungsrecht. Es steht zu:

- jedem alleinsorgeberechtigten Elternteil (§ 1713 Abs. 1 Satz 1 Alt. 1 BGB), dessen elterliche Sorge nicht ruht; es genügt, wenn Alleinsorge für die Angelegenheiten besteht, für die die Beistandschaft beantragt wird;
- dem Elternteil, dem für ein noch nicht geborenes Kind die elterliche Sorge allein zustünde, wenn es zurzeit der Antragstellung geboren würde (§ 1713 Abs. 1 Satz 1 Alt. 2 BGB);
- bei gemeinsamer elterlicher Sorge dem Elternteil, in dessen alleiniger Obhut sich das Kind befindet (§ 1713 Abs. 1 Satz 2 BGB);
- dem ehrenamtlichen Vormund (§ 1713 Abs. 1 Satz 3 Alt. 1 BGB);
- Pflegepersonen, denen die Aufgaben, für die sie die Beistandschaft beantragen, nach § 1630 Abs. 3 BGB übertragen sind (§ 1713 Abs. 1 Satz 3 Alt. 2 BGB);
- der Mutter eines noch nicht geborenen Kindes, wenn das Kind, würde es zur Zeit der Antragstellung geboren, einen Vormund benötigte (§ 1713 Abs. 2 Satz 1 BGB); das betrifft minderjährige und geschäftsunfähige Mütter.

Hinweis

Der Antrag kann im Falle des § 1713 Abs. 2 Satz 1 BGB nur vor der Geburt des Kindes wirksam gestellt werden. Danach wird das Kind ja von einem gesetzlichen Amtsvormund vertreten.

§ 1713 Abs. 2 Satz 1 BGB soll die Bestellung eines Pflegers nach § 1810 BGB für die in § 1712 Abs. 1 BGB genannte Aufgabe entbehrlich machen, denn anders als die elterliche Sorge greift diejenige des Vormunds erst mit der Geburt ein, auch wenn der Vormund schon vorher bestellt wird.

Der Antrag ist **vertretungsfeindlich** (§ 1713 Abs. 1 Satz 4 BGB). Nur für die geschäftsunfähige Mutter – die ja nur vor der Geburt antragsberechtigt ist – kann der gesetzliche Vertreter ihn stellen (§ 1713 Abs. 2 Satz 3 BGB). Die beschränkt geschäftsfähige Mutter kann ihn dagegen nur selbst stellen und benötigt dafür auch nicht die Zustimmung ihres gesetzlichen Vertreters (§ 1713 Abs. 2 Satz 2 BGB). Aus § 1713 Abs. 2 Satz 2 BGB folgt im Zusammenhang mit § 1903 Abs. 2 BGB, dass für die Antragstellung **kein Einwilligungsvorbehalt** angeordnet werden kann.

Der Antrag bedarf der **Schriftform** (§ 1712 Abs. 1 BGB), das heißt, er muss vom Antragsteller eigenhändig unterschrieben sein (§ 126 Abs. 1 BGB). Schriftform kann durch elektronische Form (§ 126a BGB) ersetzt werden. Das ist die Erstellung eines Textdokumentes mit zertifizierter Signatur.

b) Zuständiges Jugendamt

Die **internationale Zuständigkeit** der deutschen Jugendämter hängt nach § 1717 Satz 1 Hs. 1 BGB davon ab, dass das Kind seinen gewöhnlichen Aufenthalt im Inland hat. Solange das Kind nicht geboren ist, kommt es auf die Mutter an (§ 1717 Satz 2 BGB).

Die **örtliche Zuständigkeit** ist in § 87c Abs. 5 Satz 1 SGB VIII geregelt. Danach gelten § 87c Abs. 1 Satz 1 und Satz 3 SGB VIII „entsprechend". Das ist stark interpretationsbedürftig, denn es käme nach dem Wortlaut von § 87c Abs. 1 Satz 1, 3 SGB VIII immer auf den gewöhnlichen, hilfsweise tatsächlichen Aufenthalt der Mutter des Kindes an. Das ist aber nur sinnvoll, wenn es auch die Mutter ist, die die Beistandschaft beantragt.

Entsprechende Anwendung einer Norm bedeutet ja aber nicht wortlautgetreue Anwendung, sondern Anwendung unter Berücksichtigung der bestehenden Besonderheiten. § 87c Abs. 5 Satz 1 SGB VIII ist daher dahin zu verstehen, dass es auf den gewöhnlichen oder hilfsweise tatsächlichen Aufenthalt des Antragstellers ankommt. Das ist letztlich auch § 87c Abs. 5 Satz 2 SGB VIII zu entnehmen, wo – freilich wiederum lückenhaft, weil den Vormund und die Pflegeeltern ausklammernd – von dem „allein sorgeberechtigten Elternteil" die Rede ist.

Unklar ist auch hier wieder, welches Jugendamt für die Beistandschaft zuständig ist, wenn der Antragsteller sich im Ausland aufhält. Dann ergibt § 87c Abs. 5 SGB VIII keine örtliche Zuständigkeit im Inland, obwohl eine internationale Zuständigkeit bestehen kann. Das ist eine **Gesetzeslücke**. Sie rechtfertigt m.E. die analoge Anwendung von § 87c Abs. 3 SGB VIII, sodass dann das Jugendamt zuständig ist, in dessen Bezirk sich das Kind gewöhnlich aufhält.

Wechselt die Zuständigkeit des Jugendamtes, geht die Beistandschaft nicht ohne Weiteres auf das neuzuständige Jugendamt über. Der bisherige Beistand hat dort vielmehr die Übernahme zu beantragen (§ 87c Abs. 5 Satz 2 Hs. 1 SGB VIII). Erst mit der Übernahmeerklärung wechselt der Beistand (§ 87c Abs. 5 Satz 2 Hs. 2, Abs. 2 Satz 2 SGB VIII). Wird die Übernahme abgelehnt, amtiert der bisherige Beistand ungeachtet der fehlenden Zuständigkeit weiter (§§ 87c Abs. 5 Satz 2 Hs. 2, 86c Satz 1 SGB VIII).

Eine Bescheinigung über sein Amt erhält der Beistand ebenso wenig wie eine Bestellungsurkunde (§ 1716 Satz 2 Hs. 2 BGB). Er kann den **Nachweis seiner Vertretungsmacht** ja durch die Vorlage des schriftlichen Antrags führen.

Da das **Familiengericht** auch keine Aufsicht über die Beistände führt (§ 1716 Satz 2 Hs. 1 BGB), entsteht durch die Beistandschaft auch kein Bestandsverfahren. Es sind dem Familiengericht keine Rechnungslegungen oder Jahresberichte vorzulegen. Die Rechte *des Kin-*

des aus §§ 1813 Abs. 1, 1807, 1872 Abs. 1 und Abs. 2 BGB werden hierdurch nicht berührt. Eine Schlussrechnung kann das Kind aber nur direkt fordern. Das Familiengericht prüft sie nicht.

c) Übertragung auf einen Verein

Soweit Landesrecht Vereinsbeistandschaften zulässt, werden diese dadurch begründet, dass das zuständige Jugendamt sie auf den Verein überträgt. Die Zustimmung des Antragstellers ist dazu erforderlich. Die Übertragung ist Verwaltungsakt, denn sie stellt eine Beleihung des Vereins mit hoheitlichen Befugnissen dar.

3. Amtsführung

Für die Grundsätze der Amtsführung gelten aufgrund der Kettenverweisung aus §§ 1716 Satz 2, 1813 Abs. 1 BGB die §§ 1788 ff. BGB, mit Ausnahme nur all jener, die das Familiengericht einbeziehen.

Auch dem Beistand gegenüber hat das Kind die Rechte aus § 1788 BGB und auch der Beistand ist an die sich aus § 1790 BGB ergebenden Grundsätze gebunden. Gesondert geregelt ist in § 68 Abs. 3 SGB VIII die Auskunftspflicht des Beistands gegenüber dem Kind und dem Antragsteller.

4. Vergütung

Für den Beistand gelten aufgrund der Kettenverweisung über §§ 1716 Satz 2 Hs. 1, 1813 Abs. 1 BGB die gleichen Vorschriften wie für die Amtsvormundschaft.

Folglich greift § 6 VBVG: Die Beistandschaft bleibt unvergütet und Aufwendungsersatz kann nur von einem nicht mittellosen Kind verlangt werden kann.

Die Vereinsbeistandschaft wird – wo sie zulässig ist – im Auftrag des Jugendamtes geführt. § 5 Abs. 2 VBVG kann daher auf sie nicht angewendet werden. Ob und wie der Verein dafür entschädigt wird, ist zwischen ihm und dem Jugendamt zu regeln.

Die Staatskasse kann nicht in Anspruch genommen werden. Für das Jugendamt bleibt es bei § 6 VBVG, wobei es nur für die Aufwendungen des Vereinsmitarbeiters, der die Beistandschaft führt, vom (nicht mittellosen) Kind Ersatz verlangen kann.

5. Ende der Beistandschaft

Eine Beistandschaft kann auf vier Arten enden:

1. Nach §§ 1715 Abs. 1, 1714 BGB endet die Beistandschaft, sobald das **schriftliche Verlangen** des Antragstellers, die Beistandschaft zu beenden, bei dem Jugendamt, das die Beistandschaft führt, eingeht.

Der Antragsteller hat das Ende der Beistandschaft damit ebenso in der Hand wie ihren Beginn. Aus §§ 1715 Abs. 1 Satz 2, 1712 Abs. 2 BGB folgt, dass der Antragsteller die Beistandschaft durch ein entsprechendes Verlangen auch teilweise beenden, also **nachträglich einschränken** kann.

2. Nach § 1715 Abs. 2 BGB endet die Beistandschaft kraft Gesetzes, sobald der Antragsteller keine der in § 1713 BGB genannten **Voraussetzungen** mehr erfüllt, nämlich weil z.B.

- der alleinsorgeberechtigte Antragsteller (§ 1713 Abs. 1 Satz 1 BGB) das Sorgerecht verliert oder es inzwischen beiden Eltern gemeinsam zusteht,
- der Antragsteller bei gemeinsamem Sorgerecht (§ 1713 Abs. 1 Satz 2 BGB) das Kind nicht mehr in seiner Obhut hat,
- der Antragsteller als Vormund entlassen wird, seine Vormundschaft endet oder die Übertragung der elterlichen Sorge auf den Antragsteller nach § 1630 Abs. 3 BGB aufgehoben wird,
- das Kind der beschränkt geschäftsfähigen Antragstellerin (§ 1713 Abs. 2 Satz 1 BGB) geboren wird.

Die Beistandschaft besteht jedoch fort, wenn anstelle des ursprünglichen Antragsgrundes inzwischen ein anderer gegeben ist, so z.B., wenn die Beistandschaft ursprünglich auf § 1713 Abs. 1 Satz 2 BGB gestützt war, der Antragsteller das Kind nun nicht mehr in seiner Obhut hat, dafür aber inzwischen alleinsorgeberechtigt ist.

3. Nach § 1717 Satz 1 Hs. 2 BGB endet die Beistandschaft kraft Gesetzes außerdem bei **Wegfall der internationalen Zuständigkeit**.

4. Eine gegenständlich beschränkte Beistandschaft kann außerdem dadurch enden, dass ihr **Zweck endgültig erreicht** ist (§§ 1716 Satz 2 Hs. 1, 1918 Abs. 3 BGB).

Eine auf die Feststellung der Vaterschaft beschränkte Beistandschaft endet daher, sobald das Vaterschaftsanerkenntnis wirksam oder die gerichtliche Feststellung der Vaterschaft rechtskräftig ist.

Die Unterhaltsbeistandschaft endet jedoch nicht schon dadurch, dass der Unterhalt tituliert ist, da die Zahlungseingänge überwacht und ggf. aus dem Titel vollstreckt werden muss. Auch kann die Abänderung des Titels wegen Änderung der Verhältnisse erforderlich werden.

Vereinsbeistandschaften sind, wo sie existieren, rechtlich nicht eigenständig. Auch sie enden aus denselben Gründen, wobei der Aufhebungsantrag beim Jugendamt, nicht beim Verein zu stellen ist (so ausdrücklich Art. 61 Abs. 2 Satz 1 BayAGSG).

Die **Rückübertragung** auf das Jugendamt ist wiederum durch Verwaltungsakt möglich. Da Art. 144 EGBGB die Übertragung nur mit Zustimmung des Antragstellers erlaubt, ist sie konsequenterweise aufzuheben, wenn der Antragsteller dies verlangt (vgl. Art. 61 Abs. 2 Satz 2 BayAGSG).

E. Was tun bei Konflikten zwischen Sorgeberechtigten?

Wann immer sich mehrere Personen die Sorge für ein Kind teilen, können Konflikte auftreten. Dabei kann es sich um zwei Arten von Konflikten handeln:

1. Die streitige Angelegenheit kann in einen den Personen **gemeinsam** zustehenden Bereich der Personen- oder Vermögenssorge fallen.
2. Die streitige Angelegenheit kann bei **getrennten** Zuständigkeitsbereichen in den Schnittbereich zwischen mehreren dieser Zuständigkeitsbereiche fallen.

Beispiele

- *Will das berufstätige Kind z.B. eine eigene Wohnung beziehen, so berührt das die Personensorge (Aufenthaltsbestimmung) und die Vermögenssorge (Abschluss eines Mietvertrages). Auch der Abschluss eines Ausbildungsvertrages berührt beides.*
- *Soll darüber entschieden werden, ob bei dem Kind eine Operation durchzuführen ist, so berührt dies die tatsächliche Personensorge (Auswahl des Arztes, Vorstellung beim Arzt) und auch die gesetzliche Vertretung in persönlichen Angelegenheiten (Erteilung der Einwilligung, Abschluss des Arztvertrages).*

Das Vormundschaftsrecht sieht folgende Verfahren zur **Entscheidung von Konflikten** vor:

1. Beistand und Antragsteller

Nach § 1716 Satz 1 BGB schränkt die Bestellung des Beistandes die Sorge desjenigen, der die Beistandschaft beantragt hat, nicht ein.

In Konfliktfällen heißt das: Dem Antragsteller kommt das Entscheidungsrecht zu. Vollendete lassen sich damit allerdings kaum noch aus der Welt schaffen.

Beispiel

Der Beistand hat sich namens des Kindes über den zu zahlenden Unterhalt in einem Vergleich geeinigt. Das bindet auch den Antragsteller.

Ob aus §§ 173, 234 FamFG folgt, dass der Beistand wenigstens im gerichtlichen Verfahren auch im Innenverhältnis ein zumindest gleichberechtigtes Entscheidungsrecht hat, ist für meine Begriffe eine müßige Frage: Der Beistand steht nicht unter der Aufsicht des Familiengerichts. Damit kann der Antragsteller ein bestimmtes Verhalten des Beistands ohnehin nicht erzwingen.

Handlungsmöglichkeit des Antragstellers: Durch ein Verlangen nach § 1715 Abs. 1 BGB die Beistandschaft beenden und die Sache an sich ziehen.

2. Eltern und Pfleger

Die Zuständigkeitsbereiche von Eltern und Pfleger können sich wegen § 1630 Abs. 1 BGB nicht überschneiden. Auch ein zu Unrecht bestellter (oder noch nicht abberufener) Pfleger schließt innerhalb seines Wirkungskreises die elterliche Sorge aus.[81]

Praxistipp

▶ *Für den Fall, dass die Sorge so aufgeteilt ist, dass die Personensorge den Eltern und die Vermögenssorge dem Pfleger zustehen oder umgekehrt, bestimmt § 1630 Abs. 2 BGB, dass in streitigen Angelegenheiten, die beide Bereiche berühren, das Familiengericht entscheidet.*

Das gilt entsprechend auch für alle anderen Konflikte dieser Art, z.B. wenn eine Entscheidung sowohl das von einem Zuwendungspfleger verwaltete Vermögen betrifft als auch das sonstige Vermögen des Kindes.

Entscheidungen nach § 1630 Abs. 2 BGB weisen gegenüber denjenigen nach § 1628 BGB drei wesentliche Unterschiede auf:

1. Das Familiengericht entscheidet in der Sache selbst.
2. Es muss sich nicht um eine Angelegenheit von erheblicher Bedeutung handeln.
3. Das Familiengericht entscheidet von Amts wegen. Es ist nicht erforderlich, dass der Pfleger oder die Eltern eine Entscheidung beantragen.

Das Familiengericht hat den Konflikt so zu entscheiden, wie es dem **Kindeswohl** am besten entspricht (§ 1697a BGB). Es gibt weder eine Prädominanz der Personen- über die Vermögenssorge noch einen grundsätzlichen Vorrang der elterlichen Entscheidung.

Hinweis

! *Das Elternrecht aus Art. 6 Abs. 2 Satz 1 GG ist in dem Verfahren zu berücksichtigen, das zur Pflegerbestellung* ***führt****, nicht in Verfahren, die die spätere Führung dieser Pflegschaft betreffen.*

3. Eltern und Vormund

Konflikte zwischen Vormund und Eltern sind nur denkbar, wenn die elterliche Sorge wegen Minderjährigkeit ruht. Denn in allen anderen Fällen endet ja die Vormundschaft nach § 1806 BGB, sobald den Eltern auch nur ein Teil der elterlichen Sorge (wieder) zusteht.

Für das Verhältnis des **minderjährigen Elternteils** zum Vormund bestimmt § 1673 Abs. 2 Satz 3 BGB, dass die Entscheidung des minderjährigen Elternteils Vorrang hat. Das gilt jedoch uneingeschränkt nur für Angelegenheiten, die ausschließlich die **Personensorge** betreffen. Der Vormund ist hier bis zur Schwelle der Gefährdung des Kindeswohls auch ver-

81 BayObLGZ 1906, 553, 558.

pflichtet, die gesetzliche Vertretungsmacht im Sinne der von dem Elternteil getroffenen Entscheidung auszuüben,[82] also z.B. namens des Kindes der von der Mutter für richtig gehaltenen medizinischen Entscheidung zuzustimmen. Er kann dazu durch Aufsichtsmaßnahmen nach §§ 1802 Abs. 2 Satz 3, 1862 Abs. 3 BGB angehalten werden.

Hinweis

Nur wenn die Entscheidung des Elternteils das Kindeswohl gefährdet, darf sich der Vormund weigern, sie auszuführen.

Werden von der strittigen Frage dagegen sowohl die Vermögenssorge als auch die Personensorge berührt, hat das Familiengericht analog § 1630 Abs. 2 BGB zu entscheiden (siehe Konflikte zwischen Eltern und Pfleger).

In Angelegenheiten, die ausschließlich die **Vermögenssorge** betreffen, entscheidet der Vormund alleine.

4. Vormünder und Pfleger

Im Vormundschaftsrecht selbst enthält § 1793 BGB eine Norm zur Auflösung von Konflikten. Sie geht gegenüber § 1630 Abs. 2 BGB und § 1628 BGB einen dritten Weg: Auch hier entscheidet das Familiengericht in der Sache selbst und weist nicht lediglich Entscheidungsmacht zu.

Wie § 1628 BGB handelt es sich aber um ein **Antragsverfahren**.

Die Vorschrift kann beide denkbaren Ausgangslagen betreffen:

- § 1793 Abs. 1 Nr. 1 und Nr. 3 Alt. 2 BGB betrifft Fälle, in denen über Angelegenheiten (wegen § 1792 Abs. 1, Abs. 4 BGB) nur **gemeinsam** entschieden werden kann.
- § 1793 Abs. 1 Nr. 2 und Nr. 3 Alt. 1 BGB betrifft dagegen die Fälle sich **überschneidender Aufgaben**, denn der Zusatzpfleger verdrängt den Vormund im Rahmen der ihm übertragenen Aufgaben aus der Entscheidungsmacht (§ 1789 Abs. 1 Satz 2 BGB) und Vormünder für Geschwister sind für verschiedene Personen jeweils allein verantwortlich.

Hinweis zur Anwendbarkeit von § 1793 BGB

§ 1793 Abs. 1 Nr. 1 BGB ist aufgrund von § 1813 Abs. 1 BGB entsprechend anwendbar auf Meinungsverschiedenheiten unter Pflegern, die die Pflegschaft nach §§ 1813 Abs. 1, 1775 Abs. 1, 1792 Abs. 1 BGB gemeinsam führen.

§ 1793 Abs. 1 Nr. 2 BGB ist auch anwendbar, soweit für die mehrere Geschwister betreffende Angelegenheit jeweils ein Pfleger zuständig ist, nicht jedoch, soweit es von Eltern vertreten wird.

82 OLG Koblenz FamRZ 2005, 1923;OLG Oldenburg NJW 1965, 401.

Welche **Anwendungsfälle** § 1793 Abs. 1 Nr. 2 BGB haben soll, ist nicht leicht zu sehen:

Geschwister sind Individuen mit eigenen Rechten, eigenen Pflichten und eigenen Interessen. Jedenfalls ist das kindschaftsrechtliche Verfahren nicht geeignet, einen Streit *zwischen* Geschwistern, z.B. um die Verteilung eines Erbes auszutragen. Es muss sich vielmehr um einen Streit zwischen deren Vormündern in einer Angelegenheit handeln, in der die Geschwister auf derselben Seite stehen und *nur gemeinsam handeln* können. Dabei mag es um die Verfügung über einen ihnen zur gesamten Hand zustehenden Vermögensgegenstand handeln oder um die Frage, ob ein Rechtsstreit geführt werden soll, in dem sie notwendige Streitgenossen bilden.

Hinweis zum Verfahren

Das Verfahren findet nur auf Antrag statt (§ 1793 Abs. 2 BGB). Antragsbefugt sind die jeweils betroffenen Sorgeberechtigten, außerdem der Mündel, wenn er das 14. Lebensjahr schon vollendet hat.

Besteht ein Konflikt, der einen jüngeren Mündel belastet und stellt keiner der beteiligten Sorgeberechtigten einen Antrag nach § 1793 BGB, kann das Familiengericht stattdessen im Aufsichtswege gegen diese vorgehen. Sobald der Antrag gestellt wird, ist das schon deshalb nicht mehr zulässig, weil das Verfahren nach § 1793 BGB nach § 14 Abs. 1 Nr. 5 RPflG dem Richter vorbehalten ist.

Voraussetzung für den Antrag:

Es besteht eine Meinungsverschiedenheit. Eine solche besteht nur, wenn in einer regelungsbedürftigen Angelegenheit, die nur einheitlich entschieden werden kann, mehrere zur Entscheidung berufen sind und sich nicht darüber einigen können, welche Entscheidung getroffen werden soll. Der Antrag setzt zwar – anders als einer nach § 1628 BGB – keine Angelegenheit von erheblicher Bedeutung voraus. In Bagatellfragen dürfte es aber oft an einem Regelungsbedürfnis fehlen.

Ende des Antragsverfahrens:

Das Verfahren ist echtes Antragsverfahren: Es kann daher auch durch

- Vergleich,
- Antragsrücknahme oder
- Erledigungserklärung

beendet werden. Hat der Mündel den Antrag gestellt, ist das zwar nur mit seiner Mitwirkung möglich. Haben die Sorgeberechtigten sich geeinigt, liegt aber keine Meinungsverschiedenheit mehr vor und das Familiengericht kann nur noch die Erledigung der Hauptsache feststellen.

Örtliche Zuständigkeit:

Die örtliche Zuständigkeit richtet sich danach, wo das Bestandsverfahren anhängig ist. Sind das im Falle des § 1793 Abs. 1 Nr. 2 BGB mehrere Gerichte, dürfte jedes davon örtlich zuständig sein.

Anwendung auf andere Konflikte?

Die Anwendung von § 1793 Abs. 3 Nr. 1 BGB auf andere Konflikte zwischen Vormund und anderen als den dort genannten Pflegern scheidet m.E. aus.

Der Gesetzgeber hat die Aufzählung bewusst hierauf beschränkt. Übrig bleiben seltene Konstellationen, in denen eine Angelegenheit sowohl die Aufgaben eines Pflegers nach §§ 1809, 1811 BGB als auch die ihm nicht übertragenen Aufgaben betrifft.

Praxistipp

Die Situation entspricht aber derjenigen, die § 1630 Abs. 2 BGB zugrunde liegt. Daher sollte auf einen solchen Konflikt § 1630 Abs. 2 BGB entsprechend angewendet werden. Das Familiengericht entscheidet über ihn von Amts wegen.

Teil II

Fälle und Lösungen zum Vormundschaftsrecht

A. Tipps zur Arbeit mit dem Workbook

Die hier aufgeführten Übungsfälle dienen der Lernkontrolle. Jeder Fall ist mit einer Liste der Themen versehen, die für die Bearbeitung relevant sind. Sind Sie mit diesen Themen bereits gut vertraut? Dann steht der übungsmäßigen Bearbeitung des Falles nichts mehr im Wege.

In groben Zügen folgen die Themen der Reihenfolge aus Teil I, dem Kurzlehrbuch. Wenn Sie das Kurzlehrbuch systematisch durcharbeitet haben, werden Sie feststellen, dass Sie auch imstande sind die Fälle zu lösen.

Zu allen Übungsfällen wird anschließend (unter C. Lösungen) eine Musterlösung angeboten. Diese Lösung präsentiert kein endgültiges Richtig oder Falsch eines Ergebnisses. Überprüfen Sie Ihre vorher selbst gefundene Lösung. Bewegt sie sich auf dem Boden einer stimmigen juristischen Argumentation?

Die Lösung von Fällen ist unabdingbarer Bestandteil jeder Erarbeitung juristischen Fachwissens.

Vorteil: Sie nähern sich der Arbeit an, die auch in der täglichen Praxis verlangt wird und lernen, die einschlägigen Regeln auf einen gegebenen Lebenssachverhalt anzuwenden.

Nachteil: Der Fokus auf Detailfragen kann zu stark ausfallen.

Wichtig ist, die Systematik eines Rechtsgebiet zu verstehen. Das ist durch das Lernen anhand von Fällen allein nicht zu erreichen.

Praxistipp

Wie Sie am besten vorgehen:

- *Erarbeiten Sie in einem ersten Schritt den Überblick über ein Thema. Verwenden Sie hierzu das Kurzlehrbuch und den Gesetzestext. Lesen Sie auch die Paragrafen, die im Lehrbuch nicht besprochen wurden, und versuchen Sie, ihre Bedeutung selbstständig zu erkennen!*
- *Prüfen Sie in einem zweiten Schritt, ob Sie anhand der erworbenen Kenntnisse einen passenden Fall selbstständig lösen können.*
- *Vergleichen Sie im dritten Schritt Ihre Lösung mit der Musterlösung.*
- *Ordnen Sie nun gewonnene Detailkenntnisse gedanklich in das System ein. Sollte das noch nicht gelingen, wiederholen Sie das Thema, ggf. unter Verwendung weiterführender Literatur.*

Folgende Gesetze sollten am besten als Textsammlung vorliegen:

- das Bürgerliche Gesetzbuch (BGB),
- das Gesetz über das Verfahren in Familiensachen und in Angelegenheiten der Freiwilligen Gerichtsbarkeit (FamFG) und
- das Achte Buch des Sozialgesetzbuchs (SGB VIII).

Wenn für die Lösung eines Falles andere Gesetze benötigt werden, findet sich ein entsprechender Hinweis über dem Sachverhalt.

Einfach und schnell zugänglich sind Gesetze aller Art im Internet über folgende Seiten:

- www.dejure.org
- www.gesetze-im-internet.de
- www.buzer.de

B. Fälle

Fall 1 – Stefan Freimann

Themen

- Anlässe für Vormundschaft und Pflegschaft
- Beendigung von Vormundschaft und Pflegschaft
- Eilmaßnahmen bei Verhinderung von Vormund und Eltern

Fall

Der sechsjährige Stefan Freimann ist der ehelich geborene Sohn von Bernd Freimann. Stefans Mutter ist gestorben.

Bernd Freimann liebt Abenteuertouren. Eines Tages unternimmt er eine dreiwöchige Kletterreise durch das Werchowjansker Gebirge. Stefan gibt er in die Obhut seines Nachbarn Otmar Sommer, der zurzeit Resturlaub zu Hause abfeiert.

Als Bernd Freimann nicht pünktlich zurückkehrt und Otmar Sommer wieder zur Arbeit muss, fragt er sich, was nun mit Stefan geschehen soll. Er findet heraus, dass Bernds Schwester Carina bereit und auch in der Lage ist, Stefan einstweilen bei sich aufzunehmen, und bringt ihn kurzerhand dorthin. Carina ist nun nicht sicher, ob sie Stefan einfach so bei sich behalten kann.

Fragen

Frage 1: Was ist Carina zu raten?

Frage 2: Was ist zu tun, wenn Bernd Freimann nach sechs Wochen immer noch nicht zurück ist?

Frage 3: Was geschieht, wenn Bernd Freimann amtlich für tot erklärt wird?

Frage 4: Was hat jeweils zu geschehen, wenn Bernd Freimann schließlich doch wieder auftaucht und sein Kind zurückhaben möchte? Falls dazu ein Verfahren des Familiengerichts erforderlich ist: Muss Stefan angehört werden?

Frage 5: Wie wären die Fragen 1 und 2 zu beantworten, wenn Bernd Freimann nicht Stefans Vater, sondern sein Vormund gewesen wäre?

Die Lösungen finden Sie unter C. Lösungen – Fall 1.

Fall 2 – Lotta Scharf I

Themen

- Amtsvormundschaft
- Entlassung des Vormunds
- Unechte Sorgerechtspflegschaft

Fall

Lotta Scharf ist die Tochter von Emilia Scharf, die sie im Alter von 16 Jahren im Juli 2022 unehelich zur Welt bringt. Die Vaterschaft hat Emilias damaliger Freund Can Gündogan inzwischen wirksam anerkannt. Emilia geht in einem Internat zur Schule und möchte diese auch ordnungsgemäß beenden.

Nach einem längeren Beratungsprozess zwischen Emilia, ihren Eltern, Mitarbeitern des ASD und Lottas Amtsvormund wird schließlich vereinbart, dass Lotta bei ihren Großeltern Markus und Isolde Scharf aufwachsen und Emilia bis zum Abitur in drei Jahren weiterhin das Internat besuchen soll. Markus und Isolde Scharf erhalten dafür – ungeachtet ihrer gut situierten Familienverhältnisse – Pflegegeld vom Jugendamt.

Im Dezember 2022 werden Markus, Isolde und Emilia Scharf beim Familiengericht vorstellig. Sie beantragen, die Personensorge für Lotta von Emilia auf Markus und Isolde zu übertragen.

Fragen

Frage 1: Ist das möglich? Hätte das die Beendigung der Amtsvormundschaft zur Konsequenz?

Frage 2: Könnten Markus und Isolde Scharf auf anderem Wege womöglich sogar die komplette Personen- und Vermögenssorge für Lotta erhalten?

Die Lösungen finden Sie unter C. Lösungen – Fall 2.

Fall 3 – Lena Merck

Themen

- Anlässe für Pflegschaft und Vormundschaft
- Auswahl des Vormunds

Zusätzliches Hilfsmittel

Gesetz über die religiöse Kindererziehung (RKEG)

Fall

Katrin und Tobias Merck waren ein Ehepaar und Eltern dreier Kinder. Die gesamte Familie Merck lebte unauffällig in einem Reihenhaus in Wassertrübingen im Kreis Schwarzwasser, ohne dass die Nachbarn die verzweifelte finanzielle Lage ahnten, in die Tobias Merck sich durch verschiedene geschäftliche Fehlspekulationen gebracht hatte. Als er keinen Ausweg mehr sah, beschloss er, dem Leben seiner Familie am 2. Februar 2023 ein Ende zu machen. Er besorgte sich einen Revolver. Dann erschoss er zunächst seine Frau und zwei seiner Kinder im Schlaf. Nur die achtjährige Lena schaffte es, von den Schüssen geweckt, zu flüchten und sich bei einer in der Nähe wohnenden Schulfreundin in Sicherheit zu bringen. Noch auf der Suche nach ihr wurde Tobias Merck von der inzwischen alarmierten Polizei festgenommen. Nachdem er ein umfassendes Geständnis abgelegt hatte, wurde er zunächst in die Psychiatrie eingeliefert und nach einer Woche in Untersuchungshaft genommen.

Das Jugendamt brachte Lena Merck zunächst in einem Heim und zwei Wochen später in einer Pflegefamilie unter. Das Familiengericht ordnete daraufhin einstweilige Pflegschaft mit dem Wirkungskreis Personensorge an und bestellte das Kreisjugendamt Schwarzwasser zum Pfleger.

Im Mai 2023 wird Tobias Merck schließlich rechtskräftig wegen dreifachen Totschlags im Zustand eingeschränkter Schuldfähigkeit zu acht Jahren Freiheitsstrafe und zur Unterbringung in einem psychiatrischen Krankenhaus verurteilt. Das in dem Strafverfahren eingeholte Gutachten gibt an, dass bei ihm aufgrund eines überbehütenden Elternhauses eine narzisstische Persönlichkeitsstörung vorliegt, aufgrund derer er seinen Willen nur eingeschränkt zu steuern in der Lage ist.

Das Kreisjugendamt Schwarzwasser hat daraufhin beim Familiengericht angeregt, Tobias Merck auf seine Erziehungsfähigkeit untersuchen zu lassen und ihm ggf. die elterliche Sorge für Lena zu entziehen. Das Familiengericht in Wassertrübingen hat stattdessen durch den Rechtspfleger Frank Labér festgestellt, dass Tobias Merck die elterliche Sorge auf längere Zeit nicht ausüben könne und vorläufige Vormundschaft angeordnet. Er bestellt den hauptamtlichen Mitarbeiter des örtlichen Vormundschaftsvereins, den Dipl. Sozialarbeiter Horst Holzkamp, zum vorläufigen Vormund, da dieser ihm noch vor kurzem erzählt hat, dass der Verein mehr Vormundschaftsfälle benötigt.

Anschließend hat das Familiengericht Ermittlungen mit dem Ziel angestellt, einen Vormund aus Lenas Umfeld zu gewinnen.

Bereit, die Vormundschaft zu übernehmen, sind gewesen:

- Isolde Merck, die Mutter von Tobias Merck,
- Marvin Brinkovski, ein alleinstehender Jugendfreund von Katrin Merck, der zu der Familie guten Kontakt hatte und im Übrigen auch Lenas Taufpate ist,
- die Eheleute Maurer, in deren Haus Lena vor ihrem Vater Zuflucht gesucht hatte und deren Tochter mit Lena befreundet ist, die Lena im Übrigen aber nur flüchtig kennen.

Lena hat auf Befragen angegeben, sie würde am liebsten bei ihrer Oma wohnen, aber da, wo sie jetzt ist, sei es auch nicht schlecht.

Am Ende hat das Gericht die Eheleute Maurer gemeinschaftlich zu Vormündern bestellt, die Sorge für Lenas religiöse Erziehung jedoch auf Marvin Brinkovski als Pfleger übertragen.

Fragen

Frage 1: Auf welcher Grundlage hat das Familiengericht zunächst direkt nach der Inhaftierung von Tobias Merck Pflegschaft angeordnet? Konnte das Kreisjugendamt Schwarzwasser ohne Weiteres zum Pfleger für Lena bestellt werden?

Frage 2: Warum hat das Familiengericht Tobias Merck die elterliche Sorge nicht entzogen und weshalb konnte es dennoch Vormundschaft anordnen? Warum wurde Horst Holzkamp zum vorläufigen Vormund bestellt? Ist dies korrekt verlaufen? Hatte auch der Richter etwas zu veranlassen?

Frage 3: Geht die gemeinsame Bestellung der Eheleute Maurer zum Vormund Ihrer Meinung nach in Ordnung?

Frage 4: Auf welcher Grundlage hat das Familiengericht Marvin Brinkovski zum Pfleger für Lenas religiöse Erziehung bestellt?

Die Lösungen finden Sie unter C. Lösungen – Fall 3.

Fall 4 – Johann Baum

Themen

- Anlässe für Vormundschaft und Pflegschaft
- Tauglichkeit zum Vormund
- Beendigung der Vormundschaft

Weitere Hilfsmittel

Kirchenbeamtengesetz der EKD (EvKBG)

Fall

Am 17. April 2023 wird im Schlosspark von Berleburg ein männlicher Säugling gefunden. Die zuständige Verwaltungsbehörde gibt ihm den Namen Johann Baum. Das Familiengericht in Berleburg ordnet sogleich Vormundschaft an und bestellt den Pastor der evangelischen Schlosskirchengemeinde Dr. Walter Stefans zum Vormund. Dieser bringt Johann zu Familie Steiner.

Am 3. Mai 2023 stellt sich aufgrund von Ermittlungen der Kriminalpolizei heraus, dass Johann der unehelich geborene Sohn der 16-jährigen Franka Maier aus Laasphe ist. Nun streiten sich Pastor Dr. Stefans, das Kreisjugendamt in Siegen und Franka Maier darum, was mit Johann weiter geschehen soll.

Fragen

Frage 1: Waren die Entscheidungen des Familiengerichts in Berleburg korrekt?

Frage 2: Wer ist im Moment gesetzlicher Vertreter von Johann?

Frage 3: Wer ist im Moment dazu berufen, verbindlich zu entscheiden, wo sich Johann aufhalten soll?

Frage 4: Welche weiteren Entscheidungen muss das Familiengericht treffen?

Frage 5: Wie wären die Fragen 1 bis 4 zu beantworten, wenn Pastor Dr. Stefans nicht zum Vormund, sondern zum Pfleger bestellt worden wäre?

Die Lösungen finden Sie unter C. Lösungen – Fall 4.

Fall 5 – Silke Feuchtenecker

Themen

- Gesetzliche Amtsvormundschaft
- Personensorge des Vormunds

Zusätzliche Hilfsmittel

Strafgesetzbuch, Rechtspflegergesetz

Fall

Silke Feuchtenecker ist schwer geistig behindert. Ihre Eltern haben sie kurz nach der Geburt in die Obhut des Jugendamts gegeben, weil sie sich mit ihrer Erziehung überfordert fühlten. Da sie keinerlei Kontakt zu Silke hielten und jedes Gesprächsangebot ablehnten, ersetzte schließlich das Familiengericht die Einwilligung von Silkes Eltern in die Adoption durch ein älteres Ehepaar. Die Adoption kam jedoch nicht zustande, weil das Ehepaar seinen Adoptionsantrag zurückzog. Silke blieb in einer Behinderteneinrichtung. Das Familiengericht entschied, dass Silkes Eltern die elterliche Sorge nicht zurückzuübertragen sei.

Nunmehr, da Silke acht Jahre alt ist, wird das Heim beim Jugendamt mit der Bitte vorstellig, Silke auf eine sog. beschützende Station verlegen zu dürfen. Sie mache sich immer wieder selbstständig und verlasse das Heim, sei aber aufgrund ihrer Behinderung nicht in der Lage, Gefahren im Straßenverkehr zu erkennen und ihnen zu begegnen. Außerdem finde sie auch nicht immer zurück. Sie sei schon zweimal von der Polizei in gefährlichen Situationen aufgegriffen und zurückgebracht worden.

Fragen

Frage 1: Auf welcher Grundlage hatte das Familiengericht über die elterliche Sorge für Silke zu entscheiden? Wer war dort dafür zuständig?

Frage 2: Warum hat das Jugendamt darüber zu entscheiden, ob Silke auf einer geschlossenen Station untergebracht werden soll?

Frage 3: Ist dafür eine weitere Entscheidung des Familiengerichts notwendig? Wer ist dort dafür zuständig?

Frage 4: Liegen die materiellen Voraussetzungen dafür vor, Silke in einem geschlossenen Heimbereich unterzubringen?

Fortsetzung des Falles

Als Silke Feuchtenecker 15 ist, stellt sich heraus, dass sie im dritten Monat schwanger ist. Die Ermittlungen ergeben, dass sie zu einem anderen Bewohner der beschützenden Station schon seit einiger Zeit eine sexuelle Beziehung unterhält. Der Anstaltsarzt ist dafür, die Schwangerschaft abzubrechen. Silke könne die Vorgänge bei einer Geburt nicht begreifen und werde hierdurch ein schweres psychisches Trauma erleiden. Außerdem ist der Arzt der

Meinung, dass Silke zur sicheren Vermeidung künftiger Schwangerschaften sterilisiert werden sollte.

Fragen

Frage 5: Kann die Schwangerschaft abgebrochen werden? Wer muss zustimmen?

Frage 6: Ist es zulässig, dass Silke sterilisiert wird?

Die Lösungen finden Sie unter C. Lösungen – Fall 5.

Fall 6 – Familie Niederberger

Themen

- Gesetzliche Amtsvormundschaft
- Herausgabe an den Vormund

Zusätzliches Hilfsmittel

Grundgesetz (GG)

Fall

Die Eheleute Oskar und Ariane Niederberger sind beide Mitte 30. Da ihr Kinderwunsch bislang nicht in Erfüllung gegangen ist, entschließen sie sich dazu, sich einstweilen um Kinder zu kümmern, die in einer Notlage sind. Sie haben daher dem Jugendamt gegenüber die Bereitschaft erklärt, bis zu zwei Kinder jederzeit kurzfristig in Bereitschaftspflege für einen begrenzten Zeitraum aufzunehmen.

Im Mai 2022 ist es soweit: Das zuständige Jugendamt bringt im Rahmen einer Inobhutnahme kurz hintereinander zuerst den zweijährigen Keith Milewski und dann die fünfjährige Shakira Scheiffele zu den Niederbergers.

Keith ist der Sohn der 14-jährigen Chantal Milewski, die aufgrund ihres jugendlichen Alters mit der Erziehung noch überfordert ist. Da sie mit der Inobhutnahme dennoch nicht einverstanden ist, wird das Familiengericht eingeschaltet. Es entzieht ihr zunächst durch einstweilige Anordnung, schließlich mit Beschluss vom 15. Januar 2023 auch in der Hauptsache das Aufenthaltsbestimmungsrecht für Keith.

Shakira ist die uneheliche Tochter zweier obdachloser und drogenabhängiger Eltern. Ihre Mutter ist allein sorgeberechtigt. Auch bei ihr erlässt das Familiengericht zunächst eine einstweilige Anordnung, durch die der Mutter das Aufenthaltsbestimmungsrecht entzogen und das Jugendamt insoweit zum Pfleger bestellt wird. Es entzieht der Mutter schließlich mit Beschluss vom 3. Februar 2023 die elterliche Sorge ganz. Zugleich ordnet es Vormundschaft an und bestellt Annetraud Mollenhauer, Shakiras Großmutter väterlicherseits, zum Vormund.

Kurz darauf verlangt Annetraud Mollenhauer von den Niederbergers, dass sie Shakira herausgeben. Wenig später meldet sich auch das Jugendamt bei den Niederbergers und verlangt die Herausgabe von Keith. Chantal Milewski sei nun so weit, dass man erproben könne, ob sie ihn mit ambulanter Unterstützung durch das Jugendamt selbst erziehen kann. Die Niederbergers sind jedoch dagegen. Sie meinen, beide Kinder hätten zu ihnen in den letzten fast zwei Jahren eine so enge Bindung aufgebaut, dass ihnen die Herausgabe zu sehr schaden würde.

Das Familiengericht holt dazu Gutachten ein, aus dem sich ergibt, dass bei Keith im Falle seiner Herausgabe ein seelischer Schaden wahrscheinlich sei. Bei Shakira hält er eine seelische Schädigung durch die Herausgabe für möglich. Bei entsprechender fachlicher Begleitung sei es aber auch möglich, dass sie von dem Umzug zur Großmutter keinen bleibenden seelischen Schaden davonträgt.

Fragen

Frage 1: Wie wird das Familiengericht entscheiden? Kommt es darauf an, ob Annetraud Mollenhauer ihr Enkelkind selbst erziehen oder bei anderen Verwandten unterbringen will?

Frage 2: Was muss das Jugendamt als Vormund tun, wenn Chantal volljährig wird?

Frage 3: Was muss das das Familiengericht tun, wenn Chantal volljährig wird?

Die Lösungen finden Sie C. Lösungen – Fall 6.

Fall 7 – Jessica Neumann

Themen

- Personensorge des Vormunds
- Rechte von Pflegepersonen
- Umgangsrecht

Zusätzliches Hilfsmittel

Gesetz über die religiöse Kindererziehung (RKEG)

Fall

Hartmut und Melanie Neumann sind die Eltern der siebenjährigen Jessica Neumann, die – weil ihre Eltern beide alkoholsüchtig und sehr jung waren, als sie geboren wurde – von Anfang an bei ihrer Großmutter Franziska Alt, der Mutter von Melanie Neumann, aufwächst. Hartmut und Melanie Neumann ist die elterliche Sorge entzogen worden. Zum Vormund wurde das zuständige Jugendamt bestellt.

Melanie Neumanns Bruder, Georg Alt, der schon kurz nach der Geburt von Jessica aus dem elterlichen Haushalt ausgezogen war, hatte bisher regelmäßigen Kontakt mit seinem Elternhaus und dabei auch seine Nichte Jessica liebgewonnen. Nun hat er sich aber mit seiner Mutter zerstritten und besucht sie nicht mehr. Melanie Neumann hat gerade eine Alkoholtherapie erfolgreich hinter sich gebracht und möchte den vor fünf Jahren abgerissenen Kontakt zu ihrer Tochter wieder aufnehmen. Sowohl Georg Alt als auch Melanie Neumann melden sich nun bei Franziska Alt mit dem Wunsch, Jessica regelmäßig am Wochenende abholen zu dürfen.

Jessica weiß außerdem aus der Schule, dass einige ihrer Freundinnen im nächsten Jahr zur Erstkommunion gehen werden, was ein ganz tolles Fest sein soll. Sie will auch so ein Fest haben. Franziska Alt, selbst katholisch, würde es sehr gerne sehen, wenn ihre Enkeltochter getauft und zur Erstkommunion angemeldet würde. Melanie Neumann, mit 15 aus der Kirche ausgetreten, ist aber total dagegen. Hartmut Neumann wiederum ist evangelisch.

Fragen

Frage 1: Kann Franziska Alt darüber entscheiden, ob Georg Alt und Melanie Neumann Jessica übers Wochenende abholen dürfen? Kann der Amtsvormund hierüber entscheiden?

Frage 2: Was kann Melanie Neumann unternehmen, wenn ihr der Kontakt zu Jessica

a) vom Amtsvormund oder

b) von Franziska Alt

verwehrt wird?

Frage 3: Kann Franziska Alt Jessica taufen lassen und zur Erstkommunion anmelden? Kann der Amtsvormund hierüber entscheiden? Was ist hierbei ggf. zu beachten?

Frage 4: Soweit Sie zu Frage 2 und 3 Entscheidungen des Familiengerichts für erforderlich halten: Wer ist dort dafür zuständig? Was ist für das Familiengericht der Entscheidungsmaßstab? Kann oder muss Franziska Alt an dem Verfahren beteiligt werden? Muss Jessica in dem Verfahren angehört werden?

Die Lösungen finden Sie C. Lösungen – Fall 7.

Fall 8 – Alina Hertwig

Themen

- Amtsvormundschaft
- Vereinsvormundschaft
- Vertretungsverbote
- Anlässe für Pflegschaft
- Vermögenssorge

Fall

Die 15-jährige Melanie Hertwig ist Mutter der zweijährigen Alina. Melanie ist selbst Vollwaise. Sie lebt – mitsamt Alina – als Pflegekind bei den Eheleuten Rudi und Kuni Hiltburger in Erndtebrück (Kreis Siegen-Wittgenstein). Zu ihrem Vormund wurde das Kreisjugendamt Siegen bestellt. Zu ihrem Vormund wurde das Kreisjugendamt Siegen bestellt. Der Jugendamtsleiter hat die Führung der Vormundschaft auf den Dipl.-Sozialarbeiter Werner Hertz übertragen. Da das Kreisjugendamt Siegen auch Alina Hertwigs Vormund ist, wird auf Werner Hertz auch die Führung ihrer Vormundschaft übertragen.

Wenig später stirbt ein reicher Onkel von Melanie Hertwig. Er hinterlässt ein Testament, in dem er alle lebenden Nachkommen seines Bruders Alfred zu gleichen Teilen zu seinen Erben bestimmt. Die einzigen lebenden Nachkommen besagten Bruders sind Melanie und Alina Hertwig.

Der Nachlass des Onkels besteht hauptsächlich aus Immobilien und Wertpapieren. Da Melanie den Wunsch äußert, sich ab und zu ein paar Extras aus ihrem eigenen Vermögen zu gönnen, beschließt Werner Hertz, die Erbengemeinschaft zwischen Melanie und Alina durch einen Erbauseinandersetzungsvertrag aufzulösen. Nachdem er einen solchen entworfen hat, kommen ihm jedoch Bedenken, ob er den so ohne Weiteres für seine beiden Mündel abschließen kann. Auf seine Bitte hin beruft ihn der Jugendamtsleiter daher von der Vormundschaft für Alina Hertwig ab und überträgt diese auf Marie Karschin, eine andere Mitarbeiterin des Kreisjugendamtes Siegen.

Fragen

Frage 1: Wodurch und wann genau ist das Kreisjugendamt Siegen Melanie Hertwigs Vormund geworden? Woraus folgte seine örtliche Zuständigkeit?

Frage 2: Nach welcher Vorschrift ist das Kreisjugendamt Siegen Alina Hertwigs Vormund geworden? Woraus folgte seine örtliche Zuständigkeit?

Frage 3: Warum wollte Werner Hertz nicht sowohl Alina als auch Melanie Hertwig bei der Erbauseinandersetzung vertreten? Ist das Problem nun gelöst?

Frage 4: Würde sich an der Beantwortung von Frage 3 etwas ändern, wenn nicht das Kreisjugendamt Siegen, sondern Werner Hertz und Marie Karschin als Mitarbeiter eines anerkannten Vormundschaftsvereins die Vormundschaften über Melanie und Alina führen. Wie wäre es im Falle einer vorläufigen Vereinsvormundschaft für beide Kinder?

Frage 5: Was ist noch zu beachten, damit der Erbauseinandersetzungsvertrag wirksam werden kann?

Die Lösungen finden Sie unter C. Lösungen – Fall 8.

Fall 9 – Die Jungprofis

Themen

- Vertretungsverbote
- Genehmigungspflicht für Vermögensgeschäfte

Fall

Der TV Großneudorf e.V. möchte für seine Handball-Bundesligamannschaft drei hoffnungsvolle Jungprofis für sich verpflichten und bietet ihnen den Abschluss eines Zweijahresvertrages an. Alle drei Jungen, nämlich Michael Neubert, Frank Schleicher und Robin Piepereit, unterschreiben diesen auch bereitwillig, nachdem der Vertrag für den Verein jeweils von dessen einzig vertretungsberechtigtem Vorstandsmitglied Manfred Neubert unterschrieben worden ist. Dann gibt der Justiziar des Vereins aber zu bedenken, dass die Verträge so ja wohl noch nicht wirksam sein könnten, schließlich seien alle drei erst 16 Jahre alt.

Der Justiziar entwirft daraufhin drei Urkunden, die die Überschrift „Genehmigung" enthalten und folgenden Text:

> „Hiermit genehmigen wir/genehmige ich als gesetzliche(r) Vertreter(in) des ... den Spielervertrag vom ..."

Das unterschreiben Manfred und Karla Neubert für ihren Sohn Michael, die alleinsorgeberechtigte Mutter Christina Schleicher für ihren Sohn Frank und die Dipl.-Sozialpädagogin Marlene Frank für Robin Piepereit. Sie legt die Ausfertigung eines Beschlusses bei, wonach das Kreisjugendamt Großneudorf – bei dem sie angestellt ist – zum Vormund von Robin bestellt ist.

Der Justiziar des Vereines meint, damit sei das dann auch erst für einen der Jungen in Ordnung, wegen der anderen beiden aber müsse noch mehr geschehen, damit der Spielervertrag wirksam werden könne.

Frage

Was meint der Justiziar des TV Großneudorf? Hat er recht? Was müsste gegebenenfalls noch geschehen? Berücksichtigen Sie auch mögliche Vertretungshindernisse und zusätzliche Genehmigungserfordernisse.

Die Lösung finden Sie unter C. Lösungen – Fall 9.

Fall 10 – Sigmar Willinger I

Themen

- Anlässe für Pflegschaft
- Benennungsrecht

Fall

Sigmar Willinger ist der 13-jährige Sohn von Peter und Frieda Willinger. Peter Willinger hat einen Bruder, Bertram Willinger, und eine Schwester, Martha Willinger. Andere nähere Verwandte oder Bezugspersonen hat Sigmar nicht.

Sigmars Tante Martha stirbt eines Tages reich und kinderlos. Alleinerbe ist ein weiterer Verwandter. In ihrem Testament vermacht sie Sigmar aber ein Mehrfamilienhaus mit fünf Wohnungen und bestimmt zugleich, dass Sigmars Eltern dieses Haus nicht verwalten sollen, sondern Sigmars Onkel Bertram. Dieser ist dazu auch bereit. Allerdings ist er Mieter einer der Wohnungen.

Das Familiengericht bestellt das Jugendamt zum Pfleger mit dem Wirkungskreis „*Verwaltung des dem Sigmar Willinger durch Testament vom ... zugewandten Vermögens.*" Es begründet dies mit dem Interessenkonflikt, in dem sich Bertram Willinger als Mieter einer der Wohnungen als Pfleger von Sigmar befinden würde. Hiermit sind weder Bertram noch Peter und Frieda Willinger einverstanden und erheben dagegen Beschwerde.

Das Oberlandesgericht weist die Beschwerde von Sigmars Eltern zurück. Auf die Beschwerde von Bertram Willinger bestellt es diesen zum Pfleger mit dem oben angegebenen Wirkungskreis, das Jugendamt entlässt es jedoch nicht als Pfleger, sondern ändert seinen Wirkungskreis auf „*Wahrnehmung der Rechte und Pflichten des Sigmar Willinger aus dem Mietvertrag vom ... mit Bertram Willinger.*" Eine Woche vor Erlass dieser Entscheidung haben der vom Jugendamt mit der Führung der Pflegschaft betraute Mitarbeiter und der Alleinerbe von Martha Willinger vor dem Notar die Auflassung des Mehrfamilienhauses an Sigmar Willinger erklärt.

Fragen

Frage 1: Wie kam es zu der Entscheidung des Oberlandesgerichts?

Frage 2: Ist die Auflassung des Mehrfamilienhauses wirksam?

Die Lösungen finden Sie unter C. Lösungen – Fall 10.

Fall 11 – Sigmar Willinger II

Themen

- Vermögensverwaltung
- Bennenung- und Ausschluss der Person des Vormunds
- Übergehen der benannten Person

Fall

Ein Jahr nach Martha Willingers Tod verliert Sigmar Willinger (siehe Fall 10) auch noch bei einem Flugzeugabsturz seine Eltern. Sie hinterlassen ein gemeinschaftliches Testament, in dem sie bestimmen, dass im Falle ihres Todes Martina Köhler, eine Jugendfreundin von Frieda Willinger, Vormund von Sigmar werden soll. Martina Köhler, die Sigmar kaum kennt und selbst ein kleines Kind hat, ist wenig begeistert. Sie weigert sich deshalb, das Amt zu übernehmen.

Das Familiengericht bestellt daher schließlich den Sozialpädagogen Sebastian Kunz in seiner Eigenschaft als hauptamtlicher Mitarbeiter eines anerkannten Vormundschaftsvereins zum Vormund. Dieser stellt fest, dass eine der Mietwohnungen in dem Mehrfamilienhaus kurz nach dem Tod von Sigmars Eltern frei geworden und noch nicht wieder vermietet ist.

Fragen

Frage 1: Auf welcher Rechtsgrundlage hat das Familiengericht Sebastian Kunz zum Vormund bestellt?

Frage 2: Hat Sigmar Willinger wegen des Mietausfalls Ansprüche gegen Bertram Willinger oder gegen das Land?

Frage 3: Angenommen, Martina Köhler wäre zur Übernahme der Vormundschaft bereit gewesen, aber Sigmar Willinger hätte das nicht gewollt: Hätte das Familiengericht auch dann einen anderen Vormund bestellen dürfen?

Die Lösungen finden Sie unter C. Lösungen – Fall 11.

Fall 12 – Sarah Moser I

Themen

- Schutzmaßnahmen des Familiengerichts
- Vermögensverwaltung durch Pfleger

Fall

Sarah Moser tritt schon seit ihrer Kindheit in Werbespots und Fernsehproduktionen als Darstellerin auf. Im Alter von 13 Jahren hat sie außerdem eine Karriere als Sängerin begonnen, die ihr mittlerweile volle Konzerthäuser und Einnahmen aus Verträgen mit Musikverlagen einbringt.

Als Sarah 15 ist, findet sie heraus, dass ihre Eltern einen großen Teil ihrer Gagen für den eigenen gehobenen Lebenswandel ausgeben. Sie stellt ihren Vater zur Rede. Der erklärt ihr, er halte es nicht für richtig, dass Sarah sich alles leisten könne, während die anderen Familienmitglieder von seinem knappen Gehalt als Friedhofsgärtner leben müssten.

Sarah wendet sich daraufhin an das Familiengericht, das nach einer Anhörung der Beteiligten Sarahs Eltern die Vermögenssorge entzieht, Pflegschaft anordnet, den selbstständigen Vermögensverwalter Bernhard Laband zum Pfleger mit dem Aufgabenkreis Vermögenssorge für Sarah Moser und den Notar Heinrich Grund zum Gegenvormund bestellt.

Nach einem Gespräch mit Sarah und der Sichtung aller Unterlagen möchte Bernhard Laband Ordnung schaffen. Er möchte das auf einem Girokonto vorgefundene Geld (ca. 250.000,00 €) zu 30 % in Aktien, zu 60 % in sechsjährigen Bundesanleihen und zu 10 % auf kurzfristig kündbaren Sparkonten anlegen, damit Sarah – unabhängig von den Aktien – eine Liquiditätsreserve hat. Als er feststellt, dass sich Sarahs Vater von deren Geld ein Wochenendgrundstück gekauft hat, stellt er diesen zur Rede und einigt sich mit ihm nach kurzem Streit darauf, dass dieser das Eigentum an dem Grundstück auf Sarah überträgt.

Fragen

Frage 1: Weshalb hat das Familiengericht Sarahs Eltern die Vermögenssorge entzogen? Wer war beim Familiengericht hierfür zuständig?

Frage 2: Wer musste in dem familiengerichtlichen Verfahren beteiligt, wer angehört werden? Nach welcher Vorschrift hat das Familiengericht Bernhard Laband ausgewählt und bestellt?

Frage 3: Wessen Zustimmung muss Bernhard Laband einholen, um seine im Sachverhalt geschilderten Absichten in die Tat umzusetzen? Welche weiteren Pflichten treffen ihn, wenn er so vorgeht? Muss er die Angelegenheit mit Sarah besprechen?

Die Lösungen finden Sie unter C. Lösungen – Fall 12.

Fall 13 – Edwina Kinley

Themen

- Vorläufige Vormundschaft
- Entlassung des Vormunds
- Benennung des Vormunds
- Anspruch auf Hilfe zur Erziehung

Fall

Edwina Kinley ist die 2015 außerehelich geborene Tochter von Carolin Kinley. Edwinas Vater ist verstorben. Carolin Kinley ist schon vor Jahren das Aufenthaltsbestimmungsrecht für Edwina entzogen worden. Das Jugendamt wurde insoweit zum Pfleger bestellt. Es hat Edwina bei ihrer Tante Waltraud Schleicher und deren Ehemann Franz untergebracht, die auch Pflegegeld für Edwina erhalten.
Eines Tages stirbt Carolin Kinley. Sie hinterlässt ein Testament, indem sie bestimmt, dass nach ihrem Tod Waltraud und Franz Schleicher zu Vormündern für Edwina bestellt werden sollen.

Zusammen beantragen sie beim Familiengericht gemeinschaftlich zu Vormündern für Edwina bestellt zu werden. Kurz vor dem Gerichtstermin hat Franz einen Unfall, aufgrund dessen er in ein künstliches Koma versetzt werden muss. Nach ärztlicher Prognose wird er einige Monate bis zur vollständigen Genesung benötigen. Bei dem Termin äußert Waltraud Schleicher, dass sie die Vormundschaft keinesfalls ohne ihren Mann übernehmen wolle. Das Familiengericht bestellt zunächst das Jugendamt zum Vormund für Edwina. Nach sieben Monaten wenden sich Waltraud und Franz Schleicher, mittlerweile wieder gesund, erneut an das Familiengericht, dass daraufhin beide gemeinsam zu Vormündern bestellt.

Fragen

Frage 1: Weshalb ist das Jugendamt überhaupt Vormund geworden? Worauf musste das Familiengericht nach dessen Bestellung achten?

Frage 2: War das Familiengericht verpflichtet, Franz und Waltraud Schleicher gemeinsam zu Vormündern zu bestellen, als sie sich wieder an das Familiengericht gewendet haben? Wie wäre es, wenn sie nicht benannt worden wären? Was wäre, wenn sie inzwischen geschieden wären?

Frage 3: Angenommen, das Familiengericht hätte erwogen, Franz und Waltraud Schleicher von Amts wegen gemeinsam zu Vormündern zu bestellen: Wären sie zur Übernahme verpflichtet gewesen?

Frage 4: Können Franz und Waltraud Schleicher für Edwina nun weiterhin Pflegegeld vom Jugendamt erhalten?

Die Lösungen finden Sie unter C. Lösungen – Fall 13.

Fall 14 -Kevin Mattuschek

Themen

- Entlassung des Vormunds
- Aufsicht über den Vormund
- Vermögensverwaltung
- Zusätzlicher Pfleger

Fall

Der inzwischen 12-jährige Kevin Mattuschek hat seine Mutter früh verloren. Sein Vater ist unbekannt. Er lebt seit dem Tod der Mutter bei seinem inzwischen 82-jährigen Urgroßvater Walter Mattuschek, der auch zu seinem Vormund bestellt ist. Kevins Mutter hat dies in einem Testament so verfügt. Sie hatte außerdem verfügt, dass Walter von der Pflicht zur jährlichen Rechnungslegung und der Versperrung von Anlagen befreit sein soll. Beide leben von Walters Altersrente, Kevins Waisenrente und Kindergeld. Kevin hat von seiner Mutter ein Sparbuch mit ca. 10.000,00 € Guthaben geerbt.

Vor ein paar Jahren hat Walter Mattuschek begonnen, den Überblick über seine Finanzen zu verlieren, und sich mehr und mehr verschuldet. Ein paarmal hat er sogar schon von Kevins Sparbuch etwas abgehoben, um einen kurzfristigen Engpass zu überbrücken. Bisher hat er das allerdings wieder zurückgezahlt. Am Ende sieht er aber keinen Ausweg mehr und sucht die Schuldnerberatung des Landkreises auf, um sich über eine Privatinsolvenz beraten zu lassen. In den Räumen des Landratsamtes trifft ihn dort zufällig die für ihn zuständige Mitarbeiterin des Jugendamtes und kommt mit ihm ins Gespräch, wobei sie auch erfährt, in welch desolater finanzieller Lage er sich befindet. Sie fertigt hierüber einen Aktenvermerk und schreibt an das Familiengericht, dass hier womöglich Kevins Vermögen in Gefahr sein könnte.

Der Rechtspfleger beim Familiengericht fordert Walter Mattuschek auf, Auskunft über den Stand von Kevins Sparguthaben zu geben und Kevins Kontoauszüge vorzulegen. Bei der Durchsicht dieser Unterlagen stellt er die erwähnten Unregelmäßigkeiten fest. Er erwägt, Walter deshalb als Vormund zu entlassen, und bestellt sowohl Kevin als auch Walter zu einer Anhörung ein. Im Ergebnis der Anhörung sehen beide ein, dass das Gericht etwas wird unternehmen müssen. Das persönliche Verhältnis der beiden ist jedoch so gut, dass sie sich gegen die Entlassung von Walter als Vormund sperren. Der Rechtspfleger denkt nun darüber nach, ob er

- die Befreiung Walters von der jährlichen Rechnungslegung und der Versperrung von Anlagen aufheben,
- Walter die Vermögenssorge entziehen und insofern Pflegschaft anordnen oder
- für Kevin mit der Einwilligung Walthers wegen der Vermögenssorge einen Pfleger bestellen kann.

Fragen

Frage 1: Weshalb brauchte Walter keine Rechnung zu legen und in Kevins Sparbuch keinen Sperrvermerk anbringen zu lassen?

Frage 2: Hatte die Mitarbeiterin des Jugendamtes das Recht, über ihre Erkenntnisse das Familiengericht zu informieren?

Frage 3: Gab es eine Rechtsgrundlage für das Verlangen des Rechtspflegers, über die Verwaltung von Kevins Sparbuch Auskunft zu erteilen und die Kontounterlagen vorzulegen?

Frage 4: Gäbe es für jede der Maßnahmen, die der Rechtspfleger erwähnt, eine Rechtsgrundlage? Wäre er dafür zuständig oder müsste er die Sache dem Richter vorlegen?

Frage 5: Angenommen, der Rechtpfleger würde die zweite Variante seiner Überlegungen umsetzen. Was müsste der bestellte Pfleger in der Zusammenarbeit mit Walter Mattuscheck beachten? Was wäre bei Meinungsverschiedenheiten zwischen den beiden zu tun? Wer wäre dafür bei Gericht zuständig? Wie wäre es bei dem Pfleger in der dritten Variante?

Frage 6: Angenommen, bei Walter Mattuschek würde eine beginnende Demenz festgestellt und es würde für ihn ein Betreuer mit dem Aufgabenkreis der Vermögenssorge bestellt. Was müsste der Rechtspfleger dann unternehmen?

Die Lösungen finden Sie unter C. Lösungen – Fall 14.

Fall 15 – Matthias Kramer

Themen

- Aufsicht über den Vormund

Fall

Anton Kramer aus Dillenburg, Lahn-Dill-Kreis, ist nach dem Tod seiner Schwester zum Vormund für deren Sohn Matthias Kramer bestellt worden. Matthias ist vor zwölf Jahren unehelich geboren worden. Als seine Mutter starb, war er erst zwei Jahre alt. Einen Vater hatte er bis dahin nicht. Als sie starb, hinterließ sie einen Zettel, auf dem Name und Adresse von Antons Erzeuger notiert war, einem gewissen Paul Meier aus Bochum, der ein Jahr später auch gerichtlich als Vater festgestellt wurde. Paul Meier zahlt regelmäßig Unterhalt für Matthias. Mehr möchte er nicht mit ihm zu tun haben, da er verheiratet ist, eheliche Kinder hat und Anton im Ehebruch gezeugt hat. Jugendhilfeleistungen erhält Anton Kramer bislang keine.

Matthias zeigt jüngst einige Verhaltensauffälligkeiten in der Schule. Die Schulsozialarbeiterin informiert darüber schließlich das Jugendamt des Lahn-Dill-Kreises, nachdem sie vergeblich versucht hat, mit seinem Onkel darüber ein Gespräch zu führen. Die Sozialpädagogin Isolde Pfeiffer vom Kreisjugendamt Lahn-Dill-Kreis sucht Anton Kramer daraufhin auf und führt sowohl mit ihm als auch mit Matthias ein Gespräch. Ihrem Eindruck nach erfährt Matthias im Haushalt seines einfach strukturierten Onkels wenig Zuwendung und wird nicht altersentsprechend gefördert. Sie schlägt Anton Kramer vor, Matthias in eine Tagesgruppe zu geben, um die Schulschwierigkeiten zu überwinden. Anton lehnt aber ab. Das sei Firlefanz. Dem Jungen fehle es einfach an Strenge.

Isolde Pfeiffer ist davon überzeugt, dass sich so Antons Schwierigkeiten nicht werden ausräumen lassen, und überlegt, was zu tun ist.

Fragen

Frage 1: Wer muss was wo beantragt haben, damit die Vaterschaft von Paul Meier festgestellt werden konnte? Hätte danach die Vormundschaft beendet werden können? Warum ist das hier wohl nicht geschehen?

Frage 2: Auf welcher Rechtsgrundlage hat Isolde Pfeiffer einen Hausbesuch bei Anton Kramer unternommen? Woraus ergab sich die Zuständigkeit des Lahn-Dill-Kreises? War sie berechtigt, allein zu handeln?

Frage 3: War Isolde Pfeiffer berechtigt, Anton Kramer für Matthias einen Platz in einer Tagesgruppe anzubieten?

Frage 4: Was muss Isolde Pfeiffer als Nächstes tun?

Frage 5: Angenommen, das Familiengericht in Dillenburg ist der Überzeugung, dass für Matthias' Wohl der Besuch in der Tagesgruppe unbedingt erforderlich ist: Kann es dafür sorgen, dass das auch geschieht?

Die Lösungen finden Sie unter C. Lösungen – Fall 15.

Fall 16 – Ben und Sven

Themen

- Aufsichtspflicht
- Haftung
- Anlässe für eine Pflegschaft

Zusätzliches Hilfsmittel

Art. 34 Grundgesetz (GG)

Fall

Die Heimzöglinge Ben und Sven sind am 4. Mai 2023 zum wiederholten Male aus der anthroposophischen Rudolf-Steiner-Erziehungsanstalt in Waltersdorf geflüchtet, deren Träger die rechtsfähige Rudolf-Steiner Stiftung Waltersdorf ist.

Ben und Sven sind sog. Crash-Kids, nämlich Jugendliche, die fremde Autos zu dem Zweck stehlen, illegale Autorennen zu veranstalten. Das haben sie bisher schon bei jedem ihrer Ausflüge getan. Strafrechtliche Konsequenzen hatte das bis jetzt nicht, da sie erst vor kurzem 14 Jahre alt geworden sind.

Ben und Sven sind beide Vollwaisen. Vormund von Ben ist dessen 74-jährige Großtante Martha Schleifer (seine einzige Verwandte), die – da sie Ben selbst nicht erziehen kann – vom zuständigen Jugendamt Hilfe zur Erziehung in Form der Heimerziehung erhält. Svens Vormund ist das Jugendamt des Landkreises Schwarzwasser, das die Führung der Geschäfte der Dipl.-Sozialpädagogin Irene Kuntz übertragen hat. Nach der letzten vorangegangenen Abgängigkeit im November 2022 hatten sich Irene Kuntz und Martha Schleifer mit dem Heimleiter längere Zeit unterhalten. Dieser hatte ihnen erklärt, dass sein Heim nicht in der Lage sei, solche Vorfälle zu vermeiden, und ihnen nahegelegt, eine andere, eventuell geschlossene Einrichtung für Sven und Ben zu suchen. Irene Kuntz lehnte dies jedoch mit Hinweis darauf ab, dass sie Zwang in der Erziehung für generell schädlich halte. Martha Schleifer schloss sich dem zögernd an. Der Heimleiter versuchte in der Folgezeit, durch verstärkte nächtliche Kontrollen im Rahmen des ihm Möglichen weitere Abwesenheiten von Ben und Sven zu verhindern, was aber nur bis zu besagtem 4. Mai gelang.

Nach ihrer Flucht in der Nacht zum 4. Mai brachen Ben und Sven aufgrund eines gemeinschaftlichen Tatentschlusses den Pkw Porsche des Othmar Seyfried auf, befuhren mit diesem die B 17 mit ca. 180 km/h, kamen in einer Kurve ins Schleudern und stießen mit einem entgegenkommenden Fahrzeug zusammen. Wie durch ein Wunder überlebten beide Jungen den Unfall schwer verletzt. Das Fahrzeug des Othmar Seyfried jedoch erlitt einen Totalschaden. Das Familiengericht bestellte daraufhin für Ben und Sven jeweils einen Rechtsanwalt zum Pfleger mit dem Wirkungskreis Geltendmachung von Ansprüchen aus dem Vorfall vom 4. Mai 2023 gegen den Vormund.

Fragen

Frage 1: Von wem kann Othmar Seyfried Ersatz für den zerstörten Porsche verlangen?

Frage 2: Weshalb hat das Familiengericht für Ben und Sven Pflegschaft angeordnet?

Frage 3: Was werden die zu Pflegern bestellten Rechtsanwälte unternehmen?

Die Lösungen finden Sie unter C. Lösungen – Fall 16.

Fall 17 – Sarah Moser II

Themen

- Aufsicht über Pfleger
- Konfliktkonstellationen

Fall

Sarah Moser (aus Fall 12) wird von einem Konzertveranstalter ein Tourneevertrag über 30 Auftritte in verschiedenen Städten Europas und Nordamerikas angeboten. Die Tournee soll vier Monate dauern. Sarah würde dadurch einen Teil des nächsten Schuljahres verpassen, möchte die Chance aber dennoch gerne wahrnehmen. Ihre Eltern sind davon angetan und würden ihr die Tournee gerne ermöglichen. Bernd Laband hat jedoch Bedenken. Zum einen findet er die Vertragsbedingungen ungünstig. Zum andern befürchtet er, Sarah könnte dadurch ein Jahr in der Schule verlieren. Er weigert sich daher, den Tourneevertrag mit zu unterschreiben. Sowohl Sarah als auch ihre Eltern wenden sich deswegen ans Familiengericht.

Bernd Laband hat zudem vor Kurzem sein erstes Vermögensverzeichnis eingereicht. Er erhält nun vom Familiengericht die Aufforderung, auch noch über Sarahs persönlichen Umstände zu berichten. Außerdem solle er genau mitteilen, wie oft, wann und wo er zu Sarah persönlichen Kontakt gehabt habe und, falls das nicht jeden Monat mindestens einmal der Fall gewesen sei, weshalb er den Kontakt für ausreichend hielt. Bernd Laband antwortet darauf, dass er Sarah während des letzten Jahres viermal in seinem Büro getroffen habe. Das habe ausgereicht, um ihre konkret anstehenden Vertragsangelegenheiten zu besprechen. Über ihre persönlichen Lebensumstände könne er keine Auskünfte geben. Er forsche sie nicht aus, er sei ja schließlich nur für ihr Vermögen zuständig.

Als Sarah schließlich 17 geworden ist und ihm geschäftlich erfahren genug vorkommt, denkt Bernd Laband darüber nach, ob es nicht möglich ist, ihr die Führung der mit ihrer künstlerischen Tätigkeit verbundenen Geschäfte völlig selbst zu überlassen. Er ist sich allerdings nicht sicher, inwieweit er das kann und welche Grenzen das ggf. hat.

Fragen

Frage 1: Was wird das Familiengericht wegen des Tourneevertrages zu entscheiden haben? Welches ist der Entscheidungsmaßstab? Wer ist beim Familiengericht für die Entscheidung zuständig?

Frage 2: Ist Bernd Laband durch den geschilderten Bericht seinen diesbezüglichen Pflichten nachgekommen? Muss das Familiengericht aufgrund des Berichtes etwas unternehmen?

Frage 3: Ist es möglich, Sarah die Führung ihrer Geschäfte allein zu überlassen? Wer muss darüber entscheiden? Wo liegt die Grenze dafür?

Die Lösungen finden Sie unter C. Lösungen – Fall 17.

Fall 18 – Annalena Wirrbach

Themen

- Beistandschaft und Amtsvormundschaft
- Personensorge
- Konfliktkonstellationen

Fall

Annalena Wirrbach ist schon mit 15 Jahren schwanger geworden. Vater des Kindes ist ihr 18-jähriger Freund Justin Kiebler. Er hat die Vaterschaft schon vor der Geburt wirksam anerkannt, nachdem Annalena beim örtlichen Jugendamt eine Beistandschaft beantragt hatte.

Nun ist Annalena mit ihrem Kind beim Arzt. Der Arzt empfiehlt ihr, das Kind gegen Masern impfen zu lassen. Annalena möchte dies aber nicht. Sie hat gehört, dass es bei anderen Kindern gelegentlich schon zu Impfschäden gekommen ist, und außerdem seien die Masern ja nicht mehr sehr verbreitet. Dazu meint der Kinderarzt nur, das sei ja nur deshalb so, weil sich die meisten Eltern vernünftiger verhalten würden. Der Kinderarzt wendet sich deshalb an Ingeborg Pfeiffer, die vom örtlichen Jugendamt mit der Führung der Vormundschaft über Annalenas Kind beauftragt wurde. Frau Pfeiffer erklärt sofort, dass sie in die Impfung einwillige und der Kinderarzt sie bei nächster Gelegenheit heimlich durchführen solle.

Als Annalena knapp 17 ist, zieht sie mit ihrem Kind ohne Einverständnis ihrer Eltern zu Hause aus und bei Justin Kiebler ein. Das gibt nun allerdings massiv Ärger. Annalenas Eltern möchten, dass sie zurückkommt, und verlangen von Justin, dass er sie nach Hause schickt. Ingeborg Pfeiffer verlangt außerdem, dass das Kind sofort in den Haushalt der Großeltern zurückkehrt. Schließlich sieht sich Justin Kiebler gleich zwei Herausgabeanträgen beim Familiengericht ausgesetzt, einem von Annalenas Eltern und einem von Ingeborg Pfeiffer. Annalena ist stinksauer und erklärt, wenn sie zurückgeht, dann nur ohne das Kind.

Fragen

Frage 1: Wie konnte Annalena es erreichen, dass Justin die Vaterschaft schon vor der Geburt des Kindes wirksam anerkennen konnte?

Frage 2: Weshalb ist das Jugendamt Vormund von Annalenas Kind?

Frage 3: Darf der Arzt Annalenas Kind heimlich impfen? Kann das für Ingeborg Pfeiffer Ärger geben?

Frage 4: Wie ist über die Herausgabeanträge gegen Justin zu entscheiden?

Frage 5: Was würde es an der rechtlichen Situation ändern, wenn Justin und Annalena eine Sorgeerklärung abgeben? Könnten das beide überhaupt wirksam oder müsste dem noch jemand zustimmen?

Die Lösungen finden Sie unter C. Lösungen – Fall 18.

Fall 19 – Lotta Scharf II

Themen

- Anspruch auf Hilfe zur Erziehung
- Entschädigung des Pflegers

Zusätzliches Hilfsmittel

Justizvergütungs- und -entschädigungsgesetz (JVEG)

Fall

Mit Beschluss vom 03. Januar 2023 überträgt das Gericht antragsgemäß die Personensorge für Lotta Scharf (aus Fall 2) auf Markus und Isolde Scharf.

Mit einem am 01. Juli 2024 beim Familiengericht eingegangenen Schreiben beantragen Markus und Isolde Scharf, als Entschädigung für ihren Aufwand jeweils 425,00 € aus der Staatskasse zu bewilligen. Der Rechtspfleger ist wenig begeistert. Er meint, ein solcher Anspruch existiere nicht. Markus und Isolde seien außerdem schon durch das Pflegegeld ausreichend entschädigt. Schließlich ist er dagegen, dass die Staatskasse solchen Aufwand trägt, obwohl Markus und Isolde Scharf ihrer Enkeltochter ja auch zu Unterhalt verpflichtet sind.

Frage

Frage 1: Wird Markus und Isolde Scharf das Pflegegeld tatsächlich zu Recht weiterhin ausgezahlt?

Frage 2: Steht Markus und Isolde Scharf die beantragte Entschädigung zu?

Die Lösungen finden Sie unter C. Lösungen – Fall 19.

Fall 20 – Samantha Ullrich

Themen

- Umgangspflegschaft , Beginn und Wirkungskreis
- Entschädigung des Umgangspflegers

Zusätzliche Hilfsmittel

Justizvergütungs- und -entschädigungsgesetz (JVEG)

Vormünder- und Betreuervergütungsgesetz (VBVG)

Fall

Hiltrud und Jonas Ullrich sind die Eltern der vierjährigen Samantha, die im Einvernehmen mit dem Vater bei der Mutter lebt. Vor zwei Jahren haben sie sich in großem Streit getrennt und sind inzwischen auch geschieden. Nach längerem Streit auch hierüber hat das Familiengericht vor einem Jahr eine Umgangsregelung getroffen. Danach sollte Jonas seine Tochter an jedem ersten und dritten Samstag im Monat sowie am zweiten Weihnachtsfeiertag, Ostermontag und Pfingstmontag morgens um 9.00 Uhr bei der Mutter abholen und um 19.00 Uhr wieder zurückbringen. Das ist nur etwas mehr als zwei Monate so praktiziert worden. Seither finden die Besuche beim Vater äußerst unregelmäßig statt, wobei sich die Eltern die Schuld dafür gegenseitig zuschieben.

Mit Beschluss vom 3. Februar 2023 ordnet das Familiengericht Pflegschaft mit dem Wirkungskreis Durchführung des Umgangs von Samantha Ullrich mit ihrem Vater an und bestellt die selbstständig als Vormund und Betreuerin tätige Erzieherin Birgül Yildirim zur berufsmäßigen Pflegerin. Der zuständige Amtsrichter ruft Birgül Yildrim noch am gleichen Tag an und teilt ihr mit, dass die Sache seiner Ansicht nach keinen Aufschub dulde und sie sich doch bitte zeitnah darum kümmern solle. Aufgrund des Telefonats mit dem Richter vereinbart sie sofort einen Gesprächstermin mit jedem Elternteil. Diese, insgesamt vierstündigen Gespräche finden am 6. Februar statt. Der Beschluss wird Birgül Yildirim am 7. Februar 2023 zugestellt. Am 10. Februar ist Birgül Yildirim dann beim Rechtspfleger des Familiengerichts einbestellt, wo sie auf ihr Amt verpflichtet wird.

Es stellt sich heraus, dass sich die getroffene Regelung allenfalls dadurch praktizieren lässt, dass Birgül Yildirim die Übergabe von Samantha durchführt und das Kind bei der Mutter abholt, während Jonas Ullrich mit seinem Auto außer Sichtweite auf sie wartet. Inklusive Fahrzeiten verbringt Birgül Yildirim damit pro Besuchstag zwei Stunden mit dieser Prozedur, wofür sie außerdem jeweils 20 km mit ihrem Pkw zurücklegt.

Mitte März 2023 erzählt Jonas Ullrich, dass er eine neue Frau in seinem Leben habe, die Samantha gerne kennenlernen möchte, doch sei es besser, dass Hiltrud hiervon nichts erfährt. Birgül Yildirim erklärt daraufhin, dass nichts dagegen spreche, wenn beim nächsten Samstagsbesuch diese Frau dabei ist und Samantha vorgestellt wird.

Ende April 2023 zieht Jonas Ullrich zu seiner neuen Freundin ins 300 km entfernte Wasserbrücken. Er möchte mit Birgül Yildirim einen Gesprächstermin vereinbaren, um eine neue

Umgangsregelung zu finden, weil die alte bei dieser Entfernung nicht mehr praktizierbar sei. Birgül Yildirim erklärt, das könne sie nicht entscheiden.

Fragen

Frage 1: Lagen die Voraussetzungen für die Anordnung der Pflegschaft vor?

Frage 2: Erhält Birgül Yildirim für die am 6. Februar 2023 geführten Gespräche eine Vergütung?

Frage 3: Wird Birgül Yildirim für den Aufwand entschädigt, den sie an einem Besuchssamstag hat und wenn ja, in welcher Höhe?

Frage 4: Konnte Birgül Yildirim mit Jonas Ullrich darüber entscheiden, ob dessen neue Freundin bei dem Besuch anwesend sein durfte, um Samantha kennenzulernen?

Frage 5: Hat Birgül Yildirim Recht mit ihrem Hinweis, sie könne die Umgangsregelung nicht ändern? Was ist Jonas Ullrich zu raten?

Die Lösungen finden Sie unter C. Lösungen – Fall 20.

C. Lösungen

Fall 1 – Stefan Freimann

Frage 1

Zunächst ist festzustellen, ob Otmar Sommer berechtigt ist, über den weiteren Aufenthalt von Stefan zu entscheiden.

Das wäre der Fall, wenn Stefan ihm eine solche Entscheidung übertragen hätte. Das wiederum könnte aus §§ 1688 Abs. 1 Satz 3, 1629 Abs. 1 Satz 4 BGB folgen, da die Entscheidung ja keinen Aufschub duldete. Hierzu müsste sich Stefan bei Otmar Sommer für längere Zeit in Familienpflege befunden haben. Ob die Aufnahme von Stefan für die Dauer der Kletterreise tatsächlich ein Pflegeverhältnis zwischen Otmar und Stefans Vater begründet hat, ist zweifelhaft. Es könnte sich auch um eine reine Gefälligkeit handeln. Jedenfalls aber sollte er ihn nicht für längere Zeit bei sich aufnehmen, sondern nur vorübergehend. Daher ist § 1688 Abs. 1 BGB nicht einschlägig. Er darf nur diejenigen Entscheidungen treffen, die ihm der Vater tatsächlich übertragen hat. Dass der Vater Otmar Sommer auch für den Fall seiner nicht rechtzeitigen Rückkehr die Entscheidungsgewalt über Stefans weiteren Aufenthalt übertragen hätte, kann aus dem Sachverhalt nicht festgestellt werden.

Otmar Sommer könnte ferner aufgrund von §§ 677, 683 Satz 1 BGB berechtigt gewesen sein, Stefan zu seiner Tante zu bringen. Nach dieser Norm ist jedermann berechtigt, Angelegenheiten eines anderen zu besorgen, wenn dies dem wirklichen oder mutmaßlichen Willen und dem objektiven Interesse des anderen entspricht. Die Wahrnehmung der elterlichen Sorge ist eine Angelegenheit des Sorgerechtsträgers. Indem Otmar Sommer über den Aufenthalt Stefans entscheidet, nimmt er eine Sorgerechtsangelegenheit von dessen Vater wahr (§ 1631 Abs. 1 BGB). Dessen wirklicher Wille ist nicht zu ermitteln. Ob sein mutmaßlicher Wille dahin geht, dass seine Schwester auf das Kind bei nicht rechtzeitiger Rückkehr aufpassen solle, ist aufgrund des Sachverhalts ebenfalls nicht zu entscheiden. Ob es seinem objektiven Interesse entspricht, ist aus der Sicht eines vernünftigen Durchschnittsbürgers zu entscheiden. Der dürfte durchaus dahin gehen, dass man das eigene Kind bei unvorhergesehener Verhinderung zunächst einmal bei den eigenen nächsten Verwandten unterbringt.

Indessen darf über die §§ 677, 683 Satz 1 BGB nicht die Begrenzung der einem Dritten übertragenen Sorgerechtsbefugnisse ausgehebelt werden. Daher kann Ausübung der elterlichen Sorge als Geschäftsführung ohne Auftrag nur so lange gerechtfertigt sein, wie es nicht möglich ist, die Entscheidung eines Berechtigten herbeizuführen. Es ist schon fraglich, ob Otmar Sommer das nicht konnte, bevor er Stefan zu Carina brachte. Jedenfalls aber muss diese Entscheidung nunmehr nachgeholt werden. Es ist daher zu prüfen, wer in Stefans Abwesenheit zu einer solchen Entscheidung berechtigt ist.

Das Familiengericht ist nach § 1693 BGB verpflichtet, bei Verhinderung der Eltern diejenigen Maßnahmen zu treffen, die nicht warten können, bis die Verhinderung der Eltern endet. Bernd Freimann ist, da er nicht erreichbar ist, an der Entscheidung über Stefans weiteren Aufenthalt verhindert. Mit der Entscheidung kann man naturgemäß auch nicht warten, bis Bernd sie treffen kann. Das Familiengericht hat nun zwei Möglichkeiten:

- Es kann durch Beschluss nach § 1693 BGB unmittelbar die Entscheidung über Stefans Aufenthalt treffen, also z.B. anordnen, dass er sich bis auf Weiteres bei seiner Tante Carina aufhalten soll.
- Es kann nach § 1809 Abs. 1 Satz 1 BGB wegen tatsächlicher Verhinderung des Vaters Pflegschaft mit dem Wirkungskreis „Aufenthaltsbestimmung" anordnen und einen Pfleger bestellen.

Zu prüfen bleibt, ob auch das Jugendamt berechtigt wäre, über Stefans Aufenthalt bei seiner Tante zu entscheiden. Eine solche Befugnis könnte aus § 42 Abs. 1 Satz 2 Hs. 1 SGB VIII folgen: Im Rahmen einer Inobhutnahme kann das Jugendamt das in Obhut genommene Kind bei jeder geeigneten Person, also auch der eigenen Tante, unterbringen.

Indessen würde das voraussetzen, dass sich Stefan in einer dringenden Gefahr für sein Wohl befindet (§ 42 Abs. 1 Satz 1 Nr. 2 SGB VIII). Dazu müsste ihm ohne sofortiges Eingreifen des Jugendamtes ein erheblicher Schaden drohen. Einer solchen Gefahr ist Stefan aber erkennbar nicht ausgesetzt. Sie ergibt sich insbesondere nicht schon daraus, dass es für Stefans Verbleib bei der Tante an einer Rechtsgrundlage fehlt. Für eine Inobhutnahme ist daher kein Raum.

Frage 2

Wenn Bernd Freimann nach sechs Wochen noch immer vermisst wird, ist der Schluss naheliegend, dass seine Verhinderung länger dauern wird. Dann ist das Familiengericht verpflichtet, dies gemäß § 1674 Abs. 1 BGB durch Beschluss festzustellen.

Durch diesen Beschluss gelangt Bernd Freimanns elterliche Sorge zum Ruhen. Daher endet auch eine nach § 1809 Abs. 1 Satz 1 BGB angeordnete Pflegschaft kraft Gesetzes (§ 1812 Abs. 2 BGB). Stefan benötigt nach § 1773 Abs. 1 Nr. 1 BGB einen Vormund. Es ist dann also Vormundschaft anzuordnen und ein Vormund auszuwählen und zu bestellen (§§ 1773, 1778 BGB).

Frage 3

Wenn Bernd Freimann amtlich für tot erklärt wird, endet seine elterliche Sorge (§ 1677 BGB). Die Entscheidung des Familiengerichts nach § 1674 Abs. 1 BGB verliert dadurch ihre Wirkung. Damit müsste die aufgrund dessen angeordnete Vormundschaft eigentlich ebenfalls enden (§ 1806 BGB). Sie müsste neu angeordnet und auch der Vormund neu ausgewählt werden.

Hier ergäbe das jedoch schon deshalb keinen Sinn, weil die Todeserklärung zwar den rechtlichen Grund für die Anordnung der Vormundschaft beseitigt hat, die tatsächlichen Gründe, aus denen die Vormundschaft angeordnet worden ist, aber identisch geblieben sind.

Daher ist vom Fortbestand der Vormundschaft – mit ausgewechseltem Grund – auszugehen.

Frage 4

Wenn Bernd Freimann doch zurückkehrt, kommt es darauf an, welche Entscheidungen inzwischen getroffen worden sind:

Hat das Familiengericht eine schlichte Anordnung nach § 1693 BGB dahin getroffen, dass Stefan bei seiner Tante leben soll, so greift das nicht in Bernds elterliche Sorge ein. Bernd kann darüber nun einfach wieder selbst neu entscheiden und ihm steht gegen Carina der Herausgabeanspruch aus § 1632 Abs. 1 BGB zu.

Hat das Familiengericht einen Pfleger bestellt, muss dieser abberufen werden (§ 1812 Abs. 1 BGB). Bis das geschehen ist, steht weiterhin dem Pfleger das alleinige Entscheidungsrecht in dem übertragenen Wirkungskreis zu (§ 1630 Abs. 1 BGB). Ansonsten wird die elterliche Sorge hiervon aber auch nicht berührt. Bernd muss erst die Aufhebung der Pflegschaft erreichen. Dann kann er Stefan zurückverlangen. Das Verfahren zur Aufhebung der Pflegschaft ist Kindschaftssache nach § 151 Abs. 1 Nr. 5 FamFG. Die Anhörung von Stefan ist in solchen Verfahren nach § 159 Abs. 2 FamFG vorgeschrieben, wenn seine Neigungen, Bindungen und sein Wille von Bedeutung sind. Da die Aufhebung der Pflegschaft aber nur voraussetzt, dass die tatsächliche Verhinderung von Bernd weggefallen ist, kommt es auf das Kindeswohl nicht an. Stefan ist daher nicht anzuhören.

Hat das Familiengericht die länger dauernde tatsächliche Verhinderung von Bernd Freimann festgestellt, so ruht die elterliche Sorge, bis es durch einen neuerlichen Beschluss feststellt, dass diese Verhinderung beendet ist (§ 1674 Abs. 2 BGB). Wenn Bernd einen solchen Beschluss herbeigeführt hat, fällt dadurch der Anlass für die Vormundschaft weg und damit auch die Vormundschaft (§ 1806 BGB). Ihre gesonderte Aufhebung ist nicht erforderlich. Bernd muss daher einen feststellenden Beschluss des Familiengerichts nach § 1674 Abs. 2 BGB herbeiführen. Dann kann er Stefan zurückverlangen. Das Verfahren nach § 1674 Abs. 2 BGB ist Kindschaftssache (§ 151 Abs. 1 Nr. 1 FamFG). Bernds Anhörung ist auch hier nicht vorgeschrieben, denn auch hier kommt es nur auf die tatsächlichen Verhältnisse, nicht auf Stefans Wohl und damit auch nicht auf seine Neigungen, Bindungen oder seinen Willen an.

Ist Bernd Freimann für tot erklärt worden, hat das seine elterliche Sorge beendet. Sie ist ihm nach § 1681 Abs. 2 BGB auf seinen Antrag jedoch zurückzuübertragen, wenn das Stefans Wohl nicht widerspricht. Kommt das Familiengericht zu diesem Ergebnis und spricht es die Rückübertragung aus, endet nach § 1806 BGB die Vormundschaft. Bernd kann Stefan dann zurückverlangen. Auch dieses Verfahren ist Kindschaftssache nach § 151 Abs. 1 Nr. 1 FamFG. Stefans Wohl ist in dem Verfahren zu prüfen. Daher sind seine Neigungen, Bindungen und sein Wille von Bedeutung, in seinem Alter kann es für sein Wohl sogar entscheidend sein, inwieweit er zu Carina eine enge Bindung aufgebaut hat. Demzufolge muss Stefan hier nach § 159 Abs. 2 FamFG angehört werden.

Frage 5

zu Frage 1

Ist der Vormund verhindert, die Sorge auszuüben, so ist das Familiengericht statt nach § 1693 BGB nach §§ 1802 Abs. 2 Satz 3, 1867 BGB verpflichtet, die erforderlichen Maßnahmen zu treffen. Inhaltliche Unterschiede ergeben sich hieraus nicht. Auch dann könnte das Familiengericht entweder selbst über den Aufenthalt Stefans entscheiden oder nach § 1809 Abs. 1 Satz 1 BGB Pflegschaft anordnen. § 1809 Abs. 1 Satz 1 BGB gilt ausdrücklich auch für den Fall der Verhinderung des Vormunds.

zu Frage 2

Ist der Vormund längere Zeit verhindert, die Sorge auszuüben, ist er nach § 1804 Abs. 1 Nr. 1 BGB zu entlassen, denn die dauerhafte Untätigkeit des Vormunds gefährdet die Mündelinteressen.

Fall 2 – Lotta Scharf I

Frage 1

Die Übertragung von Teilen der elterlichen Sorge auf Pflegeeltern ist nach § 1630 Abs. 3 Satz 1 BGB grundsätzlich möglich. Erforderlich ist ein entsprechender Antrag der Eltern. Die Voraussetzung eines auf „längere Zeit" angelegten Pflegeverhältnisses ist ersichtlich erfüllt. Fraglich ist allerdings, ob Emilia Scharf diesen Antrag überhaupt stellen konnte und ob sie ihn alleine stellen konnte.

§ 1630 Abs. 3 Satz 1 BGB verlangt zwar einen Antrag „der Eltern". Das ist jedoch auch im Zusammenhang der folgenden Normen und unter Berücksichtigung der Abschnittsüberschrift als „sorgeberechtigten Eltern" zu lesen, was außerdem auch der Begriff der „Übertragung" der elterlichen Sorge impliziert: Übertragen werden kann nur, was vorhanden ist. Den Antrag kann ein allein sorgeberechtigter Elternteil daher allein stellen. Mangels einer Sorgeerklärung oder Entscheidung nach § 1626a Abs. 2 BGB steht Emilia die elterliche Sorge für Lotta nach § 1626a Abs. 3 BGB allein zu.

Die Antragstellung nach § 1630 Abs. 3 Satz 1 BGB gehört zur elterlichen Sorge. Um den Antrag stellen zu können, muss man daher auch berechtigt sein, die elterliche Sorge auszuüben. Emilias elterliche Sorge für Lotta ruht nach § 1673 Abs. 2 Satz 1 BGB wegen ihrer Minderjährigkeit. Das gilt nach § 1673 Abs. 2 Satz 2 Hs. 1 BGB jedoch nicht für die Personensorge. Diese kann sie ausüben. Da sie den Antrag nach § 1630 Abs. 3 Satz 1 BGB im eigenen Namen stellen muss und nicht in Vertretung ihres Kindes, steht schließlich auch § 1673 Abs. 2 Satz 2 Hs. 2 BGB der Antragsbefugnis nicht im Wege.

Um einen Antrag beim Familiengericht stellen zu können, muss Emilia schließlich verfahrensfähig sein. Da sie noch minderjährig, aber schon mindestens 14 Jahre alt ist, gilt für sie § 9 Abs. 1 Nr. 2 FamFG: Sie ist verfahrensfähig, soweit sie ein ihre Person betreffendes, ihr nach dem bürgerlichen Recht zustehendes Recht geltend macht. Das Antragsrecht aus § 1630 Abs. 3 Satz 1 BGB gehört mit zur elterlichen Sorge, die Emilia ungeachtet ihres Alters selbst zusteht. Diese gehört zu den Persönlichkeitsrechten. Das Antragsrecht aus § 1630 Abs. 3 Satz 1 BGB ist daher eines der Rechte, in Bezug auf die sie nach § 9 Abs. 1 Nr. 2 FamFG ab 14 Jahren verfahrensfähig ist.

Der Antrag ist in jeder Hinsicht wirksam. Die Übertragung ist also möglich. Ob der Antrag auch inhaltlich begründet ist, hängt nach § 1697a BGB davon ab, ob die beantragte Übertragung dem Kindeswohl am besten entspricht. Das kann man aufgrund des mitgeteilten Sachverhalts nicht entscheiden.

Die Amtsvormundschaft des Jugendamtes endet – wie jede Vormundschaft – nach § 1806 BGB mit dem Wegfall ihrer Voraussetzungen. Hier ist eine Vormundschaft nach § 1773 Abs. 1 Nr. 2 BGB erforderlich gewesen, da Emilia ja – wie oben festgestellt – die elterliche Sorge für Lotta allein zusteht, sie sie aber wegen § 1673 Abs. 2 Satz 2 Hs. 2 BGB in keiner Angelegenheit vertreten kann.
Ob diese Voraussetzungen wegfallen, hängt demnach davon ab, ob Lotta nunmehr – nach Übertragung der Personensorge auf Markus und Isolde Scharf – von diesen gesetzlich vertreten werden kann. Dagegen könnte sprechen, dass sie ihre Befugnisse ja aus einer Über-

tragung von Emilia ableiten, Emilia ihnen aber schwerlich mehr Rechte einräumen kann, als sie selbst hat – ein Anwendungsfall des Prinzips „nemo dat quod non habet". Zwingend ist dieser Schluss jedoch nicht. Denn man kann § 1673 Abs. 2 Satz 2 Hs. 2 BGB auch als eine Einschränkung verstehen, die unmittelbar auf der Minderjährigkeit des Sorgeberechtigten beruht. Er dient zur Vermeidung eines Wertungswiderspruchs: Soweit Eltern nicht einmal zugetraut wird, für sich selbst ohne Weiteres rechtsgeschäftlich zu handeln, wäre es unlogisch, könnten sie dies im Namen ihres Kindes tun. Dieser Gedanke trifft auf Emilias Eltern aber nicht zu. Sie sind volljährig und für sich selbst voll verantwortlich. Daher spricht m.E. mehr dafür, § 1673 Abs. 2 Satz 2 Hs. 2 BGB als eine nur in der Person des minderjährigen Elternteils begründete Einschränkung der Personensorge zu betrachten, die sich mit der Übertragung der Personensorge auf Emilias Eltern erledigt hat. Markus und Isolde Scharf können Lotta daher in persönlichen Angelegenheiten vertreten.

Der Anlass für die Vormundschaft aus § 1773 Abs. 1 Nr. 2 BGB besteht nicht mehr. Die Amtsvormundschaft ist beendet.

Allerdings steht die Vermögenssorge weiterhin Emilia zu und ruht bei ihr. Es ist daher nach § 1809 Abs. 1 Satz 1 BGB nun Pflegschaft mit dem Wirkungskreis „Vermögenssorge" anzuordnen.

Frage 2

Markus und Isolde Scharf würde die ganze Sorge für Lotta zustehen, wenn sie zu deren Vormündern bestellt würden (§ 1789 Abs. 1 Satz 1 BGB). Um dies zu erreichen, müssten sie die Entlassung des Jugendamtes aus der Vormundschaft nach § 1804 Abs. 3 Satz 1 BGB und ihre eigene Bestellung gemäß § 1805 Abs. 1 BGB erreichen.

Nach § 1804 Abs. 3 Satz 3 Nr. 2 BGB können sie als diejenigen, die sich als neue Vormünder anbieten, die Entlassung des bisherigen Vormunds beantragen.

Das Familiengericht soll dem Antrag stattgeben, wenn mit der Fortführung der Vormundschaft durch eine andere Person dem Wohl von Emilia besser gedient ist (§ 1804 Abs. 3 Satz 1 BGB). Dabei hat es gemäß § 1804 Abs. 3 Satz 2 BGB einen entgegenstehenden Willen des betroffenen Mündels und den grundsätzlichen Vorrang des ehrenamtlichen Vormunds zu berücksichtigen. Mängel in der Eignung des bisherigen Vormunds im engeren Sinne sind für dessen Entlassung nicht erforderlich.

Im Anschluss hat das Familiengericht gemäß § 1805 Abs. 1 Satz 1 BGB unverzüglich einen neuen Vormund zu bestellen. Sofern festgestellt wird, dass Markus und Isolde Scharf für die Übernahme der Vormundschaft gemäß §§ 1805 Abs. 1 Satz 2, 1778 BGB und 1779 BGB am besten geeignet sind, kann das Familiengericht sie nach § 1775 Abs. 1 BGB gemeinschaftlich zu Vormündern für Emilia bestellen. Abschließend kann die Geeignetheit aufgrund des mitgeteilten Sachverhalts nicht beurteilt werden.

Fall 3 – Lena Merck

Frage 1

Durch den Tod von Katrin Merck ist deren elterliche Sorge erloschen. Die elterliche Sorge für Lena stand gemäß § 1680 Abs. 1 BGB danach Tobias Merck alleine zu. Dieser war jedoch durch seine Psychiatrierung und folgende Inhaftierung aus tatsächlichen Gründen außerstande, sich um Lena zu kümmern und die Personensorge wahrzunehmen. Daher bestand Anlass für eine Pflegschaft nach § 1809 Abs. 1 Satz 1 BGB.Für die Auswahl und Bestellung eines Pflegers gelten gemäß § 1813 Abs. 1 BGB die Regelungen des Vormundschaftsrechts. Eine Ausnahme besteht darin, dass Benennung und Ausschluss nach § 1782 BGB nicht möglich sind (§ 1812 Abs. 2 BGB). Das Familiengericht kann sowohl

- eine Person auswählen, die die Pflegschaft ehrenamtlich führt,
- eine natürliche Person, die diese beruflich selbständig führt,
- den Mitarbeiter eines Vormundschaftsvereins oder auch
- das Jugendamt zum Pfleger bestellen (§ 1774 Abs. 1 Nr. 1–4 BGB).

Gemäß § 1778 Abs. 1 BGB hat es dabei den Pfleger auszuwählen, der dafür am besten geeignet ist. Um dem Familiengericht dies zu ermöglichen hat das Jugendamt ihm gemäß § 53 Abs. 1 SGB VIII Personen vorzuschlagen, die sich im Einzelfall zur Bestellung als Vormund oder Pfleger eignen. Nach § 53 Abs. 2 Satz 1 SGB VIII muss das Jugendamt seinen Vorschlag begründen. Es muss erklären, welche Maßnahmen zur Ermittlung der am besten geeigneten Person von seiner Seite unternommen wurden (§ 53 Abs. 2 Satz 2 Nr. 1 SGB VIII). Falls eine Person vorgeschlagen wird, die die Vormundschaft oder Pflegschaft berufsmäßig führt, muss es dem Gericht darlegen, dass niemand gefunden werden konnte, der geeignet und bereit ist, die Vormundschaft oder Pflegschaft ehrenamtlich zu führen (§ 53 Abs. 2 Satz 2 Nr. 2 SGB VIII). Sofern keine andere geeignete Person zur Übernahme zur Verfügung steht, die die Pflegschaft ehrenamtlich führen würde, kann das Jugendamt, dass grundsätzlich als geeignet gilt, zum Pfleger für Lena Merck bestellt werden (§ 1779 Abs. 2 Satz 1 BGB).

Der Sachverhalt sagt nichts darüber aus, ob das Jugendamt seinen Mitwirkungspflichten nachgekommen ist. Die unübersichtliche Situation nach dem Vorfall wird es kaum zugelassen haben, dass die Ermittlungen zur Auswahl des geeigneten Pflegers schon abgeschlossen waren. Daher wird das Familiengericht eine vorläufige Pflegschaft gemäß §§ 1813 Abs. 1, 1781 Abs. 1 BGB angeordnet haben. Nach §§ 1813 Abs. 1, 1774 Abs. 2 Nr. 2 BGB konnte es das Kreisjugendamt Schwatzbach zum vorläufigen Pfleger bestellen.

Frage 2

Der Entzug der elterlichen Sorge hätte nach § 1666 Abs. 1 BGB vorausgesetzt, dass er notwendig war, um eine Gefahr für Lenas Wohl abzuwenden. Eine solche Gefahr hätte allenfalls von Tobias Merck selbst ausgehen können. Da Tobias Merck zu einer langjährigen Haftstrafe und außerdem zur Unterbringung in einer forensischen Klinik verurteilt wurde, stellt er aus tatsächlichen Gründen auf längere Zeit keine Gefahr für Lena dar. Der Sorgerechtsentzug ist daher nicht erforderlich. Sie ist vor ihrem Vater ohnedies sicher.

Durch die Verurteilung steht jedoch fest, dass Tobias Merck auf längere Zeit an der Ausübung der elterlichen Sorge tatsächlich verhindert ist. Das hatte das Familiengericht nach § 1674 Abs. 1 BGB von Amts wegen festzustellen. Durch diesen Beschluss ruht nun die elterliche Sorge und es besteht Anlass für eine Vormundschaft nach § 1773 Abs. 1 Nr. 2 BGB.

Die im Februar 2023 wegen der tatsächlichen Verhinderung von Tobias Merck angeordnete vorläufige Pflegschaft besteht nicht weiter. Sie war Sorgerechtspflegschaft i.S.v. § 1809 Abs. 1 BGB. Als solche endete sie kraft Gesetzes (§ 1812 Abs. 2 BGB), als das Familiengericht durch die Feststellung nach § 1674 BGB das Ruhen der elterlichen Sorge von Tobias Merck herbeiführte.

Das Familiengericht war nun gemäß § 1773 Abs. 1 BGB verpflichtet, Vormundschaft anzuordnen und den Vormund für Lena Merck auszuwählen, der am besten geeignet ist für ihr Wohl zu sorgen (§ 1778 Abs. 1 BGB). Wie der Sachverhalt zeigt, waren die erforderlichen Ermittlungen im Umfeld von Lena in Bezug auf eine Person, die für sie die Sorgeverantwortung übernehmen kann, auch im Mai 2023 noch nicht abgeschlossen. Daher musste das Familiengericht gemäß § 1781 Abs. 1 BGB einen vorläufigen Vormund für sie bestellen. Gemäß § 1774 Abs. 2 BGB können diese Funktion ein anerkannter Vormundschaftsverein oder das Jugendamt übernehmen. Der Rechtspfleger Frank Labér hätte Horst Holzkamp daher nicht zum vorläufigen Vormund bestellen dürfen, sondern den örtlichen Vormundschaftsverein. Dafür wäre gemäß § 1785 Abs. 3 BGB dessen Einwilligung erforderlich gewesen. Der Vormundschaftsverein hätte nach § 1781 Abs. 2 Satz 1 BGB die Aufgabe Horst Holzkamp übertragen können und das Gericht binnen zwei Wochen nach Bestellung darüber informieren müssen (§1781 Abs. 2 Satz 2 BGB).

Auch bei der Auswahl des vorläufigen Vormunds hat das Familiengericht § 1778 Abs. 1 BGB zu berücksichtigen, muss also entscheiden ob in dem konkreten Fall das Jugendamt oder ein anerkannter Vormundschaftsverein besser dafür geeignet wäre. Die vorläufige Pflegschaft für Lena Kreck wurde seit Februar 2023 vom Kreisjugendamt Schwarzwasser geführt. Es ist nicht sinnvoll, ihr für eine relativ kurze Zeit einen Wechsel in der für sie die Sorgeverantwortung tragenden Person zuzumuten. Frank Labér hätte daher das Kreisjugendamt Schwarzwasser zum vorläufigen Vormund von Lena Kreck bestellen sollen. Gemäß § 57 Abs. 2 Satz 2 SGB VIII wäre auch das Jugendamt verpflichtet gewesen, dem Gericht binnen zwei Wochen nach Bestellung mitzuteilen, welchem Mitarbeiter die Führung der vorläufigen Vormundschaft übertragen wurde.

Die Feststellung der tatsächlichen Verhinderung eines Elternteils ist Kindschaftssache nach § 151 Nr. 1 FamFG, die Anordnung der Vormundschaft und Auswahl des vorläufigen Vormunds eine nach § 151 Nr. 4 FamFG. Für all diese Verfahren war gemäß § 3 Abs. 2 a RPflG der Rechtspfleger zuständig.

Das Jugendamt hatte jedoch die Durchführung eines Verfahrens nach § 1666 Abs. 1, Abs. 3 Nr. 6 BGB zur Entziehung der gesamten elterlichen Sorge angeregt. Ein solches Verfahren ist reines Amtsverfahren. Es liegt im pflichtgemäßen Ermessen des Gerichts, ein solches Verfahren einzuleiten, doch muss es jedenfalls darüber entscheiden, ob es dies tut oder ob es der Anregung keine Folge gibt (vgl. zu dieser Begrifflichkeit: § 24 Abs. 2 FamFG). Das Verfahren zur Abwendung einer Gefahr für das Kindeswohl ist zwar ebenfalls Kindschaftssache nach § 151 Nr. 1 FamFG, aber nach § 14 Abs. 1 Nr. 2 RPflG dem Richter vorbehalten. Nur der Richter konnte daher auch darüber entscheiden, ob der Anregung des Jugendamts Folge zu geben war oder nicht. Nachdem er dies abgelehnt hatte, konnte er alle weiteren Entscheidungen dem Rechtspfleger überlassen.

Frage 3

Die gemeinsame Bestellung der Eheleute Maurer zu Vormündern war nach § 1775 Abs. 1 BGB grundsätzlich zulässig. Die Frage ist, ob nicht die Bestellung von Isolde Merck oder Marvin Brinkovski vorzuziehen war.

Das Familiengericht muss einen Vormund bestellen, der gemäß § 1779 Abs. 1 BGB geeignet ist, die Vormundschaft zum Wohl des Mündels auszuüben. Stehen mehrere geeignete Personen zur Auswahl, ist nach § 1778 Abs. 1 BGB derjenige zum Vormund auszuwählen, der sich dafür am besten eignet. Insbesondere hat das Gericht dabei nach § 1778 Abs. 2 Nr. 1 BGB den Willen des Mündels, dessen familiäre Beziehungen und persönliche Bindungen, das religiöse Bekenntnis sowie dessen kulturellen Hintergrund zu berücksichtigen. Des Weiteren spielen auch der wirkliche oder mutmaßliche Wille der Eltern (§ 1778 Abs. 2 Nr. 2 BGB) und die Lebensumstände des Mündels (§ 1778 Abs. 2 Nr. 3 BGB) eine Rolle.

Lena hat angegeben, dass sie am liebsten bei ihrer Großmutter wohnen wolle. Diese Willensbekundung muss in die Auswahlüberlegungen einbezogen werden. Allerdings bedeutet deren Berücksichtigung nicht, dass ihr ohne Einschränkungen gefolgt werden muss. Isolde Merck dürfte nicht der am besten geeignete Vormund für Lena sein, denn ihr Erziehungsstil hat ja schon bei ihrem Sohn Tobias Merck zu einer Persönlichkeitsstörung geführt. Zumindest bestehen erhebliche Bedenken an ihrer Eignung gemäß § 1779 Abs. 1 BGB, was bereits genügt, um einen anderen Vormund vorzuziehen.

Gegen die Eignung Marvin Brinkovskis bestehen solche Bedenken nicht. Ob er den Eheleuten Maurer hätte vorgezogen werden müssen, ist daher nach den in §§ 1778 Abs. 2 Nr. 1–3 BGB genannten Kriterien zu entscheiden. Dabei spricht einiges für ihn.

Zunächst kann ein dahin gehender mutmaßlicher Wille von Katrin Merck unterstellt werden. Außerdem kennt er Lena deutlich länger und besser als die Eheleute Maurer. Zudem trägt er als ihr Taufpate schon seit längerer Zeit eine Mitverantwortung für ihre religiöse Orientierung. Dafür doch die Eheleute Maurer vorzuziehen spricht, dass diese Lena das Aufwachsen in einer vollständigen Familie selbst bieten können, während Marvin Brinkovski sie lediglich als alleinstehender Mann selber erziehen oder aber Hilfe zur Erziehung in der Pflegefamilie in Anspruch nehmen könnte. Allerdings trägt dieses Argument nur bedingt, da Lena angegeben hat, dass es dort, wo sie jetzt sei (also im Haushalt der Pflegefamilie), auch nicht schlecht sei.

Der Sachverhalt ist vermutlich zu dürftig, um darüber endgültig entscheiden zu können. Es spricht aber manches dafür, dass im Ergebnis doch Marvin Brinkovski als Vormund vorzuziehen gewesen wäre.

Frage 4

Der Entzug der Sorge für die religiöse Erziehung des Mündels ist ein Teilentzug der Personensorge des Vormunds.

Das könnte einmal auf §§ 1802 Abs. 2 Satz 3, 1666 Abs. 1, Abs. 3 Nr. 6 BGB beruhen. Voraussetzung dafür wäre, dass Lenas Wohl durch die Zuständigkeit der Eheleute Maurer für ihre religiöse Erziehung gefährdet war. Das ist nicht besonders wahrscheinlich.

Viel wahrscheinlicher ist, dass die Entscheidung auf § 1776 Abs. 1 Satz 1 BGB beruht, wonach das Familiengericht bei Bestellung eines ehrenamtlichen Vormunds mit dessen Einverständnis einzelne Sorgeangelegenheiten oder eine bestimmte Art von Sorgeangelegenheiten auf einen Pfleger übertragen kann, wenn die Übertragung dieser Angelegenheit dem Wohl des Mündels dient. In Bezug auf die religiöse Erziehung kann dies sinnvoll sein, wenn der Vormund einem anderen Bekenntnis (oder erst recht: einer anderen Religion) angehört wie der Mündel und dieser Bereich eine große Bedeutung für dieses hat.

Die Eheleute Maurer können als Vormünder den Teil der Personensorge nicht ausüben, für den ein Zusatzpfleger bestellt wurde (§ 1789 Abs. 1 Satz 2 BGB). Der Zusatzpfleger hat aber gemäß § 1792 Abs. 3 BGB deren Auffassung bei seinen Entscheidungen einzubeziehen. Dass Marvin Brinkovski hierfür ausgewählt wurde, spricht – genau wie sein Patenamt – dafür, dass er mit Lena wohl das Bekenntnis teilt.

Fall 4 – Johann Baum

Frage 1

Die Anordnung der Vormundschaft war korrekt, wenn die Voraussetzungen des § 1773 BGB vorlagen. Hier kommt allenfalls § 1773 Abs. 1 Nr. 3 BGB in Frage, da Johann ja ein „Findelkind" war. Indessen reichte es hierfür nicht, dass sein Zivilstand unbekannt war, denn § 1773 Abs. 1 Nr. 3 BGB greift nur, wenn er „nicht zu ermitteln ist". Solange noch erfolgversprechende Ermittlungen nach der Mutter andauerten, war das nicht der Fall. Schon die Anordnung der Vormundschaft entsprach daher nicht dem Gesetz. Es hätte vielmehr nach § 1809 Abs. 1 Satz 1 BGB Pflegschaft für die in dieser Situation wichtigsten Bereiche der elterlichen Sorge angeordnet werden müssen: das Recht zur Pflege, Erziehung, Aufenthaltsbestimmung, wohl eher die gesamte Personensorge zuzüglich des Rechts, Sozialleistungen zu beantragen, entgegenzunehmen und zu verwalten. Da sich die Eltern von Johann an einem für das Gericht unbekannten Ort aufhielten, waren sie verhindert diese Angelegenheiten für Johann zu besorgen.

Weiter ist zu fragen, ob das Familiengericht bei der Auswahl des Vormunds korrekt vorgegangen ist. Der Sachverhalt sagt über die Eignung von Pastor Dr. Stefans zum Vormund gemäß § 1779 Abs. 1 BGB nichts Näheres aus, sodass diese wohl unterstellt werden kann. Daneben hätte es aber auch prüfen müssen, ob der von ihm ausgewählte Vormund nach § 1778 Abs. 1 BGB auch *am besten* geeignet ist. Zumindest hätte es eine Abwägung in Bezug auf das grundsätzlich geeignete und zur Verfügung stehende Jugendamt als Vormund vornehmen müssen. Dabei wäre Pastor Dr. Stefans als ehrenamtlicher Vormund vorrangig zu bestellen gewesen (§ 1779 Abs. 2 Satz 1 BGB). Wäre eine abschließende Beurteilung dieser Frage noch nicht möglich gewesen, hätte das Familiengericht einen vorläufigen Pfleger gemäß §§ 1813 Abs. 1, 1781 Abs. 1 BGB bestellen müssen. Dabei hätte es aber nur das Jugendamt oder einen Vormundschaftsverein auswählen dürfen (§ 1774 Abs. 2 BGB).

Fraglich ist auch, ob Dr. Stefans die Vormundschaft übernehmen musste, nachdem er vom Familiengericht ausgewählt wurde. Gemäß § 1785 Abs. 1 BGB war er nur verpflichtet, die Vormundschaft zu übernehmen, wenn ihm dies unter Berücksichtigung seiner familiären, beruflichen und sonstigen Verhältnisse zuzumuten war. Für Pastor Dr. Stefans war die Bestellung aus beruflichen Gründen nicht zumutbar. Nach § 46 Abs. 1 Satz 1 EvKBG hätte er eine Nebentätigkeitsgenehmigung gebraucht, denn genehmigungsfrei ist nach § 47 Abs. 1 Nr. 1 EvKBG die unentgeltliche Übernahme einer Vormundschaft für Kirchenbeamten nur, wenn der Mündel ein Angehöriger des Vormunds ist. Daher hätte er die Abgabe der erforderlichen Einwilligung in die Bestellung zum Vormund für Johann Baum gemäß § 1785 Abs. 2 BGB ablehnen müssen, wenn er keine Genehmigung hatte.

Frage 2

Gesetzlicher Vertreter eines Kindes sind normalerweise seine Eltern (§ 1629 Abs. 1 Satz 1 BGB). Da Johann unehelich geboren ist, ist nach § 1626a Abs. 3 BGB seine Mutter alleinsorgeberechtigt. Franka Maier ist aber noch minderjährig. Daher ist sie nach § 1673 Abs. 2 Satz 2 Hs. 2 BGB zur gesetzlichen Vertretung nicht berechtigt.

Das Ruhen der gesetzlichen Vertretung durch die Mutter bedeutet, dass Johann Maier von Geburt an einen Vormund benötigte (§ 1773 Abs. 1 Nr. 2 BGB). Da er unehelich geboren wurde, müsste nach § 1786 Satz 1 BGB das Jugendamt kraft Gesetzes Vormund geworden sein. Dem könnte jedoch entgegenstehen, dass für Johann schon ein Vormund bestellt ist. § 1786 Satz 2 BGB schließt die gesetzliche Amtsvormundschaft aber nur für den Fall aus, dass ein anderer Vormund schon *vor* der Geburt des Kindes bestellt wurde. *Nach* der Geburt des Kindes kann die schon eingetretene Amtsvormundschaft nicht mehr einfach durch Bestellung eines anderen Vormunds, sondern nur noch durch Entlassung des Jugendamtes gemäß § 1804 Abs. 1 Nr. 2 BGB beendet werden.

Fraglich ist, ob das auch für Findelkinder gilt, für die ein Vormund nach § 1773 Abs. 2 BGB bestellt wurde, bevor die Behörden von der gesetzlichen Amtsvormundschaft des Jugendamtes Kenntnis erlangen konnten. Kritisch daran könnte sein, dass so zwei Vormünder nebeneinander amtieren würden. Indessen ist das in Wahrheit nicht der Fall. Denn durch die Ermittlung von Johanns Zivilstand ist ja der Bestellungsgrund des § 1773 Abs. 1 Nr. 3 BGB weggefallen. Dadurch hat nach § 1806 BGB auch die vom AG Berleburg bestellte Vormundschaft geendet.

Alleiniger Vormund von Johann Baum ist folglich das nach § 87c Abs. 1 Satz 1 SGB VIII örtlich zuständige Kreisjugendamt Siegen-Wittgenstein. Da eine Übertragung nach § 55 Abs. 2 Satz 1 SGB VIII noch nicht stattgefunden hat, ist Johann momentan noch ohne persönlichen gesetzlichen Vertreter und wird vom Landkreis als solchem vertreten.

Frage 3

Das Recht, den Aufenthalt des Kindes zu bestimmen, gehört nach § 1631 Abs. 1 BGB zu den Inhalten der Personensorge. § 1795 Abs. 1 Satz 1 BGB regelt dies explizit für die Personensorge des Vormunds. Nach § 1789 Abs. 1 Satz 1 BGB steht dem Vormund die Personensorge ohne Weiteres insgesamt zu. Das Kreisjugendamt Siegen-Wittgenstein verfügt demnach auch über das Aufenthaltsbestimmungsrecht.

Auch Franka Maier steht nach § 1626 Abs. 1 Satz 2 BGB die Personensorge – und damit das Aufenthaltsbestimmungsrecht – für Johann zu. Ihre elterliche Sorge ruht nach § 1673 Abs. 2 Satz 1 BGB zwar, aber nicht, was die Personensorge betrifft (§ 1673 Abs. 2 Satz 2 Hs. 1 BGB). Auch sie ist folglich zur Aufenthaltsbestimmung berechtigt.

Wer im Streitfall *verbindlich* entscheidet, ist in § 1673 Abs. 2 Satz 3 BGB geregelt: Es ist der minderjährige Elternteil, also Franka Maier.

Frage 4

Es sind keine weiteren Entscheidungen veranlasst. Das Familiengericht kann allenfalls gemäß § 168e FamFG durch deklaratorischen Beschluss klarstellen, dass die Vormundschaft von Pastor Dr. Stefans beendet ist.

Frage 5

zu Frage 1

Die Anordnung einer Pflegschaft nach § 1809 Abs. 1 Satz 1 BGB wäre, wie unter Frage 1 ausgeführt, richtig gewesen.

Pastor Dr. Stefans hätte auch als Pfleger eine Nebentätigkeitsgenehmigung benötigt. Wegen §§ 1813 Abs. 1, 1785 Abs. 1 BGB hätte ihm die Übernahme der Pflegschaft aus beruflichen Gründen nicht zugemutet werden können. Auch die Eignungs- und Auswahlprüfung des Familiengerichts hätte wie unter Frage 1 erläutert erfolgen müssen.

zu Frage 2

Pflegschaft und Vormundschaft können nebeneinander existieren. Zwar wäre der Grund für die Pflegschaft mit der Ermittlung von Johanns Mutter weggefallen, das bewirkt aber nach § 1812 Abs. 1 BGB keine automatische Beendigung der Pflegschaft. Da die Pflegschaft im Übrigen verdrängenden Charakter hat (§ 1789 Abs. 1 Satz 2 Hs. 1), wäre – vorläufig – immer noch Pastor Dr. Stefans alleiniger gesetzlicher Vertreter von Johann. Zumindest für die Bereiche, die ihm als Pfleger obliegen.

zu Frage 3

Das Aufenthaltsbestimmungsrecht von Pastor Dr. Stefans, das er nach §§ 1813 Abs. 1, 1789 Abs. 1 S. 1, 1795 Abs. 1 Satz 1 BGB hat, verdrängt sowohl dasjenige des Jugendamtes (§ 1789 Abs. 1 Satz 2 Hs. 1 BGB) als auch das der Mutter (§ 1630 Abs. 1 BGB). Auch das Aufenthaltsbestimmungsrecht stünde daher – vorläufig – noch Pastor Dr. Stefans alleine zu.

zu Frage 4

Das AG Berleburg wäre nach § 1812 Abs. 1 BGB verpflichtet, die Anordnung der Pflegschaft insgesamt aufzuheben.

Wer zum Pfleger nicht hätte bestellt werden dürfen, ist wieder zu entlassen, da er sich zum Pfleger nicht eignet. Gemäß §§ 1813 Abs. 1, 1804 Abs. 1 Nr. 5 BGB hat das Familiengericht dies von Amts wegen zu tun, wenn ein sonstiger wichtiger Grund für die Entlassung vorliegt. Darunter fallen auch fehlende Nebentätigkeitsgenehmigungen, sofern sie dienstrechtlich erforderlich sind. Der Fall tritt ein, wenn eine erforderliche Genehmigung abgelehnt oder nicht beantragt wird.

Pastor Stefans wäre also zu entlassen, wenn sein Antrag auf Nebentätigkeitsgenehmigung abgelehnt würde oder er sich überhaupt weigern würde, diesen zu stellen.

Fall 5 – Silke Feuchtenecker

Frage 1

Durch die Einwilligung der Eltern in Silkes Adoption gelangte ihre elterliche Sorge zum Ruhen (§ 1751 Abs. 1 Satz 1 Hs. 1 BGB). Mit der Rücknahme des Adoptionsantrages wurde diese Einwilligung unwirksam (§ 1750 Abs. 4 Satz 1 BGB). Das hat gemäß § 1751 Abs. 3 BGB zur Folge, dass das Familiengericht über die Rückübertragung der elterlichen Sorge auf die Eltern zu entscheiden hat.

Entscheidungen des Familiengerichts auf der Grundlage von § 1751 Abs. 3 BGB sind gemäß § 14 Abs. 1 Nr. 14 RPflG dem Richter vorbehalten.

Frage 2

Mit dem Ruhen der elterlichen Sorge nach § 1751 Abs. 1 Satz 1 Hs. 1 BGB trat gemäß § 1751 Abs. 1 Satz 2 Hs. 1 BGB gesetzliche Amtsvormundschaft ein. Das Jugendamt ist daher Silkes Vormund. Die Frage der Einweisung in eine geschlossene Einrichtung (nichts anderes ist eine sogenannte „beschützende" Station) gehört zur Aufenthaltsbestimmung. Die Entscheidung darüber steht nach §§ 1789 Abs. 1 Satz 1, 1795 Abs. 1 Satz 1 BGB dem Jugendamt als Vormund zu.

Frage 3

Für die Unterbringung des Mündels durch den Vormund in einer geschlossenen Einrichtung ist nach §§ 1795 Abs. 1 Satz 1, 3, 1631b Satz 1 BGB eine Genehmigung des Familiengerichts erforderlich.

Die Erteilung der Genehmigung ist gemäß § 14 Abs. 1 Nr. 5 RPflG dem Richter vorbehalten.

Frage 4

Nach § 1631b Satz 2 BGB ist die geschlossene Unterbringung eines Kindes zulässig, wenn sie zu seinem Wohl, insbesondere zur Abwendung einer erheblichen Selbst- oder Fremdgefährdung, erforderlich ist und den Gefahren, die dadurch abgewehrt werden sollen, nicht anders begegnet werden kann. Außerdem muss die Maßnahme verhältnismäßig im engeren Sinne sein, nämlich ein angemessenes Mittel, um die Gefahr abzuwenden.

Eine Gefahr für Silkes Wohl liegt hier darin, dass sie Gefahr läuft, überfahren zu werden, wenn sich an der Situation nichts ändert. Angesichts der Gefährlichkeit des Straßenverkehrs ist die Unterbringung auch kein unangemessenes Mittel, eine solche Gefahr abzuwenden. Zunächst muss allerdings noch geprüft werden, ob mildere Mittel zur Abwendung der Gefahr in Frage kommen. Das dürfte letztlich nicht der Fall sein, weil weder ein Heim noch etwaige Pflegeeltern eine absolut lückenlose Aufsicht gewährleisten können, wie sie hier ohne freiheitsentziehende Maßnahmen notwendig wäre. Außerdem würde eine solch lückenlose Aufsicht Silke jeden Freiraum nehmen, selbst den, den sie in einem geschlossenen Heim durchaus noch hätte. Sie wäre daher im Zweifel gar kein wirklich milderes Mittel.

Die Unterbringung ist zum Wohl von Silke erforderlich und wird daher genehmigt werden.

Frage 5

Es könnte hier eine medizinische Indikation für den Schwangerschaftsabbruch nach § 218a Abs. 2 StGB vorhanden sein. In der Tat droht Silke nach dem Sachverhalt durch das Austragen des Kindes ein schweres seelisches Trauma, also ein Schaden an ihrer seelischen Gesundheit.

Der Schwangerschaftsabbruch ist aber auch dann nur zulässig, wenn die Gefahr nicht anders abgewendet werden kann. Das ist nach dem Sachverhalt nicht ganz klar. Es kommt z.B. in Frage, Silke während der Geburt eine Vollnarkose zu geben oder Silkes Kind etwas vor dem Geburtstermin durch Kaiserschnitt zur Welt zu bringen. Auch ein solches Vorgehen ist freilich mit Risiken verbunden, zumal das – für gewöhnlich geringe – Narkoserisiko bei bestimmten Behinderungen stark erhöht sein kann.

Wenn solche gefahrlosen Alternativen nicht bestehen, ist der Schwangerschaftsabbruch rechtmäßig, wenn er mit Einwilligung der Schwangeren durchgeführt wird. Silke ist ersichtlich einwilligungsunfähig. Demnach ist nach § 630d Abs. 1 Satz 2 BGB ihr gesetzlicher Vertreter zur Erteilung der Einwilligung berufen. Das ist das Jugendamt.

Wenn keine für Silke gefahrlosen Alternativen zum Schwangerschaftsabbruch gefunden werden, kann das Jugendamt den Schwangerschaftsabbruch folglich veranlassen.

Frage 6

Nach §§ 1795 Abs. 1 Satz 3, 1631c S. 1 BGB kann der Vormund in die Sterilisation des Mündels nicht einwilligen. Nach § 1631c Satz 2 und 3 BGB kann dies auch sonst niemand. Die Sterilisation von Minderjährigen ist vielmehr ganz verboten.

Fall 6 – Familie Niederberger

Frage 1

- **Keith Milewski**

Ein Anspruch auf Herausgabe von Keith kann dem Jugendamt als Vormund von Keith aus §§ 1795 Abs. 1 S. 3 Satz 1, 1632 Abs. 1 BGB zustehen.

Vormund ist das Jugendamt nach § 1786 Satz 1 BGB geworden: Keith ist unehelich geboren. Da seiner Mutter nach § 1626a Abs. 3 BGB das Sorgerecht allein zustand, sie ihn aber wegen § 1673 Abs. 2 Satz 2 Hs. 2 BGB nicht gesetzlich vertreten konnte, benötigte er nach § 1773 Abs. 1 Nr. 2 BGB von Geburt an einen Vormund.

Der Herausgabeanspruch besteht gegen Pflegeeltern nicht, wenn das Gericht nach § 1632 Abs. 4 BGB das Verbleiben des Kindes in der Pflegefamilie angeordnet hat oder zugleich anordnet. Eine solche Anordnung setzt voraus, dass das Kind sich längere Zeit in der Pflegefamilie aufhält und die Herausgabe sein Wohl gefährden würde.

Was eine „längere Zeit" i.S.v. § 1632 Abs. 4 Satz 1 BGB ist, ist aus dem kindlichen Zeiterleben heraus zu beantworten. Entscheidend kommt es darauf an, ob der Zeitraum lange genug ist, um dem Kind die Pflegeeltern als seine sozialen Eltern erscheinen zu lassen und ihm den Aufbau einer entsprechend engen Beziehung zu gestatten. Ein Zeitraum von knapp zwei Jahren genügt dafür bei einem Kleinkind in jedem Fall.

Das Merkmal der drohenden Gefahr für das Kindeswohl ist im Lichte der von der Entscheidung betroffenen Grundrechte auszulegen:

Das Kind, das die Pflegefamilie als seine soziale Familie erlebt und in dieser Familie seine Entwicklung begonnen hat, hat ein durch Art. 2 Abs. 1 GG geschütztes Interesse daran, dass diese Entwicklung möglichst ungestört verläuft. Das trifft auf Keith hier zu.

Chantal Milewski steht andererseits aus Art. 6 Abs. 2 Satz 1 GG das natürliche Recht zu, sich um ihr Kind zu kümmern, in das der Staat nur eingreifen kann, soweit das durch die Not geboten und daher nach Art. 6 Abs. 2 Satz 2 GG gerechtfertigt ist. Ob sich ein Elternteil, dem das Sorgerecht in Anwendung von §§ 1666 Abs. 1, Abs. 3 Nr. 6 BGB entzogen wurde, noch hierauf berufen kann, ist zwar fraglich, doch ist das ja nicht der Fall. Chantal ist nur das Aufenthaltsbestimmungsrecht entzogen worden. Somit steht ihr die gesamte übrige Personensorge noch zu und sie kann sie auch ausüben (vgl. § 1673 Abs. 2 Satz 2 Hs. 1 BGB). Vor allem ist sie nach wie vor zur Erziehung von Keith berechtigt.

Diese grundrechtlich geschützten Interessen sind im Wege der praktischen Konkordanz durch Abwägung im Einzelfall zum Ausgleich zu bringen. Keith muss gewisse Entwicklungsprobleme, die durch das soziale Milieu entstehen, in das er hineingeboren ist, hinnehmen. Er kann nicht verlangen, dass ihm der Staat optimale Förderung garantiert. Chantal muss ihre Interessen hinter die ihres Kindes stellen, wenn dessen Entwicklung erheblich beeinträchtigt würde. Die Herausgabe des Kindes aus der Pflegefamilie an seine Eltern darf daher nicht schon deshalb verweigert werden, weil dem Kind dadurch möglicherweise ein seelischer Schaden droht. Ist er aber mit überwiegender Wahrscheinlichkeit die Folge seiner Rückkehr, braucht das Kind das nicht hinzunehmen.

Der Sachverständige hat festgestellt, dass bei Keith ein seelischer Schaden wahrscheinlich wäre, müsste er zum jetzigen Zeitpunkt zu seiner Mutter zurückkehren. Das Familiengericht wird daher das Verbleiben von Keith bei Familie Niederberger anordnen und den Herausgabeantrag zurückweisen.

- **Shakira Scheiffele**

Auch Annetraud Mollenhauer steht wegen Shakira als ihr Vormund ein Herausgabeanspruch aus §§ 1795 Abs. 1 Satz 3, 1632 Abs. 1 BGB zu.

Auch hier kommt der Erlass einer Verbleibensanordnung nach § 1632 Abs. 4 Satz 1 BGB in Frage. Zur Frage, ob Shakira sich für „längere Zeit" in der Pflegefamilie aufhielt, gilt hier nichts anderes. Auch bei einem fünfjährigen Kind kann das bei knapp zwei Jahren noch ohne Weiteres bejaht werden.

Die Auslegung des Tatbestandsmerkmals der Gefahr für das Kindeswohl wird auch hier von den Grundrechten der Beteiligten beeinflusst. Für Shakira gilt hier nichts anderes als oben für Keith. Fraglich ist indessen, ob sich auch Annetraud Mollenhauer auf eine Grundrechtsposition berufen kann. Das Erziehungsrecht des Vormunds fällt nicht als solches unter Art. 6 Abs. 2 Satz 1 GG, zumal der Vormund – wie § 1795 Abs. 1 Satz 2 BGB klarstellt – die Erziehung zwar gewährleisten und fördern, aber nicht selbst leisten muss. Wenn aber Großeltern zum Vormund bestellt werden, so sind das ja die nach den Eltern nächsten Verwandten des Kindes. Großeltern übernehmen nicht selten auch in intakten Familien einen Teil der Pflege und Erziehung der Kinder mit und teilen sich mit den Eltern die soziale Elternrolle. Daher steht Großeltern, die die Vormundschaft und damit die volle Verantwortung für ihr Enkelkind übernehmen, das Grundrecht des Art. 6 Abs. 2 Satz 1 GG ebenfalls zur Seite. Dafür spricht auch, dass Art. 6 Abs. 3 GG nicht lediglich den Eltern, sondern allgemein den „Erziehungsberechtigten" das Recht zubilligt, einer Trennung des Kindes von der Familie zu widersprechen.

Falls Annetraud Mollenhauer Shakira herausverlangt, um sie selbst zu pflegen und zu erziehen, ist die Abwägung daher die gleiche wie oben: Shakira muss die mit der Trennung von Familie Niederberger verbundene Belastung hinnehmen, wenn ein dadurch entstehender seelischer Schaden lediglich möglich, aber nicht überwiegend wahrscheinlich ist. Das ist nach dem eingeholten Gutachten genauso. Das Familiengericht wird keine Verbleibensanordnung erlassen und die Herausgabe von Shakira an ihre Großmutter anordnen.

Falls Annetraud Mollenhauer ihre Enkelin dagegen bei anderen Verwandten unterbringen will, will sie die volle Erziehungsverantwortung gar nicht elterngleich übernehmen, sondern handelt tatsächlich nur als Vormund. Dann fehlt es in ihrer Person an einer grundrechtlich geschützten Position und somit muss sich Shakiras Recht auf freie Entfaltung ihrer Persönlichkeit im Zweifel durchsetzen. Sie dürfte nur herausgegeben werden, wenn der Eintritt eines seelischen Schadens ausgeschlossen wäre. Da das nach dem eingeholten Gutachten nicht gesagt werden kann, wird das Familiengericht eine Verbleibensanordnung erlassen und die Herausgabe ablehnen.

Frage 2

Wenn Chantal Milewski volljährig wird, ruht ihre elterliche Sorge nicht mehr nach § 1673 Abs. 2 Satz 1 BGB. Sie kann dann nicht nur die Personensorge, sondern auch die Vermögenssorge ausüben und ihr Kind nach § 1629 Abs. 2 Satz 1 BGB gesetzlich vertreten. Dadurch entfällt der Anlass für die Vormundschaft aus § 1773 Abs. 1 Nr. 2 BGB und nach § 1806 BGB ist damit zugleich die gesetzliche Amtsvormundschaft beendet. Das Jugendamt muss gemäß §§ 1807, 1872 Abs. 1 BGB das seiner Verwaltung obliegende Vermögen und alle im Rahmen der Vormundschaft erlangten Unterlagen an Chantal herausgeben. Nach §§ 1802 Abs. 2 Satz 3, 1863 Abs. 4 Satz 1 BGB muss es einen Schlussbericht erstellen, in dem es die seit dem letzten Jahresbericht eingetretenen Veränderungen der persönlichen Verhältnisse mitteilt. In dem an das Familiengericht zu sendenden Bericht (§§ 1802 Abs. 2 Satz 3, 1863 Abs. 4) hat es auch über das an die Mutter herausgegebene Vermögen und die ihr überreichten Unterlagen zu informieren.

Das Jugendamt hat nach §§ 1807, 1872 Abs. 2 Satz 2 BGB Chantal zudem auf ihren Anspruch auf eine Schlussrechnung über die Vermögensverwaltung gemäß § 1872 Abs. 2 Satz 1 BGB hinzuweisen. Sofern sie diese wünscht, hat sie dies binnen sechs Wochen dem Jugendamt als ehemaligem Vormund mitzuteilen (§§ 1807, 1872 Abs. 2 Satz 3 BGB) und daneben auch das Familiengericht darüber zu informieren (§§ 1807, 1872 Abs. 2 Satz 4 BGB). Gemäß §§ 1801 Abs. 1, 1859 Abs. 1 BGB profitiert das Jugendamt als Vormund von gesetzlichen Befreiungen. Sofern Chantal Milewski eine Schlussrechnung wünscht, hat das Jugendamt gemäß §§ 1807, 1872 Abs. 5 Satz 1, 1873 Abs. 1 Satz 1 BGB beim Familiengericht nur eine Vermögensübersicht einzureichen.

§ 168b Abs. 3 FamFG verpflichtet das Jugendamt zur Rückgabe der Bescheinigung bzw. Bestallungsurkunde an das Familiengericht, die ihm gemäß § 168 Abs. 1 Nr. 1, Abs. 2 FamFG ausgestellt wurde.

Frage 3

Das Familiengericht muss, falls Chantal Milewski eine Vermögensübersicht fordert, diese nach Einreichung durch das Jugendamt an sie übersenden (§§ 1807, 1873 Abs. 1 Satz 2 BGB). Dabei hat es Chantal nach §§ 1807, 1873 Abs. 3 Satz 2 BGB darüber zu belehren, dass sie binnen sechs Wochen nach Zugang der Vermögensübersicht gemäß §§ 1807, 1873 Abs. 3 Satz einen Anspruch auf deren Prüfung durch das Familiengericht hat. Macht sie diesen geltend, muss das Gericht nach §§ 1807, 1873 Abs. 2 Satz 1 BGB die Vermögensübersicht des Amtsvormunds sachlich und rechnerisch prüfen und das Ergebnis der Prüfung an die Mutter als Berechtigte senden (§§ 1807, 1873 Abs. 2 Satz 2 BGB).

Falls es die Bescheinigung bzw. Bestallungsurkunde vom Jugendamt gemäß § 168b Abs. 3 FamFG noch nicht zurückerhalten hat, ist diese von dort zurückzufordern.

Chantals Volljährigkeit ändert jedoch nichts daran, dass ihr das Aufenthaltsbestimmungsrecht für Keith entzogen ist, denn dadurch hat ihre elterliche Sorge insoweit geendet. Da nun auch kein Vormund mehr existiert, der über den Aufenthalt von Keith bestimmen dürfte, ist wegen des Aufenthaltsbestimmungsrechts der Fall des § 1809 Abs. 1 Satz 1 BGB gegeben. Das Familiengericht muss Pflegschaft gemäß § 1809 Abs. 1 Satz 1 BGB mit dem Wirkungskreis „Aufenthaltsbestimmung" anordnen und sodann einen Pfleger auswählen und bestellen.

Fall 7 – Jessica Neumann

Frage 1

Das Recht, den Umgang des Mündels zu bestimmen, steht nach §§ 1795 Abs. 1 Satz 3, 1632 Abs. 2 BGB dem Amtsvormund zu. Franziska Alt könnte allenfalls wegen § 1797 Abs. 1 Satz 1 BGB berechtigt sein, hierüber in Vertretung des Vormunds zu entscheiden.

§ 1797 Abs. 1 Satz 1 BGB setzt zunächst ein Pflegeverhältnis von längerer Dauer voraus. Der Sachverhalt gibt an, dass Jessica bei ihrer Großmutter „aufwächst", sich also nach den Zielvorstellungen der Beteiligten bis zum Erwachsenwerden dort aufhalten soll.

Es müsste sich bei der Gewährung von Umgang mit Georg Alt ferner um eine Angelegenheit des täglichen Lebens handeln. Diese sind in § 1687 Abs. 1 Satz 3 BGB dahin definiert, dass Entscheidungen darunterfallen, die häufig vorkommen und keine schwer abzuändernden Auswirkungen auf die Entwicklung des Kindes haben. Dazu mag der simple gelegentliche Kontakt zu einem Onkel gehören, den das Kind bereits kennt. Hier steht aber die Frage zur Entscheidung, ob der Onkel es übers Wochenende zu sich nach Hause nehmen darf. Auch solche Wochenendaufenthalte bei nahen Verwandten mögen häufiger vorkommen. Sie werden aber einen bestimmenden Einfluss auf die Zukunft Jessicas nehmen und sind daher keine Angelegenheiten des täglichen Lebens. Franziska Alt kann darüber nicht entscheiden. Sie muss die Entscheidung dem Amtsvormund überlassen.

Auch hinsichtlich des Umgangs mit Melanie Neumann steht dem Amtsvormund aus §§ 1795 Abs. 1 Satz 1, 1632 Abs. 2 BGB das Bestimmungsrecht zu.

Franziska Alt kann ihn hierbei allenfalls über § 1797 Abs. 1 Satz 1 BGB vertreten. Der Umgang eines Kindes mit seiner Mutter ist im Prinzip eine Angelegenheit des täglichen Lebens. Hier geht es ja aber um die Wiederaufnahme des abgerissenen Kontaktes zur Mutter, der für Jessicas Leben einen erheblichen Unterschied machen wird. Daher handelt es sich auch dabei nicht um eine Angelegenheit des täglichen Lebens, über die Franziska Alt als Pflegemutter zu entscheiden berechtigt ist.

Frage 2a

Als Mutter könnte Melanie Neumann aus § 1684 Abs. 1 Hs. 2 BGB ein Recht zum Umgang mit Jessica zustehen.

Die Anwendbarkeit dieser Norm einem Vormund (oder Pfleger) gegenüber folgt nicht schon direkt aus der Norm selbst, da sie zu den Regelungen über die elterliche Sorge gehört. Auch in die Verweisungsnorm zur Personensorge in § 1795 Abs. 1 Satz 1 BGB ist sie nicht aufgenommen. Wäre sie nicht anwendbar, würden einem nicht sorgeberechtigten Elternteil gegenüber einem Vormund oder Pfleger weniger Befugnisse zustehen als gegenüber einem Elternteil, der noch Inhaber der elterlichen Sorge ist. Das wäre ein Wertungswiderspruch, denn damit würde sich die Personensorge des Vormunds als stärker erweisen als diejenige der Eltern, obwohl nur den Eltern, nicht aber dem Vormund, der Schutz von Art. 6 Abs. 2 Satz 1 GG zukommt. Aus diesem Grund muss § 1684 Abs. 1 Hs. 2 BGB hier erst recht anwendbar sein.

Melanie Neumann hat dem Amtsvormund gegenüber daher ein Recht zum Umgang. Der Amtsvormund ist verpflichtet, die Personensorge so auszuüben, dass er die gebotene Rücksicht auf dieses Umgangsrecht nimmt (§ 1684 Abs. 2 BGB). Die völlige Verweigerung von Umgang lässt diese Rücksicht vermissen. Melanie Neumann kann sich an das Familiengericht wenden, damit dieses den Umgang regelt (§ 1684 Abs. 3 Satz 1 BGB). Grundsätzlich steht ihr als Mutter auch das Recht zu, mit dem Kind Zeit allein an einem Ort ihrer Wahl zu verbringen, was aber nicht notwendigerweise eine Übernachtung einschließt. Angesichts der Familiengeschichte ist allerdings denkbar, dass das Umgangsrecht vom Familiengericht nach § 1684 Abs. 4 BGB eingeschränkt werden muss.

Frage 2b

Auch Franziska Alt ist als diejenige Person, in deren Obhut sich Jessica befindet, nach § 1684 Abs. 2 BGB zur Rücksichtnahme auf Melanies Umgangsrecht verpflichtet. Das reicht allerdings nicht weiter als die Befugnisse von Franziska Alt, Entscheidungen zu treffen. Da Franziska Alt – wie oben schon ausgeführt – über das Ob des Umgangs mit der Mutter nicht entscheiden kann, folgt aus § 1684 Abs. 2 BGB auch kein unmittelbarer Anspruch darauf, an einer Umgangsregelung mitzuwirken.

Jessicas Amtsvormund hat dagegen aus §§ 1795 Abs. 1 Satz 3, 1632 Abs. 2 BGB das Recht, den Umgang des Kindes auch „mit Wirkung für und gegen Dritte" zu regeln. Dritte sind hier sowohl Melanie Neumann als nicht sorgeberechtigte Mutter wie auch Franziska Alt. Franziska Alt sollte sich daher an den Amtsvormund wenden, damit dieser eine Regelung trifft.

Sollte auch das nicht dazu führen, dass ein Umgang stattfindet, kann Melanie Neumann sich wiederum an das Familiengericht wenden, weil auch das Familiengericht nach § 1684 Abs. 3 Satz 1 BGB den Umgang „gegenüber Dritten" regeln kann, womit hier Personen gemeint sind, denen weder die Personensorge noch das begehrte Umgangsrecht zusteht, was auf Franziska Alt ebenfalls zutrifft.

Frage 3

Die Entscheidung über die katholische Taufe Jessicas gehört zu den Angelegenheiten der religiösen Kindererziehung. Wer zu dieser Entscheidung berufen ist, muss daher dem RKEG entnommen werden.

Jessicas Eltern haben bis jetzt keine Bestimmung über Jessicas Religion getroffen. Sie sind – infolge Entzugs der elterlichen Sorge – dazu auch nicht mehr berechtigt (vgl. § 1 Satz 1 RKEG).

Der Amtsvormund kann nach § 3 Abs. 2 Satz 1 RKEG grundsätzlich eine Entscheidung über die Religionszugehörigkeit Jessicas treffen, also auch über eine katholische Taufe. Er kann dies aber nach § 3 Abs. 2 Satz 2 RKEG nur mit Genehmigung des Familiengerichts.

Franziska Alt kann die Entscheidung nicht nach § 1795 Abs. 1 Satz 1 BGB stellvertretend für den Amtsvormund treffen. Entscheidungen, für die das Gesetz eine Genehmigung des Familiengerichts vorsieht, sind schon nach der Wertung des Gesetzgebers zu bedeutend, als dass sie als Angelegenheiten des täglichen Lebens zu verstehen sein könnten. Dasselbe folgt im Übrigen auch aus der Unabänderlichkeit der Entscheidung gemäß § 3 Abs. 2 Satz 6 RKEG.

Hierbei ist allerdings zu beachten, dass das RKEG nur die bürgerlich-rechtliche Religionszugehörigkeit regelt. Über die kirchenrechtliche Gültigkeit einer katholischen Kindstaufe zu entscheiden, fehlt dem Staat wegen Art. 140 GG i.V.m. Art. 137 Abs. 3 Satz 1 WRV die Zuständigkeit.

Frage 4

- **Umgangsregelung**

Das Verfahren zur Regelung des Umgangs ist nach § 151 Nr. 2 FamFG Kindschaftssache.

Es ist durch § 14 Abs. 1 Nr. 7 RPflG dem Richter vorbehalten.

Da § 1684 Abs. 3 Satz 1 BGB einen besonderen Entscheidungsmaßstab nicht nennt, ist diejenige Umgangsregelung zu treffen, die – unter Berücksichtigung der Grenzen des Umgangsrechts – dem Kindeswohl am besten entspricht (§ 1697a BGB).

Das Familiengericht muss Franziska Alt nach § 7 Abs. 2 Nr. 1 FamFG als Beteiligte hinzuziehen, wenn das Verfahren sie in eigenen Rechten betrifft. Das ist der Fall, wenn das Familiengericht eine Umgangsregelung nach § 1684 Abs. 3 Satz 1 BGB auch mit direkter Wirkung gegen Franziska Alt trifft, denn hierdurch ist sie schon wegen der in §§ 89, 90 FamFG eröffneten Vollstreckungsmöglichkeit gegen sie in eigenen Rechten betroffen. Soll der Umgang dagegen nur mit Wirkung gegenüber dem Amtsvormund geregelt werden, ist Franziska Alt hiervon in eigenen Rechten nicht betroffen. Sie muss als Pflegeperson zwar nach § 161 Abs. 1 FamFG angehört werden, aber daraus folgt nicht, dass sie auch am Verfahren beteiligt werden müsste (vgl. § 7 Abs. 6 FamFG). Ihre Beteiligung steht nach § 161 Abs. 2 FamFG im Ermessen des Familiengerichts.

Jessica Neumann ist nach § 159 Abs. 2 FamFG persönlich anzuhören, wenn ihre Neigungen und Bindungen sowie ihr Wille für die Entscheidung von Bedeutung sind. Was dem Kindeswohl am besten entspricht, hat das Gericht unter Abwägung der kindlichen Interessen an Kontinuität, Förderung und Selbstbestimmung abzuwägen. Sowohl Jessicas Wille als auch ihre – vorhandene oder fehlende – Bindung zur Mutter sind daher für die Entscheidung von Bedeutung. Sie muss angehört werden.

- **Genehmigung der Taufe**

Auch das Verfahren über die Genehmigung der Taufe betrifft die Vormundschaft und ist daher Kindschaftssache nach § 151 Abs. 1 Nr. 4 FamFG. Es ist nach § 14 Abs. 1 Nr. 11 RPflG ebenfalls dem Richter vorbehalten.

Einen Maßstab für die Erteilung der Genehmigung nennt § 3 Abs. 2 RKEG nicht. Es gelten daher die allgemeinen Grundsätze zur Aufsicht des Familiengerichts über den Vormund. Das bedeutet, dass das Familiengericht die Genehmigung nur verweigern darf, wenn sich die Entscheidung als pflichtwidrig erweist (vgl. § 1802 Abs. 2 Satz 1, 2 BGB), also wenn sie auf die Interessen Jessicas nicht die gebotene Rücksicht nimmt.

Franziska Alt kann nach § 161 Abs. 2 FamFG an dem Verfahren beteiligt werden. Eine Pflicht des Gerichts zu ihrer Beteiligung besteht nicht, da sie von der Taufe ihres Pflegekindes nicht in eigenen Rechten betroffen ist. Sie ist jedoch nach § 162 Abs. 1 FamFG als Pflegeperson und nach § 3 Abs. 2 Satz 3 RKEG auch als Verwandte von Jessica anzuhören.

Die Anhörung des Kindes schreibt § 3 Abs. 2 Satz 5 RKEG erst vor, wenn es das zehnte Lebensjahr vollendet hat, was auf Jessica noch nicht zutrifft. Das ist m.E. aber so zu lesen, dass damit nur geregelt werden soll, wann das Kind in jedem Falle angehört werden muss. Die Vorschrift verdrängt daher nur den ersten Absatz des § 159 FamFG. Im Übrigen bleibt es bei der Regel, dass Jessica anzuhören ist, wenn in dem Verfahren ihr Wille und ihre Neigungen und Bindungen von Bedeutung sind. Angesichts der sehr unterschiedlichen religiösen Überzeugungen ihrer nächsten Verwandten dürfte das Familiengericht hier über die Pflichtwidrigkeit der Entscheidung des Amtsvormunds nicht entscheiden können, ohne Ermittlungen dazu anzustellen, wie eine katholische Taufe Jessicas ihr Verhältnis zu diesen Personen verändern könnte. Daher ist sie nach § 159 Abs. 2 FamFG anzuhören.

Fall 8 – Alina Hertwig

Frage 1

Das Kreisjugendamt Siegen ist laut Sachverhalt zum Vormund bestellt worden. Die Vormundschaft beruht demnach auf § 1774 Abs. 1 Nr. 4 BGB. Erforderlich war sie nach § 1773 Abs. 1 Nr. 1 BGB, weil Melanie als Vollwaise nicht unter elterlicher Sorge stand.

Die Bestellung zum Vormund wird bereits durch die Endentscheidung des Familiengerichts i.S.v. § 38 FamFG bewirkt. Diese wird nach § 168a Abs. 2 Satz 1 FamFG dadurch wirksam, dass sie gegenüber dem Vormund, der bestellt wurde, bekanntgegeben wird. Die Bestellung wurde daher mit der Bekanntgabe des Beschlusses über sie an das Jugendamt wirksam.

Die örtliche Zuständigkeit des Kreisjugendamtes Siegen folgt aus § 87c Abs. 3 Satz 1 SGB VIII. Maßgeblich ist Melanie Hertwigs gewöhnlicher Aufenthalt in Erndtebrück.

Frage 2

Zu Alinas Vormund kann das Jugendamt nach § 1786 Abs. 1 Satz 1 BGB kraft Gesetzes geworden sein. Das setzt voraus, dass Alina unehelich geboren wurde und von Geburt an einen Vormund benötigte. Unehelich geboren ist sie. Einen Vormund kann sie nach § 1773 Abs. 1 Nr. 2 BGB benötigt haben, weil ihre Eltern nicht zu ihrer Vertretung berechtigt waren. Alinas Vater ist gar nicht bekannt. Ihre Mutter ist wegen § 1626a Abs. 3 BGB allein sorgeberechtigt. Nach § 1673 Abs. 2 Satz 1 BGB ruht ihre elterliche Sorge, da sie noch minderjährig und daher nur beschränkt geschäftsfähig ist (vgl. §§ 2, 106 BGB). Das beschränkt sich zwar auf die Vermögenssorge, doch ruht ihr Recht, Alina gesetzlich zu vertreten, ganz (§ 1673 Abs. 2 Satz 2 Hs. 2 BGB). Alina brauchte also von Geburt an einen Vormund. Das Jugendamt ist gesetzlicher Amtsvormund geworden.

Die örtliche Zuständigkeit des Kreisjugendamtes Siegen folgt aus § 87c Abs. 1 Satz 1 SGB VIII. Auch hierfür ist Melanies gewöhnlicher Aufenthalt entscheidend, nicht Alinas.

Frage 3

Werner Hertz kann Verträge für Melanie und Alina schließen, soweit er sie gesetzlich vertreten kann. Da das Jugendamt ihn mit der Führung der Vormundschaft für beide beauftragt hat, kann er das grundsätzlich (§ 55 Abs. 4 Satz 2 SGB VIII).

Die Vertretungsmacht umfasst aber nicht das Recht, bei einem Rechtsgeschäft, an dem mehrere beteiligt sind, beide Seiten zu vertreten (§ 181 BGB). Das gilt auch für den Vormund (vgl. §§ 1789 Abs. 2 Satz 2, 1824 Abs. 2 BGB). Die vertragliche Auseinandersetzung des Erbes setzt aber die Vornahme eines Rechtsgeschäfts voraus, bei dem sowohl Melanie als auch Alina Hertwig vertreten sein müssen. Dies ist nach § 181 BGB nicht möglich.

Es wäre auch keine Lösung, Melanie den Vertrag selbst schließen zu lassen. Zwar würde Werner Hertz dann Alina vertreten können. Melanie kann einen Vertrag aber nach § 107 BGB nur mit Einwilligung ihres gesetzlichen Vertreters wirksam schließen, es sei denn, der Vertrag wäre für sie ausschließlich rechtlich vorteilhaft. Das ist er schon deshalb nicht, weil sie durch die Erbauseinandersetzung die Mitberechtigung an den Gegenständen verliert, die Alina zufallen sollen. Ob der Vertrag wirtschaftlich vorteilhaft ist, ist irrelevant. Würde Melanie ihn selbst schließen, wäre er also nach § 108 Abs. 1 BGB schwebend unwirksam, bis ihr gesetzlicher Vertreter ihn genehmigt. Das kann wiederum wegen § 181 BGB nicht Werner Hertz sein, weil er den Vertrag für die andere Seite – Alina – abgeschlossen hat.

Die Übertragung von Alinas Vormundschaft auf Marie Karschin bewirkt, dass diese nunmehr nach § 55 Abs. 4 Satz 2 SGB VIII Alinas gesetzlicher Vertreter ist. Beide Mündel werden nun von verschiedenen Vormündern vertreten. Der Vertrag kann wirksam abgeschlossen werden.

Frage 4

Wird ein Mitarbeiter eines anerkannten Vormundschaftsvereins gemäß § 1774 Abs. 1 Nr. 3 zum Vormund für ein Kind bestellt, ist er nach § 1789 Abs. 2 Satz 1 BGB dessen gesetzlicher Vertreter. Daher werden auch in diesem Fall beide Kinder von verschiedenen Vormündern vertreten, so dass auch hier der Vertrag wirksam abgeschlossen werden kann.

Gemäß § 1774 Abs. 2 BGB kann zum vorläufigen Vormund neben dem Jugendamt auch ein anerkannter Vormundschaftsverein bestellt werden. Vormund und damit gesetzlicher Vertreter nach § 1789 Abs. 2 Satz 1 BGB ist der Vormundschaftsverein. Dieser wird wiederum nach §§ 1794 Abs. 1 Satz 3, 1826 Abs. 3, 30 Satz 2 BGB von dem Mitarbeiter vertreten, dem die Führung der vorläufigen Vormundschaft übertragen ist (§ 1781 Abs. 2 Satz 1 BGB). Anders als bei der Bestellung des Jugendamtes zum (vorläufigen) Vormund würden Werner Hertz und Marie Karschin Melanie und Alina Hertwig nicht direkt vertreten. Sie würden vielmehr den Verein vertreten und dieser wiederum die beiden Mündel. Auch für den Verein als juristische Person gilt jedoch § 181 BGB: Er kann nicht bei einem Vertrag beide vertragschließenden Parteien vertreten. Da niemand mehr Befugnisse auf einen Untervertreter delegieren kann, als er selber hat (*nemo dat quod non habet*), wäre durch die Bestellung eines anerkannten Vormundschaftsverein zum vorläufigen Vormund für Alina Hertwig auf Marie Karschin ein wirksamer Vertragsabschluss nicht möglich. Der Vertrag könnte erst zustande kommen, wenn bei einem der beiden Mündel nach § 1809 Abs. 1 Satz 1 BGB Ergänzungspflegschaft wegen rechtlicher Verhinderung des Vormunds angeordnet und ein Ergänzungspfleger bestellt worden wäre.

Frage 5

Der Erbauseinandersetzungsvertrag bedarf nach §§ 1799 Abs.1, 1851 Nr. 3 BGB zu seiner Wirksamkeit der Genehmigung des Familiengerichts.

Fall 9 – Die Jungprofis

Michael Neubert

Für Michael Neubert haben seine Eltern den Vertrag genehmigt. Nach § 1629 Abs. 1 Satz 2 BGB wird das Kind grundsätzlich auch durch seine beiden Eltern vertreten.

Hier allerdings ist auch der TV Großneudorf e.V. als der andere Vertragspartner von Manfred Neubert vertreten worden. Bei ein und demselben Geschäft kann nach § 181 BGB dieselbe Person aber nicht beide Seiten vertreten. Manfred Neubert hätte den Spielervertrag daher nicht in Vertretung seines Sohnes abschließen können. Damit dieses Verbot nicht auf einfachem Wege umgangen werden kann, ist es auf die Genehmigung des von Michael selbst abgeschlossenen Spielervertrages zu erstrecken. Manfred Neubert kann ihn daher nicht genehmigen.

Freilich sagt das noch nichts über die Wirksamkeit der von Karla Neubert erteilten Genehmigung. Wäre sie in dieser Frage zur alleinigen Ausübung der elterlichen Sorge berechtigt, würde nach § 1629 Abs. 1 Satz 3 BGB schon ihre Erklärung für die wirksame Genehmigung des Spielervertrages ausreichen. Zur alleinigen Ausübung der elterlichen Sorge ist ein Elternteil bei gemeinsamer Sorge nach § 1678 Abs. 1 Hs. 1 BGB berechtigt, wenn die elterliche Sorge des anderen ruht oder der andere an ihrer Ausübung tatsächlich verhindert ist. Manfred Neuberts elterliche Sorge ruht nicht. Er ist an ihrer Ausübung auch nicht aus tatsächlichen Gründen, sondern aus Rechtsgründen verhindert. Karla Neubert kann Michael also nicht allein vertreten.

Folglich ist Michaels Spielervertrag noch nicht wirksam geworden.

Wenn Michaels Vertrag wirksam werden soll, muss für ihn ein Pfleger nach § 1809 Abs. 1 Satz 1 BGB mit dem Wirkungskreis „Genehmigung des Spielervertrages" (Ergänzungspfleger) bestellt werden. Dieser wird allerdings zu beachten haben, dass der Vertrag den Jungen für einen längeren Zeitraum als sechs Monate zu Dienstleistungen verpflichten soll. Der Pfleger würde für den Abschluss des Vertrages daher nach §§ 1813 Abs. 1, 1795 Abs. 2 Nr. 2 BGB die Genehmigung des Familiengerichts benötigen. Auch dieses Genehmigungserfordernis würde unterlaufen, erstreckte man es nicht auch auf die Genehmigung des von dem Minderjährigen selbst abgeschlossenen Vertrages.

Damit der Vertrag zwischen Michael Neubert und dem TV Großneudorf wirksam wird, muss er also von einem vom Familiengericht zu bestellenden Ergänzungspfleger genehmigt werden, der hierzu die Genehmigung des Familiengerichts benötigt.

Frank Schleicher

Frank Schleicher wird nach § 1629 Abs. 1 Satz 3 BGB durch seine Mutter allein vertreten. Zu prüfen bleibt hier nur, ob auch sie eine Genehmigung des Familiengerichts benötigt hätte.

Gemäß § 1643 Abs. 4 Satz 2 Nr. 1 BGB ist das aber nicht der Fall.

Franks Vertrag ist durch die Genehmigung von Christina Schleicher wirksam geworden.

Robin Piepereit

Für Robin Piepereit hat Marlene Frank den Vertrag genehmigt. Das konnte sie, wenn sie nach § 55 Abs. 4 Satz 2 SGB VIII sein gesetzlicher Vertreter war. Dazu musste ihr die Führung der vormundschaftlichen Geschäfte vom Leiter des Jugendamtes übertragen worden sein. Hiervon kann man ausgehen, wenn ihr – wie hier – die dem Jugendamt erteilte Bescheinigung über seine Bestellung zum Vormund übergeben worden ist.

Auch hier fragt sich, ob eine Genehmigung des Familiengerichts erforderlich gewesen wäre. Eigentlich gilt für den Vormund § 1795 Abs. 2 Nr. 2 BGB unmittelbar. Für den Amtsvormund macht § 56 Abs. 2 Satz 2 SGB VIII jedoch eine Ausnahme: § 1795 Abs. 2 S. 2 BGB gilt für ihn nicht. Er kann Lehr- und Arbeitsverhältnisse im Namen seines Mündels ohne familiengerichtliche Genehmigung begründen. Auch Marlene Frank brauchte daher keine gerichtliche Genehmigung, um Robins Spielervertrag wirksam genehmigen zu können.

Robins Vertrag ist durch die von Marlene Frank erteilte Genehmigung wirksam geworden.

Ergebnis

Der Vereinsjustiziar hat nicht ganz recht: Zwei der Verträge sind wirksam, nur einer (noch) nicht.

Fall 10 – Sigmar Willinger I

Frage 1

- **Beschwerde von Sigmars Eltern**

Die Entscheidung des Familiengerichts, Pflegschaft anzuordnen und das Jugendamt zum Pfleger zu bestellen, ist eine Endentscheidung i.S.v. § 38 FamFG. Sie unterliegt nach § 58 Abs. 1 FamFG daher der Beschwerde. Die Beschwerde steht nach § 59 Abs. 1 FamFG jedem zu, der durch die Endentscheidung in seinen (eigenen) Rechten beeinträchtigt ist.

Durch die Anordnung einer Pflegschaft verlieren Eltern das Recht, die elterliche Sorge auszuüben, soweit der Wirkungskreis des Pflegers reicht (§ 1630 Abs. 1 BGB). Daher enthält die Anordnung einer Pflegschaft grundsätzlich einen Eingriff in die elterliche Sorge. Die Eltern sind dagegen beschwerdebefugt. Ihre Beschwerde war zulässig.

Begründet wäre die Beschwerde gewesen, wenn das Familiengericht die Pflegschaft zu Unrecht angeordnet hätte. Es war jedoch der Anlass des § 1811 Abs. 1 Nr. 1 und 2 BGB für eine Zuwendungspflegschaft gegeben. Martha Willinger hatte in ihrem Testament ihrem Neffen Sigmar ein Vermächtnis ausgesetzt und zugleich nach § 1638 Abs. 1 BGB bestimmt, dass Sigmars Eltern den vermachten Gegenstand nicht verwalten sollen.

Die Auswahl des Pflegers können Peter und Frieda nicht anfechten, da sie dadurch nicht in eigenen Rechten betroffen sind.

- **Beschwerde von Bertram Willinger**

Auch Bertram Willinger kann eine Endentscheidung des Familiengerichts nur anfechten, wenn er durch sie in eigenen Rechten betroffen ist (§ 59 Abs. 1 FamFG). Hier kann er in seinem Recht, als berufener Pfleger auch zum Pfleger bestellt zu werden, betroffen sein.

Auf die Pflegschaft finden die §§ 1782, 1783 BGB an und für sich keine Anwendung (siehe § 1813 Abs. 2 BGB). Hiervon macht jedoch § 1811 Abs. 2 Satz 1 BGB für die Zuwendungspflegschaft eine Ausnahme: Er ordnet die entsprechende Anwendung von § 1783 BGB für den Fall an, dass der Zuwendende den Zuwendungspfleger benennt. Davon hat Martha Willinger hier Gebrauch gemacht. Aus §§ 1811 Abs. 2 Satz 2, 1783 Abs. 1 BGB folgt daher, dass Bertram Willinger ein eigenes Recht auf seine Bestellung zum Pfleger zustand. Seine Beschwerde gegen die Bestellung des Jugendamtes war zulässig.

Seine Beschwerde wäre begründet, wenn das Familiengericht ihn zum Pfleger hätte bestellen müssen. Der berufene Pfleger darf nur aus den in § 1783 Abs. 1 BGB genannten Gründen übergangen werden. Hier kam zum einen § 1783 Abs. 1 Nr. 2 BGB in Frage. Wobei unter „Wohl" in dieser Norm auch die finanziellen Interessen des Mündels fallen können. Bertram Willinger könnte versucht sein, bei der Verwaltung der von ihm selbst bewohnten Mietwohnung seine eigenen Interessen vor die des Mündels zu stellen. Es fehlt jedoch an konkreten Anhaltspunkten dafür, dass er dies tun würde. Eine lediglich abstrakte Gefahr für das Wohl des Kindes genügt den Erfordernissen des § 1783 Abs. 1 Nr. 2 BGB jedoch nicht.

Zum anderen könnte § 1783 Abs. 1 Nr. 4 BGB hier zum Tragen kommen. Sigmar Willinger wird durch Erwerb des Hauses auf Vermieterseite in den Mietvertrag mit Bertram Willinger einrücken (§ 566 Abs. 1 BGB). Zwischen dem Vermieter und dem Mieter einer Wohnung besteht ein Dauerschuldverhältnis, aus dem ständig wechselseitige Rechte und Pflichten entstehen. Als der eine Teil dieses Schuldverhältnisses kann Bertram Willinger den anderen Teil bei der Überwachung und Durchsetzung dieser Pflichten wegen § 181 BGB nicht wirksam vertreten. Andererseits aber steht fest, dass dafür gesorgt werden muss, dass auch Bertram Willinger als Mieter seinen Verpflichtungen nachkommt und dass von ihm oder ihm gegenüber eine Kündigung oder andere rechtsgeschäftliche Erklärungen (Mieterhöhungsverlangen, Nebenkostenabrechnung) abgegeben werden können. Er ist zumindest in Bezug auf sein eigenes Mietverhältnis rechtlich an der Übernahme der Nachlasspflegschaft gehindert.

- **Nichtentlassung des Jugendamtes**

Ist die Beschwerde gegen die Bestellung eines Pflegers erfolgreich, so ist er damit aus dem Amt entlassen. Das Beschwerdegericht hat hier die Bestellung jedoch teilweise aufrechterhalten. Das konnte es, wenn es aufgrund des Erfolgs der Beschwerde einen neuen Anlass für eine Pflegschaft gab.

Nach § 1809 Abs. 1 Satz 1 BGB ist ein Pfleger zu bestellen, soweit die Eltern oder der Vormund in der Wahrnehmung der elterlichen Sorge verhindert sind. Da die für den Vormund geltenden Vorschriften nach § 1813 Abs. 1 Satz 1 BGB für den Pfleger entsprechend gelten, kann auch die Verhinderung eines Pflegers Anlass für eine weitere Pflegschaft (Unterpflegschaft) sein. Wie oben dargestellt, ist Bertram Willinger hinsichtlich des Mietverhältnisses zwischen ihm und Sigmar Willinger rechtlich an der Übernahme dieses Teilbereichs der Nachlasspflegschaft gehindert.

Daher bestand hier Anlass, eine Unterpflegschaft wegen rechtlicher Verhinderung des Pflegers anzuordnen, auch wenn damit das Grundprinzip einer ungeteilten Sorgeverantwortung durchbrochen wurde (§§ 1813 Abs. 1, § 1775 BGB). Mangels aus dem Sachverhalt erkennbarer Alternativen hat das Oberlandesgericht das Jugendamt hierfür ausgewählt und seine Bestellung insoweit aufrechterhalten (§§ 1813 Abs. 1 Satz 1, 1774 Abs. 1 Nr. 4 BGB).

Frage 2

Der Vermächtnisnehmer erwirbt durch den Tod des Erblassers lediglich einen Anspruch gegen den Erben auf Leistung des vermachten Gegenstandes (vgl. § 2174 BGB). Martha Willingers Alleinerbe war daher verpflichtet, das Eigentum an dem Mehrfamilienhaus auf Sigmar Willinger zu übertragen. Dazu musste es nach §§ 873 Abs. 1, 925 BGB aufgelassen werden.

Die erfolgte Auflassung könnte hier unwirksam sein, weil Sigmar Willinger hierbei nicht ordnungsgemäß vertreten war. Die Bestellung des Jugendamtes zum Pfleger war ungerechtfertigt und ist durch Beschwerde aufgehoben worden. § 47 FamFG bestimmt für diesen Fall, dass die Wirksamkeit von Rechtshandlungen, die ein zwar zu Unrecht, aber wirksam bestellter Pfleger vorgenommen hat, durch die Aufhebung seiner Bestellung im Rechtszug nicht berührt wird.

Die Auflassung eines Grundstücks an das Kind fällt auch unter keines der sich aus §§ 1813 Abs. 1, 1799 Abs. 1, 1850 BGB ergebenden Genehmigungserfordernisse. § 1850 Abs. 1

Nr. 1 BGB ist nicht einschlägig, weil es nicht Sigmar, sondern Marthas Alleinerbe ist, der über das Grundstück verfügt. § 1850 Nr. 6 BGB ist nicht einschlägig, weil Sigmar das Grundstück durch die Auflassung erwirbt und sich nicht zum Erwerb verpflichtet. Außerdem erwirbt er ja von Todes wegen, also unentgeltlich.

Soweit in diesem Geschäft schließlich die Annahme des Vermächtnisses zu sehen ist, folgt auch hieraus nichts anderes, denn nach §§ 1813 Abs. 1, 1799 Abs. 1, 1851 Nr. 2 BGB ist nur die Ausschlagung, nicht die Annahme eines Vermächtnisses genehmigungsbedürftig.

Die Auflassung ist daher wirksam.

Fall 11 – Sigmar Willinger II

Frage 1

Das Familiengericht hat Vormundschaft angeordnet und Martha Willinger zum Vormund bestellt. Der Anlass für die Vormundschaft ergab sich aus § 1773 Abs. 1 Nr. 1 BGB. Durch den Tod seiner Eltern stand Sigmar nicht mehr unter elterlicher Sorge.

Peter und Frieda Willinger hatten durch gemeinschaftliches Testament bestimmt, dass nach ihrem Tod Martina Köhler zum Vormund bestellt werden sollte. Sie hatten daher in der durch § 1782 Abs. 1 Satz 1 BGB gebotenen Form Martina Köhler benannt. Das gab Martina Köhler zwar das Recht, zum Vormund bestellt zu werden, löste aber keine Pflicht aus diese auch zu übernehmen. Aus § 1783 Abs. 1 BGB folgt, dass das Gericht den berufenen Vormund mit seinem Einverständnis stets übergehen darf. Aus der Weigerung, die Vormundschaft zu übernehmen, ergab sich, dass sie damit einverstanden war, übergangen zu werden.

Das Gericht hatte demnach schließlich den am besten geeigneten Vormund nach den in § 1778 BGB genannten Kriterien auszuwählen. Das Gesetz kennt im Vormundschaftsrecht die Bestellung einer natürlichen Person zum Einzelvormund (§ 1774 Abs. 1 Nr. 1 bis 3 BGB) und diejenige des Jugendamtes als juristische Person (§ 1774 Abs. 1 Nr. 4 BGB). Sebastian Kurz wurde gemäß § 1774 Abs. 1 Nr. 3 BGB als Mitarbeiter eines anerkannten Vormundschaftsvereins zum Vormund bestellt. Dafür war seine Einwilligung nach § 1785 Abs. 3 BGB erforderlich.

Frage 2

Sigmar Willinger könnte einen Anspruch auf Schadensersatz gegen Bertram Willinger aus §§ 1813 Abs. 1, 1794 Abs. 1 Satz 1 BGB haben, wenn dieser dadurch schuldhaft seine Pflichten aus dem Pflegschaftsverhältnis verletzt hat.

Zu Sigmar Willingers Wirkungskreis als Pfleger gehörte die Verwaltung des Mietshauses, somit auch die Neuvermietung freigewordener Wohnungen. Allerdings kann die Pflegschaft bereits erloschen gewesen sein. Nach § 1812 Abs. 2 BGB erlischt die zur Ergänzung eines Sorgerechts angeordnete Pflegschaft mit diesem Sorgerecht. Die Pflegschaft des Bertram Willinger ergänzte die elterliche Sorge von Peter und Frieda Willinger. Mit deren Tod erlosch diese und mit ihr nach § 1812 Abs. 2 BGB auch die Pflegschaft.

Eine Verpflichtung zur Weiterführung der Geschäfte aus §§ 1813 Abs. 1, 1807, 1874 Abs. 2 BGB bestand schon deshalb nicht, weil ja nicht das Kind, sondern die Eltern gestorben waren.

Ggf. besteht jedoch ein Amtshaftungsanspruch gegen das Land aus § 839 Abs. 1 Satz 1 BGB i.V.m. Art. 34 Satz 1 GG, wenn der Rechtspfleger beim Familiengericht um die freigewordenen Wohnungen wusste. Wenn ihm zugleich klar war, dass sich die Bestellung eines Vormundes verzögern würde, hätte er nach § 1781 Abs. 1 BGB einen vorläufigen Vormund bestellen müssen, um das Vermögen von Sigmar Willinger einstweilen zu sichern.

Frage 3

Sigmar Willinger ist inzwischen 14 Jahre alt. Hätte er die Bestellung von Martina Köhler abgelehnt, so hätte das Gericht sie nach § 1783 Abs. 1 Nr. 3 BGB übergehen dürfen, auch wenn sie bereit war, die Vormundschaft zu übernehmen.

Das gibt dem Mündel allerdings kein Vetorecht, sondern bedeutet nur, dass der Vormund nach Maßgabe von § 1778 BGB ausgewählt wird. Danach soll zum Vormund ausgewählt werden, wer am besten dafür geeignet ist. Unter anderem hat das Familiengericht dabei den Willen des Mündels zu berücksichtigen (§ 1778 Abs. 2 Nr. 1 BGB). Ein Vormund, den das betroffene Mündel explizit ablehnt, ist in der Regel nicht am besten geeignet für die Person und das Vermögen des Mündels zu sorgen.

Fall 12 – Sarah Moser I

Frage 1

Das Familiengericht hatte zu prüfen, ob Maßnahmen nach § 1666 Abs. 1 BGB in Frage kamen. Da Sarah in ihrer Entwicklung nicht erkennbar gefährdet war, kam dies nur unter dem Gesichtspunkt der Gefährdung des Kindesvermögens in Betracht.

Nach § 1666 Abs. 2 BGB wird die Gefährdung des Vermögens des Kindes vermutet, wenn die Eltern gesetzliche Pflichten in Bezug auf das Kindesvermögen verletzen. Hier könnten sie gegen die in § 1649 BGB getroffenen Bestimmungen über die Verwendung von Einkünften des Kindes verstoßen haben, indem sie diese für ihren eigenen Unterhalt verwendet haben.

Bei den von Sarah erzielten Einnahmen handelt es sich um Einkünfte aus einer Erwerbstätigkeit, für die § 1649 Abs. 1 Satz 2 BGB gilt und die nur für Sarahs eigenen Unterhalt verwendet werden dürfen, nicht – auch nicht ausnahmsweise – für den Unterhalt anderer Familienmitglieder. Etwas anderes könnte sich nur aus § 1601 BGB ergeben, wenn Sarah verpflichtet war, aus ihrem Einkommen ihren Eltern Unterhalt zu leisten. Indessen waren diese nicht außerstande, ihren Lebensunterhalt nach ihren eigenen Lebensverhältnissen – eben denen der Familie eines Friedhofsgärtners – zu bestreiten, also auch nicht bedürftig i.S.v. § 1602 Abs. 1 BGB.

Die Voraussetzung für eine Maßnahme nach § 1666 Abs. 1 BGB lag also vor. Anscheinend hat das Familiengericht keine mildere Maßnahme für ausreichend gehalten und Sarahs Eltern nach § 1666 Abs. 3 Nr. 6 BGB die Vermögenssorge entzogen.

Hierfür war der Rechtspfleger zuständig, denn der Richtervorbehalt aus § 14 Abs. 1 Nr. 2 RPflG erfasst Verfahren nach § 1666 BGB nicht, wenn von vorneherein nur Gefahren für das Kindesvermögen in Betracht kommen.

Frage 2

Gemäß § 7 Abs. 2 Nr. 1 FamFG müssen diejenigen, deren Rechte durch das Verfahren unmittelbar betroffen sind, am Verfahren beteiligt werden. Dies waren hier Sarahs Eltern, da in dem Verfahren Eingriffe in deren elterliche Sorge drohten. Sarah selbst war nicht gemäß § 7 Abs. 1 FamFG zu beteiligen, da ein Verfahren gemäß § 1666 Abs. 1 BGB von Amts wegen durchgeführt wird. Sie hatte keinen Antrag bei Gericht gestellt, sondern eine Anregung gegeben. Allerdings war sie ebenfalls nach § 7 Abs. 2 FamFG zu beteiligen, da auch ihre Rechte unmittelbar beeinträchtigt waren. Das Verfahren war Ggemäß § 151 Nr. 1 FamFG war dieses ein Verfahren in Kindschaftssachen. Da Maßnahmen nach § 1666 Abs. 1 BGB im Raum standen, war auch das Jugendamt gemäß § 162 Abs. 2 Satz 1 BGB zu beteiligen, unabhängig davon, dass die Angelegenheit nicht die Person des Kindes betraf.[1]

Das Gericht war nach § 160 Abs. 1 Satz 2 FamFG verpflichtet, Sarahs Eltern persönlich anzuhören. Sarah selbst musste nach § 159 Abs. 1 Satz 1 FamFG persönlich angehört werden, wovon das Gericht nur hätte absehen können, wenn die Anhörung nach der Art der

1 So PK-Kind/Dürbeck, § 162 FamFG, Rn. 18.

betroffenen Angelegenheit „nicht angezeigt" gewesen wäre (§ 159 Abs. 1 Satz 2 FamFG). Das kann man hier aber ausschließen, da es ja sogar Sarah war, die das Verfahren ins Rollen brachte.

Das Jugendamt musste nicht angehört werden, weil das Verfahren ausschließlich Sarahs Vermögen betraf (vgl. § 1621 Abs. 1 FamFG). Aus demselben Grund schied die Bestellung eines Verfahrensbeistandes aus.

Durch den teilweisen Entzug der elterlichen Sorge stand Sarah zum Teil nicht mehr unter elterlicher Sorge, sodass nach § 18909 Abs. 1 Satz 1 Satz 1 BGB eine Ergänzungspflegschaft mit dem Wirkungskreis Vermögenssorge (Vermögenspflegschaft) angeordnet werden musste.

Frage 3

Bei der Vermögensanlage muss unterschieden werden:

Das Sparkassenbuch ist ein Anlagekonto i.S.v. §§ 1813 Abs. 1, 1798 Abs. 2 Satz 1, 1841 Abs. 2 BGB eine mündelsichere Anlage. Dort darf er Geld ohne weiteres anlegen. Nach §§ 1813 Abs. 1, 1798 Abs. 2 Satz 1, 1845 Abs. 1 Satz 1 BGB ist Bernhard Laband verpflichtet, mit der Sparkasse eine Vereinbarung dahin zu treffen, dass Abhebungen nur mit Genehmigung des Familiengerichts zulässig sind. Er muss dafür sorgen, dass dies auch im Sparbuch vermerkt wird.

Für die Anlegung in Bundesanleihen benötigt er gemäß §§ 1813 Abs. 1, 1799 Abs. 1, 1848 BGB eine Genehmigung des Familiengerichts. Da es sich um depotfähige Wertpapiere handelt, ist Bernd Laband nach §§ 1813 Abs. 1, 1798 Abs. 2 Satz 1, 1843 Abs. 1 BGB verpflichtet, sie bei einem Kreditinstitut zu hinterlegen und gemäß §§ 1813 Abs. 1, 1798 Abs. 2 Satz 1, 1845 Abs. 2 Satz 1 BGB eine Vereinbarung dahin zu treffen, dass die Rücknahme aus der Verwahrung nur mit Genehmigung des Familiengerichts zulässig sein soll.

Für den Kauf von Aktienfondanteilen benötigt Bernhard Laband ebenfalls nach § 1799 Abs. 1, 1848 BGB eine Genehmigung des Familiengerichts. Nach §§ 1813 Abs. 1, 1800 Abs. 1 BGB wird er diese wohl auch bekommen, denn er will ja nur einen kleineren Teil des Vermögens auf diese weniger sichere, aber auch langfristig werbeständigere Weise anlegen.

Für den mit dem Vater über das Wochenendgrundstück abgeschlossenen Vertrag könnte eine Genehmigung nach §§ 1813 Abs. 1, 1799 Abs. 1, 1854 Nr. 6 BGB erforderlich sein, wenn es sich um einen Vergleich mit einem Geschäftswert von mehr als 6.000,00 € handelt. Vergleich ist nach § 779 Abs. 1 BGB ein Vertrag, mit dem ein Streit oder eine Ungewissheit durch gegenseitiges Nachgeben aus der Welt geschaffen wird. Sarahs Vater hatte, als er sich von ihrem Geld das Grundstück gekauft hatte, Sarahs Vermögen geschädigt und war ihr hieraus aus § 1664 Abs. 1 BGB (ggf. auch aus § 823 Abs. 2 BGB i.V.m. § 266 StGB) zum Schadensersatz verpflichtet. Das war nicht ungewiss. Ob es hierüber zwischen Sarahs Vater und Bernd Laband Streit gab, sagt der Sachverhalt nicht, doch kann die Ungewissheit nach § 779 Abs. 2 BGB auch die Verwirklichung des Anspruchs betreffen, also in Unklarheiten über die Zahlungsfähigkeit des Schuldners bestehen. Es ist wahrscheinlich, dass Sarahs Vater die baren Mittel nicht hatte, Schadensersatz zu leisten, und sich mit Bernd Laband stattdessen auf die Übertragung des Grundstücks geeinigt hat, was insofern gegenseitiges Nachgeben voraussetzt, als er die Übertragung des Grundstücks gerade nicht schuldete, Sarah dafür aber auf Bargeld verzichtete. Ein Vergleich dürfte hier demnach vorliegen. Zum Geschäftswert verhält sich der Sachverhalt allerdings nicht, daher kann nicht abschließend beurteilt werden, ob eine Genehmigung nach §§ 1813 Abs. 1, 1799 Abs. 1, 1854 Nr. 6 BGB erforderlich ist.

Eine Genehmigungspflicht kann sich aber außerdem aus §§ 1813 Abs. 1, 1799 Abs. 1, 1850 Nr. 6 BGB ergeben, wenn der Vertrag darauf gerichtet ist, dass Sarah das Grundstück erwirbt. Kennzeichen des Vergleichs ist das gegenseitige Nachgeben, insoweit ist er ein entgeltlicher Vertrag. Sarahs Gegenleistung besteht in dem Verzicht auf ihre Geldforderung. Der Vertrag bedarf folglich einer Genehmigung des Familiengerichts.

Soweit der Vertrag auch das Übereignungsgeschäft enthält, ist das nicht genehmigungspflichtig, denn das wäre es nach §§ 1813 Abs. 1, 1799 Abs. 1, 1850 Nr. 1 BGB nur, wenn Sarah über ein Grundstück verfügen würde. Es ist aber ihr Vater, der über das Grundstück verfügt, wenn er es an Sarah veräußert.

Zur Besprechung der Angelegenheit mit Sarah und ihrer Beteiligung an der Entscheidung ist Bernd Laband nach §§ 1813 Abs. 1, 1790 Abs. 2 Satz 2 BGB verpflichtet, soweit eine solche Besprechung und Beteiligung nach ihrem Entwicklungsstand angezeigt ist. Das ergibt sich hier schon daraus, dass sie sich bereits als verantwortlicher als ihre Eltern erwiesen hat, indem sie auf deren nicht tolerablen Umgang mit ihrem Vermögen hin das Gericht eingeschaltet hat. Bernhard Laband muss seine Absichten daher mit Sarah besprechen, bevor er sie in die Tat umsetzt.

Fall 13 – Edwina Kinley

Frage 1

Für Edwina bestand laut Sachverhalt eine Amtspflegschaft mit dem Wirkungskreis der Aufenthaltsbestimmung. Dabei handelt es sich um eine Sorgerechtspflegschaft nach § 1909 Abs. 1 Satz 1 BGB, die durch Teilentzug der elterlichen Sorge der Mutter (§§ 1666 Abs. 1, Abs. 3 Nr. 6 BGB) notwendig geworden war. Edwina ist außerehelich geboren. Mangels gegenteiliger Angaben im Sachverhalt war Edwinas Mutter im Übrigen also alleinsorgeberechtigt (§ 1626a Abs. 3 BGB).

Mit Carolins Tod endete ihre elterliche Sorge. Nach § 1812 Abs. 2 BGB erlosch damit zugleich die sie ergänzende Amtspflegschaft. Edwina stand hierdurch nicht mehr unter elterlicher Sorge und benötigte einen Vormund (§ 1773 Abs. 1 Nr. 1 BGB).

Franz war bedingt durch den Unfall und das künstliche Koma vorübergehend außerstande die Vormundschaft für Edwina zu übernehmen. Für Waltraud galt dies nicht, allerdings hat diese angegeben, dass sie nicht bereit ist, die Vormundschaft allein zu übernehmen. Das Familiengericht hat aber wahrscheinlich aufgrund des Antrags der Beiden zunächst das Jugendamt zum vorläufigen Vormund gemäß § 1781 Abs. 1 BGB bestellt, da ein vorübergehendes Hindernis für die gemeinsame Bestellung der beiden zum Vormund bestand. Zudem waren möglicherweise auch die erforderlichen Ermittlungen zur Auswahl eines geeigneten Vormunds noch nicht abgeschlossen. Zum vorläufigen Vormund kann das Gericht sowohl das Jugendamt (§ 1774 Abs. 2 Nr. 2 BGB) als auch einen anerkannten Vormundschaftsverein (§ 1774 Abs. 2 Nr. 1 BGB) bestellen. Da das Jugendamt schon zuvor Pfleger von Edwina war, erscheint die Auswahl des Gerichts aufgrund des Kontinuitätsinteresses von Edwina nachvollziehbar. Nach § 1781 Abs. 3 Satz 1 BGB hätte das Familiengericht binnen drei Monaten den eigentlichen Vormund zu bestellen. Da Franz zu diesem Zeitpunkt noch nicht wieder vollständig gesund war, wird es nach Anhörung der Beteiligten die Frist zur Bestellung des Vormunds gemäß § 1781 Abs. 3 Satz 2 BGB verlängert haben. § 1781 Abs. 3 Satz 2 BGB erlaubt dies nur, wenn trotz eingeleiteter Ermittlungen der am besten geeignete Vormund noch nicht bestellt werden kann. Dies gilt auch bei dessen vorübergehender Verhinderung.[2] Es erscheint aufgrund der Vorrangstellung einer benannten Person gemäß § 1778 Abs. 1 BGB sinnvoll, auch bei deren vorübergehenden Verhinderung die Möglichkeit einer Fristverlängerung anzunehmen. Von Franz' Anhörung konnte das Familiengericht nach § 34 Abs. 2 FamFG absehen.

Da die Frist nach § 1781 Abs. 3 Satz 2 BGB höchstens um weitere drei Monate verlängert werden kann, muss das Familiengericht nach deren Ablauf einen regulären Vormund bestellen. Da Franz zu diesem Zeitpunkt noch nicht wieder gesund war und laut Sachverhalt kein anderer möglicher Vormund zur Auswahl stand, hat das Familiengericht nach §§ 1781 Abs. 4, 1774 Abs. 1 Nr. 4 BGB das Jugendamt zum Vormund bestellt.

2 Bt-Drs. 19/24445, S. 199.

Frage 2

Zunächst ist zu prüfen, ob diese Benennung wirksam geworden ist. Carolin Kinley hat das in der durch § 1782 Abs. 1 Satz 1 BGB vorgeschriebenen Form getan. Nach § 1782 Abs. 1 Satz 1 BGB konnte sie es aber wirksam nur tun, wenn ihr im Zeitpunkt ihres Todes noch die Personen- und Vermögenssorge für Edwina zustand. Das war grundsätzlich zwar der Fall, doch war ihr das Aufenthaltsbestimmungsrecht entzogen worden. Dem Wortlaut der Norm ist nicht eindeutig zu entnehmen, ob dadurch bereits das Benennungsrecht entfiel. Der Sinn von § 1782 Abs. 1 BGB liegt erkennbar darin, einem Elternteil, der zu seinen Lebzeiten über das Kind nicht mehr bestimmen darf, dies auch nicht über den Tod hinaus zu gestatten. Dann ist es für das Benennungsrecht aber erforderlich, dass er vor seinem Tod in allen wesentlichen Bereichen der elterlichen Sorge noch zuständig war. Hatte er nur einzelne Befugnisse verloren, kann das dem Benennungsrecht dagegen nicht im Wege stehen. Das Aufenthaltsbestimmungsrecht ist insoweit sicher ein Grenzfall, weil ein Elternteil, der es nicht mehr hat, die Erziehung nicht mehr an sich ziehen und daher nur noch indirekt beeinflussen kann. Andererseits erlaubt das Benennungsrecht ebenfalls nur einen indirekten Einfluss auf die weitere Erziehung des Kindes. Daher dürfte es hier noch zu bejahen sein.

Da Waltraud und Franz Schleicher durch ihren Antrag ihren Wunsch deutlich gemacht haben der Benennung zu entsprechen, konnte sich das Gericht nur in den in § 1783 Abs. 1 BGB genannten Fällen darüber hinwegsetzen. Hier könnte durch den Unfall von Franz und die sich daran anschließende längere Behandlung § 1783 Abs. 1 Nr. 4 BGB zum Tragen kommen, da er aus tatsächlichen Gründen an der Übernahme der Vormundschaft verhindert war. Da Waltraud alleine nicht zur Übernahme bereit war, hatte das Familiengericht auch das Jugendamt zunächst zum vorläufigen Vormund bestellt.

Gemäß § 1783 Abs. 2 BGB kann die nach § 1783 Abs. 1 Nr. 4 BGB übergangene Person einen Antrag beim Familiengericht stellen, um doch noch zum Vormund bestellt zu werden. Diesem Antrag hat das Gericht zu entsprechen, wenn die Verhinderung nur vorübergehend war und die in § 1783 Abs. 2 Nr. 1 bis 3 BGB genannten Voraussetzungen erfüllt sind. Allerdings ist dies nach § 1783 Abs. Nr. 1 BGB nur binnen sechs Monaten nach Bestellung des bisherigen Vormunds möglich. Fraglich ist, ob darunter auch die Anordnung und Bestellung eines vorläufigen Vormunds fällt. Dann wäre die Frist abgelaufen. Allerdings ist diese Form grundsätzlich als vorübergehender Zustand angelegt, der einer regulären Vormundschaftsbestellung voraus gehen kann. Unter anderem dann, wenn ein vorübergehendes Hindernis für die Bestellung des benannten oder am besten geeigneten Vormunds besteht. Eine abschließende Entscheidung in Bezug auf die Vormundschaft für Edwina hat das Familiengericht erst nach sechs Monaten mit Bestellung des Jugendamtes zu ihrem regulären Vormund getroffen. Daher beginnt die Frist aus § 1783 Abs. 2 Nr. 1 BGB erst zu diesem Zeitpunkt. Hinweise, dass eine Bestellung der Beiden Edwinas Wohl widersprechen würde (§ 1783 Abs. 2 Nr. 2 BGB), liefert der Sachverhalt nicht.

Unabhängig von der Benennung durch Carolin Kinley, hätten Waltraud und Franz Schleicher aber nach sieben Monaten einen Antrag gemäß § 1804 Abs. 3 BGB auf Entlassung des bisherigen Vormunds stellen können. Den beiden stand danach eine Antragsbefugnis zu, wenn sie mit dem Antrag ein berechtigtes Interesse von Edwina geltend machten

(§ 1804 Abs. 3 Satz 3 Nr. 4 BGB) oder wenn sie sich im Interesse des Mündels als neue Vormünder anböten (§ 1804 Abs. 3 Satz 3 Nr. 2 BGB). Die erste Möglichkeit setzt eine persönliche Beziehung zu dem Kind voraus, aufgrund dessen sie berechtigten Anlass hatten für das Kindeswohl einzutreten.[3] Bei Pflegeeltern kann das unterstellt werden. Auch die zweite Variante ist laut Sachverhalt erfüllt, beide sind bereit und gewillt, die Vormundschaft für Edwina zu übernehmen.

Dem Antrag ist nach § 1804 Abs. 3 Satz 1 BGB zu entsprechen, wenn ein geeigneter Einzelvormund zur Verfügung steht und die Übertragung der Vormundschaft auf diesen dem Wohl des Mündels dient. Das setzt die Feststellung voraus, dass die Übertragung der Vormundschaft auf Franz und Waltraud Schleicher Edwinas Lebenschancen verbessern würde. Der knappe Sachverhalt lässt dazu eine endgültige Aussage wohl nicht zu. Generell führt die Übernahme der Vormundschaft durch Pflegeeltern aber zu einer besseren Integration in die Pflegefamilie, sodass manches hierfür spricht. Zur Eignung der Eheleute Schleicher als Vormund ist dem Sachverhalt ebenfalls wenig zu entnehmen. Da sie aber zur Erziehung und Betreuung von Edwina geeignet sein mussten – andernfalls wegen § 33 SGB VIII als Pflegeeltern nicht in Betracht gekommen wären – spricht hierfür manches. Bei seiner Entscheidung soll das Familiengericht einen entgegenstehenden Willen des Mündels sowie den Vorrang des ehrenamtlichen Vormunds berücksichtigen.

Einfacher wäre es, wenn das Familiengericht das Jugendamt gemäß § 1804 Abs. 1 Nr. 2 BGB von Amts wegen als Vormund entlassen würde, wenn es darüber Kenntnis erlangt, dass Waltraud und Franz Schleicher geeignet und bereit sind, die Vormundschaft ehrenamtlich zu führen. Von der Entlassung darf es nur absehen, wenn diese dem Mündelwohl widerspricht. Dafür liefert der Sachverhalt keine Hinweise.

Eine Verpflichtung des Familiengerichts, das Jugendamt als Vormund zu entlassen und Waltraud und Franz Schleicher zu bestellen, kann für alle drei Varianten angenommen werden.

Weiterhin ist fraglich, ob das Familiengericht verpflichtet war, Franz und Waltraud Schleicher antragsgemäß beide zu Vormündern zu bestellen. § 1775 Abs. 1 BGB enthält vom Prinzip der Einzelvormundschaft die Ausnahme, dass es ohne Weiteres erlaubt ist, einem Ehepaar die Vormundschaft gemeinsam zu übertragen. Daraus folgt, dass die Benennung eines Ehepaares nach § 1782 Abs. 1 Satz 1 BGB das Familiengericht in gleicher Weise bindet wie die Benennung eines Einzelvormunds. In Bezug auf die Bestellung gemäß § 1804 Abs. 1 Nr. 2 und Abs. 3 BGB kann das Familiengericht ebenfalls nach § 1775 Abs. 1 BGB Waltraud und Franz Schleicher gemeinschaftlich zu Vormündern für Edwina bestellen. Insbesondere damit diese beide Pflegeelternteile als für sie rechtlich handlungsfähig erleben kann, erscheint eine gemeinschaftliche Bestellung ihrem Wohl zu entsprechen.

Wären Waltraud und Franz Schleicher mittlerweile geschieden, wäre eine gemeinschaftliche Bestellung nicht möglich, da § 1775 Abs. 1 BGB dies ausschließlich für Eheleute ermöglicht.

3 BVerfG FamRZ 1986, 871 zum gleichlautenden früheren § 57 Abs. 1 Nr. 9 FGG.

Frage 3

Grundsätzlich ist jede Person verpflichtet, eine ihr angetragene Vormundschaft zu übernehmen, wenn sie vom Familiengericht ausgewählt worden ist (§ 1785 Abs. 1 BGB). Dies gilt allerdings nur, wenn ihr die Übernahme unter Berücksichtigung ihrer familiären, beruflichen und sonstigen Verhältnisse zugemutet werden kann. Um zu verhindern, dass sich das Gericht über die Zumutbarkeit hinwegsetzt, darf es die ausgewählte Person nach § 1785 Abs. 2 BGB erst dann zum Vormund bestellen, wenn sie sich zur Übernahme der Vormundschaft bereit erklärt hat.

Ob die Übernahme der Vormundschaft für Edwina Kinley Waltraud und Franz Schleicher zugemutet werden kann, lässt sich anhand des Sachverhalts nicht überprüfen. Solange beide nicht gegenüber dem Gericht erklären, dass sie zur Übernahme bereit sind, ist keine Bestellung möglich.

Nach Ablauf von vier Wochen nach Aufforderung zur Übernahme der Vormundschaft kann das Familiengericht gemäß § 1783 Abs. 1 Nr. 5 BGB aber die benannten Personen übergehen und einen anderen geeigneten Vormund nach § 1774 Abs. 1 BGB bestellen. Mit Zustimmung der benannten Person ist ein Übergehen generell ohne Angabe von Gründen möglich (§ 1783 Abs. 1 Hs. 1 BGB).

Frage 4

Pflegegeld vom Jugendamt kann Franz und Waltraud Schleicher nur nach Maßgabe von §§ 27, 33, 39 SGB VIII als Hilfe zur Erziehung gezahlt worden sein.

Hilfe zur Erziehung setzt nach § 27 Abs. 1 SGB VIII voraus, dass eine dem Wohl des Kindes entsprechende Erziehung nicht gewährleistet ist. Leistungsempfänger ist der Personensorgeberechtigte. Das war bislang Carolin Kinley. Nunmehr sind Franz und Waltraud Schleicher personensorgeberechtigt (§ 1789 Abs. 1 Satz 1 BGB). Die Frage ist, ob damit die Leistungsvoraussetzungen entfallen sind, weil sie ja offenbar in der Lage sind, eine dem Wohl von Edwina entsprechende Erziehung zu gewährleisten, andernfalls als Pflegeeltern schon gar nicht hätten ausgewählt werden dürfen.

Hier ist indessen zu berücksichtigen, dass Franz und Edwina Schleicher als Vormünder zwar berechtigt, aber nicht verpflichtet sind, ihr Mündel selbst zu erziehen. Insofern ist die Erziehung nur „gewährleistet", soweit sie sie auch freiwillig zu erbringen bereit sind.

Sind sie nicht bereit, Edwina ohne Gewährung von Pflegegeld zu erziehen, können sie dazu nicht gezwungen werden. Daher bleiben die Leistungsvoraussetzungen bestehen.

Ein anderer denkbarer Einwand ist, dass Vollzeitpflege nach §§ 27, 33 SGB VIII als Erziehung „in einer anderen Familie" definiert ist. Es fragt sich, ob die Familie des Personensorgeberechtigten überhaupt eine „andere" Familie in diesem Sinne ist. Das ist sie allerdings insoweit, als es eben nicht die Herkunftsfamilie des Kindes ist. Das Gegenstück zur „anderen" Familie ist die „eigene" Familie des Kindes in § 37 Abs. 1 SGB VIII. Hiermit ist im sozialpädagogischen Kontext aber die Herkunftsfamilie des Kindes, also dessen Vater und Mutter gemeint. Daher steht auch dies der Gewährung von Pflegegeld nicht entgegen.

Vorausgesetzt, dass sich bei einer Fortschreibung des Hilfeplanes nicht ergibt, dass eine andere Hilfeform vorzugswürdig ist, ist den Eheleuten Schleicher das Pflegegeld auch weiterhin zu gewähren.

Fall 14 – Kevin Mattuschek

Frage 1

Die Pflicht des Vormunds, über die Vermögensverwaltung jährlich Rechnung zu legen, folgt aus §§ 1802 Abs. 2 Satz 3, 1865 Abs. 1, 2 BGB. Nach § 1801 Abs. 3 Satz 1 BGB kann die Mutter, die einen Vormund benennt, diesen hiervon befreien. Das ist nach der Sachverhaltsschilderung geschehen.

Aus §§ 1798 Abs. 2 Satz 1, 1845 Abs. 1 Satz 1 BGB folgt die Pflicht des Vormunds, das Anlagekonto (§§ 1798 Abs. 2 Satz 1, 1841 Abs. 2 BGB) bei einem Kreditinstitut, das – wie die Sparkassen – einem ausreichenden Einlagensicherungsfonds angehört, anzulegen. An und für sich muss es nach § 1845 Abs. 1 Satz 1 BGB versperrt werden. Auch hiervon kann nach §§ 1801 Abs. 3 Satz 1 BGB die Mutter, die einen Vormund benennt, jedoch Befreiung erteilen und auch das war nach der Sachverhaltsschilderung geschehen.

Frage 2

Was die Mitarbeiterin des Jugendamtes in dienstlicher Tätigkeit erfährt, unterliegt nach § 61 Abs. 1 Satz 1 SGB VIII dem allgemeinen Sozialdatenschutz. Die Datenübermittlung erforderte nach § 67d Abs. 1 SGB X eine gesetzliche Befugnis dazu. Eine solche kann sich aus § 57 Abs. 3 Satz 3 SGB VIII ergeben haben.

Nach § 53a Abs. 2 Satz 1 SGB VIII unterliegt der Vormund der Aufsicht des Jugendamtes zwar nur wegen der Personensorge. Erfährt das Jugendamt aber von einer Gefährdung des Mündelvermögens, ist es nach § 57 Abs. 3 Satz 3 SGB VIII verpflichtet, dies dem Familiengericht anzuzeigen. Angesichts der finanziellen Schwierigkeit, in der sich Walter befand, lag es nahe, dass Kevins Vermögen gefährdet war. Die Mitarbeiterin des Jugendamtes war zu der gemachten Mitteilung verpflichtet. Eine gesetzliche Pflicht zur Datenübermittlung schließt die gesetzliche Befugnis dazu stets ein.

Frage 3

Auskunft über die Amtsführung kann das Familiengericht vom Vormund nach § 1802 Abs. 2 Satz 3, 1864 Abs. 1 BGB stets verlangen. Ob hierzu ein konkreter Anlass erforderlich ist, kann offenbleiben, weil er durch die Mitteilung des Jugendamtes jedenfalls gegeben war.

Das Recht, die Akten des Vormunds einzusehen, steht nach §§ 1802 Abs. 2 Satz 3, 1864 Abs. 1 BGB dem Familiengericht im Rahmen seiner Aufsichtspflicht zu.

Frage 4

- **Aufhebung der Befreiung**

Nach § 1801 Abs. 4 BGB kann das Familiengericht die von der Mutter nach §§ 1801 Abs. 3 Satz 1, 1845, 1865 Abs. 1 BGB getroffenen Anordnungen aufheben, wenn ihre (weitere) Befolgung das Interesse des Mündels gefährden würde.

Eine Gefährdung des Mündelvermögens ist nach §§ 1802 Abs. 2 Satz 3, 1666 Abs. 2 BGB anzunehmen, wenn der Vormund eine ihm bei der Vermögensverwaltung obliegende gesetzliche Pflicht verletzt hat. Hier kommt die Verletzung von §§ 1798 Abs. 2 Satz 1, 1836 Abs. 2 Satz 1 BGB in Frage, wonach der Vormund Mündelvermögen nicht für eigene Zwecke verwenden darf. Tatsächlich hat Walter, als er Kevins Sparguthaben dazu verwendete, einen finanziellen Engpass zu überwinden, Kevins Vermögen für seine eigenen Zwecke verwendet. §§ 1798 Abs. 2 Satz 1, 1836 Abs. 2 Satz 1 BGB verbietet nicht nur die endgültige, sondern auch schon die nur vorübergehende Zweckentfremdung. Die Gefährdung des Mündelvermögens ist daher zu unterstellen.

Eine Entscheidung nach § 1801 Abs. 4 BGB ist Kindschaftssache nach § 151 Abs. 1 Nr. 4 FamFG. Sie ist daher nach § 3 Abs. 2 a RPflG dem Rechtspfleger zugewiesen.

- **Entzug der Vermögenssorge**

Ein Entzug der Vermögenssorge des Vormunds ist als Teilentzug der gesamten Sorge gemäß §§ 1802 Abs. 2 Satz 3, 1666 Abs. 1, Abs. 3 Nr. 6 BGB bei Gefährdung des Mündelvermögens grundsätzlich möglich. Dass von einer Gefährdung des Mündelvermögens auszugehen ist, ist bereits dargestellt worden.

Fraglich kann jedoch sein, ob der Entzug der Vermögenssorge auch erforderlich ist, um die Gefahr abzuwenden. Das erscheint insofern zweifelhaft, als die bisher einzig konkret in Erscheinung getretene Gefahr – nämlich dass Walter sich an Kevins Sparbuch bedient – schon durch eine Aufhebung der Befreiung von § 1801 Abs. 3 BGB beseitigt werden kann. Enthält das Sparbuch erst einmal einen Sperrvermerk nach §§ 1798 Abs. 2 Satz 1, 1845 Abs. 1 BGB, ist Walter die Zweckentfremdung des Geldes nicht mehr möglich.

Ob sich aus Walters desolater finanzieller Lage auch im Übrigen bereits eine konkret feststellbare Gefahr für das Mündelvermögen ergibt, ist weniger klar. Nur wenn man das annimmt, kommt ein Entzug der Vermögenssorge in Frage.

Auch das ist Kindschaftssache nach § 151 Abs. 1 Nr. 4 FamFG, die nach § 3 Abs. 2 a RPflG dem Rechtspfleger übertragen ist. Der Richtervorbehalt aus § 14 Abs. 1 Nr. 2 RPflG betrifft Maßnahmen nicht, die nur der Abwendung einer Gefahr für das Vermögen des Mündels dienen sollen.

- **Pflegerbestellung**

Das Familiengericht kann gemäß § 1776 Abs. 1 Satz 1 BGB bei Bestellung eines ehrenamtlichen Vormunds mit dessen Einverständnis einzelne Sorgeangelegenheiten oder eine bestimmte Art von Sorgeangelegenheiten auf einen Pfleger übertragen, wenn diese dem Wohl des Mündels dient. Dies ist auch nachträglich möglich (§ 1776 Abs. 1 Satz 2 BGB). Die drohende Privatinsolvenz von Walter und sein bisheriger Umgang mit Kevins Sparguthaben lassen Zweifel an seiner Geeignetheit bzgl. der Regelung der vermögensrechtlichen Angelegenheiten für seinen Urenkel zu. Ansonsten scheint er bisher seiner Rolle als Vormund zum Wohl von Kevin gerecht geworden zu sein. Der Sachverhalt betont das enge persönliche Verhältnis der beiden zueinander. Eine Entlassung von Walter als Vormund scheidet daher aus.

Sofern Walter als ehrenamtlicher Vormund einer Übertragung zustimmt, kann das Familiengericht aber die Ausübung der Vermögenssorge auf einen geeigneten Pfleger übertragen. Diese Übertragung würde die Regelung der vermögensrechtlichen Angelegenheiten für Kevin verbessern und damit seinem Wohl dienen. Walters generelle Geeignetheit als Vormund würde durch die Übertragung nicht in Frage gestellt.

Auch die Übertragung von Sorgerechtsbereichen auf einen Zusatzpfleger sind Kindschaftssache und dem Rechtspfleger zugewiesen.

Frage 5

Sollte der Rechtspfleger Walter die Vermögenssorge gemäß §§ 1802 Abs. 2 Satz 3, 1666 Abs. 1, Abs. 3 Nr. 6 BGB entziehen und einen Pfleger gemäß § 1809 Abs. 1 BGB übertragen, wären der Pfleger und Walter Mattusek nach § 1792 Abs. 2 BGB zur gegenseitigen Information und Rücksichtnahme im Interesse von Kevin verpflichtet. Zudem ist Walter Pflegeperson i.S.v. § 1796 Abs. 1 BGB, da Kevin in seinem Haushalt seinen Lebensmittelpunkt hat und nicht in dem seiner Eltern. Der Pfleger hat danach gemäß §§ 1813 Abs. 1, 1796 Abs. 1 Satz 1 BGB auf die Belange von Walter Rücksicht zu nehmen, z.B. bei der Vereinbarung von Terminen o.ä. Zudem soll er bei Entscheidungen im Rahmen der Vermögenssorge die Auffassung von Walter einbeziehen (§§ 1813 Abs. 1, 1796 Abs. 1 Satz 2 BGB), um dessen im Erziehungsalltag gesammelten Erfahrungen nutzen zu können.

Die Grenze der Kooperation und Einbeziehung von Walter liegt für den Pfleger bei der erforderlichen Interessenwahrnehmung für Kevin (§ 1809 Abs. 1 Satz 2 BGB), die er zu dessen Wohl auszuüben hat. Walter ist als Vormund gemäß § 1790 Abs. 1 BGB unabhängig in seiner Amtsführung der ihm obliegenden Sorgerechtsbereiche und nur dem Wohl von Kevin verpflichtet.

Bei einer Meinungsverschiedenheit über die Vornahme einer Handlung, die sowohl die Vermögenssorge als auch die Personensorge betrifft, können sich gemäß §§ 1813 Abs. 1, 1793 Abs. 1 BGB sowohl Walter als auch der Pfleger an das Familiengericht wenden. Beide sind antragsberechtigt (§ 1793 Abs. 2 BGB). Das Gericht überträgt nicht einem der Beteiligten das Entscheidungsrecht in der Angelegenheit, sondern bestimmt selbst (§ 1793 Abs. 1 BGB).

Sollte das Familiengericht einen Zusatzpfleger nach § 1776 Abs. 1 Satz 1 BGB bestellen, gilt auch hier die gegenseitige Kooperationspflicht aus §§ 1813 Abs. 1, 1792 Abs. 2 BGB. Der Zusatzpfleger hat ebenfalls auf die Belange von Walter als Pflegeperson Rücksicht zu nehmen (§§ 1813 Abs. 1, 1796 Abs. 1 S. 1 BGB). Im Verhältnis zu Walter als Vormund ist er gemäß § 1792 Abs. 3 BGB verpflichtet, dessen Auffassung bei Meinungsverschiedenheiten einzubeziehen. Die Grenze dieser Pflichten liegt wiederum bei der erforderlichen Interessenwahrnehmung für Kevin. Bei Meinungsverschiedenheiten können sich beide gemäß § 1793 Abs. 1 Nr. 3 BGB an das Familiengericht wenden, das wiederum selbst in der Angelegenheit entscheidet (§ 1793 Abs. 1 BGB). Neben einer Meinungsverschiedenheit, die aufgrund der Berührung verschiedener Sorgerechtsbereiche entstehen kann, hat Walter auch das Recht sich an das Familiengericht zu wenden, wenn er eine nicht dem Wohl von Kevin entsprechende Amtsführung des Zusatzpflegers feststellt und dieser sein Verhalten nicht abstellt.

Die Entscheidung bei Meinungsverschiedenheiten obliegt nach § 14 Abs. 1 Nr. 5 RPflG dem Richter.

Frage 6

Wenn für Walter ein Rechtlicher Betreuer für die Vermögenssorge bestellt würde, wäre er möglicherweise nach § 1784 Abs. 2 Nr. 2 BGB zum Vormund nicht mehr tauglich, da die Betreuung wesentliche Bereiche beinhaltet, die Walter als Vormund für Kevin ausüben muss (§ 1789 Abs. 1 Satz 1 BGB). Er wäre dann nach § 1804 Abs. 1 Nr. 4 BGB zu entlassen. Da Kevin noch nicht volljährig ist, müsste das Gericht einen neuen Vormund auswählen und bestellen.

Allerdings könnte das Gericht auch durch die Ergreifung einer der in Frage 4 behandelten Maßnahmen, also

- der Aufhebung der Befreiung,
- dem Entzug der Vermögenssorge oder
- der Bestellung eines Pflegers, z.B. in Form einer Zusatzpflegschaft für die Vermögenssorge gemäß § 1776 Abs. 1 Satz 1 BGB,

eine mögliche Entlassung herauszögern. Durch den fortschreitenden Charakter der Erkrankung erscheint es aber in der Gesamtabwägung Kevins Wohl eher zu entsprechen, wenn Walter entlassen und ein neuer Vormund ausgewählt und bestellt würde.

Fall 15 – Matthias Kramer

Frage 1

Laut Sachverhalt ist Paul Meier als Vater von Matthias Kramer nach § 1592 Nr. 3 BGB gerichtlich festgestellt worden. Diese Feststellung ist nach § 169 Nr. 1 FamFG Abstammungssache. Eine solche wird nach § 171 FamFG nur auf Antrag eingeleitet. Der Gesetzgeber hat in der irrigen Annahme, sie sei entbehrlich, am 1.9.2009 die Norm, die früher geregelt hat, wer zur Antragstellung berechtigt ist, aus dem BGB gestrichen. Früher war das in § 1600e BGB dahin geregelt, dass den Antrag die Mutter, das Kind oder der Mann stellen kann, der seine Vaterschaft festgestellt wissen will. Dies ist eine unbeabsichtigte Gesetzeslücke. Sie ist auch planwidrig, denn der Schluss, eine besondere Antragsbefugnis sei gar nicht erforderlich, kann daraus nicht gezogen werden. Ein Jedermannsrecht zur Feststellung der Vaterschaft eines Kindes ergibt keinen Sinn.

Die Lücke kann hier am besten dadurch geschlossen werden, dass man die gestrichene Regelung weiter anwendet. Der auch mögliche Rekurs auf die Aufzählung in § 172 Abs. 1 FamFG ist aus mehreren Gründen unbefriedigend. Erstens wird dort der Vater genannt, den das Kind ja aber gerade noch nicht hat. Der Gesetzgeber hat aber ersichtlich nicht das Antragsrecht des Vaterschaftsaspiranten streichen wollen. „Vater" müsste dann hier als „vermeintlicher Vater" gelesen werden. Andernfalls wäre dieser bei einem vaterlosen Kind schlechter gestellt als bei einem, das schon einen (anderen) Vater hat, dessen Vaterschaft er mit der Wirkung der eigenen Feststellung (vgl. § 182 Abs. 1 FamFG) nach § 1600 Abs. 1 Nr. 2 FamFG anfechten kann. Zum andern ist § 172 Abs. 1 FamFG auch nur für die Frage relevant, wer an einem bereits eingeleiteten Verfahren noch zu beteiligen ist. Die Beteiligtenstellung des Antragstellers ergibt sich aus dieser Norm gerade nicht, sondern aus § 7 Abs. 1 FamFG. Richtigerweise verbleibt es daher bei der alten, nur aus Versehen gestrichenen Regelung.

Da Matthias' Mutter bereits tot war und die Antragsbefugnis als persönliches Recht nicht vererbt wird, Paul Meier sicher kein Interesse an der Feststellung hatte, kann demnach nur Matthias den Antrag gestellt haben. Da Matthias mit zwei Jahren geschäftsunfähig war, konnte er den Antrag nicht selbst stellen (§ 9 Abs. 1 Nr. 1 FamFG), sondern musste dabei gesetzlich vertreten sein (§ 9 Abs. 2 FamFG). Dazu war nach § 1793 Abs. 1 Satz 1 BGB Anton Kramer berechtigt.

Der Antrag war nach § 170 Abs. 1 FamFG bei dem Familiengericht zu stellen, in dessen Bezirk das Kind seinen gewöhnlichen Aufenthalt hatte, also beim Amtsgericht Dillenburg.

Nachdem Matthias einen Vater hatte, musste das Familiengericht nach § 1680 Abs. 2 BGB von Amts wegen prüfen, ob es die elterliche Sorge auf diesen übertragen sollte. Dadurch wäre der Anlass für die Vormundschaft wieder entfallen und sie hätte nach § 1806 BGB geendet.

Das hätte das Familiengericht tun müssen, wenn es dem Kindeswohl nicht widersprochen hätte. Angesichts der Unwilligkeit von Paul Meier, sich irgendwie um Matthias zu kümmern, ist die Annahme naheliegend, dass die Übertragung der elterlichen Sorge auf ihn dem Kindeswohl widersprochen hätte. Ein Vater, von dem er abgelehnt wird, der aber dennoch alle wichtigen Entscheidungen für ihn treffen muss, hätte eine erhebliche Belastung für Anton bedeutet, selbst wenn der Vater mit dem Verbleib von Matthias im Haushalt seines Onkels einverstanden gewesen wäre.

Frage 2

Die Verpflichtung des Jugendamtes zum Tätigwerden könnte sich zunächst aus § 8a Abs. 1 Satz 1 SGB VIII ergeben haben. Das setzt voraus, dass gewichtige Anhaltspunkte für eine Gefährdung von Antons Wohl vorlagen. Dafür genügte es nicht, dass er „einige Verhaltensauffälligkeiten" in der Schule zeigte, denn das alleine ist noch kein deutliches Indiz darauf, dass ihm ein erheblicher Schaden für sein seelisches, geistiges oder körperliches Wohl drohen könnte. Außerdem hätte Isolde Pfeiffer auf der Grundlage von § 8a Abs. 1 Satz 1 SGB VIII auch „unter Einbeziehung mehrerer Fachkräfte" handeln müssen, also zumindest eine weitere Fachkraft hinzuziehen müssen.

Das Jugendamt ist nach § 53a Abs. 2 Satz 1 SGB VIII außerdem allgemein dazu verpflichtet, darauf zu achten, ob die Vormünder ihre Aufgaben pflichtgemäß erfüllen. Ein Recht zur Durchführung eines Hausbesuches ergibt sich hieraus allerdings nicht. Auch aus § 44 Abs. 3 Satz 1 SGB VIII folgte ein solches Recht nicht, denn Anton Kramer brauchte sowohl wegen § 44 Abs. 1 Satz 2 Nr. 2 SGB VIII als auch wegen § 44 Abs. 1 Satz 2 Nr. 3 SGB VIII keine Pflegeerlaubnis für die Aufnahme von Matthias in seinen Haushalt. Der Hausbesuch konnte daher nur auf freiwilliger Basis durchgeführt werden.

Da § 53a SGB VIII – anders als § 8a SGB VIII – nicht das Handeln mehrerer Fachkräfte vorschreibt, durfte Isolde Kramer allein handeln.

Zuständig für die Erfüllung der Aufgaben aus § 53a SGB VIII ist nach § 87d Abs. 1 SGB VIII das Jugendamt, in dem der Vormund seinen gewöhnlichen Aufenthalt hat. Der gewöhnliche Aufenthalt von Anton Kramer liegt im Lahn-Dill-Kreis.

Frage 3

Die Erziehung in einer Tagesgruppe kann das Jugendamt als Leistung der Hilfe zur Erziehung nach §§ 27, 32 SGB VIII dem Personensorgeberechtigten grundsätzlich anbieten. Personensorgeberechtigt ist nach § 1789 Abs. 1 Satz 1 BGB Anton als Vormund von Matthias.

Es ist jedoch fraglich, ob das Jugendamt des Lahn-Dill-Kreises hierfür zuständig war. Die Zuständigkeit für die Gewährung von Leistungen richtet sich nach § 86 SGB VIII. Nach § 86 Abs. 1 Satz 3 SGB VIII ist bei einem Kind, das nur einen lebenden Elternteil hat, das Jugendamt zuständig, in dessen Bezirk dieser Elternteil seinen gewöhnlichen Aufenthalt hat. Das wäre hier also das Stadtjugendamt Bochum. § 86 Abs. 6 Satz 1 SGB VIII enthält jedoch eine Ausnahme für den Fall, dass sich ein Kind dauerhaft bei einer Pflegeperson aufhält. Es ist daher zu fragen, ob Anton Kramer eine Pflegeperson in diesem Sinne ist, da sich Matthias ja schon seit zehn Jahren bei ihm aufhält. Pflegeperson ist nach der Definition in § 44 Abs. 1 Satz 1 SGB VIII, wer ein Kind über Tag und Nacht in seinen Haushalt aufnimmt. Die Eltern selbst fallen zwar nicht darunter. Schon aus § 44 Abs. 1 Satz 2 Nr. 2 SGB VIII folgt aber, dass der Vormund, der das Kind selbst erzieht, diese Definition erfüllt. Daher ist auch § 86 Abs. 6 Satz 1 SGB VIII hier anwendbar.

Ob Isolde Pfeiffer dieses Angebot allein machen durfte, hängt davon ab, für welchen Zeitraum sie es für erforderlich hielt. Wenn sie die Erziehung in einer Tagesgruppe für längere Zeit anbieten wollte, durfte sie das nach § 36 Abs. 2 Satz 1 SGB VIII nur unter Mitwirkung mehrerer Fachkräfte, also mindestens einer weiteren Fachkraft, tun.

Frage 4

Aus den mit Matthias und Anton Kramer geführten Gesprächen ergab sich, dass die Pflege und Erziehung von Matthias Kramer Mängel aufwies. Nach § 53a Abs. 2 Satz 2 SGB VIII ist das Jugendamt verpflichtet, solche Mängel im Einvernehmen mit dem Vormund zu beheben. Das scheitert aber an der mangelnden Einsicht von Anton Kramer.

Da die Mängel folglich unbehoben bleiben, ist Isolde Pfeifer nach § 57 Abs. 3 Satz 2 SGB VIII verpflichtet, das Familiengericht darüber zu informieren.

Frage 5

Das Familiengericht muss nunmehr zunächst prüfen, ob Anton Kramer pflichtwidrig im Sinne von § 1802 Abs. 2 Satz 2 BGB handelt. Das ist der Fall, wenn er den Interessen seines Mündels objektiv zuwiderhandelt.

Zu den Interessen von Matthias Kramer gehört die Förderung seiner Anlagen. Diese ist durch die Verhaltensauffälligkeiten in der Schule beeinträchtigt. Anton Kramers Ansicht, dass dies durch „mehr Strenge" behoben werden kann, ist nicht realistisch. Seine Weigerung, Hilfe vom Jugendamt anzunehmen, verstößt daher gegen Matthias' Interessen.

Das Familiengericht kann nach §§ 1802 Abs. 2 Satz 3, 1862 Abs. 3 Satz 1 BGB den Vormund durch geeignete Gebote oder Verbote dazu anhalten, pflichtgemäß zu handeln. Es kann ihm daher die Weisung erteilen, auf das Angebot der Erziehung in einer Tagesgruppe einzugehen und dies notfalls durch die Androhung und Verhängung von Zwangsgeld bekräftigen (§§ 1802 Abs. 2 Satz 3, 1862 Abs. 3 Satz 2 BGB).

Das Jugendamt kann vom Familiengericht dagegen nicht gezwungen werden, die Leistung zu erbringen. Zwar kann das Familiengericht bei einer – erst festzustellenden – Gefährdung des Mündels auch Dritten Weisungen erteilen (§§ 1802 Abs. 2 Satz 3, 1666 Abs. 4, Abs. 3 Nr. 1 BGB), doch ist das Jugendamt kein „Dritter", sondern Hoheitsträger mit eigenständigen Aufgaben. § 36a Abs. 1 Satz 1 Hs. 2 SGB VIII stellt dies ausdrücklich klar.

Fall 16 – Ben und Sven

Frage 1

- **Ansprüche gegen Ben und Sven**

Gegen Ben und Sven hat Othmar Seyfried einen Anspruch auf Schadensersatz aus § 823 Abs. 1 BGB, wenn diese schuldhaft sein Eigentum an dem Pkw Porsche verletzt haben. Daran könnte allenfalls fraglich sein, ob ihre Verantwortlichkeit nicht wegen § 828 Abs. 3 BGB ausgeschlossen ist. Indessen ist es für 14-Jährige ohne Weiteres einsehbar, dass es Unrecht ist, einen fremden Pkw aufzubrechen und mit ihm ohne Fahrerlaubnis eine Landstraße mit weit überhöhter Geschwindigkeit zu befahren.

Ben und Sven handelten aufgrund eines gemeinschaftlichen Tatentschlusses und haften daher gemäß §§ 830 Abs. 1 Satz 1, 840 BGB als Gesamtschuldner, ohne dass es darauf ankommt, wer von ihnen den Wagen bei dem Unfall gefahren hat.

Freilich ist nicht wahrscheinlich, dass Othmar Seyfried von Ben oder Sven tatsächlich Ersatz erlangen wird, da sie einkommens- und vermögenslos sind.

- **Ansprüche gegen die Rudolf-Steiner-Stiftung Waltersdorf**

Gegen die Rudolf-Steiner-Stiftung Waltersdorf könnte Othmar Seyfried einen Anspruch auf Schadensersatz nach § 832 Abs. 2 BGB haben. Diese hat ja die Beaufsichtigung von Ben und Sven in dem Heimvertrag übernommen. Dass der Heimleiter den Vormündern die Verlegung der beiden nahegelegt hat, ändert hieran nichts, solange der Vertrag nicht wirksam gekündigt war.

Nach § 832 Abs. 2, Abs. 1 Satz 1 BGB ist die Stiftung daher grundsätzlich verpflichtet, Othmar Seyfried den Schaden zu ersetzen, den Sven und Ben ihm widerrechtlich zugefügt haben. Zu prüfen ist allerdings, ob dieser Anspruch nach § 832 Abs. 2, Abs. 1 Satz 2 BGB ausgeschlossen ist, weil die Stiftung ihrer Aufsichtspflicht genügt hat. Hier ist zu fragen, was der Heimleiter zusätzlich hätte tun können, als die Vormünder darauf hinweisen, dass das Heim keine für die Erziehung von Sven und Ben taugliche Einrichtung ist, und im Rahmen der zur Verfügung stehenden Mittel die Anwesenheit zu kontrollieren. Da es auf diese Frage keine Antwort gibt, hat die Stiftung ihrer Aufsichtspflicht genügt und ist folglich nicht verantwortlich.

- **Ansprüche gegen Martha Schleifer**

Martha Schleifer könnte Othmar Seyfried nach § 832 Abs. 1 Satz 1 BGB Schadensersatz schulden. Sie war nach §§ 1789 Abs. 1 Satz 1, 1795 Abs. 1 Satz 1 und 2, 1631 BGB zur Aufsicht über Ben verpflichtet. Auch bei ihr kann der Anspruch jedoch nach § 832 Abs. 1 Satz 2 BGB ausgeschlossen sein, wenn sie entweder ihrer Aufsichtspflicht genügt hat oder der Verstoß gegen die Aufsichtspflicht für den Schaden nicht kausal geworden ist.

Da Martha Schleifer die Aufsicht über Ben der Rudolf-Steiner-Stiftung zur Ausübung übertragen hatte, beschränkte sich ihre Pflicht auf die sorgfältige Auswahl und Überwachung des Heimes. Martha Schleifer kann wohl nicht vorgeworfen werden, dass sie das Heim ursprünglich nicht sorgfältig ausgewählt hat. Nachdem sie aber vom Heimleiter darauf aufmerksam gemacht worden war, dass das Heim nicht in der Lage war, eine wirklich ausreichende Aufsicht zu gewährleisten, hätte sie ein anderes Heim suchen müssen. Da sie das nicht getan hat, kann sie auch den Nachweis nicht führen, alles von ihrer Seite Erforderliche getan zu haben.

Ebenso wenig lässt sich sicher sagen, dass es ihr zwischen November 2022 und Mai 2023 nicht gelungen wäre, einen anderen Heimplatz zu finden und den Unfall dadurch zu verhindern.

Martha Schleifer kann also den ihr obliegenden Beweis der Voraussetzungen des § 832 Abs. 1 Satz 2 BGB nicht führen und schuldet Othmar Seyfried folglich Schadensersatz aus § 832 Abs. 1 Satz 1 BGB.

- **Ansprüche gegen den Landkreis Schwarzwasser**

Da die Tätigkeit des Amtsvormundes als hoheitliche Tätigkeit i.S.v. § 839 BGB anzusehen ist (Sperrwirkung), scheidet ein Anspruch aus § 832 BGB gegen den öffentlichen Träger der Jugendhilfe oder gegen Irene Kuntz aus.

Othmar Seyfried könnte aus § 839 Abs. 1 Satz 1 BGB i.V.m. Art. 34 Satz 1 GG einen Anspruch auf Schadensersatz gegen den Landkreis Schwarzwasser als öffentlichem Träger der Jugendhilfe zustehen. Dazu müsste Othmar Seyfried durch schuldhafte Verletzung einer Amtspflicht, die ihm gegenüber zu erfüllen war, geschädigt worden sein. Jedoch ist, wenn die Amtspflichtverletzung in der Verletzung einer Aufsichtspflicht über aufsichtsbedürftige Personen bestehen kann, die sich aus § 832 Abs. 1 BGB ergebende Beweislastverteilung auch auf den Anspruch aus § 839 Abs. 1 Satz 1 BGB anzuwenden.

Zu den Amtspflichten des Amtsvormunds gehört nach §§ 1789 Abs. 1 Satz 1, 1795 Abs. 1 Satz 1 und 2 BGB die Aufsicht über den Mündel. Zur Verletzung der Aufsichtspflicht gilt hier nichts anderes als für Martha Schleifer: Spätestens auf den Hinweis des Heimleiters hin hätte Irene Kuntz unverzüglich reagieren müssen. Es ist nicht auszuschließen, dass der Schaden nicht eingetreten wäre, hätte sie das getan.

Die Voraussetzungen des § 839 Abs. 1 Satz 1 BGB liegen daher vor. Othmar Seyfried hat einen Anspruch auf Schadensersatz. Wegen Art. 34 Satz 1 GG trifft die Haftung allerdings die Anstellungskörperschaft, nicht den Bediensteten, der die Amtspflicht verletzt hat.

- **Verhältnis der Ansprüche zueinander**

Für Ben, Sven und Martha Schleifer gilt nach § 840 Abs. 1 BGB, dass sie, da sie alle für den Schaden verantwortlich sind, als Gesamtschuldner haften.

Für den Landkreis Schwarzwasser gilt das wegen § 839 Abs. 1 Satz 2 BGB jedoch nur, wenn Irene Kuntz grob fahrlässig gehandelt hat, andernfalls haftet er subsidiär, das heißt, nur, wenn und soweit bei den anderen Schuldnern kein Ersatz zu erlangen ist.

Grob fahrlässig handelt, wer die im Verkehr erforderliche Sorgfalt in besonderem Maße außer Acht lässt. Hier war es so, dass Irene Kuntz die unmissverständliche Warnung des Heimleiters, dass weitere Vorfälle dieser Art drohen, mit dem Hinweis auf pädagogische Überzeugungen beiseite gewischt hat, ohne irgendwelche anderweitigen Vorkehrungen gegen die Wiederholung zu treffen. Das ist mindestens ein solch schwerwiegender Sorgfaltsverstoß, wenn es nicht bereits als billigendes Inkaufnehmen weiterer Fahrten von Sven verstanden werden muss. Jedenfalls liegt grobe Fahrlässigkeit vor.

Daher haften Sven, Ben, Martha Schleifer und der Landkreis Schwarzwasser gemäß § 840 Abs. 1 BGB als Gesamtschuldner.

Frage 2

- **Ben**

Aus der Antwort zu Frage 1 folgt, dass Martha Schleifer die Unfallverletzungen von Ben durch zumindest objektiv pflichtwidriges Handeln herbeigeführt hat. Es kommt daher in Frage, dass Ben deswegen Ansprüche gegen seine Großtante hat. Grundsätzlich vertritt ein Vormund gemäß § 1789 Abs. 2 Satz 1 BGB sein Mündel. Wegen § 181 BGB könnte sie ihn aber in diesem Fall weder bei einer Einigung über diesen Anspruch noch in einem eventuellen Prozess vertreten. Da die Angelegenheit aber geregelt werden muss, hat das Gericht gemäß § 1809 Abs. 1 BGB einen Pfleger bestellt.

- **Sven**

Sven wird nach § 55 Abs. 4 Satz 2 SGB VIII von Irene Kuntz gesetzlich vertreten. Allerdings hat er gegen sie selbst weder Ansprüche aus der Amtspflichtverletzung – da diese durch Art. 34 Satz 1 GG ausgeschlossen werden – noch aus § 1794 Abs. 1 Satz 1 BGB, da sie nicht sein Vormund ist. Vormund von Sven ist das Kreisjugendamt Schwarzwasser, Irene Kuntz wurde nur die Ausübung dieser Aufgabe gemäß § 55 Abs. 2 Satz 1 BGB übertragen. Wegen Art. 34 Satz 2 GG muss Irene Kuntz aber befürchten, dass sie vom Landkreis Schwarzwasser in Regress genommen wird, wenn Sven von diesem Schadensersatz erhält. Daraus ergibt sich ein offensichtlicher Interessenkonflikt. Das Familiengericht hat hier daher zu Recht Irene Kuntz nach § 1789 Abs. 2 Satz 3 BGB das Recht, Sven wegen der Ansprüche gegen den Landkreis Schwarzwasser zu vertreten, entzogen und nach § 1809 Abs. 1 BGB Pflegschaft angeordnet.

Frage 3

Der Pfleger wird prüfen, inwieweit Ben und Sven Ansprüche gegen Martha Schleifer bzw. gegen den Landkreis Schwarzwasser zustehen.

- **Ben**

Ben kann ein Anspruch aus § 1794 Abs. 1 Satz 1 BGB gegen Martha Schleifer zustehen. Voraussetzung dafür ist, dass Ben aufgrund einer schuldhaften Pflichtverletzung seiner Großtante ein Schaden entstanden ist.

Martha Schleifer hat, wie unter Frage 1 bereits festgestellt, die ihr aus §§ 1789 Abs. 1 Satz 1, 1795 Abs. 1 Satz 1 BGB obliegende Aufsichtspflicht verletzt. Aufgrund des eindeutigen Hinweises des Heimleiters hätte sie erkennen können, dass ihr Handeln erforderlich war. Zweck der Beaufsichtigung ist es auch, das Kind selbst vor Schäden zu bewahren. Der Unfall ist, wie ebenfalls schon aufgeführt, auf die Pflichtverletzung zurückzuführen. Bei dem Unfall wurde Ben verletzt, hat also mindestens einen nach § 253 Abs. 2 BGB ersatzfähigen immateriellen Schaden erlitten.

Zu prüfen ist freilich, ob sein Anspruch nicht nach § 254 Abs. 1 BGB herabgesetzt oder ausgeschlossen ist, denn Ben hat ja – wie auch unter Frage 1 schon festgestellt wurde – den Unfall ebenfalls zu vertreten. Hier ist einerseits zu berücksichtigen, dass Ben Vorsatz vorgeworfen werden kann, Martha Schleifer dagegen nur Fahrlässigkeit. Andererseits ist er aber doch erst 14 Jahre alt und auf eine Überwachung durch Erwachsene in diesem Alter noch stark angewiesen. Daher kann der Mitverschuldenseinwand hier m.E. nicht zum Ausschluss des Schmerzensgeldes führen, sondern nur zu einer erheblichen Reduzierung. Zur exakten Höhe lässt sich mangels Schilderung der Verletzungen nichts Näheres ausführen.

Der Anspruch ist ebenso aus § 823 Abs. 1 BGB begründet, da Ben durch das pflichtwidrige Verhalten seiner Großtante körperlich verletzt wurde. Wegen des Mitverschuldenseinwands gilt nichts anderes. Die Ansprüche treten in Anspruchskonkurrenz nebeneinander.

- **Sven**

Für Sven gilt dem Grundsatz nach nichts anderes. Allerdings richtet sich sein Anspruch aus § 1789 Abs. 1 Satz 1, 1795 Abs. 1 Satz 1 BGB gegen den Landkreis Schwarzwasser als die juristische Person, bei der das Jugendamt, welches zum Vormund bestellt wurde, errichtet ist.

Ein Anspruch aus § 823 Abs. 1 BGB steht ihm wegen der Sperrwirkung des § 839 Abs. 1 Satz 1 BGB zwar nicht zu, dafür aber aus § 839 Abs. 1 Satz 1 BGB i.V.m. Art. 34 Satz 1 GG, da die Aufsichtspflicht Irene Kuntz als Amtspflicht auch ihm gegenüber oblag. Auch dieser Anspruch richtet sich gegen den Landkreis Schwarzwasser.

Der Einwand des Mitverschuldens (§ 254 Abs. 1 BGB) hat hier weniger Gewicht, denn anders als Martha Schleifer, die nur fälschlich auf die Fachkenntnis von Irene Kuntz vertraut hat, hat Irene Kuntz grob fahrlässig gehandelt (s.o.).

Zur Höhe der Ansprüche lässt sich auch hier mangels näherer Beschreibung der Verletzungen nichts weiter sagen.

Fall 17 – Sarah Moser II

Frage 1

Das Familiengericht wird prüfen, ob es Bernd Laband nach §§ 1813 Abs. 1, 1802 Abs. 2 Satz 3, 1862 Abs. 3 Satz 1 BGB die Weisung erteilen soll, den Vertrag zu unterschreiben. Das wird es tun, wenn seine Weigerung pflichtwidrig ist. Das Aufsichtsverfahren nach §§ 1813 Abs. 1, 1802 Abs. 2 Satz 3, 1862 Abs. 3 Satz 1 BGB ist Kindschaftssache i.S.v. § 151 Nr. 5 FamFG und obliegt dem Rechtspfleger (§ 3 Nr. 2 a RPflG).

Der Rechtspfleger muss zunächst feststellen, ob der Vertragsschluss überhaupt von Bernd Labands Wirkungskreis erfasst wird, da von ihm in keinem Falle verlangt werden kann, außerhalb seiner Vertretungsmacht tätig zu werden.

Durch den Tourneevertrag soll Sarah sich verpflichten, gegen Entgelt künstlerische Darbietungen an bestimmten Orten zu bestimmten Zeiten zu erbringen. Dabei handelt es sich um einen Werkvertrag i.S.v. § 631 BGB. Sarah kann den Vertrag nur persönlich erfüllen. Der Auftritt einer anderen Sängerin wäre ein anderes Werk. Hiervon ist demnach das Recht berührt, ihren Aufenthalt zu bestimmen. Außerdem wird ihre schulische Ausbildung beeinträchtigt. Der Vertrag betrifft daher die Personensorge. Andererseits legt der Vertrag aber auch das an Sarah zu zahlende Entgelt fest und betrifft folglich auch ihr Vermögen. Für die Personensorge sind nach wie vor Sarahs Eltern zuständig. Für die Vermögenssorge dagegen Bernd Laband. Soll der Vertrag wirksam abgeschlossen werden, ist daher sowohl die Mitwirkung ihrer Eltern als auch die von Bernd Laband erforderlich.

Die Weigerung Bernd Labands ist pflichtwidrig, wenn er dadurch gegen gesetzliche Vorschriften oder gerichtliche Anordnungen verstößt oder gegen Sarahs Interessen handelt. Sarahs Eltern wollen den Vertrag. Er will ihn – zumindest so – nicht. Das wäre pflichtwidrig, wenn der Entscheidung von Sarahs Eltern ein gesetzlicher Vorrang zukäme. Indessen bestimmt § 1630 Abs. 2 BGB, dass im Falle einer Uneinigkeit zwischen dem Vermögenspfleger und den für die Personensorge zuständigen Eltern das Familiengericht entscheidet. So lange das Familiengericht keine Entscheidung nach § 1630 Abs. 2 BGB getroffen hat, liegt keine gesetzwidrige Weigerung vor. Ob die Weigerung gegen Sarahs Interessen verstößt, darf der Rechtspfleger nicht im Aufsichtsverfahren prüfen, denn sonst würde er die nach § 1630 Abs. 2 BGB zu treffende Entscheidung vorwegnehmen, die gemäß § 14 Abs. 1 Nr. 5 RPflG dem Richter vorbehalten ist.

Das Familiengericht wird folglich zuerst eine Entscheidung nach § 1630 Abs. 2 BGB zu treffen haben. Da die Norm keinen Entscheidungsmaßstab nennt, gilt § 1697a BGB: Es ist diejenige Entscheidung zu treffen, die dem Kindeswohl am besten entspricht. Das Familiengericht muss dazu Sarahs Interessen feststellen und gegeneinander abwägen. Hierbei hat ihr eigener Wunsch erhebliches Gewicht, aber auch die Förderung ihrer Ausbildung ist zu berücksichtigen und auch inwieweit der Vertrag ihre Vermögensinteressen wahrt, muss das Familiengericht in die Abwägung einbeziehen.

Entscheidet der Richter zugunsten des Tourneevertrages, ist Bernd Laband verpflichtet, ihn zu unterschreiben. Weigert er sich danach immer noch, kann nach §§ 1813 Abs. 1, 1802 Abs. 2 Satz 3, 1862 Abs. 3 BGB gegen ihn vorgegangen werden.

Frage 2

Die Pflicht, über Sarahs persönliche Umstände zu berichten, kann aus §§ 1813 Abs. 1, 1802 Abs. 2 Satz 3, 1864 Abs. 11 BGB herrühren. Die Frage ist allerdings, inwieweit § 1802 Abs. 2 Satz 3, 1864 Abs. 1 BGB überhaupt auf den Pfleger angewendet werden kann. Die Generalverweisung in § 1813 Abs. 1 BGB ordnet lediglich die entsprechende Anwendung der Vorschriften des Vormundschaftsrechts an, also unter Berücksichtigung der für die Pflegschaft geltenden Besonderheiten. Bei jeder Vorschrift des Vormundschaftsrechts ist daher die Begrenzung der Zuständigkeit des Pflegers nur für den ihm übertragenen Wirkungskreis mit zu berücksichtigen.

Als reiner Vermögenspfleger ist Bernd Laband für die Personensorge nicht zuständig. Sarahs konkrete Lebensumstände betreffen seinen Wirkungskreis daher nur wegen der finanziellen Auswirkungen, die sie haben, nicht als solche. Es ist daher fraglich, inwieweit er überhaupt verpflichtet sein kann, auch über ihre persönlichen Verhältnisse zu berichten. Für den Vermögensbetreuer, für den § 1864 Abs. 1 BGB gilt, wird das allgemein angenommen. Die Situation des Rechtlichen Betreuers ist allerdings nicht ganz vergleichbar. Der Betreuer ist nach § 1864 Abs. 2 BGB gehalten, eine notwendige Erweiterung oder Einschränkung seines Aufgabenkreises mitzuteilen. Er wird unabhängig vom Aufgabenkreis durch § 1821 Abs. 6 BGB verpflichtet, die Rehabilitation des Betreuten zu fördern. Den Vermögenspfleger treffen vergleichbare Pflichten nicht. Vor allem aber würde die Verpflichtung, über die persönlichen Verhältnisse des Pfleglings ausführlich zu berichten, darauf hinauslaufen, dem Familiengericht auch eine umfassende Kontrolle der Ausübung der Personensorge durch die Eltern zu ermöglichen. Eine entsprechende Berichtspflicht würde daher einen Eingriff in die Personensorge der Eltern darstellen, der einer Rechtfertigung aus Art. 6 Abs. 2 Satz 2 GG bedarf. Der Umstand, dass ihnen die Vermögenssorge entzogen ist, begründet aber noch keinen ausreichenden Verdacht dahin, dass sie auch die Personensorge pflichtwidrig ausüben. Es spricht daher viel dafür, dass von einem reinen Vermögenspfleger kein Bericht über die persönlichen Verhältnisse des Kindes verlangt werden kann. § 1864 Abs. 1 BGB ist daher hier nicht anwendbar.
Nach §§ 1802 Abs. 2 Satz 3, 1863 Abs. 3 Satz 3 Nr. 1 BGB muss der Vormund darüber berichten, ob und wie er die Pflicht zum persönlichen Kontakt mit dem Mündel aus §§ 1790 Abs. 3 BGB erfüllt hat. Das kann auf den Pfleger nur dann entsprechend angewendet werden, wenn auch § 1790 Abs. 3 BGB für ihn gilt. Der Sinn dieser Vorschrift besteht darin, dafür zu sorgen, dass zwischen Vormund und Pfleger eine persönliche Beziehung besteht, die es dem Vormund ermöglicht, seine Entscheidungen am individuellen Wohl des Mündels auszurichten. Das ist auch bei einem Pfleger sinnvoll, denn auch der Pfleger soll seine Amtsführung an den individuellen Interessen des Kindes ausrichten, gleichgültig, für welchen Wirkungskreis er zuständig ist.

Auch der Pfleger ist zu persönlichen Kontakten daher nach Maßgabe von §§ 1813 Abs. 1, 1790 Abs. 3 BGB verpflichtet und muss nach §§ 1813 Abs. 1, 1802 Abs. 2 Satz 3 1863 Abs. 3 Satz 3 Nr. 1 BGB darüber berichten. Das hat Bernd Laband indessen auch getan.

Das Familiengericht wird prüfen müssen, ob sich aus dem Bericht ein Verstoß gegen §§ 1813 Abs. 1, 1790 Abs. 3 Satz 2 BGB ergibt. Dort ist vorgesehen, dass der Vormund mindestens einmal pro Monat zum Mündel Kontakt halten und es dazu in seiner gewöhnlichen Umgebung aufsuchen soll. Bernd Laband hat Sarah dagegen nur einmal im Vierteljahr und in seinem Büro getroffen. Indessen ist die Vorschrift dahin eingeschränkt, dass sich aus den konkreten Umständen auch ergeben kann, dass seltenere Kontakte und Kontakte an einem anderen Ort „im Einzelfall" ausreichen können. Das ist nun wiederum für das Pflegschaftsrecht im Lichte der nur eingeschränkten Zuständigkeit des Pflegers zu lesen. Bernd Laband ist nur für Sarahs Vermögen zuständig. Dazu muss er ihre konkreten Lebensumstände nicht kennen. Folglich genügt es bei ihm auch, wenn er sich mit ihr in seinem Büro trifft. Ein Treffen im Vierteljahr dürfte auch ausreichen, um eine Vertrauensbasis mit ihr zu entwickeln. Es genügt ja, dass sie ihm im Hinblick auf ihr Vermögen vertraut.

Für den reinen Vermögenspfleger einer Jugendlichen dürften die in dem Bericht geschilderten Kontakte daher den aus §§ 1813 Abs. 1, 1790 Abs. 3 Satz 2 BGB folgenden Anforderungen genügen.[4]

Frage 3

In Frage kommt eine Erlaubnis nach § 112 Abs. 1 Satz 1 BGB.

Sarah übt eine selbstständige künstlerische Tätigkeit aus. Das ist zwar kein Gewerbe, aber dennoch ein Erwerbsgeschäft, da sie daraus regelmäßige Einnahmen erwirtschaftet. Ihr gesetzlicher Vertreter kann ihr daher mit Zustimmung des Familiengerichts gestatten, diese Tätigkeit ohne seine (weitere) Mitwirkung allein auszuüben. Fraglich ist allerdings, wer ihr „gesetzlicher Vertreter" in diesem Sinne ist.

Die selbstständige Tätigkeit, die sie ausübt, ist künstlerischer Natur und erfordert schon deshalb den Einsatz ihrer Person. Das betrifft Sarahs Personensorge. Wenn sie dazu ermächtigt wird, diese Tätigkeit allein auszuüben, setzt sie das ja aber außerdem in den Stand, über die finanzielle Seite ihrer Tätigkeit ebenfalls alleine zu entscheiden. Davon ist die Vermögenssorge betroffen. Folglich kann ihr die Erlaubnis zur selbstständigen Tätigkeit nur von ihren Eltern und Bernd Laband als ihrem Vermögenspfleger gemeinsam erteilt werden. Bei Uneinigkeit ist ggf. wieder eine Entscheidung des Familiengerichts nach § 1630 Abs. 2 BGB herbeizuführen. Falls sich die Eltern untereinander nicht einig sind, kann jeder von ihnen nach § 1628 BGB beim Familiengericht beantragen, dass ihm die Entscheidung allein übertragen wird.

Auch bei Einigkeit aller Sorgeberechtigten ist die Zustimmung des Familiengerichts nach § 112 Abs. 1 Satz 1 BGB erforderlich. Die letzte Entscheidung liegt daher stets beim Familiengericht.

Sarah kann nach § 112 Abs. 1 Satz 2 BGB auch mit dieser Erlaubnis keine Verträge abschließen, die auch ihr gesetzlicher Vertreter nicht ohne Genehmigung des Familiengerichts abschließen könnte. Soweit die Vermögenssorge zumindest mitbetroffen ist, kommt es dabei auf die strengeren Genehmigungserfordernisse des Vormundschaftsrechts an.

4 Auch der Gesetzgeber ist laut BR-Drs. 537/10, S. 5, davon ausgegangen, dass bei einem reinen Vermögenspfleger regelmäßig eine Abweichung von der Grundregel des § 1790 Abs. 3 Satz 2 BGB (früher § 1793 Abs. 1a Satz 2 BGB) geboten ist.

Fall 18 – Annalena Wirrbach

Frage 1

Das ein Vaterschaftsanerkenntnis schon vor der Geburt des Kindes abgegeben werden kann, folgt aus § 1594 Abs. 4 BGB.

Ein wirksames Vaterschaftsanerkenntnis erfordert nach § 1595 Abs. 1 BGB zunächst die Zustimmung der Mutter. Annalena ist als Minderjährige noch in der Geschäftsfähigkeit beschränkt (§ 106 BGB). Das bedeutet, dass sie die Zustimmung zum Vaterschaftsanerkenntnis zwar selbst abgeben musste (§ 1596 Abs. 1 Satz 1 BGB), aber dazu die Zustimmung ihrer Eltern benötigte (§ 1596 Abs. 1 Satz 2 BGB). Diese musste sie also ebenfalls davon überzeugen.

Nach § 1595 Abs. 2 BGB war außerdem die Zustimmung des Kindes nötig, wenn Annalena „insoweit" die elterliche Sorge nicht zustand. Damit kann hier nur die Vertretung in Abstammungsfragen gemeint sein. Die Eltern können nach § 1810 Satz 1 BGB ein ungeborenes Kind vertreten, soweit sie es auch vertreten könnten, wenn es schon geboren wäre. Aus § 1673 Abs. 2 Satz 2 Hs. 2 BGB folgt indessen, dass Annalena als minderjährige Mutter ihr Kind nicht hätte vertreten können, wäre es schon geboren gewesen. Das Kind muss daher anderweitig vertreten worden sein.

In Frage kommt die Vertretung durch einen Beistand. Der Beistand kann das Kind im Rahmen der ihm zukommenden Aufgaben gesetzlich vertreten (§§ 1716 Satz 2, 1813 Abs. 1, 1789 Abs. 2 Satz 1 BGB). Die Feststellung der Vaterschaft gehört zu diesen Aufgaben (§ 1712 Abs. 1 Nr. 1 BGB). Also kann ein Beistand auch die von § 1595 Abs. 2 BGB geforderte Erklärung im Namen des Kindes abgeben. Das setzte allerdings voraus, dass Annalena eine Beistandschaft schon vor der Geburt beantragen konnte. § 1713 Abs. 1 Satz 1 BGB lässt das grundsätzlich zu, doch nur unter der Voraussetzung, dass dem Antragsteller die elterliche Sorge allein zustünde, wenn das Kind schon geboren wäre. Das war bei Annalena wegen § 1673 Abs. 2 Satz 1 BGB nicht der Fall. Indessen genügt es nach § 1713 Abs. 2 Satz 1 BGB auch, wenn eine Schwangere den Antrag stellt, deren Kind, wäre es schon geboren, einen Vormund benötigen würde. Da Annalena ihr Kind wegen § 1673 Abs. 2 Satz 2 Hs. 2 BGB nicht vertreten könnte, würde es nach § 1773 Abs. 1 Nr. 2 BGB einen Vormund benötigen. Also lagen die Voraussetzungen des § 1713 Abs. 2 Satz 1 BGB vor. Annalena konnte eine Beistandschaft beantragen, und zwar selbst und ohne Zustimmung ihrer Eltern (§ 1713 Abs. 2 Satz 2 BGB). Die Beistandschaft ist mit Eingang des Antrags beim zuständigen Jugendamt sofort wirksam geworden, auch schon vor der Geburt des Kindes (§ 1714 Satz 2 BGB).

In Frage käme grundsätzlich auch die Vertretung durch einen Pfleger i.S.v. § 1810 Satz 1 BGB. Eine solche Pflegschaft muss jedoch zunächst vom Familiengericht angeordnet und sodann muss ein Pfleger ausgewählt und bestellt werden. Das ist zumindest zeitraubender und komplizierter. Über § 1712 ff. BGB konnte die notwendige Vertretung des Kindes schneller und einfacher erreicht werden.

Frage 2

Das Jugendamt kann gesetzlicher Amtsvormund nach § 1786 Satz 1 BGB geworden sein. Das setzt die uneheliche Geburt des Kindes und die Notwendigkeit einer Vormundschaft zum Zeitpunkt der Geburt voraus. Annalena war bei der Geburt ihres Kindes nicht verheiratet.

Nach § 1773 Abs. 1 Nr. 2 BGB ist ein Vormund erforderlich, wenn ein Kind von seinen Eltern gesetzlich nicht vertreten werden kann. Annalenas Kind konnte von Annalena wegen § 1673 Abs. 2 Satz 2 Hs. 2 BGB nicht vertreten werden (s.o.). Justin konnte das Kind ebenfalls nicht vertreten, wenn ihm die elterliche Sorge nicht zustand. Da der Sachverhalt weder eine Sorgeerklärung noch eine Entscheidung des Familiengerichts über die elterliche Sorge erwähnt, stand die elterliche Sorge nach § 1626a Abs. 3 BGB Annalena alleine zu. Das Kind war daher bei der Geburt gesetzlich nicht von seinen Eltern vertreten.

Das Jugendamt ist daher nach § 1786 Satz 1 BGB Vormund geworden.

Frage 3

Die Impfung stellt eine ärztliche Behandlung des Kindes dar. Der Arzt durfte das nach § 630d BGB nur mit Einwilligung des Patienten tun. Da ein Säugling einwilligungsunfähig ist, ist nach § 630d Abs. 1 Satz 2 BGB die Einwilligung eines dazu sonst Berechtigten erforderlich. Das kann ein gesetzlicher Vertreter sein. Ingeborg Pfeiffer war nach § 55 Abs. 4 Satz 2 SGB VIII gesetzlicher Vertreter des Kindes. Mit der von ihr im Namen des Kindes erteilten Einwilligung war die Impfung daher rechtens.

Auch der Amtsvormund unterliegt der allgemeinen Aufsicht des Familiengerichts aus § 1802 Abs. 2 Satz 1 und 2 BGB. Wenn Ingeborg Pfeiffer ihre Einwilligung zur Impfung pflichtwidrig erteilt hat, muss sie daher damit rechnen, dass das Familiengericht sie darauf hinweist und ggf. anweist, dergleichen künftig zu unterlassen. Pflichtwidrig handelt der Vormund, wenn er entweder gegen gesetzliche Vorschriften verstößt oder die Interessen des Mündels gefährdet. Letzteres dürfte hier ausscheiden. Ingeborg Pfeiffer kann jedoch gegen eine gesetzliche Vorschrift verstoßen, nämlich den Vorrang der Elternentscheidung aus § 1673 Abs. 2 Satz 3 Hs. 1 BGB missachtet zu haben.

Die Entscheidung, das Kind impfen zu lassen, gehört zur Personensorge. Auch wenn der Vormund das Kind alleine vertritt, ist doch aus § 1673 Abs. 2 Satz 2 Hs. 1 BGB die minderjährige Mutter berechtigt, an der Entscheidung beteiligt zu werden. Einigen sich – wie hier – Vormund und Mutter nicht, geht die Entscheidung der Mutter grundsätzlich vor. Der Vormund darf sich über sie allerdings hinwegsetzen, wenn das Kindeswohl andernfalls gefährdet ist. Eine solche Maßnahme würde voraussetzen, dass dem Kind aufgrund der mütterlichen Entscheidung gegen die Masernimpfung hier mit ziemlicher Sicherheit ein erheblicher Schaden drohte. Zwar kann eine Maserninfektion gravierende Gesundheitsschäden, schlimmstenfalls sogar den Tod bedeuten. Dergleichen ist aber – wenn es keinen besonderen Ansteckungsrisiken, z.B. durch eine Epidemie, ausgesetzt ist – selten und damit nicht hochgradig wahrscheinlich. Ingeborg Pfeiffer musste daher Annalenas Entscheidung gegen die Impfung respektieren. Sie hat pflichtwidrig gehandelt, als sie in die Impfung einwilligte.

Frage 4

- **Herausgabe von Annalena**

Als Teil der Personensorge steht Annalenas Eltern grundsätzlich das Recht zu, Annalena von jedem Dritten herauszuverlangen, der sie ihnen widerrechtlich vorenthält (§ 1632 Abs. 1 BGB). Das trifft auf Justin zu, denn er hat kein wie immer geartetes Obhutsrecht Annalena gegenüber. Allerdings verpflichtet ihn § 1632 Abs. 1 BGB nicht zur aktiven Mitwirkung. Er muss Annalena nicht wegschicken, sondern nur dulden, dass sie abgeholt wird.

Das Familiengericht wird den Herausgabeantrag allerdings zurückweisen, wenn es zum Ergebnis kommt, dass er missbräuchlich gestellt wurde. Das kann auch deshalb der Fall sein, weil sich die Entscheidung des Kindes für einen bestimmten Aufenthaltsort als reife Entscheidung darstellt, die das Kind aufgrund seiner individuellen Reife bereits in Abwägung des Für und Wider seiner Entscheidung treffen konnte. Ob das hier der Fall ist, kann man wegen der insoweit dürftigen Sachverhaltsschilderung nicht abschließend entscheiden.

- **Herausgabe von Annalenas Kind**

Ingeborg Pfeiffer steht als Vormund das Recht zu, Annalenas Kind von jedem herauszuverlangen, der es ihr widerrechtlich vorenthält (§§ 1795 Abs. 1 Satz 3, 1632 Abs. 1 BGB). Es ist daher zu prüfen, ob Justin ein Recht zusteht, das Kind in seiner Obhut zu behalten. Mangels elterlicher Sorge steht ihm ein solches Recht nicht als Vater zu. Es kann ihm aber zustehen, weil Annalena damit einverstanden ist, dass sich das Kind bei ihm aufhält.

Annalena ist nach § 1626a Abs. 3 BGB allein sorgeberechtigt. Sie kann trotz ihrer beschränkten Geschäftsfähigkeit die Personensorge auch ausüben (§ 1673 Abs. 2 Satz 2 Hs. 1 BGB). Sie darf daher auch über den Aufenthalt ihres Kindes entscheiden. Wegen § 1673 Abs. 2 Satz 3 Hs. 1 BGB geht ihre Entscheidung derjenigen von Ingeborg Pfeiffer vor. Justin ist daher aufgrund von Annalenas Entscheidung, dass das Kind bei ihm bleiben soll, berechtigt, es in seiner Obhut zu behalten. Er enthält es Ingeborg Pfeiffer demnach nicht widerrechtlich vor. Ihr Herausgabeantrag ist abzulehnen. Sollte das Gericht feststellen, dass Annalenas Kind bei Justin gefährdet ist, muss es allerdings von Amts wegen die Voraussetzungen für den Herausgabeantrag schaffen, z.B. dadurch, dass es Annalena das Aufenthaltsbestimmungsrecht entzieht (§ 1666 Abs. 1, Abs. 3 Nr. 6 BGB).

Frage 5

Wenn Annalena und Justin eine Sorgeerklärung abgäben, stünde ihnen die elterliche Sorge für das Kind gemeinsam zu (§ 1626a Abs. 1 Nr. 1 BGB). Soweit sie bei Annalena ruhte, übte Justin sie ohne Weiteres alleine aus (§ 1678 Abs. 1 Hs. 1 Alt. 2 BGB). Das gälte auch für die gesetzliche Vertretung, sodass das Kind nun von Justin allein gesetzlich vertreten würde. Damit fiele der Anlass für die Vormundschaft nach § 1773 Abs. 1 Nr. 2 BGB weg und wegen § 1806 BGB mit ihm auch die Vormundschaft. Die Amtsvormundschaft wäre demnach beendet.

Da Annalena minderjährig und folglich in der Geschäftsfähigkeit beschränkt ist, müssten ihre Eltern einer Sorgeerklärung zustimmen, damit sie wirksam werden kann (§ 1626c Abs. 2 Satz 1 BGB). Würden ihre Eltern sich weigern, könnte sich Annalena an das Familiengericht wenden, damit es die Zustimmung ihrer Eltern nach § 1626c Abs. 2 Satz 3 BGB ersetzt.

Fall 19 – Lotta Scharf II

Frage 1

Die Weitergewährung von Pflegegeld an Markus und Isolde Scharf könnte auf zwei Bedenken stoßen:

Da ihnen nunmehr die Personensorge für Lotta zusteht, haben sie im System des § 27 SGB VIII auch die Rolle des Hilfeempfängers übernommen. Dass derjenige, der eine Sozialleistung empfängt, sie auch zugleich erbringt, ist zumindest merkwürdig. Indessen kennt das Sozialsystem auch andere Fälle, in denen ein durch den Berechtigten selbstgedeckter Bedarf trotzdem vom Leistungsträger finanziert wird. Dafür spricht hier, dass der Hilfeempfänger bei § 27 SGB VIII zwar der Personensorgeberechtigte, der eigentliche Leistungsadressat aber das Kind ist, dessen Lebenschancen durch die Leistung den Vorgaben in § 1 Abs. 1 SGB VIII angenähert werden sollen.

Des Weiteren könnte fraglich sein, ob die Erziehung durch den Personensorgeberechtigten überhaupt als Erziehung durch eine „andere Familie" i.S.v. § 33 Satz 1 SGB VIII verstanden werden kann. Immerhin handelt es sich hier um die Großeltern, die nach den Eltern die nächsten Angehörigen eines Kindes sind. Der Begriff ist jedoch im Lichte von § 37 Abs. 1 SGB VIII eng aufzufassen: Eine „andere" Familie ist jede, die nicht aus den Eltern des Kindes besteht. Weder enge Verwandtschaft noch Inhaberschaft der Personensorge schließt es daher aus, ein Pflegeverhältnis i.S.v. §§ 27, 33 SGB VIII anzunehmen.

Das zweite Bedenken könnte sich aus der Frage ergeben, ob Markus und Isolde Scharf ihrer Enkeltochter nicht die Pflege und Erziehung, die sie ihr gewähren, auch schulden. Wäre das der Fall, kann der Staat kaum verpflichtet sein, sie zu finanzieren. Genau diesen Fall hat der Gesetzgeber in § 27 Abs. 2a SGB VIII aber ausdrücklich dahin geregelt, dass auch eine Unterhaltspflicht des Leistungserbringers die Gewährung von Hilfe zur Erziehung nicht ausschließt.

Das Pflegegeld kann demnach weiter gezahlt werden.

Frage 2

Ein Anspruch auf eine Aufwandspauschale kann Markus und Isolde Scharf aus § 1630 Abs. 3 Satz 3 BGB i.V.m. §§ 1813 Abs. 1, 1808 Abs. 2 Satz 1, 1878 Abs. 1 BGB zustehen.

Nach § 1630 Abs. 3 Satz 3 BGB erwerben sie durch die Übertragung der elterlichen Sorge die Rechte und Pflichten eines Pflegers. Zu den Rechten des Pflegers gehören aufgrund der Generalverweisung in §§ 1813 Abs. 1, 1808 Abs. 2 Satz 1 BGB auch die in § 1878 BGB bestimmten Ansprüche. Daher kann die Pflegeperson, der die elterliche Sorge zum Teil übertragen wurde, eine Aufwandspauschale nach §§ 1813 Abs. 1, 1808 Abs. 2 Satz 1, 1878 Abs. 1 BGB grundsätzlich verlangen.[5] Voraussetzung dafür ist, dass der Pfleger keine Vergütung erhält. Eine solche Vergütung könnte in dem Pflegegeld liegen, das die Eheleute Scharf vom Jugendamt erhalten.

5 OLG Stuttgart FamRZ 2006, 1290.

Pflegegeld gilt nach § 39 Abs. 1 Satz 2 SGB VIII sowohl den tatsächlichen Sachaufwand für die Pflege des Kindes ab als auch die „Kosten der Erziehung". Dahinter steckt der Gedanke, dass die Erziehung des Kindes eine Leistung ist, für die derjenige, der sie erbringt, entgolten werden soll. Es handelt sich bei Pflegegeld demnach nicht nur um den Ersatz tatsächlicher Aufwendungen, sondern auch um eine Vergütung für die erbrachte Erziehungsleistung. Hierfür spricht auch § 39 Abs. 4 Satz 2 SGB VIII, wonach das Jugendamt mit dem Pflegegeld auch einen Beitrag zur Altersvorsorge leistet. Markus und Isolde Scharf erhalten in Gestalt des Pflegegeldes folglich ein Entgelt. Dieses Entgelt wird ihnen allerdings für die tatsächliche Pflege und Erziehung des Kindes gewährt. Zu dieser sind sie aufgrund von § 1630 Abs. 3 Satz 2 BGB aber gerade nicht verpflichtet, denn dem Pfleger obliegt die tatsächliche Übernahme der Pflege und Erziehung des Kindes so wenig wie dem Vormund. Auch er muss sie nur gewährleisten und fördern, aber nicht erbringen (§§ 1813 Abs. 1, 1795 Abs. 1 Satz 2 BGB). Das Pflegegeld wird damit für eine Leistung erbracht, die gerade nicht zu den Pflichten des Pflegers gehört. Daher ist es auch keine für die Rechtsstellung als Pfleger gezahlte Vergütung.

Weiter ist fraglich, ob sich der Anspruch gegen die Staatskasse richtet. Nach § 1878 Abs. 1 Satz 1 BGB richtet er sich grundsätzlich gegen das Kind. Die Staatskasse ist nach §§ 1630 Abs. 3 Satz 3, 1813 Abs. 1, 1808 Abs. 2 Satz 1 Hs. 2, 1879 BGB zur Zahlung nur verpflichtet, wenn das Kind mittellos ist. Als mittellos gilt nach § 1880 Abs. 1 BGB, wer diese Summe aus seinem einzusetzenden Vermögen nicht aufbringen kann. Lotta verfügt sicher nicht über Vermögen. Folglich ist sie mittellos. Markus und Isolde Scharf sind aus der Staatskasse zu entschädigen.

Die Höhe der Aufwandspauschale beträgt nach § 1878 Abs. 1 Satz 2 BGB das 17-Fache des höchstmöglichen Stundensatzes aus § 22 Satz 1 JVEG. Das sind wiederum 25,00 €, sodass die Entschädigung 17 × 25,00 € = 425,00 € beträgt.

Fraglich ist allerdings, ob diese Pauschale sowohl Markus als auch Isolde oder ihnen gemeinsam nur einmal zusteht. Dass sie sich alle Aufgaben teilen, könnte dafür sprechen, dass sie sich auch die Aufwandspauschale teilen müssen. Nach § 1878 Abs. 2 Satz 1 BGB kann aber, sofern mehrere Betreuer bestellt sind, jeder Betreuer die Aufwandspauschale geltend machen. Einschränkungen erfährt diese Regelung nur bei Bestellung eines Verhinderungsbetreuers gemäß § 1817 Abs. 4 BGB, der nur tätig wird, wenn der reguläre Betreuer ausfällt. Die gemeinsame Aufgabenwahrnehmung durch mehrere Betreuer i.S.v. § 1817 Abs. 3 BGB ist dabei unschädlich.[6] Durch die Verweisung in § 1808 Abs. 2 Satz 1 BGB gilt diese Regelung auch bei der Bestellung mehrerer Vormünder und nach § 1813 Abs. 1 BGB auch für Pfleger.

Was für Pfleger gilt, gilt wegen § 1630 Abs. 3 Satz 3 BGB auch für Pflegeeltern, denen die elterliche Sorge zum Teil übertragen wurde: Das bedeutet, sowohl Michael als auch Isolde Scharf haben einen Anspruch auf die Aufwandspauschale.

Schließlich ist zu prüfen, ob der Anspruch auf die Entschädigung nach § 1878 Abs. 4 Satz 1 BGB durch Fristablauf erloschen ist.

6 Bt-Drs. 19/24445, S. 313.

Der Anspruch entsteht gemäß § 1878 Abs. 3 Satz 1 BGB nach Ablauf eines Jahres seit der „Bestellung" zum Pfleger, womit hier die Übertragung gemeint ist. Der Anspruch ist folglich am 3. Januar 2023 entstanden.

Er erlischt nach § 1878 Abs. 4 Satz 1 BGB sechs Monate nach Ablauf des Jahres, in dem er entstanden ist. Damit ist das Kalenderjahr gemeint. Der Anspruch erlischt folglich sechs Monate nach Ablauf des Jahres 2023, also am 30. Juni 2024. Da der 30. Juni 2024 aber ein Sonntag ist, kommt § 193 BGB zum Tragen – die Frist läuft erst am darauffolgenden Werktag ab, also am 1. Juli 2024.

Es handelt sich um eine materiellrechtliche Ausschlussfrist, die durch rechtzeitige Antragstellung beim Familiengericht gewahrt wird. Der Antrag ist aufgrund der Regelung aus § 193 BGB am 1. Juli 2024 noch rechtzeitig gestellt. Der Anspruch ist also nicht durch Fristablauf erloschen.

Fall 20 – Samantha Ullrich

Frage 1

Es handelt sich offensichtlich um eine sog. Umgangspflegschaft. Diese kann nach § 1684 Abs. 3 Satz 3 BGB angeordnet werden, wenn die Loyalitätspflicht des § 1684 Abs. 2 BGB grob oder anhaltend verletzt wird.

Die Loyalitätspflicht des § 1684 Abs. 2 BGB trifft die bei dem Umgang mit einem Kind Beteiligten, nämlich den zum Umgang Berechtigten und denjenigen, der das Personensorgerecht ausübt. Die Personensorge für Samantha steht den Eltern gemeinsam zu. Jonas Ullrich übt sein Recht zur Pflege und Erziehung von Samantha jedoch im Einverständnis mit ihrer Mutter nur dadurch aus, dass er von seinem ihm unabhängig von der Personensorge zustehenden Umgangsrecht aus § 1684 Abs. 1 Hs. 2 BGB Gebrauch macht. Zwischen Jonas und Hiltrud Ullrich bestehen demnach Pflichten aus § 1684 Abs. 2 BGB.

Diese Pflichten müssten dauerhaft oder wiederholt und in grober Weise verletzt worden sein. Über einen groben Verstoß sagt der Sachverhalt nichts. Da jedoch der Umgang schon seit längerer Zeit nur noch sehr unregelmäßig praktiziert wird, missachten die Eltern dauerhaft sowohl die Anordnung des Familiengerichts über den Umgang als auch Samanthas Interesse an einer Kontinuität in ihren Beziehungen zu beiden Eltern. Das ist ein dauerhafter Verstoß gegen § 1684 Abs. 2 BGB.

Die Voraussetzungen für die Anordnung der Umgangspflegschaft lagen daher vor.

Frage 2

Ein Anspruch auf Vergütung kann Birgül Yildirim aus § 1684 Abs. 3 Satz 6 BGB i.V.m. § 277 Abs. 2 Satz 2 FamFG und § 3 VBVG zustehen. Das setzt voraus, dass das Familiengericht festgestellt hat, dass Birgül Yildirim die Pflegschaft berufsmäßig führt. Laut Sachverhalt hat es sie zur „berufsmäßigen Pflegerin" bestellt. Hierin ist die geforderte Feststellung enthalten.

Nach § 1684 Abs. 3 Satz 6 BGB i.V.m. § 277 Abs. 2 Satz 2 FamFG und § 3 Abs. 1 Satz 1 VBVG erhält sie eine Vergütung für die auf die Pflegschaft tatsächlich aufgewandte und erforderliche Zeit. Fraglich ist, ob Birgül Yildirum am 6. Februar schon zur Umgangspflegerin bestellt war. Auch die Bestellung des Umgangspflegers folgt §§ 168f Satz 1, 168a Abs. 2 Satz 1 BGB. Der Beschluss wurde mit Bekanntgabe an Birgül Yildrim wirksam. Die Bekanntgabe kann gemäß § 15 Abs. 2 FamFG durch Zustellung wirksam werden oder nach § 41 Abs. 2 Satz 1 FamFG auch im Rahmen einer Verkündigung durch Verlesen der Beschlussformel gegenüber dem anwesenden Pfleger. Postalisch zugestellt wurde der Beschluss am 7. Februar 2023. Der Anruf des Richters am 3. Februar stellt keine wirksam werdende Verkündigung gegenüber Birgül Yildrim dar. Der Sachverhalt sagt nichts darüber aus, ob der Richter die Beschlussformel am Telefon verlesen hat. Da § 41 Abs. 2 Satz 1 FamFG aber die *Anwesenheit* voraussetzt, wäre eine fernmündliche Verkündigung sowieso nicht wirksam geworden.

Der Beschluss wurde daher erst mit Zustellung am 7. Februar 2023 bekanntgegeben und damit wirksam. Birgül Yildirim erhält also für die am 6. Februar 2023 geführten Gespräche keine Vergütung.

Frage 3

Für die Besuchssamstage erhält Birgül Yildirim nach §§ 1684 Abs. 3 Satz 6 BGB i.V.m. § 277 Abs. 2 Satz 2 FamFG und § 3 Abs. 1 Satz 1 VBVG den Zeitaufwand vergütet und i.V.m. § 277 Abs. 1 Satz 1 FamFG und § 4 VBVG ihren tatsächlichen Aufwand ersetzt, wenn die Tätigkeit zu ihren Aufgaben als Umgangspflegerin gehörte.

§ 1684 Abs. 3 Satz 3 BGB nennt als wesentlichen Inhalt der Umgangspflegschaft die Aufgabe der „Durchführung des Umgangs". Dem Umgangspfleger steht (in eigener Person) nach § 1684 Abs. 3 Satz 4 BGB ein Herausgabeanspruch zu. Das spricht dafür, dass die persönliche Übernahme der Übergabe des Kindes ebenfalls zu seinen Aufgaben gehört. Er ist dafür zu entschädigen, wenn er dies für erforderlich halten durfte. Gegen diese Einschätzung wiederum sind keine Einwendungen erkennbar. Birgül Yildirim wird für ihren Aufwand demnach entschädigt.

Die Höhe der Vergütung bestimmt sich nach § 3 Abs. 1 VBVG. Birgül Yildirim erhält pro Stunde 29,50 €, wenn sie über eine für die Pflegschaft nutzbare Berufsausbildung verfügt. Nutzbar ist eine Ausbildung, wenn sie dem Pfleger eine bessere und effektivere Führung der Pflegschaft ermöglicht. Die Ausbildung zur Erzieherin vermittelt Fachkenntnisse im Umgang und zum Beziehungsaufbau mit Kindern und Jugendlichen. Das ist für die Aufgaben des Umgangspflegers nützlich. Für zwei Stunden Zeitaufwand erhält Birgül Yildirim demnach pro Besuchstag eine Vergütung von 2 × 29,50 € = 59,00 €.

Für den Aufwand der Fahrt mit dem eigenen Pkw erhält Birgül Yildirim gemäß § 1684 Abs. 3 Satz 6 BGB i.V.m. § 277 Abs. 2 Satz 2 FamFG, § 4 Abs. 1 VBVG und1877 Abs. 1 BGB eine pauschale Fahrtkostenentschädigung in der Höhe, in der sie nach § 5 Abs. 2 Nr. 2 JVEG ein Sachverständiger erhalten würde. Das sind 0,42 € je gefahrenem Kilometer, hier also 20 × 0,42 € = 8,40 €.

Birgül Yildirim wird für jeden Besuchstag also mit 67,40 € entschädigt, und zwar aus der Staatskasse (§ 1684 Abs. 3 Satz 6 BGB i.V.m. § 277 Abs. 4 Satz 1 FamFG).

Frage 4

Zunächst ist festzustellen, ob Jonas Ullrich nicht ohnehin allein bestimmen durfte, ob Samantha seine neue Lebensgefährtin kennenlernt.

Nach § 1632 Abs. 2 BGB gehört das Recht, den Umgang des Kindes mit Dritten zu bestimmen, zur Personensorge. Die Personensorge stand den Eltern gemeinsam zu. Eine gemeinsame Entscheidung lag nicht vor.

Nach § 1687 Abs. 1 Satz 4 BGB kann ein Elternteil, bei dem sich das Kind zu einem Umgangskontakt aufhält, in Fragen der tatsächlichen Betreuung allein entscheiden. Dazu gehören alle Alltagsfragen, die sich bei der tatsächlichen Betreuung eines Kindes stellen und die keine über den Tag hinausreichende Bedeutung haben. Der erstmalige Kontakt mit einer neuen Frau an der Seite des Vaters hat jedoch eine über den Tag deutlich hinausreichende Bedeutung für Samantha. Jonas durfte hierüber also nicht allein entscheiden.

Es bleibt zu prüfen, ob Birgül Yildirim das Recht zustand, die Anwesenheit von Jonas Ullrichs neuer Freundin beim Umgang zu gestatten. Nach § 1684 Abs. 3 Satz 3 BGB war sie für die „Durchführung des Umgangs" zuständig. Nach § 1684 Abs. 3 Satz 4 BGB stand ihr für die Dauer des Umgangs das Aufenthaltsbestimmungsrecht zu. Das Gesetz zielt damit darauf ab, die Beziehung zwischen den Eltern von der Regelung der Einzelfragen des Umgangs zu entlasten. Wenn Birgül Yildirim bestimmen können soll, wo der Umgang stattfindet, spricht viel dafür, dass sie auch entscheiden kann, in wessen Anwesenheit. Man kann es auch anders ausdrücken: Wenn § 1684 Abs. 3 Satz 4 BGB Birgül Yildirim das Recht gäbe, zu bestimmen, dass Jonas Ullrichs Umgang sogar bei seiner neuen Freundin stattfinden darf, muss sie ihm erst recht erlauben können, die neue Freundin während des Umgangs bei sich zu empfangen.

Birgül Yildirim war daher berechtigt, den Kontakt zur neuen Freundin des Vaters während des Umgangs bei ihm zu gestatten.

Frage 5

Nach § 1684 Abs. 3 Satz 3 BGB beschränkt sich der Wirkungskreis des Umgangspflegers auf die Durchführung des Umgangs. Das Treffen einer Regelung obliegt ihm dagegen nicht.[7] Die infolge des Umzugs notwendige Umstellung lässt sich nicht durch eine Änderung der Details wie der Hol- und Bringzeiten bewerkstelligen. Der Umzug erfordert eine Neuregelung. Eine solche kann nur das Familiengericht treffen.

Jonas Ullrich ist daher zu raten, beim Familiengericht nach § 1696 Abs. 1 Satz 1 BGB eine Abänderung der Umgangsregelung anzuregen. Das Familiengericht muss dem folgen, wenn die Abänderung aus triftigen, das Kindeswohl nachhaltig berührenden Gründen erforderlich ist. Das folgt hier schon daraus, dass die bestehende Regelung aufgrund der geänderten örtlichen Verhältnisse gänzlich unpraktikabel geworden ist.

7 OLG Hamm NJW-RR 2011, 150.

Teil III

Vormundschaft und Pflegschaft in der Praxis

A. Das Thema Fremdsorge

Vorbemerkung

- *Das Handbuch wurde wegen der Änderungen des Vormundschaftsgesetzes, welches zum 1.1.2023 in Kraft getreten ist, in den Bereichen geändert, die den praktischen Teil direkt betreffen. Ergänzt wird die Ausgabe durch neue Fallbeschreibungen in den Kapiteln D und E.*
- *Die Gesetzesänderung zum Vormundschaftsrecht hat ein grundlegendes Problem leider nicht gelöst: Es gibt keine bundesweiten oder länderspezifischen statistischen Daten zum Umfang der Bestellung von Vormundschaften und Ergänzungspflegschaften.[1] So ist es nicht möglich,*
  - *die Anzahl der Bestellungen nach den verschiedenen Arten nach § 1774 BGB nachzuvollziehen, um deren tatsächliche Zahl mit den Ansprüchen gegenüberzustellen,*
  - *die nachzuweisende Eignung der verschiedenen Vormünder zu vergleichen, um notwendige Standards bundesweit aufzustellen und*
  - *die jeweiligen Kosten und den Nutzen für die Arbeit im Sinne der Mündel zu ermitteln.*

Welche praktischen Auswirkungen die Vormundschaftsreform 2023 haben wird, muss sich noch zeigen. Eine begleitende Evaluation sollte auf jeden Fall erfolgen.

Wahrscheinlich gravierender wird die Reform der Kinder- und Jugendhilfe für eine inklusive Kinderpflegehilfe werden. Der in den vergangenen Jahren ausgefochtene Streit hatte schon einmal zu einer Verschiebung der Reform geführt. Das neue Datum 2028 für die Umsetzung verschafft den Beteiligten einerseits die Möglichkeit, sich mit genügendem Zeitvorlauf auf die Veränderungen einzustellen, kann anderseits auch die Gefahr bergen, „alles zu zerreden". Offene Fragen gibt es sehr viele!

Dabei wäre gerade auch für die praktische Ausführung der Vormundschaft für Kinder mit jedweder Einschränkung eine einheitliche Ansprechstelle dringend notwendig.

- *Es gibt auch positive Entwicklungen. Ebenfalls am 1.1.2023 ist das Gesetz[2] zur Abschaffung der Kostenheranziehung von jungen Menschen in der Kinder- und Jugendhilfe in Kraft getreten. Damit wird einer wesentlichen Forderung aus der Vormundschaft im Interesse der betroffenen Kinder Rechnung getragen. In der Begründung zum Gesetzesentwurf heißt es dazu:*
  „Mit der Abschaffung der Kostenheranziehung junger Menschen wird dem Auftrag der Kinder- und Jugendhilfe Rechnung getragen, die Entwicklung junger Menschen hin zu einer eigenverantwortlichen und selbständigen Person zu unterstützen. Gerade junge Menschen, die nicht in ihrer Herkunftsfamilie, sondern in

1 B.Froncek, J. Pothmann, Unbekannte Vormundschaft – Statistikmängel und Forschungsbedarfe, IGFH 2021.
2 BGBl I 2022, 2824, berichtigt durch Gesetz vom 19.1.2023 (BGBl I 2023, Nr. 19).

einer Pflegefamilie oder Einrichtung der Kinder- und Jugendhilfe aufwachsen, haben bei ihrem Start ins Erwachsenenleben bereits aufgrund ihrer Ausgangslage besondere Herausforderungen zu meistern. Sie brauchen daher Unterstützung, diese Herausforderungen erfolgreich zu bewältigen. Dazu gehört es, sie zu motivieren, Verantwortung für ihr zukünftiges Leben zu übernehmen, und darin zu bestärken, sich eigene Ziele zu setzen und diese auch zu erreichen. Möchten sie finanziell Verantwortung übernehmen und für ihre spätere Lebenssituation vorsorgen oder sich beispielsweise den Führerschein selbst finanzieren, sollten sie in diesen Vorhaben bestärkt werden. Kontraproduktiv ist es, wenn sie einen Teil ihres Einkommens abgeben müssen. Denn so können sie ihre Ziele schwerer erreichen; dies kann ihrer Motivation entgegenstehen. Gerade im Vergleich zu Gleichaltrigen, die nicht im Rahmen der Kinder- und Jugendhilfe stationär untergebracht sind, können sie sich zusätzlich benachteiligt fühlen. Nehmen diese jungen Menschen aufgrund der Kostenheranziehung keine Ausbildung oder eine andere Tätigkeit auf, hat dies nicht nur generell für ihre Entwicklung hin zu einem selbständigen Erwachsenen, sondern auch für ihre späteren Chancen auf dem Arbeitsmarkt negative Konsequenzen."

- *ABER: Alle jungen Menschen einbeziehen!*[3]
  - *Bei der geplanten Entlastung sind nicht alle jungen Menschen in der Kinder- und Jugendhilfe berücksichtigt. Die Forderung aus der Stellungnahme vom 24.6.2022 bleibt daher: Abschaffung der Kostenheranziehung auch für junge Menschen, die Bildungs- oder berufliche Eingliederungsmaßnahmen in Anspruch nehmen und in sozialpädagogischen Wohnformen leben und die eine Berufsausbildung für Menschen mit Behinderungen absolvieren und ein sog. Ausbildungsgeld erhalten bzw. den Betrag über eine geförderte Ausbildung durch die Arbeitsagentur, bzw. das Jobcenter erhalten.*

Dies ist zentral für das erklärte Anliegen, bessere Teilhabe- und Verwirklichungschancen für diejenigen jungen Menschen zu schaffen, die ohnehin unter schwierigen Bedingungen aufwachsen müssen. Auch ist die Gleichbehandlung von jungen Menschen mit und ohne Beeinträchtigung im Sinne einer angestrebten inklusiven Kinder- und Jugendhilfe dringend geboten.

- ***Die Forderung:***
  Die Abschaffung der Kostenheranziehung auch in den Fällen nach § 13 Abs. 3 SGB VIII sowie nach §§ 61, 62, 122 SGB III. Dies könnte im ersten Fall analog zu den Regelungen für § 19 SGB VIII geschehen, in den anderen Fällen durch Umwandlung in eine Ausbildungsvergütung, die somit im Sinne des SGB VIII als Einkommen gelten und nicht mehr herangezogen werden würde. Zumindest die Benennung als Härtefallregelung im Sinne des § 92 Abs. 5, S. 1 SGB VIII wäre notwendig, um bessere Teilhabechancen zu ermöglichen.

3 Stellungnahme der Erziehungsverbände, https://afet-ev.de/ (Abruf am 13.5.2024).

Bisher werden in der Fachwelt, aber auch in der Öffentlichkeit die Begriffe Vormundschaft, Ergänzungspflegschaft, Beistandschaft, Pflegschaft, Betreuung oft nebeneinander und konkurrierend benutzt. Aus meiner Sicht sollte es eine Unterscheidung zwischen *„elterlicher Sorge"* und dem Sorgerecht des Vormunds geben. Besser passend wäre daher der Begriff *„Fremdsorge"*, der die eigentliche Aufgabe des Vormunds besser definieren könnte. Dies gilt ebenso beim Begriff Mündel, der sich historisch entwickelt hat. Es gibt aus verschiedenen Gründen Überlegungen neue Begrifflichkeiten zu finden, die vor allem dem Kind eher die Möglichkeit bieten, sich in dem Wirrwarr von Begriffen zurechtzufinden. Laut Duden kann er alle drei Geschlechter annehmen: der Mündel, die Mündel, das Mündel.

Ungeklärt erscheint mir in diesem Zusammenhang auch, welcher Begriff für das Kind bei einer Ergänzungspflegschaft verwendet werden soll – Mündel kann es ja nicht sein?

Schon die Fragen:

- „Wer macht denn nun was?"
- „Wer hat wofür die Verantwortung?"
- „Wer sind denn meine Bezugspersonen?"
- „Wer erzieht mich?"
- „Wer sind denn alles meine Eltern?"

sind für Kinder kaum zu beantworten und überfordern oft auch die beteiligten Erwachsenen.

In der Summe gibt es, je nach Fallkonstellation, mehrere Personen, die im Alltag eine Verantwortung für das Kind tragen. Der Begriff „elterliche Verantwortung" beschreibt viel besser die eigentliche Aufgabe von Erziehungsberechtigten als der Begriff „elterliche Sorge". Beispielhaft seien hier genannt:

Gruppe 1:

Diese Personen besitzen in der Regel das Recht auf **Alltagsverantwortung** (§ 1687 Abs. 1 Satz 2, 3 BGB) – siehe auch Kapitel B. 6.:

I. Leibliche Eltern

II. Pflegeeltern

III. Erziehungsstelleneltern

IV. Heimerzieher

Gruppe 2:

Diese Personen besitzen unterschiedliche und **über die alltägliche Sorge hinausgehende Verantwortung**

I. Ergänzungspfleger

II. Vormund

III. Mitarbeiter im Pflegekinderdienst (Jugendamt oder freier Träger)

IV. Mitarbeiter aus dem allg. Sozialdienst des Jugendamtes

V. Familienrichter und Rechtspfleger

Im Unterschied zu den leiblichen oder Adoptiveltern und der ihnen allein zustehenden **elterlichen Sorge** können Ergänzungspfleger und Vormünder nur eine Art **Fremdsorge** ausüben, die sich lediglich im Idealfall des in den Haushalt des (ehrenamtlichen) Vormunds aufgenommenen Mündels elterlicher Sorge annähert.

Einen guten Einblick in das Erleben von Betroffenen und die entstehenden Fragen erhält man durch nachfolgenden Bericht eines ehemaligen Mündels:[4]

Bericht eines ehemaligen Mündels

Was brauchen Kinder von ihrem Vormund? Was hat mein Vormund für mich erreicht?

Mein jüngeres Ich von damals war manchmal etwas verärgert darüber, dass so viele verschiedene Menschen mitreden durften, wenn mal wieder diskutiert wurde, wie es mit mir weitergehen soll. Welche Rollen diese Menschen aber hinsichtlich der Entscheidungen innehatten, war mir nicht bewusst. Heute ist das anders – auch wenn ich nach wie vor erstaunt darüber bin, wie viele da ein Wörtchen mitzureden haben. Heute weiß ich, dass ein Vormund derjenige ist, der die rechtlichen Angelegenheiten regeln soll. Außerdem sollte er dafür sorgen, dass meine Rechte als Minderjährige eingehalten werden, und im Falle einer Verletzung dieser Rechte die notwendigen Schritte einleiten, die erforderlich sind, um sie geltend zu machen. Er oder sie übernimmt, formal betrachtet, die Rolle von liebenden und verantwortungsvollen Eltern, wenn es darum geht, Rahmenbedingungen zu sichern, die dem Mündel ein Umfeld für sein Aufwachsen bieten, in welchem, wie im § 1 SGB VIII festgeschrieben, die Förderung seiner Entwicklung und die Erziehung zu einer eigenverantwortlichen und gemeinschaftsfähigen Persönlichkeit oberste Priorität haben. Das englische Wort für Vormund wäre Guardian, das man auch mit Beschützer, Hüter oder Bewahrer übersetzen könnte.

Normalerweise sind die eigenen Eltern auch meine Guardians, aber die Situation, in der sich Heim- und Pflegekinder befinden, ist Gott sei Dank nicht normal, sondern eine Ausnahmesituation.

Auf verantwortungsbewusste und liebende Eltern trifft die Übersetzung des englischen Wortes im Sinne von Beschützer insofern zu, als dass sie sich – wenn notwendig – nicht nur vor ihr Kind stellen, wenn andere sich über seine Rechte hinwegsetzen und ihm damit Schaden zufügen, sondern auch dann, wenn es etwas angestellt hat und dafür bestraft werden soll. Einer der vielen Gründe, warum Kinder ohne funktionierendes Elternhaus oder ohne Eltern, die stark genug sind, sich für ihre Kinder einzusetzen, schneller und öfter als „kriminell" bezeichnet werden, liegt darin, dass Eltern es oft gar nicht erst zu einem Gerichtsverfahren kommen lassen, wenn das Kind etwas angestellt hat. Sie regeln es außergerichtlich und sorgen im Ernstfall

4 Alexandra Doll, Referentin, Careleaver Deutschland e.V., Hildesheim.

dafür, dass die Strafe nicht härter ausfällt als unbedingt notwendig. Als Beispiel kann man hier Vandalismus bei Nachbarn oder Klauen im Geschäft anführen. In einem Gespräch mit einer Verteidigerin sagte diese, dass sehr viele Jugendliche mal versuchen würden, etwas zu stehlen, oft nur Kleinigkeiten wie einen Kaugummi. Bei Heimkindern, die ohnehin als delinquent gelten, würde sich niemand gegenüber dem Supermarktbetreiber für das Kind/den Jugendlichen einsetzen, damit dieser von einer Anzeige absieht.

In diesem Zusammenhang finde ich es erschreckend, dass nicht nur ich, sondern viele Careleaver in unserem Verein die Erfahrung machen mussten, dass der Mensch, der eigentlich der stärkste Verbündete sein sollte, einem oft so unbekannt blieb. Eltern glauben in der Regel an das Gute in ihren Kindern – sie stellen sich aus Liebe bedingungslos vor einen und hinterfragen jegliche Kritik an ihren Kindern erst einmal, bevor sie sie als richtig anerkennen. Wenn Vormünder keine Gelegenheit haben, ihre Mündel kennenzulernen und im besten Fall auch etwas lieb zu gewinnen, ist es mit Sicherheit schwierig bis unmöglich, widersprüchliche Aussagen von Mündeln gegenüber denen von Fachkräften aus Heimen, Jugendämtern oder von Pflegeeltern einzuschätzen.

Zurzeit steht das Thema der Ombudschaften in der Diskussion. Man könnte meinen, dass eigentlich keine Ombudschaften notwendig sind, wenn der Vormund tatsächlich der „Guardian" des Mündels ist. Allerdings sollten Ombudschaften (Ombudsleute) als eine Art Anwalt fungieren, den ich auch als Kind aufsuchen kann, wenn zum Beispiel meine Eltern etwas von mir verlangen, was für mich untragbar ist, oder wenn ich meinem Vormund vorwerfen musste, dass er seine Pflichten nicht wahrnimmt. Ebenso können Ombudschaften (Ombudsleute) starke Verbündete der Vormünder und Mündel sein, wenn dem Kind Unrecht geschieht und der Vormund das nicht regeln kann. Wobei aus meiner Sicht eine Ombudsstelle nur sinnvoll ist, wenn sie unabhängig und nicht beim Jugendamt angesiedelt ist.

Auch wenn Ombudsstellen keine Anwälte im eigentlichen Sinne sind, könnte ich dort zumindest erfahren, dass ich ein Recht darauf habe, meine Fähigkeit, meine Situation einzuschätzen, noch einmal von unabhängiger Seite überprüfen zu lassen. Ebenso könnte ich dort beklagen, dass mein Vormund zu wenig Zeit für mich hat, um eine wichtige Entscheidung treffen zu können. Das würde auch dem Vormund, gegen den sich die Beschwerde richtet, zugutekommen, indem seine Überlastung zutage tritt und sich seine Arbeit daraufhin etwas befriedigender gestaltet. Die Mündel und Vormünder wollen ja (hoffentlich) das Gleiche erreichen.

Mitunter sind Pflegeeltern gleichzeitig auch Vormund. Es kann Fälle geben, in denen die Verbindung Pflegeeltern und Vormundschaft in einer Person gut ist. Es stellt sich aber die Frage, wo darin noch der Unterschied zur Adoption liegt. Ist das nicht schon so etwas wie eine Adoption, was für ein Pflegekind – ein „Niemandskind" – ein sehr schönes Gefühl sein kann, weil es ein Zeichen dafür ist, wirklich „gewollt" zu werden, und weil es vor allem zwischen 18 und 21 Jahren sogar ohne Zustimmung der leiblichen Eltern die Möglichkeit bietet, aus der rechtlichen Verbandelung mit den leiblichen Eltern auszutreten,[5] was nach dem 21. Lebensjahr nicht mehr möglich ist. Der Begriff „Niemandskind" wurde von einem Pflegekind in unserem Netzwerk geprägt, das sich so bezeichnet hat, weil mit Erreichen des 18. Lebensjahres niemand mehr zuständig war. Auf der anderen Seite stellt sich die Frage, was geschehen würde, wenn so eine Personalunion rechtlich immer und bei jeder Pflegefamilie möglich wäre und wenn sich herausstellt, dass die Pflegefamilie doch nichts taugt. Dann ist es doch besser, wenn außer den Pflegeeltern noch eine weitere Person – der Vormund – das Kind im Blick hat und für das Kind zuständig ist.

Mir war tatsächlich – genauso wie einem weiteren Careleaver in unserem Netzwerk – nicht bewusst, dass ich überhaupt einen Vormund hatte, bis ich vor zwei Jahren Einsicht in meine Akten nahm. Mir wurde klar, dass die Menschen, die am meisten über mich zu entscheiden hatten – nämlich der Vormund und der zuständige Mitarbeiter des ASD – mich am wenigsten kannten und ihre Entscheidungen häufig nur auf dem gründeten, was sie von den anderen Fachkräften hörten. Das heißt, die Meinung, die der Betreuer, mein Psychiater oder Therapeut von mir hat, bestimmt häufig, wie sich der ASD oder der Vormund in meinen Angelegenheiten entscheidet, ohne dass ich selbst die Möglichkeit habe zu zeigen, dass ich durchaus meine Gründe für die eine oder andere Einstellung oder Handlungsweise habe. Es fehlt sehr häufig die Beziehung zwischen Mündel und Vormund. Mit mehr Zeit könnte man die Aufgabe der Vormundschaft besser bewerkstelligen.

Was Sie im Folgenden erwartet

Die rechtlichen Vorgaben, die Gesetzesänderungen und die theoretischen Ansprüche an Vormünder und Pfleger werden der Arbeit in der Praxis gegenübergestellt. Die Beispiele stammen alle aus konkreten Fällen der Autoren und sind damit vor allem beispielhaft für die Arbeit des Berufsvormundes.

Das heißt, dass die hier beschriebenen Fälle von Vormundschaften und Ergänzungspflegschaften in der Arbeit von Berufs-Vormündern bzw. Berufs-Pflegern entstanden sind. Gerade wegen ihrer unabhängigen und nur dem Familiengericht gegenüber zu verantwortenden Tätigkeit bietet sie einige Chancen in der Praxis, auf die im Einzelnen verwiesen wird.

Einen grundlegenden Einblick über die Anforderungen, Qualifikationen und Aufgaben der beruflich tätigen Vormünder und Ergänzungspfleger geben auch die Standards des BVEB.[6]

5 Die Referentin nimmt hier vermutlich auf die durch § 1772 Abs. 1 lit. b BGB eröffnete Möglichkeit Bezug, die Volljährigenadoption alsVolladoption auszusprechen, wenn das Kind schon während seiner Minderjährigkeit in den Haushalt des Annehmenden aufgenommen war. Das ist allerdings nicht an eine Altersgrenze gebunden. Nur durch die Volladoption erlischt das Verwandtschaftsverhältnis zuden leiblichen Eltern (§ 1755 Abs. 1 Satz 1 BGB), bei der gewöhnlichen schwachen Volljährigenadoption bleibt es bestehen (§ 1770 Abs. 2 BGB).

6 Standards Vormundschaft/Ergänzungspflegschaft, Hrsg: BVEB – s. Anhang.

B. Passung zwischen Vormund (Pfleger) und Kind

In den folgenden Themenbereichen wird in einzelnen Absätzen eine Verzahnung zwischen Theorie und Praxis hergestellt und es werden offene Fragen thematisiert.

1. Welcher Vormund für welches Kind?

a) Die vier Säulen der Vormundschaft

Es gibt:

- die ehrenamtliche Vormundschaft
- die berufsmäßige Vormundschaft
- die Vereinsvormundschaft
- die Amtsvormundschaft

Die ehrenamtliche Einzelvormundschaft besitzt nach der Gesetzesänderung auch rechtlich (§ 1779 Abs. 2 BGB) einen Vorrang vor der Amtsvormundschaft. Bisher schlug sich dieser Vorrang auch gerade gegenüber den Amtsvormundschaften nicht nieder. Das ist umso erstaunlicher, als das Ehrenamt einen **Vorteil gegenüber den Amtsvormundschaften** besitzt, die den größten Teil der Vormundschaften ausmachen. Dieser Vorteil resultiert aus der Privatheit ihres Engagements und ihrer gerade nichtprofessionellen Stellung. Ehrenamtliche Vormünder verfügen über mehr Zeit für die Arbeit, können dadurch das Kind/den Jugendlichen besser kennenlernen, sind entsprechend eine konstante Beziehungsperson und setzen häufig auch nach der Erlangung der Volljährigkeit des/der Jugendlichen ihre Beziehung (ggf. als Mentor oder Pate) zu ihr/ihm fort.

Was für das Kind/den Jugendlichen von Vorteil sein kann, wird von der professionellen Seite der Fachkräfte nicht immer als Bereicherung wahrgenommen. Ehrenamtliche machen ihnen eher mehr Arbeit, gerade weil sie über größere zeitliche Ressourcen verfügen. Daher müssen nicht nur die Ehrenamtlichen lernen, mit der professionellen Seite umzugehen, es müssen auf der anderen Seite auch die Fachkräfte lernen, die Eigenheiten der privaten Personen zu akzeptieren und offen zu sein für die „Tücken", die ein zivilgesellschaftliches Engagement mit sich bringen kann.

Die individuelle Motivation der Ehrenamtlichen ist ein „Pfund", das man nicht hoch genug einschätzen kann – gleichwohl reicht sie zur Führung einer Vormundschaft nicht aus. Die Vormünder werden in der Arbeit vor viele Probleme und Entscheidungssituationen gestellt, für die sie Wissen benötigen (z.B. rechtliche und pädagogische Grundlagen) und ein Gespür für die Kommunikation mit den beteiligten Personen und Institutionen entwickeln müssen.[7] Die Jugendämter sind nach § 53a Abs. 1 SGB VIII zur **Beratung und Unterstützung von Vormündern und Pflegern** verpflichtet. Zusätzlich hat nach § 53a Abs. 2

7 Erzberger, Christian, Katzenstein,Henriette (2018): Vormundschaft in der Pflegekinderhilfe – Kooperation und Ehrenamt, S. 46. Siehe dort auch weiterführende Informationen zum Thema Vormundschaft für Ehrenamtliche.

SGB VIII das Jugendamt eine Art „Kontrollpflicht" gegenüber den Vormündern, soweit es die Person des Mündels im Bereich Erziehung und Pflege betrifft.

Als weitere mögliche Arten von Vormundschaften werden aufgeführt:

- der Berufsvormund,
- ein Mitarbeiter eines Vormundschaftsvereins,
- das Jugendamt.

Unklar bleibt damit, ob die Reihenfolge der genannten Vormundschaften auch als verpflichtende „Rangfolge" bei gleicher Eignung angesehen werden kann.

Auch die neu eingeführte **„vorläufige" Vormundschaft** (§ 1774 Abs. 2 BGB und § 1781 BGB), die den Verein und danach das Jugendamt als mögliche Institution vorsehen, sehe ich als nicht unproblematisch an. Ist der Verein oder das Jugendamt erst einmal mit der vorläufigen Vormundschaft betraut, so werden diese prüfen, ob auch aus wirtschaftlichen Gründen der Vorschlag für die anschließende vollständige Vormundschaft nicht auf eine Mitarbeiterin aus dem eigenen Hause fällt.

Hinweis

Nach § 53 Abs. 2 SGB VIII ist nur das Jugendamt verpflichtet, den Vorschlag für den endgültigen Vormund gegenüber dem Gericht zu begründen!

Nach § 1777 Abs. 1 BGB können Teile der Sorgerechtsangelegenheiten vom Vormund auf eine Pflegeperson übertragen werden. Schon bisher lag die **„Alltagssorge"** i.d.R. bei den Pflegepersonen – dies wird nun auch gesetzlich in § 1797 Abs. 1 BGB geklärt.

Zudem hat der Vormund weiterhin die Möglichkeit, die Befugnisse der Pflegepersonen für darüberhinausgehende Angelegenheiten per Vollmacht zu erweitern. Bei einer Übertragung nach § 1777 BGB werden Sorgeangelegenheiten, die für den Mündel von erheblicher Bedeutung sind, gemäß § 1777 Abs. 2 BGB nur gemeinsam auf Vormund und Pflegeperson übertragen. Dies mag eine sinnvolle Lösung sein, wenn es eine gute und von gegenseitigem Vertrauen geprägte Zusammenarbeit von Vormund und Pflegeperson im Interesse des Mündels bereits gibt. Was aber geschieht, wenn es im Einzelfall zu einer nicht zu behebenden Meinungsverschiedenheit über eine Entscheidung erheblicher Tragweite kommt (vgl. auch Fall Lando in Kapitel B. 6.)?

b) Weiterbildung/Vorbildung/Grundfähigkeiten/Standards

Die Autoren dieses Praxisteils vertreten die Ansicht, dass es einer qualifizierten Weiterbildung zu einem berufsmäßig tätigen Vormund bedarf! In § 1778 Abs. 1 BGB ist endlich der Begriff der „Eignung" für den Vormund eingeführt worden, der in § 1779 BGB noch einmal konkretisiert wird (siehe Kapitel 2). Nur bei gleicher Eignung gilt daher der Vorrang des ehrenamtlichen Vormunds.

Welche **Vorbildung** erforderlich ist, ist weiterhin nicht festgeschrieben. Eine Berufserfahrung im pädagogischen Bereich in der praktischen Arbeit mit Kindern bildet eine wesentliche Grundlage. Eine Spezialisierung und Einarbeitung in die Bereiche, die für den Fall relevant sind, ist selbstverständlich – siehe Grundlagenwissen, Kapitel B 1 e).

Die Vorlage eines erweiterten Führungszeugnisses ist nun in § 168 FamFG – Auswahl des Vormunds geregelt: Dort heißt es in Abs. 2:

> „Vor der Bestellung einer Person als ehrenamtlicher Vormund oder als Berufsvormund, hat das Gericht eine Auskunft nach § 41 des Bundeszentralregistergesetzes einzuholen. Das Gericht überprüft in angemessenen Zeitabständen, spätestens alle zwei Jahre nach der Bestellung, durch Einholung einer Auskunft, ob die Eignung des Vormunds fortbesteht."

Im Bereich **Grundfähigkeiten** kann die folgende Aufzählung nur Hinweise auf nützliche Fähigkeiten liefern. Stichworte sind: Empathie im Kontakt mit den Kindern/Zugewandtheit bei problematischen Situationen/Klarheit bei grundsätzlichen Fragen/Offenheit gegenüber Veränderungen/Toleranz gegenüber divergierenden Ansichten/Verständnis für religiöse und kulturelle Verschiedenheit/Entschlusskraft bei notwendigen Entscheidungen/Durchhaltefähigkeit bei wechselnden Beziehungsproblemen/Rollenklarheit im System/emotionale Abgrenzung: „Der Mündel ist nicht mein Kind."

Zu den wesentlichen **Standards** gehören:

- Teilnahme an Fortbildungen
- Supervision – in der Gruppe oder einzeln
- Kollegiale Beratung

c) Konkrete Passung

Tipp

▶ *Der Wille des Kindes sollte bei Klärung einer guten Passung immer Berücksichtigung finden!*

Die folgende Übersicht kann als eine Checkliste für eine gute Passung zwischen Vormund und Mündel herangezogen werden.

Checkliste Passung Vormund – Mündel

Alter des Kindes – Alter des Vormunds	Mit zunehmendem Alter erworbene Fähigkeiten und eine gewisse Abgeklärtheit des Vormundes sind sicherlich hilfreich. Andererseits muss der Vormund ab einem gewissen Alter (Rentenalter) darüber nachdenken, ob er längerfristig, eventuell noch 18 Jahre, für das Mündel tätig sein kann und will. Diese Überprüfung auf Passung im konkreten Fall muss **vorab und permanent** erfolgen, da die emotionalen Belastungen und intellektuellen Herausforderungen andauern. Gerade bei Kindern mit schweren körperlichen und geistigen Behinderungen/psychischen Erkrankungen und Veränderungen der Persönlichkeit,

	z.B. in der Pubertät, sind diese Fragen vorab zu klären.
Geschlecht	Eine grundsätzliche Zuschreibung wie „ein Mädchen braucht eine Frau – ein Junge braucht einen Mann" sollte bei älteren Kindern immer mit der Meinung des Kindes in Einklang gebracht werden. Im Endergebnis muss sich diese Passung an den **Möglichkeiten** orientieren. Nicht immer kann diesem Aspekt wegen der fehlenden Auswahl von Vormündern gefolgt werden. Häufig stehen andere Aspekte im Vordergrund.
Migrationshintergrund	Wie die Debatte um die Vormundschaft bei minderjährigen unbegleiteten Geflüchteten gezeigt hat, ist eine Passung schon angesichts der Anzahl der Fälle nicht immer im gewünschten Rahmen möglich. Die Komplexität des **Ausländer- und Asylrechts** erfordert eine hohe Fachkompetenz, die eine vielleicht gewünschte Auswahl im ehrenamtlichen Bereich einschränkt. Dies gilt ebenso für eine im persönlichen Umgang hilfreiche **Sprachkompetenz** sowie Kenntnisse im Bereich interkultureller Kompetenz.
Unterbringung (Pflegefamilie, Erziehungsstelle, Heim-Wohngruppe, MoB, bei einem Elternteil)	Die Herstellung einer guten Passung ist bei der Frage der Unterbringungsart sicherlich von entscheidender Bedeutung. Faktisch treten hier auch die größten Probleme auf: Das **Vorschlagsrecht** liegt beim Jugendamt oder Sozialamt. Sie können eine mögliche Person oder Einrichtung aussuchen, da sie die Unterbringung finanzieren. Beim Vormund liegt die **Entscheidung** über die Annahme des Vorschlages oder die Durchsetzung einer alternativen Unterbringung, ggf. auch gegen die Ansicht des Jugendamtes. Diese muss eventuell beim Verwaltungsgericht erfolgen. Die **Erhaltung der gewachsenen Bindungen** zu Geschwistern und Eltern kann ein Kriterium für eine Entscheidung sein.

	Aufgrund der **Vorgeschichte** oder Erkrankung des Kindes ist die Auswahl manchmal beschränkt. In manchen Fällen entsteht die Notwendigkeit eines mehrmaligen Einrichtungswechsels, wenn die ursprünglichen **Erwartungen an die Einrichtung** nicht mit den Bedürfnissen des Kindes in Einklang gebracht werden können.

d) Erstkontaktaufnahme

In einem ersten Schritt besteht der Kontakt zum Gericht. Ein vorheriges Aktenstudium ist durchaus hilfreich.

Der erste Kontakt zum Kind sollte in der Regel schriftlich über die aktuell zuständige Erziehungsperson erfolgen.

e) Grundlagenwissen

Ein solides Grundlagenwissen ist für folgende Rechtsgebiete zu empfehlen:

- SGB VIII,
- Sorgerecht,
- Sozial- und Unterhaltsrecht,
- Ausländerrecht/Aufenthaltsrecht,
- Vermögensrecht,
- Krankenkassenrecht,
- Gesundheitswesen,
- Kindergartenrecht/Schulrecht,
- Strafrecht.

Weiterhin ist ein Verständnis von den Grundzügen der Erziehung in verschiedenen Ländern und über die Inhalte und Gepflogenheiten verschiedener Religionen hilfreich.

Tipp

Das notwendige Fachwissen sollte über eine qualifizierte Weiterbildung und durch ergänzende Fortbildungen erworben werden.

2. Eignung des Vormunds

In § 1779 Abs. 1 Satz 1 BGB wurden die Eignungsbedingungen besonders in den Punkten 1. und 4. konkretisiert. Eine natürliche Person muss nach

1. ihren Kenntnissen und Erfahrungen,
2. ihren persönlichen Eigenschaften,
3. ihren persönlichen Verhältnissen und ihrer Vermögenslage sowie
4. ihrer Fähigkeit und Bereitschaft zur Zusammenarbeit mit den anderen, an der Erziehung des Mündels, beteiligten Personen

geeignet sein, die Vormundschaft so zu führen, wie es das Wohl des Mündels erfordert.

Offen bleiben weiterhin folgende Fragen:

- Wie konkret soll das Gericht die Kenntnisse und Erfahrungen prüfen? Welche Nachweise über Qualifikationen werden verlangt?
- Schwierig ist ebenfalls das Kriterium der persönlichen Eigenschaften zu bewerten. Hier wird die Erfahrung eine Rolle spielen, die das Gericht mit der Arbeit eines Vormunds gesammelt hat.
- Da Zusammenarbeit immer die Bereitschaft von allen Beteiligten – also auch den Pflegepersonen – verlangt, stellt sich die Frage, wie der Vormund auf eine ablehnende oder unkooperative Haltung einer Pflegeperson reagieren soll? Soll er sein Amt zurückgeben? Soll er eine neue Pflegestelle suchen?

3. Fallzahlbegrenzung

Seit dem 5.7.2012 soll ein Amtsvormund höchstens 50 Mündel betreuen (§ 55 Abs. 2 Satz 4 SGB VIII). In der Praxis hat diese Regelung zu sehr unterschiedlichen Ergebnissen geführt:

- Es gibt weiterhin Mischarbeitsplätze in den Jugendämtern. D.h., die Mitarbeiterinnen führen sowohl Vormundschaften als auch Beistandschaften. Damit erhöht sich die Arbeitsbelastung durch die zusätzlichen Aufgaben. Es gibt auch Ämter, in denen die ASD-Mitarbeiterinnen neben der Vormundschaft auch als Fallverantwortliche im Kinderschutz eingesetzt werden. Dies ist deswegen problematisch, da so die notwendige Trennung zwischen den Aufgaben und dem Datenschutz in der Praxis schwerer zu realisieren ist.
- Auf dem Höhepunkt der Flüchtlingskrise, während der viele unbegleitete Minderjährige von den Jugendämtern im Rahmen von Vormundschaften betreut wurden, ist es ebenfalls oft zu einer Überschreitung der Obergrenze gekommen.
- Selbst diese Obergrenze ist in der Praxis selten zum Wohle des Mündels umsetzbar, da die zeitlichen Ressourcen mit den Anforderungen kollidieren.

Für Berufs- und Vereinsvormünder wird zukünftig eine allgemeine Prüfung der zeitlichen Ressourcen festgeschrieben – siehe § 1780 BGB. Die Überprüfung der Fallzahlbelastung der Amtsvormünder soll jedoch auch weiterhin allein beim Jugendamt bleiben. Zur Fallzahlbegrenzung in den Vormundschaftsvereinen siehe § 54 Abs. 1 Nr. 2 SGB VIII.

Der BVEB hat für seine Mitglieder eine **Obergrenze von 25 Mündeln** pro Vormund festgelegt.

4. Persönlicher Kontakt zum Kind

In § 1790 Abs. 3 BGB wird der Umfang des persönlichen Kontakts zwischen Mündel und Vormund beschrieben. In § 1793 Abs. 1a BGB a. F. hat der Gesetzgeber in der Begründung dazu geschrieben:

> Umfang und Häufigkeit des Kontakts richten sich nach den Erfordernissen des Einzelfalls zum jeweiligen Zeitpunkt. Im Regelfall hält der Gesetzgeber einen persönlichen Kontakt einmal im Monat für erforderlich; im Einzelfall kann es notwendig sein, den Mündel auch häufiger zu treffen. Wenn nach den besonderen Umständen des Einzelfalls ein weniger häufiger Kontakt angezeigt sein sollte, kann der Vormund den Mündel in dem erforderlichen Umfang – auch seltener treffen.

In dieser Begründung wird deutlich, dass die Beurteilung des Einzelfalls zum jeweiligen Zeitpunkt ausschlaggebend für die Kontaktdichte und -gestaltung zwischen Vormund/Pfleger und Kind/Jugendlichem zu sein hat. Je nachdem, was die Situation des Kindes/Jugendlichen erfordert, kommen häufigere oder seltenere als monatliche Kontakte in Betracht.

Regelmäßige Kontakte, nicht etwa nur in Krisensituationen, sind schon deswegen nötig, weil sie eine Grundlage für die Beurteilung bieten, ob die bisherige Kontaktdichte angemessen ist oder die Kontakte in der Zukunft häufiger oder seltener stattfinden sollten. In Anbetracht der Intention des Gesetzgebers, dass eine persönliche Beziehung zum Kind/Jugendlichen die Grundlage für die Vormundschaft/Pflegschaft bilden soll, erscheint es jedenfalls nicht angemessen, weniger als drei bis vier jährliche Kontakte zum Kind/Jugendlichen zu suchen.

> Der Vormund sollte sein Mündel nicht nur aus den Akten kennen, sondern diesen regelmäßig treffen, damit sich ein Vertrauensverhältnis aufbauen kann. Dabei sollte aber nicht eine starre Einhaltung von monatlichen „Alibi-Besuchen" erfolgen, sondern am Einzelfall orientierte Kontakte verfolgt werden.

a) Erfahrungsberichte von Careleavern

Beispiel

Maria: *„Ich hatte einen Vormund nachdem meine Eltern sich haben scheiden lassen und ich vor Gericht ausgesagt hatte, dass ich im Mädchenwohnheim bleiben wolle. Meinen Vormund bekam ich zugewiesen, er schrieb mir einen Brief, gesehen hatte ich ihn nie, mit 18 bekam ich wieder einen Brief von ihm, dass ich nun erwachsen sei und jetzt keinen Vormund mehr bräuchte. Das war's!"*

Jenni: *„Ich hatte damals einen Vormund, bei dem ich auch leben musste. Wir haben uns überhaupt nicht verstanden. Nach dem 18. Geburtstag war der Kontakt sofort* *weg. Als ich dann die „Bewertung" vom Vormundschaftsgericht bekommen hab' und gesehen hab', wie er mich bewertet hat und was er mit der Waisenrente so angestellt hat, habe ich auch versucht, an die Unterlagen vom Gericht zu kommen. Allerdings behauptete das Gericht, der Vormund hätte die ganzen Unterlagen, und der Vormund meinte, die wären alle bei Gericht."*

***Hannah**: „Ich hatte einen sehr netten und kompetenten Vormund, am Anfang habe ich gar nicht so recht verstanden, was genau seine Rolle ist. Da kamen immer zwei vom Jugendamt, die sich um mich kümmerten. Da mein Vater wieder das Sorgerecht zugesprochen bekommen hat, habe ich meinen Vormund nicht so lange gehabt. Ich hatte aber weiter Kontakt zu ihm und habe ihn dann zu meinen großen Feiern, wie mein Abschiedsfest, als ich für ein Jahr ins Ausland gegangen bin, eingeladen. Er hat sich immer sehr gefreut und ist gekommen. So habe ich jetzt auch erfahren, dass er noch öfter meinen Vater sieht und unsere Familie nicht vergessen hat."*

***Susi**: „Ich habe erst erfahren, dass ich einen Vormund hatte, als ich Einsicht in meine Akte genommen habe."*

***Michaela:** „Ich hatte totales Glück mit meiner Vormundschaft – sie hat mich immer unterstützt und hat sich immer gekümmert. Bei mir und meiner Vormundin war es auch so, dass wir uns alle zwei bis drei Monate auf einen Kaffee getroffen haben und uns ausgetauscht haben – oder auch einfach nur so."*

***Über Luise:** „Die Jugendliche hat in einer Pflegefamilie gelebt, in der die Pflegemutter (die sie dann letzten Endes auch adoptiert hat) zugleich auch der Vormund war. Problem war allerdings, dass die Jugendliche nicht gut von ihrer Pflegemutter behandelt wurde und es enorm schwierig für sie war, sich abzukapseln oder zu distanzieren, da die Pflegemutter über zu viel „Entscheidungsgewalt" verfügt hat. Die Jugendliche ist auch für etwa einen Monat in einer stationären Wohngruppe untergekommen, ist aber aufgrund von Druck der Pflegemutter „freiwillig" wieder zur Pflegefamilie zurück. Die Jugendliche durfte u.a. kein Handy besitzen (16 J.) oder sich mit Jungs treffen. Sie wurde viel kontrolliert und hatte meines Erachtens auch Angst vor der Pflegemutter.*

b) Wünsche an den Vormund

- „... dass er/sie mehr Kontakt zu mir hält und sich auch für mich und meine Belange interessiert und einsetzt."
- „... dass ich besser über meine Rechte bezüglich der Hilfen informiert und aufgeklärt bin."
- „... dass ich besser auf den Übergang vorbereitet bin, sodass ich in kein finanzielles Loch falle, eine Ausbildung tatsächlich auch angefangen habe und mich die erste Nebenkostenabrechnung nicht in die Schuldenfalle drückt."
- „... dass er/sie meine Wünsche gegenüber meinen Eltern und dem Jugendamt vertritt. Für mich einsteht und mich aus schwierigen Situationen raushaut."

c) Seltenere als monatliche Kontakte

Diese sind ggf. angezeigt, wenn

- Lebensort und Lebenssituation des Kindes/Jugendlichen stabil und förderlich für seine Entwicklung sind und es keine Anzeichen für Belastungen und Krisen gibt, die aus seiner Umgebung auf das Kind/den Jugendlichen einwirken;
- sich das Kind/der Jugendliche schon seit Langem an seinem Lebensort aufhält und es dort gut integriert ist;
- bereits ein stabiles Vertrauensverhältnis zwischen Vormund/Pfleger und Kind/Jugendlichem besteht und auch angesichts von Alter und Entwicklungsstand damit gerechnet werden kann, dass das Kind/der Jugendliche sich im Zweifelsfall auch unaufgefordert bei dem Vormund/Pfleger meldet (dies gilt insbesondere bei älteren Kindern/Jugendlichen);
- dafür gesorgt ist, dass der Vormund/Pfleger regelmäßig über die Entwicklung und verlässlich über Problemanzeigen aus dem Umfeld des Kindes/Jugendlichen informiert wird (durch Kindertagesstätte, Ärzte, Pflegekinderdienst, Adoptionsvermittlungsstelle usw.);
- in diesem Zusammenhang einheitlich berichtet wird, dass die Entwicklung des Kindes/Jugendlichen (relativ) stabil und positiv verläuft und es keine Anzeichen für (deutliche) Verschlechterungen oder auf einen Verlauf mit sich wiederholenden Krisen gibt.

Häufig bieten sich ergänzend zu Besuchskontakten, die **seltener als monatlich** stattfinden, **alternative Kontaktwege** an, etwa über E-Mail, Skype, verschiedene Messenger, Social Media oder Telefon. Das wird besonders dann der Fall sein, wenn das Kind/der Jugendliche diese im Alltag auch sonst zur Kommunikation nutzt und freien und ungehinderten Zugang dazu hat.

d) Häufigere oder zeitnahe Kontakte

Diese sind ggf. angezeigt,

- bei der Übernahme einer Vormundschaft/Pflegschaft;
- wenn wichtige Entscheidungen anstehen, etwa über einen Wechsel des Aufenthaltsorts, über Ausbildungsfragen (Schule und Lehre), über Hilfen und Therapien, Operationen, aber auch bei Entscheidungen, die für das Kind/den Jugendlichen subjektiv große Bedeutung haben (Piercing/Tattoos, Verreisen mit dem Freund/der Freundin);
- bei besonderen Problemlagen des Kindes/Jugendlichen, die aus der Vergangenheit bekannt sind und erwarten lassen, dass eine engmaschige Begleitung und jeweilige Anpassung der Hilfen erforderlich sein wird;
- wenn Wechsel der Lebenssituation und Erziehungspersonen stattgefunden haben oder stattfinden, z.B. wenn sich die Frage stellt, ob ein Wechsel der Pflegefamilie oder des Heims infrage kommt, aber auch etwa bei Trennung/Scheidung der Pflegeeltern;
- wenn es Problemanzeigen seitens der Erziehungspersonen, aus dem Umfeld des Kindes/Jugendlichen oder durch das Kind/den Jugendlichen selbst gibt, die auf (sich wie-

derholende) Krisen oder einen deutlich negativen Verlauf hindeuten. Der persönliche Kontakt zum Kind erübrigt sich in solchen Fällen nicht durch möglicherweise plausibel erscheinende Begründungen beteiligter Erwachsener für Krisen;

- in der Ausnahmesituation, in der ein Kind/Jugendlicher unter Vormundschaft oder Pflegschaft in seiner/ihrer Herkunftsfamilie lebt.

Auch wenn die Soll-Vorschrift im Einzelfall andere Besuchsintervalle zulässt, sind die **Probleme** vielfältig:

- Wollte ein Amtsvormund alle seine 50 Mündel alle vier Wochen regelmäßig besuchen, so müsste er dafür im Durchschnitt mindestens drei Stunden pro Termin einplanen. Dies ergibt in der Summe einen Zeitbedarf von 150 Stunden, was ungefähr den Stunden einer Vollzeitstelle entspricht. Alle anderen Arbeiten im Büro sind dabei nicht eingerechnet. Sind die Mündel weiter entfernt untergebracht, erscheint auch bei gutem Willen eine Umsetzung der Forderung unmöglich. Zu beachten ist hinsichtlich des Zeitbedarfs für Kontakte selbstverständlich, dass die Besuche teilweise erhebliche Fahrtzeiten erfordern und in der Terminierung auch von Kindergarten-, Schul-, Ausbildungszeiten und ggf. auch Berufstätigkeit der Pflegeeltern abhängig sind.
- Wenn idealerweise zwischen Vormund und Mündel eine Basis für eine vertrauensvolle Zusammenarbeit entstanden ist, ergeben sich in einigen Fällen weitere Probleme, wenn das Mündel seinen Aufenthaltsort aus dem Bereich des örtlich zuständigen Jugendamtes in den eines anderen wechselt, weil die Vormundschaft in der Regel an das dann zuständige Jugendamt abgegeben wird – dies gilt übrigens ebenso für die Zuständigkeitsbereiche der Vormundschaftsvereine. Auch im Bereich der Fallzuständigkeit im ASD oder PKD gibt es Vorschriften, nach denen die Zuständigkeit nach Ortswechsel oder nach einer bestimmten Zeit wechseln muss. Damit kommt es zu erneuten Beziehungsabbrüchen für Kinder, die bisher schon verschiedene Abbrüche verkraften mussten.

Dies gilt i.A. nicht für die Berufsvormundschaft: Hier bleiben – und dies kann auch nicht gerichtlich aus Kostengründen verändert werden – die Vormünder bei ihren Mündeln, auch wenn diese weiter entfernt untergebracht wurden.

Ob das auch für den ehrenamtlichen Vormund gilt, der zwar einen höheren Aufwand abrechnen kann, damit aber die Pauschalierungsmöglichkeit aus §§ 1808 Abs. 2 Satz 1, 1878 BGB verliert, ist zumindest fraglich!

5. Unabhängigkeit in der Arbeit

§ 1790 Abs. 1 BGB hält fest, dass

> „der Vormund unabhängig ist und die Vormundschaft im Interesse des Mündels zu dessen Wohl zu führen hat."

Mit dieser Formulierung wird die herrschende Meinung in der Kommentar- und Praxisliteratur aufgegriffen und gesetzlich explizit verankert, nach der der Vormund im Jugendamt keinen unmittelbaren Weisungen im Einzelfall unterliegt.[8]

Eine unabhängige Führung der Vormundschaft soll sicherstellen, dass **Interessen Dritter**, etwa der Behörde Jugendamt oder des Vereins gegenüber den Interessen und dem Wohl des Kindes/Jugendlichen zurückstehen müssen. Der Vormund muss

> „unabhängig von institutionellen Verflechtungen sein. Diese Unabhängigkeit betrifft fachliche, personelle und verwaltungsmäßige Faktoren, die das vorrangige Ziel der Interessenwahrnehmung des Mündels über ein zumutbares Maß einschränken könnten. Es dürfen keine Interessenkonflikte entstehen und die Zuständigkeit für Leistungen darf mit dem Führen der Vormundschaft nicht institutionell verbunden sein."[9]

Dies ist in der Praxis nicht so einfach, da es eine weitere **Verantwortungsgemeinschaft** gibt, die dem gesetzlichen Konstrukt geschuldet ist, dass der ASD – und damit die wirtschaftliche Jugendhilfe der fallzuständigen Kommune – über die Kosten einer Unterbringung entscheidet, und die Personensorgeberechtigten ein sog. Wunsch- und Wahlrecht haben (§§ 5 Abs. 1, 37c Abs. 3 Satz 1, 2 SGB VIII). Zwar soll nach § 5 Abs. 2 Satz 1 SGB VIII Grundlage der Entscheidung für eine geeignete Unterbringung immer der im Hilfeplan fixierte Bedarf des Kindes und Jugendlichen sein, doch ist in der Praxis immer wieder festzustellen, dass sowohl Kostenkriterien als auch abgeschlossene Leistungsvereinbarungen mit Trägern (§ 78b Abs. 1 SGB VIII) eine entscheidende Rolle für die Auswahl einer Unterbringung spielen.

Noch schwieriger wird die Situation, wenn nach einem Ortswechsel des Kindes oder nach einem Zuständigkeitswechsel das Jugendamt einer anderen Kommune nach eigenen Kriterien entscheidet, ob es die Kosten tragen will.

Hinweis

Der unabhängige Vormund hat pflichtgemäß nach dem Grundsatz zu entscheiden: Welche Maßnahme ist für mein Mündel am besten geeignet, um sein Wohl zu sichern? Gleichzeitig ist er auf die Beratung durch das Jugendamt und im Endergebnis auf die finanzielle Zusage des Jugendamtes angewiesen.

8 FK/Hoffmann/Proksch, § 55 Rn 41; Wiesner/Walther, § 55 Rn. 84, 5. Auflage 2015, § 55 Rn. 84; von (eingeschränkter) Autonomie und modifizierter Weisungsgebundenheit sprechen LPK/Kunkel/Leonhardt, § 55 Rn 17.

9 AK Vormundschaften Brandenburg 2012, Leitlinien zur Qualitätsentwicklung in der Vormundschaft,abrufbar unter: https://dev1.dijuf.de/files/downloads/2013/Bundesforum/Leitlinien_AK_Brandenburg_Laudien,%2020 12.pdf (Abruf:13.5.2024).

In Streitfällen bleibt ihm nur eine Klage beim Verwaltungsgericht zur Durchsetzung der Mündelinteressen – ein Weg, der wegen der langen Verfahrensdauer beim Gericht meist nicht praktikabel ist: Inzwischen muss das Kind ja irgendwo an einem geeigneten Ort bleiben. Während der Berufsvormund den Klageweg beschreiten kann und sollte, zeigen sich für Amtsvormünder, Vormundschaftsvereine und ehrenamtliche Vormünder praktische **Hemmnisse**:

- Ob der Amtsvormund, dessen Vorgesetzter die wirtschaftlichen Interessen des gesamten Jugendamtes im Blick hat, sich auch gerichtlich gegen sein eigenes Jugendamt wendet, hängt nicht nur vom „Standing", sondern auch von der Zusage der gerichtlichen Kostentragung ab.
- Auch in Zukunft sollen die Jugendämter Vorschläge für die Auswahl eines geeigneten Vormunds machen (Beratung des Gerichts). Ob Vormundschaftsvereine im Streitfall sich dauerhaft gegen ein Jugendamt positionieren wollen, wird sich in Einzelfall zeigen.
- Ob ein ehrenamtlicher Vormund, der vom Jugendamt beraten und unterstützt wird, bereit und in der Lage ist, gegen dieses zu klagen, muss sich ebenfalls noch erweisen.
- Die größte Unabhängigkeit besitzt nach aktueller Lage der Berufsvormund. Er ist nur dem Wohl und dem Willen seines Mündels und nur dem Gericht gegenüber zur Rechenschaft durch die Einreichung der jährlichen Berichte verpflichtet.

Die Frage ist also: Gäbe es eine für alle Vormünder insgesamt bessere Lösung? Einen Anhaltspunkt können die Vorschläge von S. Borhanian[10] geben:

> „… Koordinierungsstelle als Lösung?
>
> Als Vorbild für eine solche Behörde können die **Betreuungsbehörden** dienen. Diese sind beispielsweise in Berlin beim Amt für Soziales angesiedelt und bieten Beratung, Unterstützung und Hilfe rund um das Betreuungswesen. Derzeit gibt es keine gesondert beauftragte Stelle, die sich ausschließlich mit Vormundschaften beschäftigt. In Berlin ist das Bezirksamt – Abteilung Jugend und Familie (Jugendamt), Zentrale Dienste/Vormundschaftswesen zuständig. Es wäre sinnvoll, eine solche **Koordinierungsstelle Vormundschaften (KSV)** direkt **bei den Jugendämtern** einzurichten, da diese bereits intensiv mit dem Thema beschäftigt sind und auch den meisten Kontakt zu den Gerichten pflegen. Bereits **während des Gerichtsverfahrens** und damit sehr frühzeitig kann die KSV vom **Familienrichter** kontaktiert und mit der Suche eines geeigneten Vormunds beauftragt werden. **Mitarbeiter** des KSV könnten Vertreter der einzelnen Vormundschaftsarten und weiterer beteiligter Berufsgruppen sein (ein Amtsvormund, ein ehrenamtlicher VM, ein Berufsvormund und ein Vereinsvormund, ein Richter sowie ein Rechtspfleger). Wer dort fest angestellt und wer nur zu Gremien und größeren Besprechungen beigeordnet wird, ist natürlich im Detail zu klären. Ich halte es auch für sehr wichtig, interessierte **Kinder und Jugendliche** bei der Arbeit zu **beteiligen**. Vor allem sollen Gespräche mit den künftigen Mündeln geführt und deren Interessen im hohen Maße berücksichtigt werden. Eine Auswahl und Bestellung eines Vormunds ohne vorherige Anhörung und Beteiligung des Kindes muss ein **Beschwerderecht** des Mün-

10 Borhanian, Ssarab: Vormundschaft in Deutschland – Brauchen wir eine Koordinierungsstelle? M.A.; Childhood Studiesand Children's Rights Modul 5, Children out of Place and Child Rights Oriented Practice Seminar 2, Discrimination, poverty and social justice: aims, risks and perspectives of advocacy for children's rights, Prof. Dr. Manfred Liebel – FU Berlin, S. 21 f.; online abrufbar unter: http://docplayer.org/39716926-Vormundschaft-in-deutschland-brauchen-wir-eine-koordinierungsstelle.html (Abruf:13.5.2024).

dels beim KSV eröffnen. Die KSV führt **einheitliche Standards**[11], die im Rahmen von **Schulungen** und **Infoveranstaltungen** an die Vormünder weitergeben werden. Die KSV erstellt eine gut strukturierte **Internetpräsenz** mit vielen, zum kostenlosen Download zur Verfügung gestellter Informationen. Weitere Aufgaben der KSV wären:

- **Anwerben** und die **Qualifizierung** von Vormündern in Zusammenarbeit mit dem Jugendamt,
- Sammlung und **Dokumentation** der vorhandenen Vormünder im örtlichen Zuständigkeitsbereich anhand von jährlich zu **aktualisierenden Listen**. Aufgeführt werden alle relevanten Angaben zur Person und zur Qualifizierung des Vormunds, sowie **besondere sprachliche Fähigkeiten** und weitere Besonderheiten, wie Hobbies und Interessen,
- **Kontrolle** der auf den Listen geführten Qualifizierung der Vormünder, inklusive einer Vorlagenpflicht des **Führungszeugnisses**,
- **Kontrolle** der Fallbegrenzung von Vormündern (je nach Möglichkeit),
- Erstellung von **Qualitätsstandards** für **alle Vormundschaftsarten**,
- **Beratung** der Richter und **Hilfe** bei der Auswahl eines geeigneten Vormunds,
- **Informationsaustausch** zwischen den Beteiligten koordinieren,
- Intensive Suche und Vorschläge von geeigneten Vormündern für **schwierige Einzelfälle**,
- **Öffentlichkeitsarbeit** u.w.

Sofern künftig die **finanziellen Haushaltsmittel** konzentriert aus einem Topf kämen und der Arbeit solcher Koordinierungsstellen zufließen würden, bestünde Hoffnung, dass die derzeit noch recht unübersichtlichen Aufgabenzuweisungen zwischen Familiengericht, Jugendamt, ASD und Vormündern in Deutschland transparenter und kinder- und jugendfreundlicher vollzogen werden könnten. **Familienrichter** wüssten, dass sie eine Unterstützung bei der Auswahl eines geeigneten Vormunds erhalten und nicht einfach automatisch zur Wahl eines Amtsvormunds greifen sollten, **Vormünder** hätten eine gut strukturierte Anlaufstelle für ihre Fragen und zur sinnvollen Kooperation mit anderen Beteiligten, die **Mitarbeiter** des Jugendamtes könnten sich rein auf die Übernahme von Amtsvormundschaft konzentrieren und müssten nicht nebenbei nach geeigneten Vormündern suchen (siehe Regierungsvorschlag für die Reform Stufe 2), die **Mündel** hätten eine erste Anlaufstelle für Beschwerden und die **Zivilgesellschaft** könnte in einem größeren Maße über die Möglichkeit der Übernahme von Vormundschaften aufgeklärt werden."

Diesen Vorschlag hat der Gesetzgeber nicht aufgegriffen. Gemäß § 1781 Abs. 1 BGB kann nun ein „vorläufiger" Vormund bestellt werden, wenn das Gericht seine Ermittlungen zur Auswahl des am besten geeigneten Vormund noch nicht abgeschlossen hat. Die vorläufige Vormundschaft soll *„alsbald, spätestens nach 3 Monaten"* in eine reguläre Vormundschaft umgewandelt werden.

11 Nach dem Vorbild der Standards Vormundschaft/Ergänzungspflegschaft, herausgegeben vom BVEB. Abrufbar unter: www.verfahrensbeistand-bag.de (Abruf: 143.5.2024) > Infos für Ergänzungspfleger und Vormünder > Standards.

Problembeschreibung:

Diese Aufgabe sollen Mitarbeiter des Jugendamtes oder der Vormundschaftsvereine übernehmen. Auch für die Auswahl der vorläufigen Vormünder gilt das Prinzip der Geeignetheit aus § 1778 BGB. Wenn also schon ein geeigneter (vorläufiger) Vormund gefunden wurde, ist es wahrscheinlich, dass der endgültige Vormund auch ein Berufsvormund wird. Ein potenzieller ehrenamtlicher Vormund müsste ja „besser" bzw. gleich gut geeignet sein, um stattdessen bestellt zu werden.

6. Persönliche Förderung und Erziehung

Der Vormund hat die Pflege und Erziehung des Mündels persönlich zu fördern und zu gewährleisten.

§ 1792 BGB verpflichtet die an der Erziehung des Mündels beteiligten Personen zur **Kooperation**, z.B. den zusätzlichen Pfleger gemäß § 1776 BGB oder die Pflegeperson, der nach § 1777 BGB Sorgeangelegenheiten übertragen wurden.

Problembeschreibung:

Es kann in der Praxis (siehe unten, Fallbeschreibung „Lando") Bereiche geben, in denen Pflegeperson und Vormund unterschiedlicher Meinung sind. Gerade bei Kindern mit Beeinträchtigung kann es zu unterschiedlichen Ansichten in Fragen der Gesundheitssorge kommen. Kann hier keine einvernehmliche Lösung gefunden werden, so muss zukünftig das Familiengericht nach § 1793 BGB eine Entscheidung treffen. Eine solche Entscheidung kann aber erst nach umfangreicher Sachermittlung getroffen werden, die zumindest einen zusätzlichen Zeitaufwand für das Gericht und damit einen Zeitverlust für das betroffene Kind bedeuten. Ob danach die notwendige und vertrauensvolle Zusammenarbeit zwischen Vormund und Pflegeperson fortgesetzt werden kann, ist zumindest fraglich. Damit ein eventueller Streit nicht auf dem Rücken der Kinder ausgetragen wird, sollte die endgültige Entscheidungsbefugnis beim Vormund bleiben, der ja verpflichtet ist, alle Entscheidungen zum Wohl seines Mündels zu treffen.

S. Borhanian schreibt in ihrer Masterarbeit dazu[12]:

> „Es ist nicht von der Hand zu weisen, dass gerade Pflegeeltern und Vormünder lernen müssen, auch bei unterschiedlichen Erziehungsvorstellungen, die Kinder nicht durch Streitigkeiten und Machtkämpfe in einen Loyalitätskonflikt zu bringen, sondern sich als gute Vorbilder zu erweisen und auch mal zum eigenen „Nachteil" einen Kompromiss einzugehen. Alle Beteiligten der **„Verantwortungsgemeinschaft"** sollten sich jeden Tag aufs Neue ins Bewusstsein rufen, dass ausschließlich das Wohl und Interesse des bereits ausreichend in Mitleidenschaft gezogenen Kindes im Mittelpunkt stehen müssen. In diesem Zusammenhang ist es auch wichtig, das Mündel entsprechend seinem Entwicklungsstand an den Entscheidungen, die es betrifft, zu beteiligen und keine Entscheidung über seinen Kopf hinweg zu treffen."

12 Borhanian, Ssarab: Vormundschaft in Deutschland – Brauchen wir eine Koordinierungsstelle?, S. 15.

Folgende Fallbeschreibung verdeutlicht die möglichen Probleme:

Fallbeschreibung: Lando

- *Ausgangslage*

Lando; geboren im Juni 2010; Inobhutnahme (großflächiges Hämatom im Gesicht) durch das Jugendamt im November 2010 und Unterbringung im Heim zusammen mit seinem vier Jahre älteren Bruder. Mitte November 2011 wurde eine Vormundschaft für Lando durch das Gericht angeordnet, da die Mutter nicht einsichtig war und eine Trennung von ihrem gewalttätigen Partner ablehnte.

Auf Antrag des Vormunds wurde die Inobhutnahme dann im März 2011 beendet und in eine Hilfe nach §§ 27, 34 SGB VIII umgewandelt. Lando blieb im Heim. Grund dafür war, dass bei Lando nach einer molekulargenetischen Untersuchung die Diagnose Muskeldystrophie vom Typ Dychenne gestellt wurde. Diese Krankheit führt im Laufe der Jahre zu einer verstärkten Rückbildung der Muskeln, was in den meisten Fällen in der Adoleszenz zum Versagen der inneren Organe und zum Tod führen kann.

Im ersten Hilfeplan wurde auch mit Zustimmung seiner Mutter das Ziel einer Umsiedlung in eine Pflegefamilie formuliert. Sollte der Pflegekinderdienst nicht innerhalb eines Jahres eine geeignete Pflegestelle gefunden haben, sollte verstärkt nach geeigneten Erziehungsstellen gesucht werden. Die Anfragen bei den verschiedenen Trägern, die mit dem Krankheitsbild vertraut waren, verliefen im Laufe der folgenden Monate bzw. Jahre erfolglos. Die Jugendhilfe nach § 34 SGB VIII lief weiter – die Kosten wurden im Rahmen von § 27 ff. SGB VIII weiter getragen.

Die Entwicklung von Lando verlief in den anderen Bereichen – Sprache, Bewegung, Feinmotorik, soziale Kontakte – positiv. Bis auf das Tragen von Orthesen waren noch keine größeren Einschränkungen festzustellen.

Der Vormund hat für Lando dann einen Antrag auf Aufnahme in einen heilpädagogischen Kindergarten gestellt, der auch genehmigt wurde.

Im Jahr 2015 zeigten sich erste krankheitsbedingte motorische Probleme. Bei Untersuchungen im SPZ stellte sich heraus, dass Lando die genetische Erkrankung Muskeldystrophie Duchenne[13] besitzt. Diese Erkrankung führt mit zunehmendem Alter zu einem Muskelschwund, der i.d.R. zu einem frühen Tod des Kindes führt. Im Alter von vier Jahren traten bei ihm die ersten globalen Retardierungen und Muskelschwäche auf. Zu diesem Zeitpunkt wurde nur Physiotherapie und Ergotherapie empfohlen. Zusätzlich erhielt er Orthesen zur Unterstützung beim Laufen und in der Nacht. Nach eingehender Beratung im SPZ und mit dieser Erkrankung erfahrenen Ärzten hat der Vormund einer Cortisonbehandlung zugestimmt. Glukokortikoide wirken sich sehr positiv aus und führen zu einer Verzögerung des Krankheitsverlaufes und des Verlusts der Gehfähigkeit.

13 https://de.wikipedia.org/wiki/Muskeldystrophie_Duchenne (Abruf: 2.3.2024).

In Landos Entwicklung in anderen Bereichen zeigten sich inzwischen verstärkt auch die Folgen des Cannabisgebrauchs seiner Mutter während der Schwangerschaft und der Gewaltproblematik in den ersten Babymonaten:

- *Verzögerte kognitive Entwicklung in Richtung Lernschwäche,*
- *Verhaltensauffälligkeiten im sozialen Kontakt,*
- *Verminderte Feinmotorik.*

In der Folge stellte der Vormund einem Antrag auf Beschulung in einer Schule für Kinder mit Körperbehinderung.

In diesen ersten fünf Jahren hatte sich auch durch die Besuche des Vormunds bei Lando und in der KiTa und die Begleitung bei Arztbesuchen eine Beziehung zwischen Lando und dem Vormund etabliert.

Ende 2015 gelang es, eine fachlich geeignete Pflegestelle für Lando zu finden. Anfang 2016 siedelte er dann dorthin um. Die Leiterin der Pflegestelle gab an, dass sie seit Jahren auch als Pflegemutter Kinder mit besonderen Bedürfnissen aufgenommen habe. Aktuell lebe auch ein Kleinkind mit erheblicher körperlicher und geistiger Einschränkung mit der Diagnose FAS bei ihr. Die Erziehungsstelle ist an einen großen Träger angebunden und wird fachlich beraten. Die Jugendhilfe wurde nach § 33 SGB VIII auf sonderpädagogische Vollzeitpflege umgestellt. Trotz einer größeren Entfernung – über 200 km – gab der Vormund seine Tätigkeit nicht auf – einer der Vorteile der Berufsvormundschaft.

- *Verlauf*

Schon kurz nach der Übersiedlung in die Pflegestelle zeigte sich, dass die alleinlebende Pflegemutter sehr eigene Vorstellungen von einer Zusammenarbeit mit dem Vormund hatte. So sollte er möglichst sofort eine Generalvollmacht unterschreiben. Der Vormund besuchte Lando weiterhin im häuslichen Umfeld. Die Kontakte wurden dadurch erschwert, dass die Pflegemutter meist selbst anwesend sein wollte bzw. bemängelte, „der Vormund rege Lando zu sehr auf".

Der Kontakt zwischen Vormund und Pflegemutter gestaltete sich von Anfang an schwierig. So sollte der Vormund mit Lando möglichst nicht allein sein und etwas unternehmen, mit ihm nicht so viel „Krach" machen (Lando ist ansonsten ein sehr aktiver Junge). Außerdem gab es unterschiedliche Meinungen zu folgenden Themen:

- *Lando habe keine genetische Intelligenzminderung, sondern sei normal bis hochintelligent – trotz des abweichenden Testergebnisses des SPZ. Die grundsätzliche Kompetenz des SPZ wurde ebenfalls infrage gestellt.*
- *Lando sei nach ihrer Ansicht ein FAS-Kind, was man an seiner Kopfgröße und an seinem Gesicht erkennen könne – das hatte bisher noch kein Arzt auch nur vermutet.*
- *Lando benötige dringend einen Behindertenausweis – nach bisher vorherrschender Meinung sollte dies erst dann geschehen, wenn die körperliche Behinderung weiter fortgeschritten ist, auch um nach der damaligen Gesetzeslage einen Wechsel von der Jugendhilfe nach SGB VIII in die Sozialhilfe nach SGB XII hinauszuzögern.*

Die Medikation mit Cortison wurde grundsätzlich infrage gestellt, da Lando dadurch an Gewicht zunehme und sie ihn dann nicht mehr tragen könne. Außerdem halte sie grundsätzlich nichts von der Cortisongabe, da ja dadurch keine Heilung möglich sei. Der Vormund hielt an dieser Behandlung auf ärztlichen Rat hin fest, um ihm auch die Chance zu eröffnen, so spät wie möglich gehunfähig zu werden. Zudem hoffte der Vormund, dass der medizinische Fortschritt doch noch zu einer Heilungsmöglichkeit führen könnte.

Im Hilfeplangespräch (HPG) Anfang 2017 äußerte die Pflegemutter den Wunsch nach Übernahme der Vormundschaft. Da Lando bisher nicht über die Folgen seiner Erkrankung informiert sei, wolle sie Lando zeitnah darüber aufklären – auch über seine wahrscheinliche Lebenserwartung. In den weiteren Monaten zeigte Lando verstärkt auffälliges Verhalten durch Schreien und Herumwerfen von Gegenständen. Ich erfuhr dann in einem HPG, dass die Pflegemutter den inzwischen Siebenjährigen über die Krankheit aufgeklärt hatte: „Du wirst bald in einem Rollstuhl sitzen und es kann sein, dass du eventuell an der Krankheit sterben wirst."

Außerdem bat sie um eine Genehmigung für einen Flug mit den Pflegekindern und ihren Kindern nach Florida zu einer Delphintherapie. Für eine Erstattung der hohen Kosten sollte u.a. der Vormund sorgen. Der Vormund stimmte nach Einsicht in den Therapieplan zu – die Pflegemutter musste aber die Kosten im Endergebnis selbst tragen.

Auf Wunsch des Vormunds fand dann unter Leitung einer Mediatorin unter der Teilnahme des Fachberaters, der Pflegemutter und des Vormunds ein Gespräch zur Klärung der jeweiligen Wünsche und Forderungen statt.

Im zweiten Hilfeplangespräch im Oktober 2017 hatte sich die Situation von Lando in einigen Bereichen geändert:

Lando war auf Wunsch des Vormunds in eine Schule für Kinder mit Körper- und Lernbehinderung eingeschult worden – die Pflegemutter hatte eine andere Schulform gewünscht.

Er hatte inzwischen ein Therapiefahrrad erhalten. Außerdem sei die ganze Familie im Winter auch zum Skifahren gewesen. Er habe auf einem speziellen Ski mit Hilfen fahren können.

Bei seinem letzten Besuch hatte Lando zum Vormund gesagt: „Wir brauchen dich nicht mehr!"

Bisher hatte der Vormund seine Position in den wesentlichen Entscheidungsbereichen beibehalten, was auf Seiten der Pflegemutter zu verstärkter Ablehnung führte. Wesentliche Informationen über Arztbesuche u.a. erhielt der Vormund erst später oder gar nicht. Das Jugendamt sprach inzwischen von einem zerrütteten Verhältnis.

Die Pflegemutter beantragte nun die Entlassung des Vormunds aus dem Amt und Übertragung auf sich. Das Familiengericht eröffnete ein Verfahren, in dem auch ein Verfahrensbeistand eingesetzt wurde. Dieser kam zur Empfehlung einer Übertragung der Vormundschaft auf die Pflegemutter. Diese diene dem Wohl des Mündels, da die Pflegemutter individueller und zeitlich flexibler handeln könne als der Vor-

mund. Außerdem sei sie als ehrenamtlicher Vormund einem Berufsvormund vorzuziehen. Lando habe inzwischen eine Bindung zur Pflegemutter aufgebaut, die Vorrang gegenüber der, wenn auch schon länger währenden, Beziehung des Vormunds zu Lando habe.

Das Gericht wies den Antrag mit der Begründung ab, dass nach § 1886 Abs. 1 BGB eine Entlassung veranlasst ist, wenn „die Fortführung des Amts, insbesondere wegen pflichtwidrigen Verhaltens des Vormunds, das Interesse des Kindes gefährden könnte." Dies sei hier nicht der Fall.

Die Pflegemutter nahm sich nun einen Anwalt und legte Beschwerde beim OLG ein. Diese wurde aus formalen Gründen[14] *– die Eingabe der Pflegemutter sei als Erinnerung nach § 11 RpflG zu behandeln – zurückgewiesen.*

Der Anwalt legte nun Erinnerung beim Rechtspfleger ein, die mit einer 22-seitigen Stellungnahme begründet wurde. In dieser wurden dem Vormund massive Vorwürfe gemacht. Beispiele der Pflegemutter: „Alles, was ich in wochenlanger Arbeit aufgebaut habe, reißt der Vormund bei seinem Besuch wieder ein. Dem Vormund geht es um die Manipulation und Ausbeutung einer psychisch kranken leiblichen Mutter. Ich werde im Kampf mit dem Vormund zerrieben."

Der Erinnerung wurde nicht abgeholfen, sondern der Abteilungsrichterin zur Entscheidung vorgelegt.

In dieser Situation bat der Vormund um ein Klärungsgespräch mit dem Jugendamt und der Fachberatung des Trägers über die weitere Perspektive zum Wohl des Kindes. Dabei wurden folgende Alternativen diskutiert:

- *Wechsel der Pflegestelle: Diese Idee wurde vom Vormund wegen der inzwischen gewachsenen Beziehung von Lando zur Pflegemutter und der Erfahrungen aus der Vergangenheit – jahrelange erfolglose Suche – nicht weiterverfolgt.*
- *Abgabe der Vormundschaft an die Pflegemutter: Diese Idee wurde ebenfalls verworfen, da gemeinsam eingeschätzt wurde, dass es für Lando wichtig wäre, wenn auch zukünftig eine dritte Person das Gesamtwohl des Kindes unabhängig von der Sicht der Pflegemutter im Blick behielte und ggf. auch entscheide.*
- *Übertragung der Vormundschaft auf einen Amtsvormund vor Ort: Angesichts der nicht wiederherzustellenden, aber unabdingbaren Kommunikation zwischen Vormund und Pflegeperson erschien dieser Weg zum Wohl für Lando als der geeignete.*

Diese Empfehlung wurde vom Vormund dem Gericht zugeleitet. Die Pflegemutter erklärte sich damit einverstanden. Für sie war die Hauptsache, dass der jetzige Vormund aus dem Amt entfernt werde, da er sich kindeswohlgefährdend verhalte. Das örtlich zuständige Jugendamt lehnte eine Übernahme der Vormundschaft ab, da „es nicht mehr um die Entlassung, sondern um die Bestellung eines neuen Vormundes gehe". Dabei gehe die Bestellung eines ehrenamtlichen Vormunds der Bestellung eines Amtsvormundes vor.

14 Beschwerdeberechtigt ist nach § 59 Abs. 1 FamFG nur, wer in seinen eigenen Rechten beeinträchtigt ist.

Daraufhin wurde der bisherige Vormund entlassen und die Pflegemutter als ehrenamtlicher Vormund bestellt.

Der Vormund besuchte Lando, um ihm die Beendigung seiner Tätigkeit mitzuteilen. Diese verlief in ruhigem Rahmen. Lando war es wichtig, den Vormund bei der Verabschiedung zu umarmen.

- *mögliche Lösung nach neuer Rechtslage*

Nach § 1777 Abs. 1 BGB hätte das Familiengericht einzelne Sorgerechtsangelegenheiten auf die Pflegeperson als Pfleger übertragen können.

In § 1792 Abs. 2 und 3 BGB wurde zusätzlich ein „Kooperationsgebot" zwischen Vormund Pfleger eingeführt. Dieser Bestellung hätte der Vormund zustimmen müssen.

Zudem hätten der Vormund und der Pfleger die Sorgerechtsangelegenheit – hier die Gesundheitssorge – nur gemeinsam wahrnehmen können. Es ist fraglich, ob dieser Weg im Fall von Lando zu einer gedeihlichen Lösung im Sinne des Kindeswohls geführt hätte.

Leben Kinder in einer Pflegefamilie, so spielt neben dem Vormund, dem ASD, den Pflegeeltern und ggf. den leiblichen Eltern eine weitere Personengruppe mit, die Verantwortung übernimmt: **der Pflegekinderdienst**, der sich als beratende und qualifizierende Institution ebenfalls verantwortlich sieht.

Folgende Tabelle[15] verdeutlicht die mögliche Aufgabenabgrenzung:

Aufgaben der Vormundin/des Vormundes	**Aufgaben der Fachkraft in der Pflegekinderhilfe**
• Die Vormundin/der Vormund vertritt ausschließlich das Kind (sie/er vertritt nicht das Jugendamt).	• Die Arbeit der Fachkraft ist auf das Wohl und die Entwicklung des Kindes in seiner aktuellen Situation in der Herkunftsfamilien/Pflegefamilien-Figuration ausgerichtet (vgl. Wolf 2015[16]).
• Sie/er ist in ihrer/seiner Arbeit parteilich für das Kind.	• Ihre Arbeit richtet sich – mit vordringlichem Blick auf das Kind – auf die Pflegeeltern, auf (in bestimmten Grenzen) die leiblichen Eltern und alle Institutionen und Personen, die mit dem jeweiligen Pflegeverhältnis verbunden sind (s. o.).

15 Erzberger, Chistian/Katzenstein, Hernriette, Vormundschaft in der Pflegekinderhilfe – Kooperation und Ehrenamt, Dialogforum Pflegekinderhilfe, IGfH-Eigenverlag, Frankfurt a.M. 2018, S. 32; online abrufbar unter:www.dialogforum-pflegekinderhilfe.de > Expertisen > Vormundschaft in der Pflegekinderhilfe (Abruf: 13.5.2024).

16 Wolf, Klaus (2015): Die Herkunftsfamilien-Pflegefamilien-Figuration. In: Wolf, Klaus (Hrsg.): Sozialpädagogische Pflegekinderforschung, S. 181–219, Kempten 2015.

Aufgaben der Vormundin/des Vormundes	Aufgaben der Fachkraft in der Pflegekinderhilfe
• Sie/er allein übt das Sorgerecht aus und entscheidet über Angelegenheiten von erheblicher Bedeutung.	• Sie berät die Pflegeeltern bei Entscheidungen des täglichen Lebens.
• Bei Unstimmigkeiten mit Pflegepersonen geht die Meinung der Vormundin/des Vormundes vor.	• Sie versucht, Unstimmigkeiten im Dialog mit den Pflegepersonen (und ggf. anderen Personen) zu lösen.
• Sie/er regelt in Abstimmung mit anderen Helferinnen/Helfern den Umgang.	• Sie bespricht mit den Pflegepersonen, den leiblichen Eltern und der Vormundin/dem Vormund den Umgang (in der Regel unter Beteiligung des ASD im HPG).
• Bei Anträgen auf Hilfen zur Erziehung (HzE) übt sie/er das Wunsch- und Wahlrecht aus.	• Sind weitere Hilfen in der Pflegefamilie notwendig, berät sie die Personen.
• Sie/er nimmt an jedem HPG teil.	• Sie nimmt an jedem HPG teil.
• Die jährlichen Berichte an das FamG erstellt die Vormundin/der Vormund.	• Sie dokumentiert intern ihre unterschiedlichen Arbeitsschritte (ggf. auch Hilfeplan/-fortschreibung) und die Entwicklung des Pflegeverhältnisses.
• Sie/er kennt ihr/sein Mündel persönlich und kann Stärken und Schwächen einschätzen.	• Sie kennt das Kind bezüglich seiner persönlichen Stärken und Schwächen – sie kennt aber auch auf diesem Niveau die Pflegeeltern und andere signifikante Personen. Arbeit mit den Pflegeeltern ist Teil des Aufgabenspektrums der Pflegekinderhilfe.
• Sie/er stellt ihre/seine Entscheidungen dem Mündel gegenüber altersgerecht und transparent dar.	• Arbeit mit dem Kind ist ein Teil des Aufgabenspektrums der Pflegekinderhilfe (z.B. Biografiearbeit) – dazu gehört auch die Beantwortung von Fragen um das Pflegeverhältnis.

„In der Gegenüberstellung zeigt sich zum einen eine Vermischung von Aufgaben, Rollen und Haltungen, die der Vormundschaft bzw. dem Pflegekinderdienst zugeschrieben werden. Außerdem zeigen sich Überlappungen und nicht eindeutig abgrenzbare Bereiche der beiden Professionen. Gerade wegen dieser Überlappungen sind Kooperationsverständigungen ein notwendiges und sinnvolles Instrument der Gestaltung der Zusammenarbeit zwischen professionell arbeitenden Bereichen. Sie müssen allerdings so entwickelt werden, dass sie auch gelebt werden können."

7. Beteiligung des Mündels im Jugendhilferecht

Beteiligung ist die Möglichkeit des Mündels, sich mit seinen Rechten und Problemen Gehör zu verschaffen, Meinungen und Wünsche zu Planungs- und Entscheidungsprozessen zu äußern und im Sinne von Mitbestimmung und Selbstbestimmung etwas bewirken zu können.

Auch der Vormund ist zur Beteiligung seines Mündels verpflichtet. Diese Verpflichtung ergibt sich aus

- den multinationalen Bestimmungen der UN-Kinderrechtskonvention zum Schutz der Rechte von Kindern (Artikel 12),
- dem Grundrechtskatalog des Grundgesetzes (Art. 2 GG: Recht auf freie Entfaltung der Persönlichkeit, Art. 3 GG: Gleichheitsgrundsatz, Art. 5 GG: Recht auf Meinungsfreiheit) und
- dem Bürgerlichen Gesetzbuch (BGB), das den Vormund verpflichtet, insbesondere die Rechte des Mündels aus § 1788 BGB zu beachten und explizit fordert, Angelegenheiten der Personen und Vermögenssorge mit dem Mündel zu besprechen und ihn an Entscheidungen zu beteiligen, soweit dessen Entwicklungszustand dies zulässt (§ 1790 Abs. 2 S. 2 BGB).

Ferner ist die Beteiligung des Kindes/Jugendlichen **im Verfahren** in zahlreichen Regelungen des SGB VIII verankert:

- § 5 SGB VIII regelt das Wunsch- und Wahlrecht, das der Vormund in Übereinstimmung mit den Interessen des Kindes wahrzunehmen hat; § 1790 Abs. 2 BGB ist zu beachten.
- § 8 SGB VIII ist die zentrale Vorschrift, die schon in ihrer Überschrift auf die Pflicht zur Beteiligung von Kindern und Jugendlichen hinweist. Sie verpflichtet die Jugendämter und damit alle Amtsvormünder, das Mündel auf seine Rechte im verwaltungs- und familiengerichtlichen Verfahren hinzuweisen.
- § 55 Abs. 2 Satz 2 und 3 SGB VIII normiert ergänzend die mündliche Anhörung des Mündels, die in der Regel vor der Übertragung der Aufgabenwahrnehmung im Jugendamt stattfinden soll, ansonsten unverzüglich nachzuholen ist. Diese Regelung stärkt den rechtlichen Subjektstatus der Kinder und Jugendlichen in diesen Verfahren.[17] Borhanian[18] ergänzt dazu:

  > „Erfreulicherweise wurde hiermit ein Element der Beteiligung des Mündels […] eingeführt, welches aber in der Praxis der letzten 3 Jahre ‚nur zögernd umgesetzt, **teilweise schlicht missachtet wurde**' (vgl. Schimke, 2014, S. 10). Die Regelung gilt nur für die Jugendämter, die dies als eine Irreführung von der Realität empfinden, da nur sehr wenige Vormünder als Alternative zur Wahl stehen. Daher wird dringend gefordert, die Beteiligung des Mündels an der Auswahl des Vormunds auf alle Vormundschaftsarten auszudehnen und entsprechend gesetzlich zu regeln (vgl. Salgo/Zenz, 2009, S. 1385).

17 Sie ist mit dem Gesetz zur Änderung des Vormundschafts- und Betreuungsrechts mit Wirkung zum 5.7.2011 insGesetz eingefügt worden.

18 Borhanian, Ssarab: Vormundschaft in Deutschland – Brauchen wir eine Koordinierungsstelle?, a.a.O, S. 16.

Veit (2014, S. 261) verweist darauf, dass bei der Führung der Vormundschaft und der Beteiligung der Mündel diese nicht besser oder anders gestellt werden dürfen als Kinder unter elterlicher Sorge und deshalb die Beteiligungsrechte ihre Grenzen an den Regeln des Sorgerechts finden. Dieser Argumentation kann aber nicht zugestimmt werden, da sie verkennt, dass Kinder, die unter einer Vormundschaft stehen, sich in einer anderen sozialen und emotionalen Lebenssituation befinden. Dies wird auch von **Art. 20 UN-KRK** gefordert, die bestimmt, dass, wenn Kinder außerhalb ihrer ursprünglichen familiären Bezüge stehen, ein besonderer Schutz des Staates gefordert ist. Diese Ungleichbehandlung findet seine Rechtfertigung in der besonderen Komplexität der Lebenslagen von Kindern und Jugendlichen unter Vormundschaft und ihrem erhöhten Bedürfnis nach Schutz, Liebe und Sicherheit. Diesen Bedürfnissen kann man am besten durch eine ausgebaute Beteiligung der Betroffenen an der Gestaltung ihrer Lebenssituation erreichen (vgl. Schimke, 2014, S. 11).

Dazu gehört vor allem auch die Möglichkeit, sich gegen Entscheidungen wehren zu können. Die **Beschwerdemöglichkeiten** von Kindern und Jugendlichen unter Vormundschaft sollten konkretisiert werden und auch realistisch zugänglich sein (vgl. Gläss, 2013, S. 178)."

- § 9 Nr. 2 SGB VIII ergänzt die Bestimmungen des § 1790 Abs. 2 BGB.
- § 17 Abs. 2 SGB VIII schreibt die Beteiligung des betroffenen Kindes im Rahmen eines Trennungs- oder Scheidungsverfahrens vor. Es soll an der Entwicklung eines einvernehmlichen Konzeptes für die Wahrnehmung der elterlichen Sorge beteiligt werden.
- § 36 SGB VIII regelt die Beteiligung des Mündels bei der Gewährung von Hilfe zur Erziehung. Es ist vor Inanspruchnahme oder einer beabsichtigten Änderung der Hilfe wie der Vormund zu beraten. Außerdem ist die Mitwirkung an der Aufstellung des Hilfeplanes vorgeschrieben.

Grundsätzliche Bedingungen einer gelingenden Vormundschaft

▶ *Die Grundbedingungen lassen sich mit den folgenden Thesen Katzensteins[19] zusammenfassen:*

***These 1**: Gelingende Vormundschaft ist dadurch gekennzeichnet, dass sie eine fürsorgliche Begleitung bietet, die demnach etwas, aber nicht alles abnimmt. Sie ist Anleitung zur Selbsterforschung und -entwicklung. Die Vormundin/der Vormund hat es oft mit Kindern zu tun, die mit der Frage „Was wünscht du dir?" nichts anfangen können. Sie sind in ihrer Identitätsentwicklung häufig nicht begleitet worden, in der es sehr wichtig ist, eigene Wünsche zu entwickeln. Sie wissen oft nur, wogegen sie sind und was sie nicht wollen. Es ist nicht einfach für sie, zu sagen, wohin sie wollen und welche Wünsche sie haben. Das ist eine wesentliche Aufgabe für den Vormund, die er gerade, weil er nicht täglich im Kontakt mit dem Kind steht, im besonderen Maße leisten kann. Dies bildet die Voraussetzung für eine vernünftige, kontinuierliche Beteiligung. Kinder und Jugendliche können sich nicht ausreichend und für sie selbst zufriedenstellend beteiligen, wenn sie (noch) nicht wissen, was sie wollen.*

19 Katzenstein, Henriette (2017): Wie weit ist das Feld? Strategische Fragen und Aspekte zur Vormundschaft. In: Deutsches Institut für Urbanistik (Hrsg.): Neu Maß nehmen! Zukunftsperspektiven der Vormundschaft. Dokumentation der Fachtagung in Kooperation mit dem Deutschen Institut für Jugendhilfe und Familienrecht e.V. (DIJuF) am 10./11. November 2016 in Berlin. S. 17–30, S. 23.

Sich selbst einigermaßen „zu finden", ist eine wichtige Voraussetzung und gleichzeitig schon Teil von „Beteiligung". Gelingende Vormundschaft ist außerdem rechtliche Vertretung.

These 2*: Eine wichtige Bedingung dafür, das Kind bei der Identitätsbildung zu unterstützen, kann es sein, dass der Vormund kontinuierlich einfach für das Kind/den Jugendlichen da ist und es in seinem So-Sein respektiert, und das unabhängig von Erfolgen und Krisen, es auch in seinen Widerständen, Rückfällen usw. begleitet, ohne sich selbst stets dafür verantwortlich zu machen. Für Kinder und Jugendliche kann das Empfinden mitunter sehr belastend sein, dass sie, wenn sie nicht vorankommen, ihren Vormund traurig machen und enttäuschen. Der Vormund, der akzeptiert, dass das Kind oder der Jugendliche mit schwierigen Erfahrungen fertig werden muss und dass es dabei nicht nur „Aufs" sondern auch „Abs" gibt, kann sehr entlastend wirken. Das ist für den/die Vormund/Pfleger/in nicht einfach. Das Dabeibleiben und Beistehen und das Kind trotzdem so zu akzeptieren, wie es ist, kann sich jedoch noch viele Jahre später im Erwachsenenalter des Mündels positiv auswirken.*

C. Vormundschaften in der Praxis

1. Normale Vormundschaft – Fall: drei Mädchen

a) Fallbericht

Ich erhielt eine Anfrage vom Familiengericht, ob ich eine Vormundschaft für drei Mädchen im Alter von fünf Jahren (D.), drei Jahren (S.) und fast zwei Jahren (L.) übernehmen könnte. Bevor ich zusagte, besuchte ich die Mädchen im Kinderschutzhaus. Mein Wunsch auf Akteneinsicht konnte nicht gewährt werden, da die Akten z.Z. nicht verfügbar waren. Somit hatte ich kaum Kenntnis über die Vorgeschichte der Kinder.

Im Kinderschutzhaus traf ich auf zwei Mädchen, die mir sofort in die Arme liefen und fragten, ob ich sie mit nach Hause nehmen würde. Ich verneinte dieses und versprach ihnen zu helfen, ein „Zuhause" zu finden. Damit war die Übernahme der Vormundschaft „besiegelt." Das jüngste Kind lag im Bettchen und war noch nicht in der Lage, sich eigenständig hinzusetzen. Durch das Familiengericht hatte ich bereits erfahren, dass das jüngste Kind, L., eine Behinderung hatte. L. hatte einen Hydrozephalus und in einer ersten OP war bereits ein Shunt eingesetzt worden. Weitere Maßnahmen wurden aber nicht ergriffen.

Es dauerte sodann einige Wochen, bis ich vom Rechtspfleger meine Bestallung erhielt. In der Zwischenzeit war der ASD nicht untätig und hatte bereits Pflegeeltern ausgewählt. Ich teilte der Sachbearbeiterin mit, dass ich Probleme darin sehe, drei kleine Kinder, davon eins mit einer Behinderung, in eine Pflegefamilie zu geben. Ich würde gerne Kontakt zum SOS-Kinderdorf oder Albert-Schweitzer-Kinderdorf aufnehmen. Mir schlug großes Unverständnis und Entrüstung entgegen, wie ein Vormund es wagen könnte, sich nicht an die Auswahl des ASD zu halten, und es war bereits ein erster Kontakt zwischen zukünftigen Pflegeeltern und Kindern erfolgt.

Nachdem ich die Bestallung erhalten hatte, fanden einige Fachgespräche statt und ich lernte die Pflegefamilie kennen. In den Fachgesprächen „handelte" ich umfängliche Unterstützung für die Pflegefamilie aus, sollten diese die Kinder aufnehmen. Dazu gehörte die Kostenübernahme für den Umbau eines dritten Kinderzimmers, zusätzliche Betreuungsstunden und die Kostenübernahme für eine Haushaltshilfe und einen Kleinbus.

Die Pflegeeltern konnten durch ihre offene Art und ihren beruflichen Hintergrund überzeugen – beide kamen aus der Krankenpflege. Sie hatten vier eigene Kinder, wobei nur noch zwei Kinder (15 und 17 Jahre) zu Hause lebten.

Bevor die Aufnahme in die Pflegestelle erfolgte, wurde L. in meinem Beisein in der Kinderklinik neurologisch untersucht. Eine sehr engmaschige ärztliche Betreuung ist wichtig. Den zukünftigen Pflegeeltern teilte ich dieses mit. Die Pflegeeltern sowie ihre Kinder waren bereit, die Mädchen aufzunehmen. Somit wechselten die Kinder nach sechs Monaten Kinderschutzhaus in die Pflegefamilie.

Im Hilfeplangespräch (HPG) waren die Themen: Entwicklung der Kinder und Hilfsangebote für die Pflegefamilie. Die Umsetzung der Hilfsmaßnahmen gestaltete sich nicht problemlos, da der ASD die zugesagte Unterstützung zur Anschaffung eines Busses nicht einhalten konnte.

Eine KFZ-Firma spendete die Einnahmen ihrer Weihnachtsfeier und überließ der Pflegefamilie stark vergünstigt einen neuen VW-Bus.

D. besuchte die Vorschule, S. erhielt einmal wöchentlich Frühförderung, L. war nun sehr gut entwickelt, konnte laufen und erste Worte sprechen. Alle Kinder wurden krankengymnastisch betreut.

Die Kinder wurden in der Klinik für Kinder- und Jugendpsychiatrie vorgestellt. Sie sollten drei Wochen gemeinsam mit der Pflegemutter dort aufgenommen werden.

Nach dem Klinikaufenthalt erhielten D. und S. zweimal wöchentlich eine Therapie. S. besuchte einen integrativen Kindergarten. Die Kostenübernahme gestaltete sich schwierig. Damit der Platz gehalten werden konnte, wendete ich als Vormund mich an das Hamburger Abendblatt. Das Abendblatt streckte die Finanzierung bis zur endgültigen Klärung vor.

Die Kinder lebten jetzt seit zwei Jahren in der Pflegefamilie. Nach vielen Gesprächen äußerten die Mädchen den Wunsch nach Namensänderung. Die Änderung wurde 13 Monate später genehmigt.

D. zeigte in der Schule stark sexualisiertes Verhalten. Sie versuchte, in Konkurrenz zur Pflegemutter zu treten.

Die Probleme bei S. nahmen zu. Es bestätigte sich zunehmend der Verdacht, der schon bei Beginn der Unterbringung der Kinder im Raum stand, dass es S. nicht möglich war, eine familiäre Bindung aufzubauen. S. wurde aggressiv und revoltierte massiv. Es erfolgten viele Gespräche mit den Pflegeeltern, S. und dem ASD. Es wurde entschieden, eine Einrichtung für S. zu suchen. Gemeinsam mit S. und den Pflegeeltern besuchten wir drei Einrichtungen. Von einer Einrichtung war S. so begeistert, dass sie dort vier Wochen später einzog. S. verblieb bis zur Volljährigkeit in der Einrichtung und hielt weiteren Kontakt zu den Pflegeeltern.

Der hausinterne psychologische Dienst wurde bei erneutem auffällig sexualisiertem Verhalten von S. eingeschaltet. Einen Monat später erfolgte zusätzlich die Vorstellung von S. in der Klinik für Kinder-Rheumatologie mit stationärer Aufnahme, dies war auch in den nächsten Jahren oft notwendig.

Nach Auszug von S. wurde D. in der Pflegefamilie immer auffälliger. Sie kämpfte um die Zuneigung des Pflegevaters und versuchte, die Pflegemutter aus der Familie zu drängen. Es erfolgten mehrere Gespräche mit ASD und Pflegeeltern mit dem Ergebnis, das Pflegeverhältnis zu beenden und eine Einrichtung für D. zu suchen. In der Einrichtung von S. gab es keinen Platz. In der neuen Einrichtung begann sie selbstverletzendes Verhalten.

Ein halbes Jahr nach dem Umzug wurde D. auf dem Schulweg von einem Mann mit einem Messer bedroht und belästigt. Sie reagierte vorbildlich, indem sie laut um Hilfe schrie und der Mann von ihr abließ. Acht Monate später begleitete ich sie zur Gerichtsanhörung.

D. wechselte die Schule, da sie große schulische Fortschritte machte und in eine Regelschule gehen konnte.

Mit 13 Jahren wurde D. in einer Fachklinik für Kinder- und Jugendpsychiatrie vorgestellt. Die Schule hatte um eine ADHS-Testung ersucht. Es erfolgten intensive Gespräche in der Schule, da diese um Rückstufung von D. ersuchte. Nach den Gesprächen nahm man davon Abstand. D. setzte sich mit ihrer Vergangenheit auseinander und es wurde mit einer Biografiearbeit begonnen. Dafür versuchte ich, alte Kitaunterlagen und weitere Unterlagen über die Herkunftsfamilie zu erhalten.

Die Bezugsbetreuerin von S. ging in den Ruhestand und S. wechselt in die fünfte Klasse der Gesamtschule. Die Schulbegleitung wurde nach vier Monaten auf Wunsch von S. eingestellt. Die Wechselsituation löste einen neuen Rheumaschub und Klinikaufenthalt aus.

L. musste erneut in die Klinik, da sie immer häufiger Kopfschmerzen hatte. Im MRT stellte man eine altersbedingte Verschlechterung ihres Zustandes fest, da die wassergefüllten Zysten sich zunehmend verhärteten.

Ich erhielt die Nachricht, dass der leibliche Vater von S. verstorben sei. In einem Besuchstermin informierte ich S. darüber.

S. äußerte den Wunsch nach Kontaktaufnahme zur leiblichen Mutter. Dem Wunsch wurde entsprochen und postalisch Kontakt aufgenommen. Die Kindesmutter reagierte auf das erste Schreiben von S. und mir als Vormund. Auf ein weiteres Schreiben von S. erfolgte keine Reaktion mehr.

Eine kieferorthopädische Behandlung von L. wurde erfolgreich abgeschlossen. L. entwickelte sich sehr positiv.

D. fiel im Alter von 16 Jahren durch Diebstähle und Alkoholkonsum auf. Es erfolgte ein polizeiliches Ermittlungsverfahren und die Ableistung von zehn Sozialstunden. Das selbstverletzende Verhalten von D. wurde intensiver.

Über Sponsoren konnte für D. und S. ein Musicalbesuch bei „König der Löwen" finanziert werden. Wir besuchten das Musical gemeinsam.

D. wurde stationär wegen ihrer weiter bestehenden Auffälligkeiten in einer psychiatrischen Klinik aufgenommen und nach 14 Tagen auf eigenen Wunsch entlassen, da sie die Situation in der Klinik nicht ertrug. Die Ärzte erklärten, dass bei ihr eine komplexe Symptomatik vorliege und sie ambulant weiterbehandelt werden sollte. Es wurde nach einer ambulanten Therapie gesucht.

D. suchte gemeinsam mit mir nach ihrer älteren Schwester. Wir besuchten gemeinsam ihre alte Kita. Die Schwester konnte ausfindig gemacht werden und es fanden Chatkontakte mit D. und S. statt.

Mit S. erfolgten viele Diskussionen über Tätowierungen oder der Wunsch nach einem „Tunnel". Beides wurde ihr von mir nicht genehmigt.

Bei einer Kontrolluntersuchung in der Klinik stellte L. dem Arzt eigenständig Fragen und erhielt verständliche Antworten.

D. zog gemeinsam mit einem anderen Mädchen in eine WG mit dem Zweck der Verselbstständigung. Sie besuchte das Berufsbildungszentrum, nachdem sie den einfachen Schulabschluss absolviert hatte.

D. benötigte ein Girokonto, da dieses von der Einrichtung zur Verselbstständigung gefordert wird. Das Verpflegungs- und Bekleidungsgeld wurde auf das Konto überwiesen.

D. nahm stark an Gewicht zu. Bei einer ärztlichen Untersuchung stellte man einen erhöhten Wasserhaushalt fest, der mit Lumbalpunktionen behandelt wurde. Da dieses nach meiner Auffassung kein Dauerzustand sein konnte, wurde D. in einem Krankenhaus vorgestellt. Dort riet man zu einer Kur mit Gewichtsreduktion.

L. erkrankte im Auslandsurlaub schwer, sodass sie vor Ort behandelt und, sobald sie flugtauglich war, in eine Klinik am Heimatort geflogen werden musste. Drei Operationen fanden statt: Erste OP: neues Ventil – keine Verbesserung des Zustandes. Das alte Ventil wurde in einer zweiten Operation wieder eingesetzt und bei der dritten OP wurde festgestellt, dass der Dränageschlauch defekt war. Mein Kontakt zu den Ärzten gestaltete sich schwierig. Es dauerte jedes Mal einige Stunden, bis ein behandelnder Arzt zu sprechen war. Bezüglich der mehrfachen Operationen am Kopf bat ich um ein klärendes Gespräch mit der Oberärztin, dieses erfolgte erst durch Androhung von Konsequenzen. Die Pflegemutter betreute L. während des gesamten Klinikaufenthaltes intensiv. L. ging es wieder gut und es stellte sich die Frage, ob es nicht von Vorteil wäre, wenn die Pflegeeltern die Vormundschaft für L. übernähmen.

Bei S. erfolgte eine OP zur Entfernung der Mandeln.

Für D. wurde es in der WG problematischer. Dem Kuraufenthalt wurde umgehend stattgegeben und D. wechselte für zehn Wochen in eine Klinik. Während der Kur wurde D. volljährig.

Die Verabschiedung von D. sowie ihr 18. Geburtstag wurde nach der Beendigung der Kur gemeinsam mit mir und den Schwestern mit einem Picknick gefeiert.

Der Antrag auf Einrichtung einer Rechtlichen Betreuung wurde mit der Begründung abgelehnt, das D. einen Schulabschluss hat und weiterhin in einer WG lebt und dort betreut wird. L. wird nach dem Schulbesuch in eine Werkstatt für Behinderte wechseln.

S. lebt weiterhin in der Einrichtung, jetzt im Verselbstständigungsbereich. Sie macht den einfachen Schulabschluss und wechselt auf das Berufsbildungswerk, um dort ihren erweiterten Schulabschluss zu erreichen.

Der Kontakt zur Kindesmutter wird erneut vom Vormund aufgenommen.

Tabellarische Übersicht

Tätigkeit bzw. Begleitung durch Vormund	**Mädchen D.**	**Mädchen S.**	**Mädchen L.**
Kennenlernen	Unbekannte Vorgeschichte		mit Behinderung
Suche nach geeigneter Unterbringung	– Vormund macht Vorschläge für passende Unterbringung – Jugendamt hat schon Pflegefamilie ausgesucht – Zustimmung zur Pflegefamilie durch Vormund		

Tätigkeit bzw. Begleitung durch Vormund	**Mädchen D.**	**Mädchen S.**	**Mädchen L.**
Klärung der Kostenübernahme für zusätzliche Hilfen	Umbau im Haus/zus. Betreuungsstunden/Haushaltshilfe/Kleinbus		
Ärztliche Untersuchungen		Rheumaerkrankung/starke Gehbehinderung	Hydrozephalus/ Sehstärke von 20 %/starke Hirnbeeinträchtigung durch Hirnblutungen/spastische Krämpfe
Übersiedlung zu Pflegeeltern	Nach zwei Kontaktbesuchen Übernahme der Pflegschaft		
Ärzte	Verhaltensauffälligkeiten • Klinik für Kinder- und Jugendpsychiatrie	Verhaltensauffälligkeiten und Wahrnehmungsprobleme	Nierenbeckenentzündung
Behörden	Ummeldung und Antragstellung nach § 27 und § 33 SGB VIII		
1. HPG nach vier Monaten	Entwicklung und Hilfeumsetzung		
Behörden			Schwerbehindertenausweis → 80 %
Unterstützung	Suche nach Sponsoren für Kleinbus		
Behörden	Schulanmeldung		
2. HPG nach acht Monaten (Zuständigkeitswechsel ASD)	Zunehmend sexualisiertes Verhalten		
Behörden		Klage beim Verwaltungsgericht wegen Kostenübernahme integrativer Kindergarten → erfolgreich	
Ärzte + Behörden		Antrag § 35a Abs. 2 Nr. 1 SGB VIII	OP Shunt

Tätigkeit bzw. Begleitung durch Vormund	Mädchen D.	Mädchen S.	Mädchen L.
3. HPG	wg. erneutem Zuständigkeitswechsel		
Behörden			Anmeldung Integrative KiGa
Behörden	Schul-Kindergartenummeldung.		
1. + 5. HPG	Wegen Abgabe in den neuen Zuständigkeitsbereich		
Krankenkasse	Klärung der Weiterzahlung nach zwei Jahren Therapie für D. und S.		
Ärzte	Klinik: Verdacht auf sozialen Minderwuchs		L. erneut in der Klinik wg. Shunt
Behörden	Antragstellung der Namensänderung nach § 1757 Abs. 4 Satz 1 und 2 BGB beim Familiengericht		
Behörden	Anmeldung an Fachberatungsstelle wg. sexualisierten Verhaltens	Entscheidung zum Wechsel in eine WG. Erneute Schulummeldung. Antrag auf Schulbegleitung/Zuständigkeitswechsel des ASD.	Schulanmeldung in einer Schulform GE/ Antrag auf Pflegestufe → Pflegestufe 1.
Behörden	Entscheidung zum Wechsel in eine heilpädagogische Einrichtung/Schulummeldung/Antrag Reittherapie und Gesprächstherapie/ Zuständigkeitswechsel des ASD.		
Behörden	Anzeige beim Strafgericht/Erneute Schulummeldung	Antragstellung auf Ergotherapie.	Krankenhaus wg. Probleme mit Dränageschlauch vom Shunt
Umgang	Es werden Geschwisterbesuche organisiert und bis hin zur Volljährigkeit der Kinder begleitet.		

Tätigkeit bzw. Begleitung durch Vormund	Mädchen D.	Mädchen S.	Mädchen L.
Ärzte+ Behörden	Anmeldung zum Konfirmationsunterricht/Teilnahme an Taufe und Feier	Klinikaufenthalt/ Vorstellung in der Klinik für Kieferorthopädie und beim HNO-Arzt	Kontakt Kieferorthopäde wg. Zahnspange.
Behörden		Anmeldung zum Konfirmationsunterricht/Teilnahme an Taufe und Feier	
Behörden + Umgang	Anmeldung für einen stationären Klinikaufenthalt/ambulante Therapie	Antrag auf Halbwaisenrente und Erbschaftsausschlagung nach § 1945 BGB/Kontaktaufnahme z. Mutter	Antrag auf Pflegestufe bei L. → Pflegestufe 1
Behörden	Beantragung eines Personalausweises/ Einrichtung eines Girokontos		Anmeldung zum Konfirmationsunterricht/Teilnahme an Taufe und Feier
Behörden	Antrag auf Kuraufenthalt		Antrag auf Entlassung a.d. Vormundschaft/Übertragung auf die Pflegeeltern nach § 1889 Abs. 1 BGB
	Antragstellung für eine gesetzliche Betreuung nach dem 18. Lebensjahr → abgelehnt		Zuständigkeitswechsel wg. Eingliederungshilfe nach § 35a SGB VIII
			Antrag auf Übertragung der Vormundschaft → genehmigt.

b) Passung zwischen Anspruch und Praxis

Eignung des Vormunds

- Die Vormundin hat sich den Kindern im Kinderschutzhaus vorgestellt und es entstand sofort beiderseitiger Zugang.
- Schwierigkeit für die Vormundin war, dass keine Akteneinsicht vor Übernahme der Vormundschaft erfolgen konnte.

Persönliche Kontakte zum Mündel

- Wie aus der Fallbeschreibung hervorgeht, war eine starre Besuchsregelung gar nicht angebracht. In der Anfangszeit gab es viel gemeinsam mit den Pflegeeltern für die Kinder zu regeln, sodass die Besuche zeitweilig 14-tägig erfolgten. Zu den Kontakten kamen noch viele gemeinsame Klinik-und Arztbesuche.
- In der akuten Phase der Ablösung der beiden älteren Mädchen erfolgten erneut fast tägliche Telefonate und kurzfristige Besuche. Dieses bedeutete auf Grund der Entfernung (vier Stunden Bahnfahrt, Hin-und Rückfahrt), einen Tag einzuplanen.
- Nachdem die älteren Mädchen in Einrichtungen wohnten, erfolgten Einzelbesuche der Kinder, die jeweils einen Tag in Anspruch nahmen. Es handelte sich um unterschiedliche Orte, die teils 155 km voneinander entfernt lagen.
- Je älter die Mädchen wurden, desto öfter lief neben persönlichen Besuchen vieles über Messenger – dieses zu ungewöhnlichen Zeiten und auch am Wochenende.
- In Notlagen, aus der Psychiatrie oder bei Partnerproblemen bei den Jugendlichen wurde die Vormundin auch nachts kontaktiert.
- Über die lange Zeit der Vormundschaft entstand eine enge und gute Beziehung, die auch zu längeren Kontakten der Kinder über das Wochenende führte, um die Geschwisterbindung beibehalten zu können.
- Besuche von Schulabschlussfeiern, Maifeier und Weihnachtsbasaren in den Einrichtungen, Taufen, Konfirmationen, viele Besuche bei Krankenhausaufenthalten gehörten genauso zu den Kontakten wie Shoppingtouren, Museums- oder Musicalbesuch.
- Ebenfalls die Biografiearbeit, Besuch im früheren Kindergarten, Besuch im Kinderschutzhaus oder

Beteiligung der Mündel an Entscheidungen

- Die Mädchen sind immer altersgemäß informiert worden.
- Ihre Meinung wurde immer in die Entscheidungen miteinbezogen.
- Einrichtungen wurden gemeinsam mit den Kindern besichtigt und nach allen Abwägungen erfolgte dann die gemeinsame Entscheidung.
- Wurde von der Vormundin etwas abgelehnt, wie Tätowierungen oder Tunnel, wurde dieses erklärt

Persönliche Förderung und Erziehung des Mündels

Dies umfasst insbesondere Folgendes:

- Eine stabile Vertrauensbasis zu den Kindern aufzubauen und verlässliche Ansprechpartnerin zu sein.
- Auch in schwierigen Lebensphasen hinter den Mädchen zu stehen und an ihre Fähigkeiten zu glauben.
- In dem geschilderten Fall war die Herausforderung, die Kinder immer wieder zu stabilisieren.
- Die geeignete Schulform für jedes der Mädchen zu finden.
- Außerschulische Aktivitäten zu unterstützen.
- Geeignete Therapeuten und Kliniken zu suchen.
- Die Mädchen bei der Berufsfindung zu unterstützen.
- Den Übergang in die Volljährigkeit zu begleiten.

Unabhängigkeit der Arbeit

- Die Vormundin war bei den vielen Kontaktabbrüchen, die die Mädchen erlebt haben, die einzige Konstante, egal wo die Mädchen lebten.
- Die Berufsvormundin ist 24 Stunden und 365 Tage immer zu erreichen.
- Sie ist in der Lage, ungewöhnliche Wege zu beschreiten, z.B. Suche von Sponsoren für Leistungen, die das Amt nicht zahlt. In dem geschilderten Fall: KFZ-Beschaffung, Vorfinanzierung Integrationsplatz, Musicalbesuch oder Geschwisterwochenenden wahrnehmen.
- Zusammenarbeit mit Behörden und Ämtern.
- Diese war in dem Fall, bedingt durch häufigen ASD- und Mitarbeiterwechsel, mühsam. Die Mädchen waren es leid, immer wieder ihre Geschichte erzählen zu müssen. Anträge wurden nur sehr zögernd bewilligt oder mussten per Gerichtsbeschluss eingefordert werden. Immer wieder war eine Klärung der Zuständigkeiten notwendig.
- Unverständnis des ASD, dass ein Vormund bei der Unterbringung der Mündel eigene Vorschläge machte.
- Auf der anderen Seite funktionierte die Zusammenarbeit mit Pflegeeltern, Einrichtungen und Betreuern sehr partnerschaftlich.

Hinweis

Welche Aufgaben auf den Vormund im Laufe seiner Tätigkeit zukommen, kann bei der Übernahme der Vormundschaft nicht vorausgesehen werden.

Neben

- *den regelmäßigen Kontaktbesuchen mit dem Mündel,*
- *dem Kontakt zu Pflegeeltern oder Betreuern,*

- *Gesprächen mit dem ASD (in dem beschriebenen Fall ein Wechsel mit 5 ASD- und 16 anderen Sachbearbeitern in den ganzen Jahren),*
- *Besuchen von Elternabenden in der Schule oder Lernentwicklungsgesprächen,*
- *Kontakt zu Ärzten und Therapeuten*

kann es immer wieder Vorkommnisse geben, die den Vormund vor neue Aufgaben stellen.

2. Suche nach einer passenden Unterbringung und Förderung bei Deprivation – Fall: Martin

a) Fallbericht

Die Wichtigkeit von Kontinuität im Leben eines Kindes, wenn das Kind bereits vorgeschädigt ist, wird in einem Fall wie dem folgenden besonders deutlich. Dieser Fall ist ein Beispiel für eine Entwicklung, die nicht absehbar, von keinem Beteiligten gewollt war und für das Kind dennoch gravierende Folgen hatte.

Martin wurde im Alter von fünf Jahren aus dem Haushalt seiner Mutter herausgenommen. Diese war seit längerer Zeit drogenabhängig. Martin lebte mit seiner Mutter und zwei großen Hunden in einer kleinen verdreckten Wohnung (1. örtliche und Beziehungsveränderung). Trotz längerer Begleitung der Familie durch das Jugendamt in Form von Familienhilfe geschah die Herausnahme erst zu diesem Zeitpunkt.

Er wurde nach der Inobhutnahme nach §§ 27, 34 SGB VIII in einer Heimeinrichtung für Kinder mit Behinderungen in L. untergebracht (2. örtliche und Beziehungsveränderung). Es wurde die elterliche Sorge entzogen und ein Vormund bestellt.

Wegen seiner Entwicklungsverzögerung erhielt er Hausfrühförderung, Ergotherapie, Physiotherapie und Logopädie. Er besuchte dann einen heilpädagogischen Kindergarten. Die Folgen seiner starken Entwicklungsverzögerung konnten langsam vermindert werden. Im Alter von fünfeinhalb Jahren konnte er nur Zwei-Wort-Sätze sprechen. Insgesamt war er auf dem Entwicklungsstand eines maximal zweijährigen Kindes. Im Rahmen eines Hilfeplans wurde der Wunsch des Vormunds nach einer familiäreren Unterbringung, z.B. einer Sonderpflegefamilie, formuliert.

Im Alter von sechseinhalb Jahren wechselte Martin in eine 120 km entfernte Erziehungsstelle nach W. (3. örtliche und Beziehungsveränderung). Auf Antrag des Vormunds wurde er im Rahmen einer integrativen Beschulung an der Grundschule eingeschult, da ein Fördergutachten einen Bedarf für „geistige Entwicklung" ergab. Er wurde mit wöchentlich zehn Stunden zusätzlich im Unterricht von einer Förderlehrerin unterstützt. Als Folge der Veränderungen reagierte Martin mit Einkoten/Einnässen. Nach zehn Monaten wurde in der Erziehungsstelle ein Mädchen von fünf Jahren aufgenommen (Beziehungsveränderung/Konkurrenz). Martin bemerkte ziemlich schnell, dass das jüngere Kind schon wesentlich mehr wusste und konnte als er. Dies führte zu aggressiven Reaktionen bei Martin. Zu Beginn der zweiten Klasse wurde die Integration durch die Förderschullehrerin beendet und auf Inklusion – gesetzliche Vorgabe des Landes – umgestellt (Beziehungs- und Förderänderung). In der Praxis bedeutete dies, dass es nur noch eine Schulbegleitung und keine fachliche Förderung mehr gab! Zu Beginn zeigte Martin plötzlich ein selbstgefährdendes Verhalten – die Schulbegleitung durch eine 1-€-Kraft wurde auf Betreiben des Vormunds auf eine professionelle Schulbegleitung umgestellt (Beziehungsveränderung). Die Trägerschaft der Erziehungsstelle wurde aufgekündigt und eine neue gesucht.

Die Erziehungsstellenleitung nahm eine Stelle als Hausleitung in einem Kinderdorf in U. an und zog mit Zustimmung des Vormunds und des Jugendamtes mit Martin, jetzt acht Jahre alt, dorthin um. Sie war nun zuständig für eine Gruppe von vier Kindern (Beziehungsveränderung/Konkurrenz). Dadurch war eine Umschulung mit einer inklusiven Beschulung notwendig (3. örtliche und Beziehungsveränderung).

Nach zwei Monaten wurde die Hausleitung durch Kündigung beendet und eine neue Hausleitung (Ramona) eingestellt (Beziehungsveränderung). Martin reagierte traurig und mit Bauchschmerzen. Er läuft jetzt öfter auf einem Spitzfuß. Es entwickeln sich Verhaltensstereotypien und ein gesteigertes Interesse an elektrischen Geräten, die er auseinandernimmt, was z.T. mit Gefährdungen durch Stromschlag verbunden ist. Fühlt er sich ungerecht behandelt oder ausgegrenzt, reagiert er beleidigend, manchmal körperlich aggressiv.

Die Hilfe wird auf § 35a SGB VIII für den schulischen Bereich umgestellt. Ramona zieht mit Einverständnis des Vormunds – Martin hat eine intensive Beziehung zu Ramona aufgebaut und bezeichnet sie als Mama – mit Martin und ihrem Mann in ein Haus eines Trägers nach M. (4. örtliche und Beziehungsveränderung). Martin reagiert mit Wutausbrüchen. Als Folge des Umzugs wurde ein Schulwechsel notwendig (5. örtliche und Beziehungsveränderung). Die ihm vertraute Schulbegleitung konnte mitwechseln.

Im Haushalt von Ramona wurden im Laufe der Zeit zwei weitere kleinere Kinder aufgenommen, die Martin anfangs als seine „Geschwister" ansah (Beziehungsveränderung/keine Konkurrenz). Nach Ansicht des Jugendamtes und des Vormunds entstand eine Bindung an Ramona und deren Mann. Nach weiteren vier Monaten wurden zwei weitere Kinder im Haushalt von Ramona aufgenommen und eine zusätzliche Erzieherin wurde eingestellt.

Aufgrund einer Überforderungssituation und Trennung Ramonas von ihrem Mann wurde die Trägerschaft aufgelöst und Martin notfallmäßig wieder im Kinderdorf untergebracht (6. örtliche und Beziehungsveränderung). Der Vormund führte Gespräche mit Martin, in denen er seine Sehnsucht nach einem Verbleib bei Ramona äußerte. Nach Rücksprache mit Ramona, die sich ebenfalls für einen Verbleib Martins bei ihr aussprach, stellte der Vormund gegen den Willen des Jugendamtes einen Antrag nach §§ 27, 33 SGB VIII und Martin zog in die Wohnung von Ramona und deren neuem Partner (7. örtliche und Beziehungsveränderung).

Nach drei Monaten trennte sich Ramona von ihrem Partner und beendete das Pflegeverhältnis, da sie sich mit den Anforderungen, die Martin an sie stellte, überfordert sah.

Martin wurde in einer Erziehungsstelle in B. untergebracht, in der schon drei andere ältere Kinder lebten. Er wechselte die Schule (8. örtliche und Beziehungsveränderung). Es wurde ein neues sonderpädagogisches Gutachten in Auftrag gegeben, das einen Wechsel in eine Schule für geistige Entwicklung empfahl, der zum neuen Schuljahr auch geschah (9. örtliche und Beziehungsveränderung). Martin reagierte mit großer Trauer und Wut auf den Wechsel. Er fühlte sich von seiner Mutter allein gelassen. Seine Frustrationsschwelle sank noch einmal erheblich. In seiner Klasse – fünf Kinder, zwei Lehrkräfte – fiel er besonders dadurch auf, dass er gegenüber den Mitschülern alles bestimmen wollte, was oft zu Streitigkeiten führte. Da es Anzeichen dafür gab, dass er an der jetzigen Schule unterfordert war, wurde nach der Möglichkeit einer anderen Beschulung (Waldorfschule) gesucht.

Martin äußerte im Alter von elf Jahre zum ersten Mal den Wunsch nach Kontakt zu seiner erwachsenen Schwester. Sein Vater äußerte den Wunsch nach Kontakt. Es wurden briefliche Kontakte hergestellt (Beziehungsveränderung). Im Alter von 13 Jahren veränderte sich sein Verhalten noch einmal. In der Schule wurde sein Verhalten, auch in den Pausen, zu einem so großen Problem, dass ein Antrag auf Schulbegleitung gestellt werden musste. Er steigert sich in den Situationen, in denen er sich ausgegrenzt und benachteiligt fühlte, so in ein Wutverhalten, dass er entweder weglief oder für längere Zeit einen Raum zum „Runterkommen" benötigte. Beispiel: Eigentlich singt er gern und gut. Als ein Mitschüler ihm aber gesagt hatte, er singe falsch, reagierte er mit Wut und weigerte sich danach, wieder zu singen.

b) Zusammenfassung und Reflexion

Istzustand

- Aktuell ist Martin weiterhin in der Erziehungsstelle.
- Er kommt jetzt in die elfte Klasse einer Schule für Kinder mit geistiger Beeinträchtigung. Er benötigt keine Schulbegleitung mehr.
- Martin kann inzwischen lesen und in Druckschrift schreiben. Er kann sich im Zahlenraum bis 1000 gut orientieren. An lebenspraktischen Arbeiten ist er interessiert.
- Martin ist im Eins-zu-eins-Setting ruhig und kann sich auf Gespräche gut einlassen. Er ist dann freundlich und hilfsbereit. Er achtet sehr auf saubere Kleidung und auf ein aufgeräumtes Zimmer.
- Im Kontakt mit anderen Kindern muss er immer die Kontrolle behalten. Er ist immer auf der Hut und kann schlecht emotionale Regungen anderer deuten, was zu Fehlreaktionen führt.
- Im Eins-zu-eins-Setting ist Martin gut erreichbar. Im Kontakt zu anderen Kindern gelingt es ihm kaum, in Spielsituationen zu gehen. Für sich allein spielen kann er nur eingeschränkt. Er nutzt oft Medien wie CDs oder hört Musik.
- Die Beziehung zwischen Martin und dem Vormund ist sicher und er nutzt sie verstärkt, um seine Wünsche zu äußern.
- Aktuell möchte er verstärkt Informationen über seine Eltern und seine Schwester erhalten. Die Möglichkeiten dazu sind aber sehr beschränkt, da die Mutter weiterhin stark drogenabhängig und nicht erreichbar ist, sein Vater inzwischen verstorben ist, seine Schwester ein Baby bekommen hat und sich mit einer Kontaktaufnahme zu Martin überfordert fühlt.

- Er wird in diesem Jahr 18 Jahre alt und die Vormundschaft wird damit enden. Wegen seiner vielen Einschränkungen hat der Vormund einen Antrag auf Einrichtung einer Anschlussbetreuung gestellt. Die psychologische Untersuchung hat einen umfassenden Bedarf an Betreuungsaufgaben ergeben.

Entwicklung in der Vergangenheit

- Erlebte Beziehungsveränderungen zu Pflegepersonen, Kindern in der jeweiligen Familie oder Lehrkräften: 15
- Vollzogene Ortswechsel: 10
- Schulwechsel: 5
- Wechsel der Jugendamtsmitarbeiter: 4
- Hilfeformen: 3 (§ 33/§ 34/§ 35a SGB VIII)
- Vormundschaftswechsel: 0

Reflexion

In der Nachbetrachtung stellen sich Fragen, ob Entscheidungen möglich waren, die eventuell die Entwicklung Martins positiver beeinflusst hätten.

- Wäre eine Verringerung der Schädigung des Kindes bei frühzeitiger Herausnahme aus dem Haushalt der Mutter möglich gewesen?
- Vielleicht hätte der Vormund stärker auf der Umsetzung des ursprünglichen Plans zur Unterbringung in einer Sonderpflegefamilie drängen sollen, um die Chance auf Bindung und Familie zu ermöglichen?
- Eventuell hätten sich alle Fachleute vor einer Entscheidung stärker mit der persönlichen und fachlichen Eignung der Erziehungspersonen beschäftigen sollen?
- Ist eine bessere Passung zwischen Befriedigung der aktuellen und langfristigen Bedürfnisse eines Kindes möglich und wann liegen diese Erkenntnisse vor?
- Ist Beziehungskontinuität gerade bei Kindern mit Deprivation der eigentliche Schlüssel für eine gute Entwicklung?

c) Passung zwischen Anspruch und Praxis

Eignung des Vormunds

- Es wurde ein Berufsvormund ausgewählt, weil dieser bisher nicht im Verfahren beteiligt war und er als Entlastung der Mitarbeiter des Jugendamtes gegenüber der Mutter angesehen wurde.
- In diesem Fall wurden die Vormundschaften entlang des Geschlechts der Kinder eingerichtet. Ob diese Rollenzuordnung den Bedürfnissen der Kinder entspricht, sollte im Vorfeld immer geklärt werden!

Persönliche Kontakte zum Mündel

- Trotz der großen Entfernung wurden mehrere Treffen im Jahr mit dem Mündel an seinem Wohnort, im Jugendamt anlässlich der regelmäßigen Hilfeplangespräche und später auch allein mit Martin in der Stadt, durchgeführt. Es entstand eine vertrauensvolle Beziehung zum Kind.

Beteiligung des Mündels an Entscheidungen

- Aufgrund des Alters konnte keine Beteiligung des Kindes an der Auswahl des Vormunds erfolgen.
- Martin konnte immer seine Wünsche nach Geburtstagsgeschenken vom Vormund äußern (die Kosten werden nicht vom Gericht ersetzt).
- Vor allem das Thema Wünsche nach Besuchen durch seine Mutter wurde immer wieder thematisiert, da Martin immer wieder nach einer Klärung fragte.
- Bei der Auswahl der weiterführenden Schule konnte er seine Vorstellungen äußern. Es wurden die möglichen Schulen vorab besichtigt.

Persönliche Förderung und Erziehung des Mündels

- Diese fand im Wesentlichen durch die Pflegeeltern und später durch die Leiterin der Erziehungsstelle statt. In Gesprächen zwischen Vormund und Pflegepersonen wurden anstehende Probleme besprochen und gemeinsam wurde nach Lösungen gesucht.

Unabhängigkeit der Arbeit

- Nur nach dem Wechsel von der Bereitschaftspflege in die Pflegefamilie wurde wegen des Wohnortswechsels seitens des Gerichts nach einer Änderung zu einem Vormund vor Ort gefragt. Dieser Wechsel wurde vom Vormund abgelehnt.

Zusammenarbeit mit Behörden und Ämtern

- Die Arbeit des Berufsvormunds wurde von keiner Behörde in Frage gestellt. Alle notwendigen Entscheidungen wurden vom Jugendamt, den Behörden und dem Gericht mitgetragen.

3. Vormundschaft und Verbleib in der Familie – Fall: Zeyse

Einen Sonderfall bildet die Konstellation, bei der die elterliche Sorge entzogen ist, das Kind aber weiter bei einem Elternteil lebt.

In welchen Fällen ist eine Vormundschaft bei Verbleib der Kinder in der Herkunftsfamilie **vertretbar**?

- Bei Ruhen der elterlichen Sorge nach § 1674 BGB;
- wenn Eltern dies als Hilfe ansehen;

- eher in Sorge- und Umgangsstreitigkeiten, die ein Verfahren nach § 1666 nach sich ziehen;
- bei Umgangsverweigerung bzw. zum Schutz der betreuenden Person (Vormund als „Puffer" zwischen den Eltern);
- wenn ein Zugang zum Kind möglich ist;
- wenn beide Eltern dies so wollen und mitarbeiten;
- wenn das Kind das will;
- wenn eine Perspektive erarbeitet werden kann, die nach einer Fremdunterbringung zu einer Rückführung in den elterlichen Haushalt führt;
- in hochstrittigen Trennungssituationen „vorübergehend" als Aufenthaltsbestimmungspfleger;
- eher bei Pflegschaften für einzelne strittige Bereiche (z.B. Gesundheit).

In welchen Fällen sollte es **keinesfalls** zu einer Pflegschaft/Vormundschaft und einem Verbleib in der Herkunftsfamilie kommen?

- Bei nachgewiesener und andauernder Kindeswohlgefährdung;
- bei jeglicher Verweigerung durch die Eltern/fehlender Einsichtsfähigkeit und fehlender Mitwirkung;
- wenn der Verbleib bzw. die Rückführung gegen die fachliche Überzeugung des JA geschieht;
- gerade bei kleineren Kindern eher Herausnahme;
- bei drogenabhängigen Eltern und bei Gewalt gegen die Kinder.

Vorteile Vormundschaft und Verbleib

- Bindungserhalt;
- Erhalt von Geschwisterbeziehungen;
- intensive Zusammenarbeit mit Eltern;
- Erhalt der Sozialbeziehungen des Kindes;
- Unabhängigkeit von Behörden.

Schwierigkeiten

- Akzeptanz von Entscheidungen beim Kind und bei Eltern, wenn sie nicht deren Willen entsprechen;
- Schwierigkeit der Akzeptanz bei Fachleuten bei Verbleib in der Familie;
- Verständnisprobleme bei Ärzten/Lehrern/Erziehern/Polizei usw.;
- Vormundschaft meist nicht bekannt, nur Betreuung;
- Informationsnotwendigkeit: Sorgerecht/Schweigepflicht;
- viele persönliche Kontakte notwendig.

a) Fallbeschreibung

Als Zeyse fünf Jahre alt war, wurde den getrenntlebenden Eltern das Sorgerecht entzogen, weil die Kindesmutter wegen einer psychischen Erkrankung nur eingeschränkt in der Lage war, sich um Zeyse zu kümmern. Sie hatte zu diesem Zeitpunkt keine Krankheitseinsicht und nahm keine Hilfe an. Wegen häuslicher Gewalt durch den Kindesvater hatten sich die Eltern getrennt. Bei der Mutter lebte noch die zwei Jahre ältere Schwester Mala aus einer früheren Beziehung der Mutter. Für Mala verblieb es bei der elterlichen Sorge der Mutter.

Für den Vormund stellte sich die Frage, ob er zu diesem Zeitpunkt Zeyse aus der Familie nehmen sollte, was auch eine Geschwistertrennung zur Folge gehabt hätte, oder das Kind bei der Mutter bleiben konnte, wenn es eine enge Kooperation, aber auch Kontrolle durch den Vormund gäbe.

Nach mehrwöchiger Arbeit in der Familie, Absprachen mit der Mutter, entschied der Vormund, Zeyse bei der Mutter zu belassen. Dies hatte auch mit der sehr engen Bindung der Geschwister zu tun. So ging Zeyse keinen Weg ohne ihre Schwester.

Die Absprachen mit der Mutter waren:

- Jederzeit für den Vormund erreichbar zu sein.
- Ungehinderter Zugang zum Kind.
- Gemeinsame Termine bei allen Behördenangelegenheiten das Kind betreffend.
- Beginn einer Therapie.
- Regelung des Umgangs mit dem Vater allein durch den Vormund.
- Keine erneute Aufnahme einer Beziehung zum Kindesvater zum Schutz vor erneuter Gewalt.

Das Kind wurde dann in H. eingeschult und ging nachmittags in den Hort. Zeyse entwickelte sich unauffällig.

Die Mutter unternahm verschiedene Anläufe, in eine Klinik für Psychiatrie zu gehen, die aber alle nicht zu einer Aufnahme führten, weil sie weiterhin davon ausging, dass sie diese Therapie eigentlich nicht bräuchte. Die Kontakte zum Kind und zur Mutter verliefen ungestört und regelmäßig.

Wegen Mietschulden verlor die Mutter die Wohnung und zog zeitweise mit den Kindern bei ihrem Vater ein.

Es liefen verschiedene Verfahren, in denen Zeyses Vater Umgang mit ihr einforderte und teilweise gewährt bekam. Problematisch waren jeweils die Übergaben. Zeitweise übernahm der Opa diese. Zeyse kam öfter verstört von den Besuchen bei ihrem Vater zurück, da dieser im Beisein des Kindes Drohungen gegen die Kindesmutter formulierte. Auf der einen Seite sendete er weiter Liebesbriefe, andererseits drohte er ihr Prügel an, wenn sie einen anderen Mann nähme. Während eines Umgangswochenendes rief Zeyse ihre Mutter an und wollte abgeholt werden. Als die Mutter das Kind herausholen wollte, kam es zu Handgreiflichkeiten und die Polizei musste geholt werden.

In dieser Situation entließ sich die Mutter aus dem Krankenhaus und flüchtete auch vor dem Vater mit den Kindern in ein Frauenhaus nach S. Die drei Kinder der Schwester der

Mutter wurden ebenfalls dort aufgenommen, da die Schwester wegen der Geburt eines vierten Kindes die Kinder nicht betreuen konnte.

Die Kinder wirkten in dieser Situation wie befreit, da es ja auch keinen Kontakt mehr zu den Vätern gab. Zeyse ging dort zur Schule.

Wegen einer schweren Erkrankung musste die Mutter längere Zeit ins Krankenhaus – die Mädchen kamen in der Zwischenzeit zu ihrer Urgroßmutter. Diese zeigte sich zunehmend überfordert und versuchte ihre Vorstellungen von Erziehung mit Gewalt durchzusetzen. Die Mutter zog nun nach L., wo Zeyse in die dritte Klasse eingeschult wurde. Es wurde Kontakt zum Jugendamt aufgenommen, um über Hilfsangebote für die Mutter zu sprechen, da sie nun doch plante, in eine Klinik zu gehen. Die Kinder wechselten während des Klinikaufenthaltes zu ihrer Tante. Nach drei Wochen beendete die Mutter den Klinikaufenthalt. Sie nahm wieder eine Beziehung zum Kindesvater auf und plante eine Wiederheirat, da sie von diesem ein weiteres Kind erwartete.

Der Vormund stellte sie vor die Entscheidung, sich für ihre Kinder zu entscheiden oder wieder mit dem gewaltbereiten Mann zusammenzuziehen. In dieser Situation zog die Mutter in eine Wohnung nach H. zurück, trennte sich vom Kindesvater und Zeyse wechselte auf eine Hauptschule. Ein Junge wurde geboren, um den sich die Mutter intensiv bemühte. Zeyse fühlte sich zunehmend weniger beachtet: Ihre Schwester war angepasst und gut in der Schule; ihr kleiner Bruder wurde von der Mutter bevorzugt und sie fühlte sich überflüssig.

In der Folge zeigte Zeyse besonders in der Schule ein auffälligeres Verhalten: Sie hatte ihre Schulsachen nicht mit, war in den Pausen oft isoliert und klagte über Mobbing. Sie konnte Reaktionen anderer Kinder schlecht einschätzen und fühlte sich immer abgelehnt.

Der Streit über Besuche beim Vater hielt an. Trotz gegenteiliger Anträge auch des Vormunds erhielt dieser auch wegen des Jungen immer wieder das Besuchsrecht.

Nach einem Streit zwischen Zeyse und ihrer Mutter, bei dem Zeyse eine Tür eintrat und die Mutter sie ohrfeigte, bat Zeyse um die Zustimmung zum Wechsel zu ihrer Tante, da sie nur bei jemandem aus ihrer Familie leben wollte. Als Übergangslösung genehmigte der Vormund dies und stellte gleichzeitig einen Antrag auf Unterbringung des Kindes in einer Wohngruppe. Dieser Unterbringung stimmte die Mutter zu. Nach zwei Wochen entwich Zeyse von dort und lief zu ihrem Vater. Dieser nahm sie vorübergehend auf, da Zeyse nicht zu einer Rückkehr in die WG bewegt werden konnte.

In Gesprächen äußerte Zeyse Angst und Albträume, reagierte auf vermeintliche Ablehnungen vermehrt aggressiv. Auf Antrag des Vormunds wurde sie in einer heilpädagogischen Wohngruppe in C. untergebracht und besuchte dort im Alter von 13 Jahren die Oberschule. Gleichzeitig ordnete der Vormund ein vorübergehendes Kontaktverbot zur Mutter und zum Vater an.

Zeyse äußerte immer wieder, dass sie sich in C. allein fühle und ihre Familie vermisse. Sie machte den Vormund für ihre Lage verantwortlich und zeigte durch Entweichen, dass sie auch nicht in dieser WG bleiben wollte.

In dieser Situation beantragte die Mutter die Rückübertragung des Sorgerechts auf sich. Das Gericht erneuerte den Sorgerechtsentzug und übertrug die Vormundschaft wegen der Ablehnung des Kindes auf einen Amtsvormund.

b) Reflexion und Nachbetrachtung

In der Nachbetrachtung stellen sich natürlich einige Fragen, ob die Entscheidung für den Verbleib in der Familie richtig war.

- Rechtfertigt der Bindungserhalt des Kindes gerade in jungen Jahren zu Geschwistern und Eltern den Verbleib in der Familie?
- Kann eine eventuell schleichende Beeinträchtigung der Entwicklung des Kindes durch das Andauern eines Familienkonfliktes ausreichend vermieden werden?
- Wann ist der richtige Zeitpunkt erreicht, an dem eine Herausnahme unumgänglich erscheint?
- Wie bei allen psychischen Erkrankungen von Eltern: Wann ist angesichts einer möglichen Kindeswohlgefährdung die Schwelle für eine Intervention erreicht? Wie groß ist demgegenüber die Resilienzfähigkeit des Kindes, die einen Verbleib noch rechtfertigt?

Zeyse konnte auch unter der neuen Vormundschaft nicht in der Einrichtung bleiben, da sie massiv gegen Regeln verstieß. Der Amtsvormund sorgte dann für eine zeitweise Unterbringung in der KJP, die aber ergebnislos beendet wurde. Zeyse kam anschließend in eine Notaufnahmeeinrichtung für Mädchen, da sie sich weigerte, wieder in eine WG zu ziehen. Über einen längeren Zeitraum weigerte sie sich auch zur Schule zu gehen. Nach einem Jahr erhielt der ehemalige Vormund einen Anruf von Zeyse, in dem sie um eine Wiederaufnahme der Vormundschaft bat.

Nach Klärung der Bedingungen übernahm der Vormund wieder seine Aufgabe. Inzwischen ist sie im Rahmen einer speziellen Jugendhilfemaßnahme in eine Wohnung gezogen, in der sie ihren eigenen Haushalt führt. Es gibt eine zeitweise Betreuung durch Pädagogen. Sie hat eine Psychotherapie begonnen und wird an einer speziellen schulischen Fördermaßnahme teilnehmen, die auch einen Schulabschluss ermöglicht. Es besteht ein regelmäßiger Kontakt zwischen Zeyse und dem Vormund, der meist mehrmals im Monat erfolgt.

Wie bei einer 16-Jährigen zu erwarten, gibt es immer wieder Meinungsverschiedenheiten darüber, was sie allein entscheiden darf und was nicht. Dennoch ist mit der notwendigen Toleranz aufgrund ihrer Möglichkeiten und Einschränkungen bisher eine Zusammenarbeit möglich.

c) Passung zwischen Anspruch und Praxis

Eignung des Vormunds

- In allen Fällen, in denen eine intensive Zusammenarbeit zwischen dem Vormund und einem Elternteil wegen des Verbleibs des Kindes notwendig ist – wie auch oft bei den Ergänzungspflegschaften –, ist neben der allgemeinfachlichen Qualifikation auch eine beraterische Ausbildung hilfreich. Nur in wenigen Ausnahmefällen wird eine zusätzliche Familienhilfe eingesetzt, da der betreuende Elternteil kein Sorge- und damit Antragsrecht besitzt. Ohne begleitende Beratung durch den Vormund kann es aber keine Veränderung geben, die einen längerfristigen Verbleib des Kindes in der Familie ermöglicht. Gespräche und Beratung waren angesichts der psychischen Erkrankung der Mutter öfter notwendig.

- Der Vormund sollte über genügend Zeitkapazitäten verfügen, da es immer wieder zu kurzfristigen Besuchen oder Krisensituationen kommen kann.

Persönliche Kontakte zum Mündel

- Ohne Kontakte zum Kind in kurzen Abständen ist eine solche Konstellation kaum haltbar. Immer wieder musste der Vormund sich durch Augenschein und Gespräche versichern, dass es keine Entwicklungen gibt, die eine Veränderung notwendig machen. Wann dieser Punkt angesichts nicht vorhersehbaren Verhaltens der Mutter erreicht wurde, musste immer wieder abgewogen werden.
- Nur wenn eine vertrauensvolle Beziehung zum Kind aufgebaut wird, kann auch eine Sicherheit für das Kind hergestellt werden. Diese ist in diesem Fall durchaus als stabil zu bezeichnen und führte erst angesichts eines grundlegenden Streites über die Trennung von der Familie zu einem Bruch.

Beteiligung des Mündels an Entscheidungen

- Die Endverantwortung für die dann irgendwann doch notwendige Entscheidung für eine Herausnahme des Kindes muss beim Vormund bleiben. Über die Unterbringungsform, die Entfernung zur Familie und Besuchskontakte ist eine Beteiligung notwendig.
- Bei Zwischenlösungen musste abgewogen werden, ob die zeitweisen Unterbringungen bei Familienangehörigen auf Wunsch des Kindes zu verantworten waren. Dazu mussten auch Vorgespräche mit den Familien geführt werden.

Persönliche Förderung und Erziehung des Mündels

- Noch mehr als in Pflegefamilien, Erziehungsstellen oder Heimunterbringungen liegt die tatsächliche und alltägliche Erziehung weiterhin bei den Eltern. Der Vormund kann eine beratende und kontrollierende Aufgabe übernehmen.

Unabhängigkeit der Arbeit

- Nur eine absolute Unabhängigkeit in der Arbeit lässt eine solche Konstellation zu. Dies ist ein Vorteil, wenn wichtige Entscheidungen getroffen werden müssen. Gleichzeitig verbleibt beim Vormund die vollständige Verantwortung für sein Handeln, die nur mit einer fortlaufenden Selbstklärung und Fremdsupervision zu bewältigen ist.

Zusammenarbeit mit Behörden und Ämtern

- Bei den Jugendämtern war es nicht immer leicht, ein Verständnis für die Entscheidung über den Verbleib in der Familie zu erhalten. Oft wurde diese auch in Frage gestellt.
- Als eine Unterbringung dann doch notwendig wurde, gab es schon sehr unterschiedliche Vorschläge für eine geeignete Form. Die meisten Vorschläge zielten auf eine längerfristige und weit entfernte Unterbringung – inklusive einer Auslandsmaßnahme – ab, da die Einschätzung vorherrschte, dass eine Trennung zwischen Kind und Eltern der einzig gangbare Weg sei.

- In Schulen und anderen Behörden gab es oft Irritationen darüber, wer denn nun verantwortlich war, da diese Konstellation selten ist.

4. Vormundschaft für den Notfall – Fall: Medine und Bayan

a) Fallbeschreibung

Es gibt Fallkonstellationen, in denen eine Vormundschaft für Kinder angeordnet wird, weil Eltern aufgrund einer schweren Erkrankung nicht mehr für ihre Kinder sorgen können.

Im konkreten Fall wurde Vormundschaft für beide Kinder angeordnet, weil die alleinlebende Mutter schwer an Krebs erkrankt war und es ungewiss war, wie lange sie noch leben würde. Die Eltern stammen aus dem Irak und wurden geschieden, als Medine sechs und Bayan zehn Jahre alt waren. Der Vater ist seitdem nicht mehr auffindbar, weitere Verwandte gibt es nicht in Deutschland.

Die Mutter hatte schon eine Rechtliche Betreuung für die Bereiche Finanzen und Ämterangelegenheiten. Es war zusätzlich für jedes Kind je ein Erziehungsbeistand eingesetzt.

Zum Zeitpunkt der Bestellung waren die Kinder zwölf und 16 Jahre alt. Die Aufgaben des Vormunds ergaben sich in folgenden Bereichen:

- Den Kindern und auch der Mutter, die grundsätzlich mit der Sorgeübertragung einverstanden war, zu erklären, worin die Aufgaben des Vormundes lagen;
- Suche nach geeigneten Personen aus dem Freundeskreis der Mutter, die während mehrtägiger Klinikaufenthalte der Mutter vorübergehend auf die Kinder aufpassen konnten;
- Klärung der in Deutschland gültigen Namen;
  Die Eltern hatten bei der Geburt der Kinder in Deutschland sowohl andere Vornamen als auch Nachnamen eintragen lassen, die sich von den im Irak gültigen Namen unterschieden. Dadurch gab es verschiedene Probleme bei der Vorlage der irakischen Pässe der Kinder bei Behörden und Ämtern. Der Vormund musste durch Gerichtsbeschluss bewirken, dass die in der Geburtsurkunde vermerkten Namen auch die gültigen sein sollten.
- jährliche Beantragung der Aufenthaltserlaubnis für die Kinder bei der Ausländerbehörde, da diese nur vorläufig ausgestellt wurden;
  Es fehlten aktuell gültige Pässe der Kinder. Anfragen bei der irakischen Botschaft liefen ins Leere. Im Endergebnis musste die Mutter mit beiden Kindern für sechs Wochen in den Irak reisen, um dort die notwendigen Formalitäten ohne Zustimmung des Kindesvaters zu erledigen.
- Absicherung der finanziellen Situation durch Beantragung von Leistungen nach den SGB II (Jobcenter);
- nach Aufforderung des Jobcenters musste für Bayan BAFöG beantragt werden;

Dies bedeutet einen erheblichen zeitlichen Aufwand, der für das Kind keinerlei Nutzen hatte, da das Jobcenter den bewilligten BAFöG-Betrag gleich mit den Leistungen verrechnete.

- das Jugendamt beauftragen, eine geeignete Wohngruppe zu suchen, die den Kindern den Besuch der bisherigen Schulen ermöglichte;
  Dies wurde nötig, da es zeitweise eine starke Verschlechterung des Gesundheitszustandes der Mutter gab und zu befürchten war, dass diese sterben könnte. Die Mutter versuchte in dieser Zeit alles, damit die Kinder nicht zu „fremden Menschen" kommen. Sie kontaktierte ihren Bruder im Irak, damit dieser nach Deutschland kommen sollte. Dieser hätte aber nur für die begrenzte Zeit eines Visums einreisen dürfen. Zum Glück erholte sich die Mutter wieder von dem Anfall.
- Medine einen Therapieplatz vermitteln;
  Medine verließ das Haus nur zum Schulbesuch oder in Begleitung der Mutter. Dies lag einerseits daran, dass sie befürchtete, ihre Mutter zu verlieren. Sie wollte „die Zeit nutzen". Zusätzlich stellte sich heraus, dass sie in der Kindheit von ihrem Vater missbraucht wurde.
- Bayans Ausbildungsvertrag unterschreiben;
  Bayan erreichte einen Schulabschluss und besuchte für ein Jahr die Berufsschule zum Erwerb eines Realschulabschlusses.

Kurz danach verstarb die Mutter der Kinder und der Vormund musste umfangreich tätig werden:

- Trauerbegleitung von Medine;
- Klärung des zukünftigen Wohnortes unter Berücksichtigung des Mündelwunsches;
- Beantragung eines Erbscheines;
- Klärung und Abwicklung der finanziellen und vertraglichen Punkte nach dem Tod der Mutter;
- Einrichtung eines eigenen Kontos inkl. eines Tagesgeldkontos für Rücklagen;
- Beantragung der Beerdigungskostenerstattung beim Sozialamt;
- Antrag auf Waisenrente bei der Rentenversicherung;
- Antrag auf Kindergeldzahlung an den Onkel von Medine, bei dem sie nach dem Tod der Mutter wohnte;
- Antrag bei Jobcenter zur Existenzsicherung;
- Klärung der weiteren Beschulung;
- Klärung und Absicherung des Aufenthaltsstatus mit Fahrten zur Botschaft nach Berlin.

Die Vormundschaft wurde bis zum Erreichen des 18. Lebensjahres von Medine fortgeführt. Es entstand ein sehr intensiver und vertrauensvoller mindestens zweiwöchiger Kontakt zwischen Medine und dem Vormund, da er die einzige sichere und verlässliche Größe für sie geblieben war.

Nach Beendigung der Vormundschaft folgte die Übernahme einiger Aufgaben per Vollmachtübertragung durch Medine auf die Person des Vormunds, da sie sich gerade bei Behördenangelegenheiten überfordert fühlte.

b) Passung zwischen Anspruch und Praxis

Eignung des Vormunds

- Da das Jugendamt eine Übernahme dieser Vormundschaft in Form einer Amtsvormundschaft ablehnte, wurde ein Berufsvormund bestellt. Dieser musste sich erst in die komplizierte Materie des Ausländer- und Aufenthaltsrechts sowie des deutschen Abstammungsrechts einarbeiten, da diese Themen nicht Inhalt in der durchgeführten Weiterbildung zum Vormund waren.
- Die Zeitressourcen spielen bei solcher Fallkonstellation eine wesentliche Rolle. Allein schon die Wartezeiten bei Behördenangelegenheiten sind oft unkalkulierbar.

Persönliche Kontakte zum Mündel

- Bei den Kontakten mit den Kindern war es, neben der Klärung schulischer Fragen, auch immer wieder wichtig, die Notwendigkeit der Tätigkeit deutlich zu machen, ohne in Konkurrenz zur Mutter zu treten.
- Bei Bayan lag ab dem 17. Lebensjahr ein Teil der Aufgaben darin, ihn auf das Ende der Vormundschaft vorzubereiten, damit er dann selbstverantwortlich notwendige Behördenangelegenheiten regeln kann. Der Vorteil der weiter bestehenden Vormundschaft für Medine lag darin, dass natürlich auch Bayan sich weiter mit Fragen an den Vormund wenden konnte.
- Es wurde keine starre Kontaktregelung durchgeführt. Die Kontakte orientierten sich eher an den aktuellen Erfordernissen. Diese wurden bei Medine sehr intensiv geführt, da keine andere Person aus dem familiären Umfeld mehr da war.

Beteiligung des Mündels an Entscheidungen

- Altersgemäß wurden die Kinder vordringlich bei schulischen Entscheidungen beteiligt.
- Bei Medine lag die Entscheidung auch bei der Aufnahme, Dauer und Beendigung ihrer Therapie.
- Bei der Klärung der Bedingungen für den Notfall wurden beide Kinder mit ihren Wünschen und Vorstellungen beteiligt.
- Bei den Wünschen von Medine zu ihrem Aufenthalt, ihrer schulischen Ausbildung und der Suche nach einem Ausbildungsplatz wurden ihre Vorstellung mit dem Vormund abgewogen und entsprechende Entscheidungen einvernehmlich getroffen.

Persönliche Förderung und Erziehung des Mündels

- Diese lag – bis auf den Schulbereich – bis zu ihrem Tod ausschließlich bei der Mutter.
- Unabhängigkeit der Arbeit: Der Vormund war in seiner Arbeit völlig unabhängig und unterlag nur der Kontrolle des Familiengerichts über seine Berichtspflicht.

Zusammenarbeit mit Behörden und Ämtern

- Für viele Ämter ist eine solche Konstellation – die Kinder leben bei ihrer Mutter und es gibt dennoch einen Vormund – eher gewöhnungsbedürftig. Vor allem, da ja keine Kindeswohlgefährdung im üblichen Sinne vorlag. Auch aus Gründen der Verschwiegenheit konnten keine Erklärungen geliefert werden.
- Die Zusammenarbeit mit dem Betreuer der Mutter lief unproblematisch, da anfangs die jeweiligen Zuständigkeitsbereiche geklärt wurden.
- Deutlich wurde auch, dass die unterschiedlichen Behörden jeweils für sich eigene Regeln haben und eine Koordination oder gar Zusammenarbeit untereinander nicht erfolgt.
- Nach dem Tod der Mutter war eine Unterstützung seitens des Jugendamtes nicht notwendig.

D. Ergänzungspflegschaft

1. Aufgaben und Herausforderungen

Gerade der teilweise Entzug elterlicher Sorge und die Einrichtung einer Ergänzungspflegschaft für diese Bereiche führen in der öffentlichen Diskussion eher ein Schattendasein.

Eine Begründung dafür, dass anstelle einer Vormundschaft eine Ergänzungspflegschaft beschlossen wird, ist, dass den Eltern noch ein Teil der Sorge erhalten bleiben soll. In vielen Fällen beschränkt sich dieser „Rest" auf den Bereich der Vermögenssorge. Da in der Regel kein Vermögen zu verwalten ist, kann man ehrlicherweise von einer Alibirestsorge der Eltern sprechen. Spätestens ab dem Alter, in dem den heranwachsenden Kindern auch der Umgang mit Geld und dessen Einteilung nahegebracht werden soll – sie also ein eigenes Konto erhalten sollen –, kann es notwendig werden, einen Antrag auf Änderung von der Pflegschaft in die Vormundschaft zu stellen.

Hinweis

Gekennzeichnet sind alle diese Formen der Übertragungsbereiche des Sorgerechts vor allem durch die Notwendigkeit einer Zusammenarbeit zwischen den gemeinsamen Inhabern der elterlichen Sorge – den Eltern und dem Ergänzungspfleger sowie den Personen, die die tatsächliche Betreuung und Erziehung übernommen haben.

Zu unterschiedlichen Ansichten kann es kommen, wenn der jeweilige Sorgeberechtigte andere Vorstellungen von der **Erziehung** im Einzelfall hat als die Betreuer der Einrichtung bzw. Pflegeeltern.

Beispiele für unterschiedliche Vorstellungen von Erziehung

- *das Alter, ab dem bestimmte Medien (Handy/Smartphone/Sozialmedia/Fernseher/ PC und -Spiele) genutzt werden dürfen;*
- *bei welchem Verein das Mündel angemeldet werden soll;*
- *Information über die Abwesenheit des Kindes wegen einer Klassenfahrt oder eines Urlaubs inklusive Aufenthaltsort.*

Problematischer ist es, wenn grundsätzliche Entscheidungen zu **medizinischen Fragen** getroffen werden sollen.

Beispiele für medizinische Fragen:

- *Naturheilkunde oder schulärztliche Medizin;*
- *Behandlungen, deren medizinischer Nutzen unterschiedlich bewertet wird (z.B. Ritalin);*
- *Psychotherapeutische Behandlung.*

Ummeldungen bei der Meldebehörde muss der Jugendliche allein vornehmen, wenn er 16 Jahre alt ist und eine Wohnung im Rahmen einer MoB bezieht.

In der Praxis zeigen sich zusätzlich **unterschiedliche Auslegungen** der sich aus den jeweils übertragenen Sorgerechtsbereichen ergebenden Entscheidungsbefugnisse.

So wird die **Übertragung des Aufenthaltsbestimmungsrechts** auf einen Amtspfleger im Rahmen einstweiliger Anordnung und Unterbringung des Kindes in der Pflegefamilie manchmal genutzt, um andere Sorgerechtsanteile (z.B. die Alltagssorge) per Vollmacht durch Unterschrift des Jugendamtsmitarbeiters auf die Pflegefamilie zu übertragen. Dieses Vorgehen ist rechtswidrig und bringt die Pflegefamilie in eine schwierige Situation, wenn sie Handlungen ausführt, zu denen noch die Sorgeberechtigten befugt sind.

Tipp

▶ *Entweder die Sorgeberechtigten stellen eine Vollmachtaus oder das Jugendamt muss bei Verweigerung der Sorgeberechtigten entsprechende Anträge beim Gericht auf Erweiterung seiner Sorgeanteile stellen. Eine Vollmacht erteilt danach eine sorgeberechtigte Person an einen Dritten, der nicht gleichzeitig Inhaber elterlicher Sorge ist.*

In Hamburg wird seit vielen Jahren eine besondere Form der Ergänzungspflegschaft beschlossen: die **ABER-Pflegschaft** (eine Abkürzung aus Aufenthalts-Bestimmungsrecht und ER-ziehungsrecht). Sie wird häufig gemeinsam mit der Gesundheitssorge übertragen. Die Richter erklären ihre Entscheidung damit, dass die Eltern noch einen kleinen Teil des Sorgerechts = die Vermögenssorge behalten und sie nicht ganz aus den Verfahren heraus sind.

Probleme entstehen in der Praxis, da mit ABER wenige Eingriffsmöglichkeiten (z.B. nur die Bestimmung, wo das Kind/der Jugendliche lebt) möglich sind. Schon bei Anmeldung in Kita oder Schule kann es problematisch werden. Nicht jeder setzt das Erziehungsrecht gleich mit Anmeldungen in Schule und Kita. Weitere Probleme können bei Antragstellungen im ASD/Jugendamt erfolgen, da ABER kein Antragsrecht nach SGB VIII beinhaltet, ohne die eine Erziehungsveränderung und -verbesserung manchmal nicht möglich sind.

Der Ergänzungspfleger muss häufig weitere Anträge bei Gericht stellen, z.B. zur Durchsetzung von rechtlichen Ansprüchen, Umgangsregelung oder Regelung aller Schul- und Ausbildungsangelegenheiten. Bei Ausbildungsangelegenheiten fehlt dann die Vermögensfürsorge für die Eröffnung eines Kontos oder für die Antragstellung bei Sozialämtern oder Jobcenter.

Ist die Gesundheitssorge nicht mit entzogen, gibt es weitere Probleme evtl. mit der Kita bei Krankmeldungen oder bei wichtigen medizinischen Belangen oder Therapien. Eine erneute Antragstellung und gerichtliche Entscheidung über eine Ausweitung des Handlungsbereiches ist immer mit Zeitverlust verbunden – es kann für das Mündel nicht zeitnah agiert werden. Nur bei guter Kommunikation mit den noch Teilsorgeberechtigten ist dieses kein Problem.

Einen guten Einblick über die einzelnen **Teilbereiche elterlicher Sorge** gibt die folgende Übersicht[20]:

Abgrenzung der Angelegenheiten nach § 1687 Abs. 1 BGB (vorbehaltlich der Besonderheiten des Einzelfalls)		
Angelegenheiten des täglichen Lebens	**Angelegenheiten von erheblicher Bedeutung**	**Angelegenheiten der tatsächlichen Betreuung**
• Tägliche Mahlzeiten, Fragen der Ernährung • Vorsorgeuntersuchungen, zahnärztliche Routineuntersuchungen • Fragen des Schulalltags, Teilnahme an Klassenfahrten, Entschuldigungen im Krankheitsfall, Tagesausflüge, Teilnahme an Schulsonderveranstaltungen, Nachhilfe • Schlafenszeiten • Medienkonsum • Besuch bei/von Freunden, Ausgehzeiten • Freizeitaktivitäten, Vereinsmitgliedschaft • Abholung des Kindes vom Kindergarten/Hort/Schule/Freunden • Urlaubsreisen innerhalb Europas	• Namensgebung • Wohnortwechsel, Bestimmung des Aufenthaltsortes • Schul- und Berufsausbildung • Schüleraustausch • Extremsportarten • Kindergarten/Kindertagesstätte • Heim/Internat • Medizinische Eingriffe • Psychotherapeutische Behandlung • Erbschaft • Anlage und Verwendung von Kindesvermögen • Umgang • Geltendmachung von Unterhalt bzw. Sozialleistungen • Urlaubsfernreisen • Zeugnisverweigerungsrecht • Grundrichtung der Erziehung • Klärung der Abstammung • Änderung der Staatsangehörigkeit, Einbürgerung • Beantragung von Ausweispapieren	• Auswahl des Freizeitprogramms • Dauer des Fernseh- und PC-Konsums • Auswahl des Fernseh- oder Kinoprogramms • Ernährung • Spielzeiten • Umgang mit Dritten während der Besuchszeiten • Abholung vom Kindergarten • Medizinische Versorgung kleinerer Verletzungen oder Linderung von während des Besuchs auftretenden leichten, aber üblichen Erkrankungen (Erkältung/Magenverstimmung)

20 PK-Kindschaftsrecht/Gottschalk, 2. Aufl. 2020, zu § 1687 BGB Rn. 14.

2. Fallbeschreibung: Caspar – „Alles ohne Vermögenssorge"

a) Ausgangslage

Das Kind Caspar wuchs zusammen mit zwei Halbbrüdern bei seiner alkoholkranken Mutter auf. Im Laufe der Jahre wurden die Kinder immer wieder in Obhut genommen. Als Caspar vier Jahre alt wurde, wurde der Mutter die alleinige Sorge entzogen und es wurde Amtsvormundschaft angeordnet. Caspar kam zu einer alleinlebenden Pflegemutter. Nach 1½ Jahren wurde die elterliche Sorge wieder auf die Mutter zurückübertragen – Caspar verblieb bei der Pflegemutter.

Als Caspar sieben Jahre alt war, beantragte der Vater die Herstellung der gemeinsamen Sorge bzw. hilfsweise die Alleinsorge. Anlass waren Auseinandersetzungen über den Umgang. Das Gericht wies den Antrag auf Alleinsorge mit der Begründung ab, dass es aufgrund früherer gewalttätiger Auseinandersetzungen keine Konsensmöglichkeit zwischen den Eltern gebe. Eine Alleinsorge des Vaters wurde abgelehnt, weil er nicht erziehungsgeeignet sei. Da auch die Mutter gesundheitlich nicht stabil genug sei, könne sie Teile der elterlichen Sorge nicht ausüben.

Der Kindesmutter wird die elterliche Sorge für Caspar bis auf den Teil Vermögenssorge entzogen und ein Ergänzungspfleger eingesetzt.

b) Verlauf

Im Erstgespräch äußerte Caspar Wünsche nach Kontakten zum Vater, zu seiner Mutter und zum Halbbruder K. Der Vater hatte seit längerer Zeit keinen Umgang zum Kind, weil er immer wieder geplante Treffen absagte oder nicht erschien. Für Caspar war dies eine starke Belastung. Die Mutter hatte ihren Sohn vor vier Jahren das letzte Mal gesehen. Aktuell fanden unregelmäßig Telefonate statt.

Im Hilfeplan wurde der Wunsch des Kindes insofern umgesetzt, als über einen Erziehungsbeistand Caspar zukünftig einen männlichen Ansprechpartner erhalten sollte. Dieser könne dann auch mögliche Umgangskontakte mit dem Vater begleiten. Es wurde eine konkrete Umgangsvereinbarung erarbeitet. Da es Probleme zwischen Pflegemutter und Vater gab und Caspar zeitweise Ängste wegen seines Vaters äußerte, war eine dauernde Begleitung beim Umgang notwendig.

Die Auffälligkeiten von Caspar nahmen zu. Dies zeigte sich auch in aggressivem Verhalten in der Schule. Einige Eltern forderten einen Ausschluss von Caspar vom Unterricht. Im Gespräch mit dem Kind wurde klar, dass der Beziehungsverlust zu seiner Mutter und die anhaltende Verunsicherung durch die unregelmäßigen Kontakte zum Vater im Alltag zu Problemen führten: Caspar fand keine Freunde; es gab öfter Streit mit der Pflegemutter; seine Entwicklung stagnierte. Eine zusätzliche Hilfe durch eine Therapie wurde eingeleitet. Diagnose: Reaktive Bindungsstörung und emotionale Störung des Kindesalters/FAS nicht wahrscheinlich. Caspar wurde für vier Monate in der Tagesklinik der KJP behandelt.

Wegen andauernder Probleme im Umgang mit dem Vater wurde der Kontakt zeitweise eingeschränkt. Der Vater stellte daraufhin einen Umgangsantrag für 14-tägige Besuche bei ihm am Wochenende. Nach Einholung eines Sachverständigengutachtens wurde der Antrag abgelehnt; die begleiteten Umgänge wurden wieder aufgenommen. Nach zwei Jahren sollte ein erneuter Umgangsantrag gestellt werden können.

Im Laufe der weiteren Jahre war in den Gesprächen mit Caspar immer wieder die Gestaltung des Umgangs das Hauptthema. In regelmäßigen Hilfeplangesprächen wurden verschiedene Modelle ausprobiert, die alle nicht zu kontinuierlichen Kontakten führten. Die Ablehnung der Pflegemutter gegenüber dem Vater war weiterhin vorhanden. Sie wünschte sich einen Umgangsausschluss. Da Caspar gegenüber dem Ergänzungspfleger (EP) weiterhin den Wunsch nach Kontakt zum Vater äußerte, lehnte der Pfleger das Ansinnen der Pflegemutter ab. Die Abstände der Gesprächskontakte zwischen Pflegemutter und EP wurde immer weiter ausgedehnt.

Caspar stabilisierte sich langsam. Er wechselte nach der vierten Klasse zur IGS. Der Wechsel war für ihn eine erneute Störung und er geriet aus dem emotionalen Gleichgewicht. Wegen massiven Störens wurde eine Klassenkonferenz einberufen. Es konnte ein Plan erarbeitet werden, wie ein zeitweiser Schulausschluss vermieden werden könnte.

Caspar äußerte den Wunsch, ein eigenes Konto zu erhalten, auf das er sein Taschengeld einzahlen und verwalten wollte. Da dieser Sorgebereich noch bei der Mutter lag und diese weiterhin nur einmal im Jahr brieflichen Kontakt zu Caspar unterhielt, beantragte der EP die Übertragung der Vormundschaft auf sich. Nach Anhörung der Mutter wurde die Pflegschaft in eine Vormundschaft umgewandelt.

Mit zunehmendem Alter äußerte Caspar immer weniger den Wunsch nach den weiterhin unregelmäßigen Umgangskontakten zum Vater. In der Folge zog sich der Vater ganz zurück.

In dieser Situation stellte die Pflegemutter den Antrag auf Übertragung der Vormundschaft auf sich. Da auch Caspar diesem Wechsel zustimmte, erklärte sich der bisherige Vormund zu einem Wechsel bereit.

Übersicht Tätigkeitsbereiche des Ergänzungspflegers

Tätigkeit bzw. Begleitung durch EP	**Junge Caspar**
Pflege	Kennenlernen und Erkundung der Wünsche des Kindes/Klärung der tatsächlichen Aufgaben zwischen EP und Pflegemutter
Behörde	Teilnahme am Hilfeplangespräch/Antrag auf Einrichtung eines Erziehungsbestands
Ärzte	Antrag auf Diagnostik wegen psychischer Verhaltensauffälligkeiten
Schule	Kontaktaufnahme mit Klassenlehrerin
Klinik	Anmeldung zur klinischen Psychotherapie – Trauerarbeit
Schule	Teilnahme an Elternabend

Tätigkeit bzw. Begleitung durch EP	Junge Caspar
Behörde	Teilnahme an mehreren Gerichtsverhandlungen und halbjährlichen Hilfeplangesprächen
Behörde	Schulanmeldung weiterführende Schule
Behörde	Teilnahme an Klassenkonferenz
Behörde	Antrag ans Gericht auf Vormundschaft
Bank	Anlegen eines Taschengeldkontos
Behörde	Übertragung der Vormundschaft auf Pflegemutter

c) Ergebnis und Reflexion

Wie schon oben erwähnt, ist die Einrichtung einer Ergänzungspflegschaft für alle Bereiche bis auf den Bereich der Vermögenssorge oft eher dem Umstand geschuldet, dass so leichter eine Zustimmung der Eltern erfolgen kann, die dann „nicht alles verlieren". Im Einzelfall sollte aber sehr genau geprüft werden, ob diese Restsorge tatsächlich ausgeübt werden kann und auch gewollt ist. Der Ablauf der Entscheidungen zeigt z.T. eine gewisse Unsicherheit des Gerichts:

- Entzug der Sorge wegen Kindeswohlgefährdung.
- Rückübertragung der Alleinsorge auf die Mutter trotz weiterhin bestehender alkoholbedingter Abwesenheit.
- Übertragung fast aller Sorgebereiche auf einen Ergänzungspfleger.
- Abweisung der Sorgeanträge des Vaters wg. Erziehungsunfähigkeit.
- Nach fünf Jahren Umwandlung in eine Vormundschaft.
- Nach weiteren zwei Jahren Vormundschaftswechsel auf die Pflegemutter.

Für das Kind bedeutet dies über Jahre neben der grundsätzlich schon vorhandenen Verunsicherung und Bindungsabbrüchen zu Mutter und Vater weitere Beziehungsunsicherheiten. Angesichts einer stabilen Beziehung zur Pflegemutter wäre eventuell eine Übertragung der Fremdsorge auf sie schon zu Beginn eine mögliche Alternative gewesen.

Offene Fragen:

1. Für das Kind ist es schwierig zu verstehen, weshalb überhaupt zusätzliche – und erst einmal fremde – Menschen plötzlich in ein schon unübersichtliches und unsicheres System hereinkommen und dann auch noch mit oder über das Kind entscheiden können. Wie soll Caspar verstehen, dass die einzig konstante Bezugs- und inzwischen Bindungsperson, nämlich die Pflegemutter, die bisher alle wesentlichen Dinge des Alltags entschieden hat, sich in wesentlichen Punkten mit dem neuen „Bestimmer" abstimmen muss?
2. Warum sollte Caspar eine intensive Beziehung zum Ergänzungspfleger aufbauen, wenn mit der Pflegemutter und dem Erziehungshelfer über Jahre Personen an seiner Seite

hatte, die ihm faktisch viel näherstanden? Sicherlich konnte der Ergänzungspfleger zeitweise als eine Art „Puffer" zwischen der Pflegemutter und den Ansprüchen des leiblichen Vaters handeln und er konnte in Auseinandersetzung mit anderen Eltern in der Schule bzw. mit Lehrern entlastend und stellvertretend für die Pflegemutter handeln. In dem Augenblick, wo aber eine Stabilisierung des Kindes und der Abbruch des Umgangs „erreicht" wurden, entfielen die Gründe für das Handeln einer außenstehenden Person. Die Begründung von Caspar zur Zustimmung des Vormundschaftswechsels, dass er über die Jahre kein Vertrauen zum Ergänzungspfleger aufgebaut habe, zeigt, dass er von sich aus anscheinend keine Notwendigkeit für einen Vertrauensaufbau gesehen hat. Es mag hier erschwerend dazugekommen sein, dass die Pflegemutter einen Mann, der ihr auch noch hineinredet, nicht akzeptierte.

3. Muss bei der Auswahl eines Vormunds neben der Passung mit dem Kind nicht auch eine Passung mit der Pflegeperson im Vorfeld hergestellt werden, um zu erwartende Schwierigkeiten in der Zusammenarbeit zu minimieren?

4. Hätte vielleicht eine zusätzliche Person im Rahmen von Hilfe zur Erziehung im Haushalt der Pflegemutter die Stabilisierungs- und Pufferaufgaben übernehmen und die ehrenamtlich geführte Vormundschaft gleich auf die Pflegemutter übertragen werden sollen? Oft scheitern solche Maßnahmen allein daran, dass Jugendämter neben der Einrichtung einer Hilfe nach §§ 27, 33 SGB VIII (Vollzeitpflege) und in diesem Fall einer Hilfe nach §§ 27, 30 SGB VIII (Erziehungsbeistand) selten weitere Hilfen in Pflegefamilien genehmigen.

3. Fallbeschreibung: Geschwister – Ergänzungspflegschaft zur Gesundheitssorge

a) Ausgangslage

Das Jugendamt beantragt eine Anhörung wegen möglicher Kindeswohlgefährdung nach § 8a Abs. 2 SGB VIII beim Amtsgericht. Es geht dabei um einen achtjährigen Jungen, der seit Geburt an einer neurologischen Störung leidet, infolge der er nicht eigenständig laufen kann, sowie um seine fünfjährige Schwester, deren Zahnstatus problematisch ist. Die alleinsorgeberechtigte Mutter habe es trotz einer Familienhilfe über zwei Jahre nicht bzw. nur sehr eingeschränkt geschafft, die notwendigen Arzttermine wahrzunehmen bzw. verweigere notwendige Operationen.

Nach einer gerichtlichen Anhörung erging der Beschluss zur Einrichtung einer Ergänzungspflegschaft.

b) Verlauf

Der Pfleger nahm nach Erhalt seiner Bestallungsurkunde Kontakt zur Mutter auf und besuchte die Kinder und die Mutter. Er erhielt teilweise die Adressen der behandelnden Ärzte und der Klassenlehrerin des Jungen, da ein Teil der gesundheitlichen Unterstützung auch in der Förderschule für körperlich Behinderte[21] geleistet wurde. Nach Information der Ärzte, der Übersendung einer Kopie der Bestallung (dient der Legitimation gegenüber Ärzten und Behörden über den Sorgebereich, Schweigepflichtsentbindung der Hauptsorgeberechtigten wird damit unnötig) stand der Ergänzungspfleger vor folgenden Herausforderungen:

- Trotz notwendiger neurologischer Behandlung war der Junge seit sieben Monaten nicht mehr im SPZ vorstellig geworden. Daher wurde ein Termin verabredet.
- Zwar gab es einen Zahnarzttermin für das Mädchen, die Mutter hatte sich aber im Datum geirrt.
- Die U-Hefte waren nicht vorhanden. Es mussten Ersatzhefte beantragt werden, was wegen mehrmaliger Kinderarztwechsel schwierig war.
- Im Kontakt mit der Schule wurden das häufige Fehlen des Jungen und die notwendigen Therapien besprochen.
- Wegen der 100-Prozent-Behinderung des Sohnes wurde ein Termin mit dem medizinischen Dienst der Krankenkassen – MDK – vereinbart, um sowohl den Pflegegrad als auch die Leistungen des Pflegedienstes zu klären.

Die Mutter wurde vom Jugendamt als liebevoll im Umgang mit ihren Kindern bei gleichzeitiger Überforderung beschrieben. Sie nannte als Gründe für die Probleme u.a. ihre Ablehnung der fallzuständigen Person im Jugendamt und auch eigene Erfahrungen aus ihrer Kindheit.

Es gelang zunächst, eine Basis für eine vertrauensvolle Kooperation zwischen Mutter und Pfleger zu erarbeiten. Die ersten Termine im Bereich der Gesundheitssorge wurden vom Pfleger und der Mutter gemeinsam wahrgenommen. Die Kommunikation mit den Ärzten lief grundsätzlich über den Pfleger, um eine Verbindlichkeit zu sichern.

Im Laufe der Zeit entstand auch eine Beziehung zu den Kindern, die sich an die zeitweise Anwesenheit des Pflegers gewöhnten. Für die Kinder war der Ergänzungspfleger die Person, „die Mama unterstützt" und in gesundheitlichen Fragen für sie da ist.

c) Ergebnis und Reflexion

Die Herausforderungen aber blieben: Die Mutter, die nur über Messenger zu erreichen war, stimmte, entgegen der Empfehlung der Ärzte, einer Zahn-OP für das Mädchen nicht zu, obwohl diese geboten war. Sie wollte eine zweite Meinung einholen. Zum Termin mit dem zweiten Arzt kam sie aber nicht.

Sicherlich hätte der Ergänzungspfleger schon beim ersten Termin die Genehmigung zur OP abgeben können – ob dann aber überhaupt eine Weiterarbeit möglich gewesen wäre, ist unklar.

Es wird sich zeigen, ob und wie lange eine Unterstützung möglich ist oder ob der Auftrag an das Gericht zur weiteren Entscheidung zurückgegeben werden muss.

21 Die Bezeichnungen für diese Schulformen variieren je nach Bundesland.

4. Fallbeschreibung: Fabian – Geteilte Fremdsorge und der „Kampf" mit dem Jugendamt

a) Ausgangslage

Im Juni 1996 werden Fabian und seine Zwillingsschwester Sarah als Kinder von Frau L. und Herrn D. in Bremen geboren. Nach einem Jahr trennen sich die Eltern und Fabian zieht mit seinem Vater, Herrn D., und dessen neuer Freundin, Frau F., zusammen nach Berlin. Für Fabian ist Frau F. seine „Mutter".

Bei Fabian wird eine hyperkinetische Störung diagnostiziert und eine Ergotherapie wird durchgeführt. Es kommt zu Gewalt gegen Fabian seitens seines Vaters. Dieser kommt wegen anderer Delikte mehrmals in Haft und wird anschließend für einige Jahre in die Türkei abgeschoben.

Fabian hat unregelmäßig Besuchskontakte mit seiner leiblichen Mutter; diese lebt inzwischen mit einem Freund zusammen. Die Zwillinge werden von dem neuen Freund regelmäßig geschlagen. Bei Fabian zeigen sich nach den Besuchen aggressives Verhalten und gesteigerte Wutausbrüche. Im Alter von sechs Jahren bringt Frau F. Fabian in einer Überforderungssituation zu seiner leiblichen Mutter zurück nach H., wo diese inzwischen wohnt. Auch diese gibt ihn nach wenigen Tagen in einer Notaufnahme beim Jugendamt ab. Aus dieser wechselt er in eine therapeutische WG, in der er auch in einer hausinternen Lerngruppe beschult wird.

Inzwischen wird auch Fabians Zwillingsschwester Sarah in einer anderen Einrichtung vom Jugendamt fremd untergebracht, da auch sie direkter Gewalt seitens des Partners ihrer leiblichen Mutter ausgesetzt war. Sie berichtete auch von sexueller Gewalt gegen sie und von pornografischen Filmen, die der Freund sehe.

Fabian randaliert in der WG, entweicht mehrmals und äußert den Wunsch, zu seiner „Mutter" (= Frau F.) zurückzuwollen. Im Alter von zehn Jahren steckt er mit einer Zigarette sein Zimmer in Brand. Danach kommt er zunächst auf die offene, später dann auf die geschlossene Station der KJP. Dort wird er mit Ritalin und Concerta in höherer Dosierung behandelt. Hier zeigt er ein stark sexualisiertes Verhalten vordringlich gegen Jungs. Es werden verstärkt Ticks bei ihm festgestellt. Es wird eine starke Bindungsstörung diagnostiziert und eine seelische Behinderung nach § 35a SGB VIII festgestellt.

Frau F. bekommt mit Herrn D. ein Kind – Dilayla. Kurz darauf trennen sich die Eltern. Frau F. beantragt beim Gericht die Rückkehr von Fabian in ihren Haushalt. Dies wird vom Jugendamt mit der Begründung abgelehnt, dass Frau F. psychisch krank sei und nicht für Fabian sorgen könne.

Das Gericht gibt ein Gutachten in Auftrag und bestellt einen Verfahrenspfleger. Das Gutachten kommt zu folgender Einschätzung: Fabian **soll** nicht zu Frau F. zurückkehren, da dies wegen der Schwere der Störung eine Überforderung bedeuten würde. Zu seinem Vater **kann** er auch nicht, da der Vater selbst erhebliche Defizite aufweist. In die alte WG **soll** er auch nicht zurück. Er soll in eine Kleinsteinrichtung kommen, die speziell Bindungsarbeit leistet und die auch eng mit Frau F. und Herrn D. zusammenarbeitet.

Noch während des laufenden Gerichtsverfahrens vereinbart das Jugendamt einen Vorstellungstermin in einer Intensiv-Therapiegruppe in Bad S. Auf Vorschlag der Sachverständigen sehen sich Frau F. und Herr D. eine Kleinsteinrichtung in NRW an. Es verstärken sich die Dissonanzen zwischen Frau F. und dem Jugendamt. Frau F. und sein Vater sprechen sich gegen die Übernahme der Vormundschaft durch das Jugendamt aus. Aufgrund eines Gerichtbeschlusses wird im Oktober 2006 die elterliche Sorge den leiblichen Eltern entzogen und auf einen Ergänzungspfleger mit dem Teilbereich Aufenthaltsbestimmung sowie Gesundheit und die Restsorge auf Frau F. übertragen. Die Übertragung auf den ehemaligen Verfahrenspfleger wird von Frau F. und Fabians Vater eindeutig befürwortet.

b) Verlauf

Im Laufe der weiteren Unterbringung gibt es verstärkt Streit zwischen Frau F. und Herrn D. wegen der Besuchsregelung. Sie trennen sich. Fabian wird stundenweise beschult. Er ist zehn Jahre alt und auf Stand eines Erstklässlers.

Ende 2007 wird ein verstärktes sexuelles Verhalten Fabians gegenüber anderen Kindern festgestellt, die in einem „einverständlichen" sexuellen Übergriff gegenüber einem Kind in der Einrichtung münden. Daraufhin geschieht eine Unterbringung in eine andere Gruppe mit einer Eins-zu-eins-Betreuung. An seinem Zimmer wird ein Türklingel- und Bewegungsmelder angebracht. Er soll in eine Gruppe für sexuell grenzverletzende Jungen verlegt werden. Dies wird von Fabian, Frau F. und dem Ergänzungspfleger abgelehnt. Das Jugendamt will an der Unterbringung festhalten und agiert massiv gegen Frau F. und den Ergänzungspfleger. Es stellt einen Antrag bei Gericht, die Pflegschaften aufzuheben, und untersagt sämtliche Besuchskontakte Fabians mit seiner Stiefmutter Frau F. Das Gericht hebt in einem Eilbeschluss das Umgangsverbot durch das Jugendamt auf.

Fabian reagiert zunehmend aggressiv in der Einrichtung und ignoriert alle Regeln. Es kommt zu Entweichungen aus der Einrichtung.

Im Februar 2008 beendet die Einrichtung die Unterbringung. Der Ergänzungspfleger entscheidet daraufhin, dass Fabian zu seiner Stiefmutter wechseln soll, bis eine Aufnahme auf der Traumastation der KJP in Bremen möglich ist. Dies wird vom behandelnden Arzt der KJP ebenfalls befürwortet, da von einer stabilisierenden und sicheren Bindung Fabians zu seiner „Mutter" ausgegangen wird. Der Mitarbeiter des Jugendamtes äußert massive Bedenken gegen diese Übersiedlung und geht von einer Kindeswohlgefährdung nach § 1666 BGB aus. Er begründet dies außerdem mit einer Gefährdung des bei Frau F. lebenden Mädchens Dilayla durch Fabian, da dieser sich an dem Mädchen sexuell vergreifen könnte.

In der gerichtlichen Kindesanhörung äußert Fabian eindeutig den Wunsch, bei seiner „Mutter" bleiben zu wollen. Er komme auch mit dem Ergänzungspfleger gut klar. Auch mit seiner kleineren Halbschwester Dilayla verstehe er sich gut. Der Antrag des Jugendamtes wird vom Gericht abgelehnt.

Im April wird Fabian auf der Traumastation aufgenommen. Im Jugendamt wird ein Wechsel der Zuständigkeit auf eine andere Mitarbeiterin vorgenommen. Auf Antrag wird Frau F. eine Hilfe nach §§ 27, 33 SGB VIII (Vollzeitpflege) genehmigt.

Im November 2008 geschieht die Entlassung Fabians aus der KJP zu seiner Stiefmutter – ein Familienhelfer wird eingesetzt – Einschulung an einer Förderschule, wo er eine Schulbegleitung erhält. Es wird eine ambulante Therapie für Fabian beantragt. Es zeigen sich deutlich Ängste bei Fabian im Kontakt mit Fremden auf der Straße. Er bleibt entweder zu Hause oder bewegt sich in Begleitung seiner Stiefmutter außerhalb der Wohnung.

Im März 2009 wird die Aufgabe der Schulbegleitung auf die Pausenzeiten und eine Schulwegbegleitung erweitert, da Frau F. Fabian nicht mehr jeden Tag zur Schule bringen und abholen konnte.

Im Juli 2009 endet der Familienhelfereinsatz auf Wunsch von Frau F.

Im August kommt es zu einem Schulwechsel, da Fabian auf der alten Schule nicht mehr tragbar ist. An der neuen Schule erhält er stundenweise Einzelunterricht. Eine Diagnostik beim Kinder- und Jugendpsychiater beginnt.

Es findet ein Zuständigkeitswechsel vom ASD zum Pflegekinderdienst statt.

Im Laufe der nächsten Monate stabilisiert sich Fabian zunehmend und kann inzwischen auch allein kleine Wege machen. Er wird inzwischen mit Timunil und Concerta behandelt. Die Diagnostik beim Psychiater ergibt eine Form von atypisch autistischem Störungsbild. Noch immer benötigt er eine Schulwegbegleitung. Ab August wird Fabian in der siebten Klasse wieder im Klassenverband beschult.

Im August 2012 wird er in die achte Klasse versetzt. Er besucht regelmäßig ein Fitnessstudio, um sein Gewicht zu reduzieren. Er macht ein Praktikum in der Küche eines Restaurants und äußert Interesse an einer Ausbildung als Koch.

Im August 2013 schafft er die Prüfung, um eine zweijährige weitere Beschulung mit dem Ziel eines Hauptschulabschlusses durchzuführen. Die Schulwegbegleitung wird auf Wunsch aller Beteiligten fortgesetzt.

c) Ergebnis und Reflexion

Im Sommer 2016 endete die Ergänzungspflegschaft. Da sich Fabian noch in der schulischen Ausbildung befand und er sich noch nicht in der Lage sah, im Bereich der Finanzen und der Behördenangelegenheiten selbstständig zu entscheiden, regt der Ergänzungspfleger eine Rechtliche Betreuung für diese Bereiche an. Außerdem wurde die Fortsetzung der Hilfen nach § 41 SGB VIII beantragt.

Die Habenseite nach elf Jahren geteilter Fremdsorge

- Fabian konnte sich im Rahmen seiner Möglichkeiten positiv entwickeln. Dies war am Anfang überhaupt nicht absehbar.
- Er konnte bei der für ihn wichtigsten Bezugsperson aufwachsen.
- Er konnte im Kontakt zu seiner Halbschwester im Haushalt seiner „Mutter" auch während seiner Pubertät Zugang zu seiner geschlechtlichen Entwicklung finden, ohne dass es zu sexuellen Übergriffen kam.
- Er konnte einen Schulabschluss machen und eine Ausbildung im Behindertenbereich beginnen.

- Die schwerwiegenden Auffälligkeiten konnten reduziert bzw. so bearbeitet werden, dass er damit auch im Kontakt zu anderen Menschen nicht auffällig wurde. Sein „Anderssein" wird von der Umwelt akzeptiert.
- Die Zusammenarbeit zwischen den beiden Sorgeberechtigten hat auch in schwierigen Momenten funktioniert.

d) Passung zwischen Anspruch und Praxis

Eignung des Ergänzungspflegers

- Zum Zeitpunkt der Beauftragung hatte der Ergänzungspfleger die Weiterbildung zum Vormund abgeschlossen. Es war sein erster Fall als Ergänzungspfleger.
- Die Bestellung eines männlichen Ergänzungspflegers war für die Entwicklung und das Rollenbild Fabians wichtig, da er bisher nur schwierige, gefährdende und unzuverlässige männliche Bezugspersonen erlebt hatte.
- Vorteilhaft für die gedeihliche Arbeit war, dass der Ergänzungspfleger als Verfahrenspfleger schon vorab die Geschichte und die Situation des Kindes kannte. Zudem gab es eine Akzeptanz seitens des Kindes, der Stiefmutter und des leiblichen Vaters.
- Nicht ganz einfach war die Einarbeitung in ein Verständnis der speziellen seelischen Probleme des Kindes. Auch das Wissen um die Wirkungen und Nebenwirkungen der verordneten Medikamente musste noch erworben werden.

Persönliche Kontakte zum Kind

- Der Ergänzungspfleger hielt sowohl in den Einrichtungen, während der KJP-Aufenthalte und später im Haushalt der Stiefmutter regelmäßig Kontakt zu Fabian.
- Für Fabian war der Ergänzungspfleger auch in den Situationen da, wenn seine „Mutter" ihn nicht sehen durfte.
- Es bestand ein stabiles Vertrauensverhältnis, sodass Fabian auch in schwierigen Situationen bereit war, über seine Probleme seinem Entwicklungsstand entsprechend zu berichten und seine Wünsche offen zu äußern.

Beteiligung des Kindes an Entscheidungen

- Fabian wurde von Anfang an zu seinen Wünschen befragt. Diese wurden immer als eine Option in die weitere Sachklärung einbezogen. Die oft durch Gefühle beeinflussten Wünsche wurden dem Gesamtinteresse des Kindes angepasst.
- Bei Entscheidungen gegen seinen Willen – KJP-Aufenthalt/Tagesklinik/Schulbesuch – wurde gemeinsam mit seiner „Mutter" nach der Möglichkeit einer Akzeptanz seitens Fabians gesucht und diese wurde auch gefunden.
- Besonders sein Wunsch nach Sicherheit auf dem Schulweg wurde durch die Installation einer Schulwegbegleitung über viele Jahre hinweg Rechnung getragen.

Persönliche Förderung und Erziehung des Kindes

- Im Rahmen seines Aufgabengebietes kümmerte sich der Ergänzungspfleger vordringlich um Fabians Gesundheit. Dabei waren die unterschiedlichen Diagnosen, die von verschiedenen Fachpersonen gestellt wurden, eine besondere Herausforderung.

- Es bestanden von Anfang an der Wunsch und die Notwendigkeit einer intensiven Zusammenarbeit zwischen den beiden teilsorgeberechtigten Personen im Bereich der Förderung und Erziehung. Besonders in Situationen, in denen die Stiefmutter aufgrund der nicht immer leicht zu deutenden Handlungen von Fabian an ihre Grenzen stieß, waren viele Gespräche zur Klärung, aber auch Stabilisierung der Stiefmutter notwendig.
- Gerade in der Anfangsphase hätte die Stiefmutter wahrscheinlich allein nicht gegen den massiven Druck des Jugendamtes bestehen können. Auch die Durchsetzung von Hilfeansprüchen gegenüber dem Jugendamt konnte später nur durch das gemeinsame Vorgehen erfolgreich sein.
- Unabhängigkeit der Arbeit
- Gerade in diesem Fall lässt sich exemplarisch nachvollziehen, wie notwendig eine vom Jugendamt – insbesondere ASD – unabhängige Sorgeausübung sein kann. Immer dann, wenn sich Eltern oder Pflegepersonen mit Mitarbeitern des Jugendamtes „verhakt" haben, wenn aus Einschätzungen Vorurteile werden und es um die Deutungshoheit geht, kann ein vom Jugendamt unabhängiger Fremdsorgeberechtigter allein am Kind orientiert Entscheidungen treffen und durchsetzen, die sonst wegen unterschiedlicher Ansichten so nicht möglich wären.

Zusammenarbeit mit Behörden und Ämtern

- Wie sich aus der Fallbeschreibung schon ergibt, war die Zusammenarbeit besonders am Anfang sehr schwierig. Dem ausgeübten Druck seitens des Jugendamtes und der Einrichtung zu widerstehen und eine eigene Position zu finden, war nicht einfach. Erst nach einem Wechsel zu einer anderen Mitarbeiterin und dann zum Pflegekinderdienst war eine kindzentrierte gemeinsame Arbeit wieder möglich. Nur die Unterstützung und das eindeutige Auftreten dieser Mitarbeiterin gegenüber der Dienststellenleitung ermöglichte die Genehmigung und Finanzierung der jahrelangen Schulwegbegleitung.
- Da im Laufe der Entwicklung Fabians und der gezeigten Symptomatik unterschiedliche Diagnosen gestellt wurden, ergaben sich für das Kind, für seine nahen Bezugspersonen und den Ergänzungspfleger immer wieder neue Fragen über die „richtige" Behandlung und den Umgang mit Fabian. Aus den differierenden Vorschlägen von Sachverständigen, Ärzten, Pädagogen, Psychologen und Psychiatern die dem Kindeswohl angemessenen Schlüsse zu ziehen, war eine Herausforderung, an der viele Sorgeberechtigte scheitern.
- Die Kooperation mit dem Schulleiter und sein Verständnis für die außergewöhnliche Problematik bei Fabian war der Schlüssel zum Wiedereinstieg in eine Beschulung. Auch gegenüber der Schulbehörde zu vertreten, dass nur ein Einzelunterricht in der Anfangsphase die einzige Chance für eine Beschulung war, ist das Verdienst des Schulleiters.

5. Fallbeschreibung: Amed – eine ungewöhnliche Ergänzungspflegschaft

a) Ausgangslage

Am 2. Mai kam vom Richter ein Anruf mit der Anfrage auf Übernahme der Ergänzungspflegschaft für zwei Kinder, Aussagegenehmigung etc. Wichtig wäre eine sofortige Tätigkeit. Nachdem die Bereitschaft von der angefragten Ergänzungspflegerin erklärt wurde, rief kurze Zeit später die zuständige Staatsanwältin an und erklärte nochmals die Wichtigkeit sofort tätig zu werden, damit für das Strafverfahren gegen den Kindesvater möglichst keine relevanten ermittlungserheblichen Sachverhalte verlorengehen. Nach damaligem Sachstand hatte der Vater seine Ehefrau und die Kinder mit Benzin überschüttet und die Ehefrau und den Sohn angezündet, danach habe er versucht sich selbst zu verbrennen.

b) Verlauf

Einen Tag später fand ein Besuch von A. im Kinderkrankenhaus statt. Die Ergänzungspflegerin (E-Pfl.) traf auf ein Kind, welches bis auf geschwollene Augen, Nase und Mund verbunden war. Ihr wurde mitgeteilt, dass 36% seiner Haut verbrannt waren. A. wollte unbedingt aussagen. Am gleichen Tag fand ein Gespräch mit A.s Schwester im KJND statt, auch sie wollte unbedingt aussagen. B. war nach einem kurzen Krankenhausaufenthalt wegen einer Rauchgasvergiftung in den KJND[22] verbracht worden. Nach dem Gespräch mit der Schwester kam die Anfrage, ob die Ergänzungspflegerin sich vorstellen könnte, die Vormundschaft für die Kinder zu übernehmen, da es anscheinend in der Familie einige Probleme gibt. Die Mutter lag in einem anderen Krankenhaus mit lebensgefährlichen Verbrennungen. Da das Mädchen B. schon im ersten Gespräch signalisiert hatte, dass sie gerne mit der E-Pfl. zusammenarbeiten würde, erklärte diese ihre Bereitschaft, sollte kein Mitglied in der Familie hierfür gefunden werden. Nach den Gesprächen mit den Kindern fanden Telefonate mit dem LKA und der StA statt, um mitzuteilen, dass die Kinder Aussagen wollen. Es wurde für den nächsten Tag eine Vernehmung von B. im LKA anberaumt.

Für B. wurde in der Zwischenzeit bereits eine Wohngruppe gefunden, in die sie sofort einziehen konnte. Die E-Pfl. begleitete sie dorthin und holte sie auch ab, um am nächsten Tag beim LKA eine umfängliche Aussage zu machen.

Es folgten ein Telefongespräch mit der Oberärztin und die notwendigen Unterlagen wurden von der Ergänzungspflegerin ausgefüllt. Danach fanden täglich Telefonate mit der Station im Kinderkrankenhaus statt, um über den Zustand von A. auf dem Laufenden zu bleiben, später dann auch Telefonate mit A. selbst. Bedingt durch die Corona Pandemie waren Besuche im Krankenhaus schwierig. A.s Schwester durfte ihn aber fast täglich besuchen.

- Hierfür wurde eine Begleitung und ein Fahrdienst beantragt und umgehend genehmigt.

22 Kinder- und Jugendnotdienst Hamburg: KJND-Online@leb.hamburg.de.

Am 5. Mai versuchte die E-Pfl. Informationen über den Zustand der Kindeseltern zu erfahren, dieses war nur bedingt möglich, weil die gesetzlichen Betreuer des jeweiligen Elternteils zustimmen mussten und diese Zustimmung nicht vorlag. Ebenso wurden die Schulen der Kinder informiert.

Am 6. Mai besuchte die E-Pfl. B. in der WG und führte mit ihr und der Betreuerin ein Gespräch. Im Anschluss an dieses Gespräch fuhr sie auf Wunsch beider Kinder mit B. zu ihrem Bruder ins Kinderkrankenhaus. Es erfolgte eine Aufklärung über die Operationen und damit verbundener Anästhesie. Im Anschluss brachte sie B. wieder in die WG. Diese Begleitung war wichtig, um mit B. Fragen bezüglich der Verwundung ihres Bruders und ihrer eigenen (seelischen) zu besprechen.

Am 7. Mai fand ein Fachgespräch über die Bedarfe der Kinder im ASD statt. Es wurden weitere Telefonate mit Schule, Weißer Ring und LKA geführt.

- Bei einer bekannten Zeitung wurden von der E-Pfl. ein Antrag für Gelder für Kleidung, Schule und den täglichen Bedarf gestellt, da in der Wohnung der Kinder alles verbrannt war.

Am 8. Mai erfolgte ein erneutes Telefonat mit der psychologischen Betreuerin von A., da diese es als wichtig erachtete, dass A. eine kontinuierliche tägliche Besuchsbegleitung im Krankenhaus erhielt.

- Über ein Netzwerk gelang es der E-Pfl. eine geeignete Person/Träger zu finden.

Am 9. Mai fuhren B. und die E-Pfl. erneut ins Krankenhaus zu A., da die Besuchsbegleitung noch nicht eingesetzt war, und die Begleitung von B. verhindert war.

In den nächsten Tagen erfolgten viele Telefonate mit Kieferorthopäde für B., sowie mit der Krankenkasse bezüglich Krankenkassenkarten, Schule, Träger Besuchsbegleitung und anderen Familienmitgliedern. Des Weiteren war von der Familie bereits ein Medienrechtsanwalt eingeschaltet worden, um die ausführliche Berichterstattung zum Schutz der Kinder zu unterbinden.

- Die E-Pfl. beauftragte einen Rechtsanwalt für Nebenklage in dem Gerichtsverfahren gegen den Vater.

Es erfolgten Telefonate mit dem plastischen Chirurgen, der die weitere Vorgehensweise der nächsten Operationen erklärte. Es erfolgten weiterhin tägliche Telefonate mit A. und einmal in der Woche ein persönlicher Besuch bei ihm.

In der Zwischenzeit erhielt die E-Pfl. viele Anrufe von der Familie des Vaters. Sie wollten unbedingt Kontakt zu den Kindern, die diesen Kontakt vehement ablehnten. Auf die Ablehnung der Kontakte nahmen die Telefonate einen bedrohlichen Charakter an. Nur mit der Familie der Mutter bestand ein guter Kontakt, sodass B. diese regelmäßig besuchen konnte. Auf Grund der Bedrohung der anderen Familie mussten Schutzmaßnahmen getroffen werden, sodass die Polizei immer davon in Kenntnis gesetzt wurde, wenn B. sich in der Familie der Mutter aufhielt. Es wurde vermutet, dass man ihr dort auflauern würde.

- Es fand ein erneutes Gespräch im ASD mit der Nenntante der Kinder statt. Am selben Tag erfolgte ein Telefonat mit dem Traumatherapiezentrum, mit der Bitte einer Traumatherapie für B. umgehend zu installieren.

Ende Mai besprach wurde mit B. der Gerichttermin in dem Strafverfahren gegen ihren Vater besprochen. Dieser Termin sollte am folgenden Tag stattfinden. B. durften sich in Begleitung der E-Pfl. den Gerichtssaal ansehen und sie lernte die Prozessbegleiterin kennen. Dabei wurden B erklärt, wie so ein Termin aussieht und mögliche Schutzmaßnahmen besprochen, da sie große Angst hatte, dass Familienmitglieder ihres Vaters beim Termin erscheinen würden.

Am darauffolgenden Tag holte die E-Pfl. sie auf B.´s Wunsch mit einem Polizisten in Zivil (der B. bekannt war) zu dem Anhörungstermin ab. B. brachte die Anhörung sehr gut hinter sich. Da es mit der Wohngruppe bezüglich des Schulweges einige Probleme gab, hatte die Mitarbeiterin vom ASD der E-Pfl. eine neue Wohngruppe in Schulnähe mitgeteilt.

B. entschied sich nach einer Besichtigung der neuen Wohngruppe, dass sie doch lieber in der alten Wohngruppe verbleiben möchte.

- Rückwirkend wurde deutlich, dass sie keinen erneuten Umzug wünschte, da damit wieder viele neue Personen auf sie zugekommen wären. Sie hoffte möglichst bald nach Hause zu kommen. Somit erhielt sie von der E-Pfl. die Zusage, jedes Wochenende bei ihrer Tante verbringen zu dürfen.

Ende Mai fand im Krankenhaus bei A. ein „Runder Tisch" mit Ärzten, ASD, Pflegepersonal, Psychologischer Betreuerin und der E-Pfl. statt, um das weitere Vorgehen zu besprechen. Anschließend fand ein Besuch bei A. statt. Sein Gesicht war nicht mehr verbunden und die E-Pfl. konnte sich mit ihm kurzzeitig unterhalten. Es war in der Zwischenzeit die Besuchsbegleitung installiert worden, die die E-Pfl. somit kennenlernen konnte.

- Im Juni führte die E-Pfl. ein Gespräch mit dem Mitarbeiter vom Weißen Ring und stellte den Antrag auf Opferentschädigung für die Kinder.

Ab Mitte Juni konnten B. und die E-Pfl. zum ersten Mal mit A. im Rollstuhl ins Außengelände des Krankenhauses.

- Da A. keine Verbände mehr hatte, benötigte er jetzt Sachen zum Anziehen. Die E-Pfl. übergab der Nenntante Gutscheine zum Einkaufen. Sie wollte die Kleidung für A. besorgen.

Ende Juni erfolgte erneut der Runde Tisch in der Zusammensetzung wie bereits im Mai, an dem auch zum ersten Mal die Mutter teilnahm. Sie hatte sich vorzeitig aus der Reha entlassen, um bei ihrem Sohn sein zu können. Sie hatte ein Apartment auf dem Klinikgelände bekommen und durfte dort bis zum Einzug in ihre neue Wohnung verbleiben. Eine Wohnung wurde mit Unterstützung einer Senatorin gefunden. Die Mutter hatte große Ängste, dass ihr die Kinder entzogen werden sollten. Diese konnten ihr in einem Gespräch genommen werden und es entstand eine gute Zusammenarbeit.

Anfang Juli fand ein gemeinsames Gespräch mit der Mutter in Begleitung ihrer Nichte, dem ASD und der E-Pfl. statt. Man einigte sich darauf, dass die Mutter sich um ihre Heilung bemüht und weiterhin im Krankenhaus verbleibt, dass B. die Sommerferien über bei der Schwester der Mutter wohnen soll und der Aufenthalt in der Einrichtung beendet wird.

- Die Vormundschaft sollte noch aufrecht erhalten bleiben, bis die Mutter in der Lage ist, alles wieder regeln zu können. Der ASD sollte mit sofortiger Wirkung eine SPFH beauftragen, die dann mit Einzug in die Wohnung sofort tätig werden kann. Der Antrag war bereits gestellt worden.

Anfang August wurde A. nach Hause entlassen. Beide Kinder wurden zu einem Termin mit dem Nebenklageanwalt und auch zur Videovernehmung von A. im Strafverfahren begleitet.

Im November begann der Strafprozess gegen den Vater.

- Auf ausdrücklichen Wunsch der Kinder nahm die E-Pfl. trotz der damit verbundenen hohen zeitlichen Belastung an allen 35 Verhandlungstagen teil.

Beide Kinder mussten trotz vorheriger Videobefragung erneut aussagen. Der Angeklagte war bei der Zeugenaussage der Kinder nicht im Gerichtssaal anwesend und die Öffentlichkeit war ausgeschlossen. Beide Kinder wurden während der Zeugenaussage sehr gut durch die Prozessbegleiterin betreut.

Gut ein Jahr nach der Tat im Mai erfolgte die Urteilsverkündung. Der Vater erhielt eine lebenslange Freiheitsstrafe. In einem familienrechtlichen Verfahren kurz nach der Urteilsverkündunq erhielt die Mutter die alleinige elterliche Sorge und damit war die Tätigkeit der E-Pfl. beendet.

Hinweise für die Praxis

Wenn die Tätigkeit als Ergänzungspfleger direkt aufgenommen werden muss, die Bestallung jedoch erst einige Tage später erfolgt, kann es zu Schwierigkeiten bei der Vergütung kommen. In diesem Fall konnte das durch Unterstützung einiger kompetenter Personen ausgeräumt werden. Gerade bei eiligen Entscheidungen des Gerichts kommt es immer wieder vor, dass die zeitnahe Bestallung nicht erfolgt.

- *Ein Hinweis im Beschluss des Gerichts, dass hiermit die Aufnahme der Tätigkeit sofort beginnen soll, ist hilfreich.*
- *Die Anwesenheit bei Verhandlungstagen kann man sich vorab genehmigen lassen.*

c) Besondere Herausforderungen

Dieser Fall zeigt exemplarisch, welche hohen Ansprüche an die Ergänzungspfleger gerichtet werden. So einen tragischen Fall bekommt man in seiner Tätigkeit als Ergänzungspfleger/Vormund glücklicherweise nur selten. Die Herausforderung bestand in der Vielfältigkeit:

- Die Kinder mussten eng begleitet werden.
- Es mussten Entscheidungen im medizinischen Bereich getroffen werden.
- Eine Zusammenarbeit mit der Schule war notwendig.
- Es mussten Unterstützungsmöglichkeiten für die Beschaffung aller lebensnotwendigsten Dinge gesucht werden.
- Für das Strafverfahren musste ein Nebenklageanwalt gesucht werden.

- Es mussten Anschlussmaßnahmen, wie Therapeuten, Familienhilfe etc. für die Kinder und Mutter gemeinsam mit dem ASD gefunden werden.
- Es musste der Druck der Familien ausgehalten werden.
- Für die Kinder musste man jederzeit ansprechbar sein und zur Verfügung stehen, somit war eine große Flexibilität über einen längeren Zeitraum erforderlich.

d) Passung zwischen Anspruch und Praxis

Eignung des Ergänzungspflegers

- Zum Zeitpunkt der Beauftragung war die Ergänzungspflegerin und spätere Vormundin bereits seit vielen Jahren in diesem Tätigkeitsfeld tätig. Zusätzlich war es von Vorteil, dass sie eine Zusatzqualifikation als sozialpädagogische Prozessbegleiterin für minderjährige Zeugen und eine Weiterbildung in Traumabearbeitung und Therapie absolviert hatte.
- Für so einen komplexen Fall ist eine langjährige Tätigkeit in diesem Berufsfeld mit speziellen Zusatzausbildungen (z.B. eine Zusatzqualifikation als sozialpädagogische Prozessbegleiterin für minderjährige Zeugen und eine Weiterbildung in Traumabearbeitung und Therapie) von Vorteil.
- Der Ergänzungspfleger sollte weiter über ausreichend zeitliche Kapazitäten und Flexibilität verfügen. Es gibt keine geregelten Arbeitszeiten. Der Ergänzungspfleger muss in Fällen, in denen es um medizinische Eingriffe geht, diese verstehen und nachvollziehen können und sich ggf. kompetente medizinische Unterstützung einfordern.

Persönliche Kontakte zum Kind

- Der Ergänzungspfleger hielt engen Kontakt mit den Kindern, insbesondere da die Eltern nicht zur Verfügung standen und beide Kinder eine ungewisse Zukunft vor sich hatten.
- Es musste eine enge Beziehung aufgebaut werden, ohne die Herkunftsfamilie aus dem Blick zu verlieren. Den Kindern musste vermittelt werden, dass, sobald die Mutter gesundheitlich wieder in der Lage ist, sie wieder für die Kinder verantwortlich sein wird.
- Eine Zusammenarbeit mit der Mutter nach deren Genesung war im Sinne der Kinder zwingend. Wichtig war die Begleitung der Kinder bei allen Terminen. Für die Kinder war es wichtig, jederzeit einen Ansprechpartner in der Ergänzungspflegerin zu haben. Anfänglich tägliche Telefonate gaben den Kindern Sicherheit.

Beteiligung des Kindes an Entscheidungen

- Es ist wichtig die Kinder mit einzubeziehen und sehr transparent zu arbeiten. Nur so können ihnen Ängste genommen werden.
- Nicht alle medizinischen Maßnahmen sind vom Kind gewollt. Es muss daher umso besser mit dem Kind vorbesprochen werden, warum diese Maßnahmen erfolgen müssen.
- In Entscheidungen bezüglich der Wiederaufnahme der Schule mussten die Kinder unbedingt mit einbezogen werden. Die Kinder machten die Vorgaben.

- Den Kindern musste verständlich gemacht werden, warum sie nicht an den Anhörungsterminen im Strafverfahren teilnehmen sollten. Es wurden Alternativen besprochen, z.B. ein Protokoll zu schreiben.

Persönliche Förderung und Erziehung des Kindes

- Insbesondere in dieser Fallkonstellation war es wichtig, die Bedürfnisse eines jeden Kindes individuell wahrzunehmen.

Zusammenarbeit mit Behörden und Ämtern

- Wie sich in diesem Fall zeigte, waren alle Behörden sehr betroffen über das Schicksal der Kinder und reagierten zügig und problemlos. Es wurden alle Anträge auf unterstützende Maßnahmen umgehend genehmigt. Selbst die Bürgerschaft wurde aktiv, suchte und fand eine Wohnung für die Familie.

E. Systemsprenger und Delinquenz

1. Wer sind diese sogenannten „Systemsprenger"?

Eine Gruppe von Kindern bzw. Jugendlichen stellt die Verantwortlichen vor besonders große Herausforderungen, die nicht selten zum Scheitern der Arbeit und zur Aufgabe führen: Jugendliche, die nach etlichen Aufenthaltswechseln in unterschiedlichen Pflegestellen, Heimen oder Wohngemeinschaften nirgendwo mehr einen Platz finden bzw. jegliche Betreuung ablehnen. Dies geht systembedingt oft mit delinquentem Verhalten einher.

Es gibt keine allgemeingültige Definition für diese Risikogruppe. In der Fachwelt werden Begriffe benutzt wie „Systemsprenger", „Hoch-Risiko-Klientel, welches sich in einer durch Brüche geprägten negativen Interaktionsspirale mit dem Hilfesystem, den Bildungsinstitutionen und der Gesellschaft befindet und diese durch als schwierig wahrgenommene Verhaltensweisen aktiv mitgestaltet[23]", „entkoppelte Jugendliche" oder „besonders herausfordernde Jugendliche". Die Anzahl „entkoppelter Jugendlicher" ist in Deutschland nicht systematisch erfasst.

Allen gemeinsam ist, dass diese Jugendlichen dem „normalen" Hilfesystem nicht nur die Grenzen aufzeigen, sondern dieses oft überfordern. Eine „Erziehung" findet nicht mehr statt. Ein Anspruch auf Bildung und Erziehung kann rechtlich nicht umgesetzt werden.

Neben den pädagogischen Problemen haben die Jugendlichen oft auch einen hohen therapeutischen Bedarf, der aber gerade durch ihr Verhalten und ihre Nichterreichbarkeit nicht adäquat erfüllt werden kann.

2. Pädagogische Auffälligkeiten und die Herausforderungen

- Mit Gewalt verbundenes Verhalten gegenüber anderen Kindern, meist auch gegen Erwachsene.
- Schulabsenz.
- Drogenkonsum in unterschiedlicher Ausprägung und meist übermäßiger Menge in und außerhalb der Einrichtungen.
- Häufiges Entweichen aus den Einrichtungen.
- Bei Mädchen oft ein promiskuitives Verhalten und frühe Schwangerschaft.
- Extreme Formen von Selbstgefährdung.

Die Gesellschaft steht damit vor dem Problem, wie die grundsätzlichen Förderansprüche speziell bei diesen Kindern rechtsstaatlich umgesetzt werden sollen:

- Wie soll die Versorgung und der Schutz der Kinder gewährleistet werden?

23 Baumann, Menno (2012): Kinder, die Systeme sprengen Band 1: WennJugendliche und Erziehungshilfe aneinander scheitern, 2010.

- Wie sollen die gesellschaftlichen Werte und Normen vermittelt werden, die ein Zusammenleben erst ermöglichen?
- Wie soll das Recht auf Bildung und die Befähigung zur Ausübung eines Berufes (Stichwort: finanzielle Unabhängigkeit) besonders bei diesen Kindern, die oft keinerlei familiäre Unterstützung mehr haben, verwirklicht werden?
- Wie kann eine unterstützende Hilfe zur Entwicklung einer eigenen Identität aussehen, die die Jugendlichen auch erreicht?

Zitat

„Häufig zeigt sich ein Ursache-Wirkungs-Zusammenhang, „materielle Armut erzeugt Bildungsarmut, Bildungsarmut erzeugt materielle Armut." Groh-Samberg und Schrieverhoff sprechen in diesem Kontext auch von einer „intergenerationalen Reproduktion von sozialen Ungleichheiten und Armut". Armut hat schwerwiegende Folgen für Kinder und Jugendliche: Arbeitslosigkeit, Überschuldung, Drogen-/Alkoholprobleme, biographische Brüche, psychische Beeinträchtigungen, Flucht aus Elternhäusern und Pflegefamilien, von Großeltern und Heimen. Für die Jugendlichen drückt sich Armut auch in der Gefahr sozialer Ausgrenzung und im Fehlen von Entwicklungs- und Verwirklichungschancen aus, d.h. in der Unmöglichkeit, vorhandene Fähigkeiten entwickeln und nutzen zu können."[24]

Den Kreislauf, in dem sowohl die Jugendlichen als auch das System immer wieder gefangen sind, veranschaulicht gut folgendes Diagramm[25]:

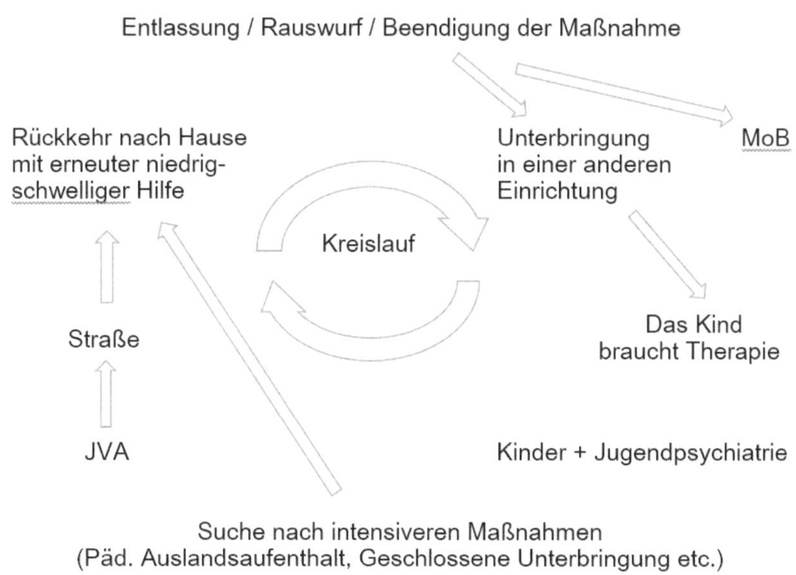

24 Mögling, Tantjana/Tollmann, Frank/Reißig, Birgit: Entkoppelt vom System: Jugendliche am Übergang ins junge Erwachsenenalter und Herausforderungen für Jugendhilfestrukturen. Eine Studie des Deutschen Jugendinstituts im Auftrag der VodafoneStiftung Deutschland, Düsseldorf Juni 2015, S. 8; online abrufbar unter www.stiftungen.org/uploads/tx_leonhardtdyncontent/downloads/Entkoppelt-vom-System.pdf (Abruf am 8.10.2019).

25 Vgl. Baumann, a.a.O.

Während in der Anfangsphase das Hilfesystem nach vorzeitigen Abbrüchen durch die **Einrichtungen** oder nach Weglaufen der Jugendlichen nach immer neuen, „passenderen" Einrichtungen sucht, die in der Regel entweder einen immer engeren Rahmen oder eine immer offenere Betreuung als Konzept anbieten, wird aus dem Kind im Laufe der Zeit ein „Wanderpokal", der schnellstmöglich weitergereicht wird.

In vielen Fällen bleibt nur die Unterbringung in einer, die aber strukturell nur auf einen kurzfristigen Aufenthalt ausgerichtet ist. Die Zusammensetzung der Bewohner einer Inobhutnahmestelle ist sehr heterogen und birgt die Gefahr einer Verstärkung der Probleme durch Hinzulernen noch nicht bekannter Verhaltensweisen. Da diese Jugendlichen nach den vielen Runden in unterschiedlichen Einrichtungen eine Hilfe komplett verweigern, leben einige Jugendliche – meist aus Hilflosigkeit von der Jugendhilfe geduldet – irgendwann auf der Straße und sind von Obdachlosigkeit bedroht.

In Folge dieser Entwicklung tritt parallel das Problem der **örtlichen Zuständigkeit eines Jugendamtes** (§ 86 SGB VIII) auf. (Siehe Fallbeschreibung „Jutta", Kapitel E 3) Was also hilft wirklich?

Ergebnisse statistischer Untersuchungen[26]

- **Geschlossene Jugendhilfe** weist recht hohe Abbruchquoten (ca. 40 %) auf. Wenn die Maßnahme Bestand hat, lassen sich bis zu 60 % der durchgezogenen Fälle durchaus positiv bewerten. Langzeiterfolge sind dagegen eher mäßig (13 %) (Menk u.a. 2013; Hoops/Permien 2010; Stadler 2005).
- **Therapeutische Wohngruppen** setzen hohe Ansprüche an die Klienten, zeigen dann aber mit 66 % erfolgreicher Verläufe eine gute Effizienz (vgl. Gahleitner 2012).
- **Individualpädagogische Maßnahmen** zeigen, wenn sie länger als ein halbes Jahr laufen (also ohne vorzeitigen Abbruch), einen Wert von 50 % positiver Effekte auf den Hilfeverlauf (Klawe 2010).
- **Niedrigschwellige Hilfen** ohne große Forderungen an die jungen Menschen zeigen positive Effekte auf weitere Hilfen ebenfalls in ca. 50 % der Verläufe (Schwabe 2013).

„Ich bin dann mal weg!" – Herausforderung Weglaufen

Kinder und Jugendliche gehen ihre eigenen Wege, die nicht immer mit den Erwartungen und Wünschen der Erwachsenen übereinstimmen. Gerade Mitarbeiterinnen und Mitarbeiter der Jugendhilfe sind mit (immer wieder) weglaufenden jungen Menschen konfrontiert, die sich aus den unterschiedlichsten Gründen kaum oder gar nicht in das Hilfesystem einbinden lassen. Auf der anderen Seite greifen Polizeibedienstete die Kinder und Jugendlichen als Opfer, Täter oder Vermisste auf, wenn diese eben nicht in „ihrer" Jugendhilfeeinrichtung sind.

26 Baumann, M., a.a.O.

Hinweis

Das gelungene Zusammenspiel unterschiedlicher Jugendhilfeeinrichtungen, Polizeidienststellen und Gerichte mit dem Vormund ist dabei oft ein wesentlicher Faktor für den Erfolg der Hilfe.

MoB – Mobile Betreuung als mögliche Maßnahme

Mobile Betreuung soll von den Jugendlichen als Alternative zur „stationären" Heim- oder Jugendwohngemeinschaftsunterbringung frei gewählt werden können. Sie wendet sich insbesondere an subkulturell gebundene Jugendliche, die ihren Lebensmittelpunkt auf der Straße oder bei anderen Jugendlichen haben, die unregelmäßige Schulkarrieren aufweisen oder bei denen der Einstieg ins Berufs- oder Arbeitsleben besonders schwerfällt.

Aufnahmebedingungen:

- Jugendliche ab 16 Jahren (in Einzelfällen ab 15).
- Bereitschaft zur Zusammenarbeit ist Grundvoraussetzung.
- Selbstständigkeit ist kein Aufnahmekriterium.

Rechtsgrundlage:

§ 27 SGB VIII i.V.m. § 35 SGB VIII für Jugendliche sowie die Hilfe für junge Volljährige gemäß § 41 SGB VIII i.V.m. § 35 SGB VIII.

3. Fallbeschreibung: Systemsprenger – Jutta „Von Nichts kommt Nichts!"

a) Vorgeschichte

Das folgende Beispiel einer Vormundschaft veranschaulicht ganz gut, welche Probleme, Anforderungen und Belastungen auf die Menschen zukommen können, die mit einer schwierigen Jugendlichen konfrontiert werden.

Die Eltern des Kindes haben sich getrennt, als Jutta vier Jahre alt war. Grund war massive häusliche Gewalt des Vaters gegen die Mutter. Jutta hat noch eine vier Jahre ältere Schwester. Die Mutter zog dann mit den Kindern in eine 150 km entfernte Stadt. Im Laufe der Jahre gab es einige Gerichtsverfahren, in denen der Vater ein Umgangsrecht begehrte. Zeitweise hatten die Kinder einen unregelmäßigen Umgang mit ihrem Vater; parallel hielten die Streitigkeiten und auch Bedrohungen gegen die Mutter an.

Nach zwei Jahren zog die Mutter mit den Kindern in eine Einzimmerwohnung in den ursprünglichen Wohnort zurück. Die Kinder durften für einige Wochen in den Ferien zum Vater. Der Besuch endete in einem Streit beim Vater, der mit Hilfe der Polizei beendet wurde. Dabei berichteten die Kinder auch von Schlägen des Vaters gegen sie. Daraufhin stellte der Vater einen Antrag, wonach die Kinder bei ihm leben sollten, weil sie es bei der Mutter nicht gut hätten. Dieser wurde abgelehnt.

Die Mutter zog mit einem neuen Partner zusammen, der nach einiger Zeit ebenfalls gegen die Mutter gewalttätig wurde. Es gab wieder Umgangskontakte zum Vater, die auch zu gewalttätigen Auseinandersetzungen zwischen dem Vater und dem Freund der Mutter führten.

Jutta wurde zuerst im Kindergarten, später auch in der Schule sehr auffällig. So schminkte sie sich schon sehr stark und zog sich nicht altersgemäß an. So kam es auch zwischen Jutta und ihrer Mutter zu vermehrten Spannungen. Sie eskalierten so weit, dass die Mutter in ihrer Hilflosigkeit einem Wechsel des Kindes zum Vater zustimmte. Da war Jutta acht Jahre alt. Ihre Schwester blieb zunächst bei ihrer Mutter, bis sie wegen zunehmender Streitigkeiten zwischen ihrer Mutter und deren Freund ebenfalls zum Vater zog. Nach einem Jahr zog sie zur Mutter zurück und bekam mit 16 Jahren ein Kind.

Jutta blieb insgesamt drei Jahre bei ihrem Vater. Wegen massiver Gewaltanwendung floh sie dann aus seinem Haushalt und wurde vom Jugendamt in Obhut genommen und in eine Mädchengruppe gebracht. Von dort entwich sie und wurde von ihrer Mutter aufgenommen. Diese hatte inzwischen einen neuen Partner und mit diesem ein Kind bekommen. Nach massiven Auffälligkeiten wandte die Mutter sich ans Jugendamt und bat um Unterbringung von Jutta. Mit 13 Jahren kam Jutta dann in eine Notaufnahme in der Nähe. Die Mutter stimmte der Unterbringung in einer Einrichtung zu; der Vater verweigerte sich anfangs, unterschrieb dann aber den HzE-Antrag.

Jutta besuchte seit der 5. Klasse keine Schule mehr.

Fallübersicht

Datum	Ereignis	Probleme im System
07/2015	Antrag der Mutter auf Übertragung der Alleinsorge/Ablehnung des Vaters	
08/2015	Kontakt mit Kindern und Eltern → Jutta will am liebsten zur Mutter/eventuell weiter in der WG in H.	
09/2015	Bericht und Stellungnahme des Jugendamtes → es soll bei der gemeinsamen Sorge bleiben	
09/2015	Bericht und Stellungnahme des Verfahrensbeistands → Kinder bleiben fremduntergebracht – wegen andauernden Streits der Eltern Alleinsorge bei der Mutter	
09/2015	Gerichtstermin → Eltern stellen den Antrag auf Übertragung des Sorgerechts für beide Kinder auf einen Vormund – Vorschlag der Eltern: Verfahrensbeistand soll die Vormundschaft übernehmen, da er die Kinder und die Eltern schon lange kennt	
09/2015	Verfahrensbestand informiert Kinder über den Vorschlag → Kinder stimmen der Auswahl zu	
09/2015	Beschluss über Vormundschaft	
09/2015	Jutta im Rahmen der Inobhutnahme in der WG in H./Jugendamt A. sucht passende Einrichtung	
Ende 10/2015	Gewalttätige Auseinandersetzung zwischen Jutta und anderen Jugendlichen → geschlossene Unterbringung in der KJP. Zur Diagnostik und Behandlung/mehrmaliges Entweichen bei Freigängen	Jugendamt A. erklärt sich für nicht mehr zuständig/nach längerem Hin und Her übernimmt Jugendamt H.
11/2015	Einstellung der Maßnahme in der KJP nach wiederholtem Entweichen/Abholen in S. und kurzfristiger Aufenthalt bei der Mutter	
12/2015	Unterbringung in einer Mädchen-WG mit intensivpädagogischem Angebot in D./stationäre Eingliederungshilfe nach § 35a SGB VIII/Besuch einer angebundenen offenen Schule zur Wiedereingliederung	

Datum	Ereignis	Probleme im System
03/2016	Inobhutnahme nach Entweichen in B./anschließend Rückführung	
04/2016	Inobhutnahme nach Entweichen in B./anschließend Rückführung	
04/2016	Nach mehrmaligem Entweichen kam es zu gewalttätiger Auseinandersetzung zwischen Jutta und einem Betreuer, weil sie ihr Handy nicht abgeben wollte (Betreuer wollte sie festhalten und das Handy abnehmen)/massive Verletzung einer Mitarbeiterin → WG beendete Unterbringung	
04/2016	Jutta flüchtete nach B./Polizei brachte sie in dortige Notaufnahme	Zuständig vorübergehend Jugendamt B.
05/2016	Jutta wird in H. aufgegriffen und dort in Notaufnahme A gebracht. Jutta will zur Mutter/diese lehnt wegen Überforderung ab Vorschlag: Geschlossene pädagogische Einrichtung	Jugendamt H. sieht Jugendamt Hi. in Verantwortung/Jugendamt Hi. sieht Zuständigkeit bei Jugendamt in Di. (WG) und stellt Hilfe wegen Nichtmitwirkung der Jugendlichen ein
06/2016	Inobhutnahme in Wo.	
06/2016	Inobhutnahme in Ni. und Zurückverlegung wegen Ferien der Gruppe	
07/2016	Nach Entweichen kurzfristig bei Mutter/Vater bietet an, sie für drei Wochen aufzunehmen	

Datum	Ereignis	Probleme im System
07/2016	Wiederaufnahme in Notaufnahme A/stark sexualisiertes Verhalten/Aggressionen gegen Mitbewohner	Clearingstelle B. in H. ist während der gesamten Zeit fallzuständig
09/2016	Freiwillige Einweisung in eine Abteilung der KJP in H. zur Behandlung und Therapie der Suchtproblematik	
11/2016	Nach Abbruch durch Jutta in der KJP Notaufnahme in A.	
16/12/2016	Nach Beendigung durch Einrichtung A Verlegung in Notaufnahme B.	
18/12/2016	Inobhutnahme in Notaufnahme in Ba.	
29/12/2016	Inobhutnahme in Notaufnahme B.	
03/01/2017	Nach Entweichen erneute Aufnahme in Notaufnahme B.	
20/01/2017	Nach erneutem Entweichen und zeitweise unbekanntem Aufenthalt (sie war zu einem Freund gezogen) Inobhutnahme in Sachsen/Rückführung nach H.	
Bis 02/2017	Jutta lebte bei verschiedenen Freunden mit wechselndem Aufenthalt	
03/2017	Jutta zieht zu einem Freund in die Wohnung von dessen Eltern	
04/2017	Trennung vom Freund	
08/2017	Aufnahme in Mädchen-Notaufnahme C in H./Einsetzung eines Erziehungsbeistands nach § 30 SGB VIII	
05/2018	Beendigung der Maßnahme in Notaufnahme C. nach gewalttätigem Übergriff gegen Mitarbeiterinnen/Notaufnahme B.	
05/2018	Kurzzeitige freiwillige Aufnahme in Tagesklinik/ nach drei Tagen abgebrochen	
07/2018	Aufenthalt bei der Mutter	

Datum	Ereignis	Probleme im System
08/2018	Übersiedlung in eine Einzimmerwohnung im Rahmen einer *MoB*-Maßnahme mit 25 Std. Unterstützung	

b) Delinquenz

Das folgende Diagramm zeigt, dass es Phasen mit einer Häufung von Ordnungswidrigkeiten und Straftaten gibt, die z.T. nach einer polizeilichen Vernehmung, z.T. nach einer gerichtlichen Anhörung beendet wurden. Dabei ist zu beachten, dass die Anhörungen nicht selten erst Monate, z.T. Jahre nach der Tat erfolgten. Die Zeiten von Straftaten können meist Phasen der Unerreichbarkeit und der Beziehungslosigkeit zugeordnet werden – siehe Markierung in der obigen Zeitleiste.

Die Taten reichten von Schwarzfahren über Beleidigung, Diebstahl, Hehlerei, Bedrohung, Widerstand gegen Vollzugsbeamte bis hin zur gefährlichen Körperverletzung. Während in der Anfangszeit von Mai bis Oktober 2017 die polizeilichen Vernehmungen von Jutta entweder ignoriert oder nach kurzer Zeit abgebrochen wurden, konnte sie sich ab 2018 zu ihren Taten bekennen und Aussagen machen.

Bis auf ausstehende Geldforderungen wurden bisher alle Verfahren – z.T. gegen Ableistungen von Sozialstunden – eingestellt. Dies bedeutet in der Konsequenz, dass auf die Jugendliche mit Erreichen der Volljährigkeit Geldforderungen zukommen.

Das Ergebnis ist auch deshalb interessant, weil es Rückschlüsse auf den jeweiligen Aufenthalts- und Betreuungsstatus gibt.

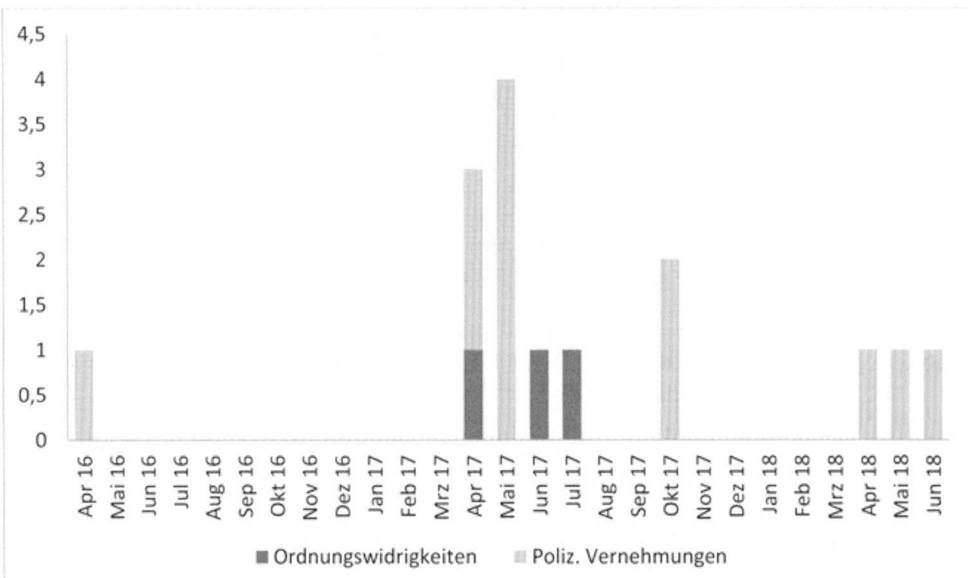

Zeittabelle Jutta (R. Prenzlow)

c) Die Zuständigkeitsproblematik und ihre Folgen

Wie sich aus der Tabelle ergibt, sind die grundsätzlichen Zuständigkeiten in §§ 86, 87 SGB VIII geklärt – in der Praxis scheinen sie aber immer wieder zu Streitigkeiten zwischen den Jugendämtern zu führen. Die Zuständigkeit richtet sich nach

- dem gewöhnlichen Aufenthalt der Eltern,
- dem gewöhnlichen Aufenthalt eines Elternteils,
- einem früheren gewöhnlichen Aufenthalt des Kindes (oft wird auf eine Meldeadresse abgestellt, die mit dem gewöhnlichen Aufenthalt gar nicht übereinstimmen muss),
- dem tatsächlichen Aufenthalt des Kindes,
- nach der Art der Unterbringung: Pflegefamilie/Erziehungsstelle/Heim/Notunterkunft/Klinik,
- nach der Länge des Aufenthaltes.

Dabei spielen ausschließlich fiskalische Überlegungen eine Rolle. Das Bedürfnis des Kindes nach Kontinuität im Jugendhilfesystem wird diesen eindeutig untergeordnet.

Dies macht sich gerade bei Kindern mit Bindungsproblemen oft negativ bemerkbar. Haben die Jugendlichen sich nach einer schwierigen Annäherung an einen Mitarbeiter des Jugendamtes gewöhnt, das für eine erfolgreiche Arbeit notwendige Vertrauen gefasst und im Idealfall eine (Arbeits-)Beziehung aufgebaut, wechselt mit der Zuständigkeit der Mitarbeiter und damit die Beziehung. Neben dem sowieso schon für die Jugendlichen schwer zu akzeptierenden Wechsel durch die „normale" Fluktuation im System bedeutet dies einen weiteren Bruch.

Diese Folgen sind bei Wechseln in der Vormundschaft, wie sie nach Einrichtungs- und Ortswechseln des Mündels bei Amtsvormündern und Vereinsvormündern die Regel sind, noch einschneidender, weil ja gerade der Vormund die wesentliche Aufgabe hat, für Konstanz und Zuverlässigkeit zu sorgen. Diese Wechsel richten sich ebenfalls nach der örtlichen Zuständigkeit (vgl. § 87c Abs. 3 SGB VIII).

Da ein Jugendlicher in einer Notaufnahme keinen Wohnsitz begründet, war eine Anmeldung beim Meldeamt nicht möglich. Daraus resultierte, dass der Vormund für Jutta auch keinen Ausweis beantragen konnte. Gleichzeitig war aber auch keine Schule für sie zuständig, was die Erhebung von Bußgeldern oder Strafanzeigen seitens der Schulbehörden gar nicht erst möglich machte.

d) Reflexion

Die Habenseite nach fast drei Jahren Vormundschaft sieht wie folgt aus:

- Jutta hat „überlebt".
- Sie ist noch immer erreichbar.
- Sie hält regelmäßigen Kontakt zum Vormund und reagiert zeitnah auf Anfragen.
- Sie kann sich weitgehend von Suchtmitteln fernhalten.
- Sie hat bis auf wenige Ausnahmen ihre Aggressionen im Griff.

- Die Anzeigen wegen Straftaten haben sich erheblich reduziert.
- Sie ist noch nicht schwanger geworden.
- Sie beschäftigt sich mit ihrer Zukunft, auch wenn ein schulischer Abschluss eher unwahrscheinlich ist. Sie hat einen Schuleingangstest gemacht.
- Sie erlebt, dass ihr Wunsch nach einer eigenen Wohnung als Schutz- und Rückzugsraum trotz aller Bedenken ernst genommen wird und auch realisiert wird.
- Sie hat einen inzwischen weniger belasteten Kontakt zu ihrer Mutter.

Die Vormundschaft endet laut Gesetz mit der Vollendung des 18. Lebensjahres. Ob Jutta dann in der Lage sein wird, ihr Leben unabhängig von weiteren Hilfen und Unterstützungen zu gestalten, ist noch nicht absehbar. Eventuell wären eine Fortführung der Erziehungsbeistandschaft und/oder der Vormundschaft (mit anderem Namen und begrenzten Befugnissen) für eine weitere Stabilisierung wichtig! (Dazu siehe auch das Kapitel I, 1. Careleaver.)

Zusätzlich ist die Kooperation zwischen SGB II und SGB VIII insbesondere durch eine Angleichung der Altersspanne bis 27 Jahre hilfreich. Hier ist allerdings der Gesetzgeber weiterhin gefragt.

e) Passung zwischen Anspruch und Praxis

Eignung des Vormunds

- Der Vormund war der Jugendlichen aus den früheren Verfahren, wenn auch in einer anderen Funktion, bekannt. Das dort gewonnene Vertrauen bildete die Grundlage für die Entscheidung, die Person als Vormund zu akzeptieren.

Persönliche Kontakte zum Mündel

- Wie sich aus der obigen Tabelle (Zeittabelle Jutta) ergibt, ist in diesen Fällen eine starre Kontaktregelung wirklichkeitsfremd. In den Phasen akuter Notlagen, kurzfristiger Ortswechsel und anderer Probleme muss der Vormund oft täglich – übrigens auch in der Nacht – sowohl für sein Mündel als auch für Ämter, Polizei und Gerichte erreichbar sein.
  - Beispiel aus diesem Fall: Zwischen dem 1.8.2016 und dem 20.12.2016 fanden 17 Kontakte zum Kind und 30 (inkl. Telefon-)Kontakte zu anderen Personen statt. Da die Jugendliche an vielen verschiedenen Orten – auch kurzfristig – lebte, waren auch viele Fahrten mit größeren Entfernungen – bis zu 250 km – notwendig.
- Nicht alle Kontakte waren face to face; viele liefen altersgemäß über Messenger. Dennoch gelang es dem Vormund, eine den Problemen der Jugendlichen angemessene und tragfähige Beziehung aufzubauen, die auch Nähe zuließ. Das kann man keine Beziehung oder Bindung nennen, aber für die Jugendliche war und ist der Vormund
  - eine Rückfallversicherung,
  - eine absolut immer erreichbare Person in Notlagen,
  - ein Experte für nicht überschaubare Situationen,
  - ein Ideengeber und am Ende auch ein Entscheider.

Beteiligung des Mündels an Entscheidungen

- Grundsätzlich ist Jutta über alle anstehenden Entscheidungen informiert worden. Je nach Inhalt der Entscheidung – z.B. Ort der Unterbringung/Arztbesuche/Behandlungen/ Aufnahme in Kliniken o.Ä. – wurde der geäußerte Wille der Jugendlichen berücksichtigt bzw. dieser zur Grundlage der Entscheidung gemacht. Die Unterbringungen in den Notaufnahmen geschahen nicht immer freiwillig. Die therapeutischen Unterbringungen in Kliniken geschahen mit ihrer Zustimmung.
- Viele Entscheidungen über den jeweiligen Aufenthalt hat die Jugendliche selbst getroffen. Je nach Überprüfung einer möglichen Gefährdung hat der Vormund die Entscheidung mitgetragen oder ihr widersprochen.
- Die zwei wesentlichen Wünsche der Jugendlichen – entweder das Wohnen bei der Mutter, was spätestens nach einer Woche im Streit endete und damit keine dauerhafte Option war, oder das Alleinleben – konnten erst ab einem bestimmten Alter der Jugendlichen und nach einer längeren Phase der Stabilisierung/Entwicklung von Einsicht in Veränderungen und Rückgang von Straftaten realisiert werden.

Persönliche Förderung und Erziehung des Mündels

- Diese beiden Forderungen müssen bei diesen schwierig zu erreichenden und emotional handelnden Jugendlichen an die tatsächlichen Möglichkeiten angepasst werden. Oft beschränkt sich die Arbeit des Vormunds auf die Ziele,
  - die Jugendliche nicht zu verlieren,
  - in Notfällen für sie erreichbar zu sein,
  - Vorschläge zu machen und zu hoffen, dass die Jugendliche tatsächlich auch zur Umsetzung in der Lage ist,
  - in Fällen des Kinderschutzes Entscheidungen gegen den Willen der Jugendlichen zu treffen,
  - positive Veränderungen und ernst gemeinte Äußerungen der Jugendlichen ernst zu nehmen und diese an die jeweilige Lage und das Umsetzungsvermögen anzupassen,
  - immer wieder nach neuen positiven Verhaltensweisen zu suchen und diese zu spiegeln,
  - negative Verhaltensweisen klar zu benennen, den Jugendlichen für deren Folgen selbst Verantwortung zu übergeben (dabei aber alle möglichen rechtlichen Folgen so weit wie möglich zu minimieren),
  - sich immer bewusst zu machen, dass die Jugendlichen zwar für ihre Taten verantwortlich ist, für die Fehlentwicklung der Persönlichkeit und Schädigung aus der Vergangenheit aber nicht,
  - nach konstanten zusätzlichen Helfern (z.B. Erziehungsbeistand) zu suchen und auf Passung zu den Jugendlichen zu achten,
  - trotz ungünstiger Ausgangslage nach Möglichkeiten einer schulischen oder außerschulischen Bildung zu suchen,

  - Mitarbeiter im Jugendamt zu finden, die ebenfalls einen langen Atem haben
  - und zuletzt – und im Idealfall – im Laufe der Zeit eine stabile Vertrauensbeziehung zu den Jugendlichen aufzubauen.

Unabhängigkeit der Arbeit

- Gerade in diesen Fällen von schwer erreichbaren Jugendlichen hat die Unabhängigkeit eines Berufsvormunds einige Vorteile:
  - Egal wo und wie lange die Jugendliche sich an einem Ort aufhält, bleibt der Vormund zuständig und in Kontakt – **Beziehungskonstante**.
  - Unabhängig von Arbeitszeiten ist er in Notfällen erreichbar und kann vermitteln und unterstützen – **Notfallreserve**.
  - Unabhängig von örtlichen Vorgaben einer jeweils zuständigen Jugendhilfe kann er die passende und für den Jugendlichen mögliche Unterstützung anfordern und ggf. durchsetzen – **Beistand** für die Durchsetzung von Hilfen.

Zusammenarbeit mit Behörden und Ämtern

- Diese hängt stark von den jeweiligen Mitarbeitern ab. Wenn es gelingt, diese von der Notwendigkeit eines Abweichens von den gewohnten Pfaden zu sensibilisieren, steigen die Chancen für die Jugendlichen.
- Erst als eine Abteilung des Jugendamtes – hier die Clearingstelle – bereit war, die Fallverantwortung und Fallsteuerung zu übernehmen, konnten die der jeweiligen Entwicklung der Jugendlichen angepassten Maßnahmen installiert werden.
  - Es ist eben eher die Ausnahme, dass Jutta in der Mädchengruppe einer Notaufnahme fast ein Jahr bleiben konnte, auch wenn sie sich nicht täglich dort aufgehalten hat.
  - Es ist eher die Ausnahme, dass neben einer laufenden teuren Unterbringung in einer Notaufnahme noch zusätzlich eine Erziehungsbeistandschaft genehmigt wurde.
  - Gerade für die Jugendlichen mit ihren unsteten und wechselnden Aufenthalten verhindert die kostenfreie Zurverfügungstellung einer Monatskarte die Gefahr von Schwarzfahrten mit den damit verbundenen Bußgeldern, die als „Altlast" dann einen späteren Start ins Leben belasten.
- Durch eine Zusammenarbeit zwischen Jugendgerichtshilfe, Vormund und Jugendgericht konnten Verfahren so beendet werden, dass sie die tatsächlichen Möglichkeiten der Jugendlichen berücksichtigten. Manchmal ist ein Gespräch zwischen Richter und Jugendlichem – richterliche Ermahnung – zielführender als eine Verhandlung mit nachfolgender Verurteilung. Das Jugendrecht lässt den Richtern da viel Ermessensspielraum.

F. Kinder mit Behinderung oder psychischer Erkrankung

Auch wenn in den letzten Jahren das Thema der „inklusiven Jugendhilfe" in vielen Bereichen vorangetrieben wurde, scheint das Thema im Bereich der Vormundschaft noch wenig diskutiert zu werden. Auch das Kinder- und Jugendstärkungsgesetz (KJSG) vom 9. Juli 2021 ändert daran zunächst nur wenig.

Deshalb werden junge Menschen mit Behinderungen trotz ihres Bedürfnisses nach konstanten Betreuungs- und Bezugspersonen selten in Pflegefamilien vermittelt, sondern insbesondere bei körperlicher oder geistiger Behinderung im Rahmen der Eingliederungshilfe (Sozialhilfe) in einer Heimeinrichtung untergebracht. Teilhabe am Leben in einer Familie wird ihnen somit verwehrt, Inklusion nicht umgesetzt.

1. Herausforderungen in der Praxis

Kinder mit Behinderung oder chronischen Erkrankungen bringen besondere Herausforderungen im Alltag mit. Gerade für solche Kinder ist eine Vormundschaft bzw. Pflegschaft äußerst komplex.

Hinweis

Hierbei ist nicht relevant, ob das Kind eine dauerhafte psychische, physische und/ oder geistige Einschränkung hat. Vielmehr ist wichtig, sich in den einzelnen Zuständigkeiten und Leistungsbereichen auszukennen.

Die Art der notwendigen Entscheidungen, die getroffen werden müssen, ist gerade im Fall dieser Kinder ausgesprochen vielfältig. Zudem muss in zahlreichen Situationen schnell entschieden werden, sonst kann das Leben oder zumindest das Wohlbefinden des Mündels rasch in Gefahr geraten. Das bedeutet:

Praxistipp

Vormundschaften für Kinder mit Behinderung oder chronischer Erkrankung sollten so nah wie möglich beim Kind installiert werden. Lebt das Kind bei Pflegepersonen und sind diese geeignet, die Vormundschaft zu übernehmen, sind diese grundsätzlich erste Wahl für diese Aufgabe.

Eine Orientierung in den einzelnen Hilfesystemen mit und für das Kind mit Behinderung ist unerlässlich.

Im Säuglingsalter spielen die Hilfen noch meist eine weniger große Rolle. Hier ist nach Diagnosestellung eher die Begleitung der Eltern bzw. Pflegeeltern wichtig. Ebenso bedarf der Bereich der Prävention hoher Aufmerksamkeit, um im frühesten Kindesalter weitere Folgen durch die Behinderung oder chronische Erkrankung weitestgehend zu vermeiden oder positiven Einfluss auf die Entwicklung des Kindes nehmen zu können.

Neben den üblichen U-Untersuchungen und Impfungen werden die Kinder mit entsprechenden Diagnosen interdisziplinären Fachkräftekreisen, z.B. beim örtlichen Gesundheitsamt oder einem Sozialpädiatrischen Zentrum (SPZ), vorgestellt, wird Frühförderung installiert und werden eventuell besondere Impfungen empfohlen (z.B. mit dem Impfstoff Synagis gegen das RS-Virus, ein Auslöser von Atemwegserkrankungen bei Säuglingen und Kleinkindern).

Hier muss der Vormund klare Entscheidungen fällen, die häufig den Bereich der Gesundheitssorge überschreiten.

Kranken- und Pflegekassen: Rechte und Pflichten kennen

Mit zunehmender Pflegebedürftigkeit des Kindes werden die Leistungsbereiche der Sozialgesetzbücher V und XI immer bedeutender.

Praxistipp

Der Vormund muss sich mit den Rechten und Pflichten der Kranken - und Pflegekassen auseinandersetzen und wissen, welche Hilfen seinem Mündel zustehen.

Das **Antragswesen** spielt hierbei eine wichtige Rolle, denn schon ein fundierter und gut begründeter Antrag ist die halbe Genehmigung der Leistung. Allein der Text, der sich auf einer ärztlichen Verordnung befindet, kann ausschlaggebend für eine Genehmigung sein. Nicht weniger wichtig ist das eventuell folgende Widerspruchsverfahren, welches ebenfalls ein eigenes Prozedere verlangt. Schnell kann es passieren, dass Fristen verstreichen und damit die Möglichkeit des Rechtsbehelfs verloren geht.

Beispiel

Der Vormund beantragt einen Reha-Kinderwagen für sein Mündel. Dieser wird von der Krankenkasse (Hilfsmittel sind eine Leistung nach § 33 SGB V) abgelehnt. Hier hat der Versicherte bzw. der Antragsberechtigte in der Regel eine Widerspruchsfrist von einem Monat. Verstreicht diese, hat man die Ablehnung des Hilfsmittels akzeptiert und ein Neuantrag für dasselbe Hilfsmittel ist meist erst dann möglich, wenn sich der Bedarf des Mündels verändert hat.

Ebenso verhält es sich mit den Leistungen aus der Pflegekasse (SGB XI). Wenn eine Einstufung in einen **Pflegegrad** erfolgen soll, weil das Kind im Vergleich mit Gleichaltrigen Beeinträchtigungen bei bestimmten Fähigkeiten oder bei der Selbstständigkeit allgemein ausweist, so kann ein formloser Dreizeiler an die Krankenversicherung des Mündels erfolgen, in dem man um Pflegegradüberprüfung und entsprechende Einstufung bittet. In der Folge wird der Medizinische Dienst der Krankenversicherung (MDK) hinzugezogen, der einen Gutachter zum betreffenden Kind entsendet, um ein sogenanntes Pflegegutachten zu erstellen. Hierbei darf bei Kindern eine entsprechende Fachkompetenz des Gutachters erwartet werden, die auch gesetzlich vorgeschrieben ist.

In früherer Zeit war es nicht selten der Fall, dass etwa ein Sportmediziner ein schwerst-mehrfach eingeschränktes Kind begutachtet hat und die Ausführungen des Gutachtens nicht zielführend waren.

Praxistipp

Es gilt immer: Der Vormund sollte jedes Gutachten des MDK bei der zuständigen Kranken- oder Pflegekasse anfordern und inhaltlich prüfen. Die im Gutachten ausgesprochene Empfehlung bedeutet grundsätzlich noch keine Entscheidung. Die letztliche Entscheidung trifft immer die Leistungsabteilung der Kasse. In strittigen Fällen ist es sinnvoll, zeitnah einen Fachanwalt aus dem Sozialrecht hinzuzuziehen.

Oftmals werden, wenn die Kinder älter werden, bauliche Maßnahmen zur Verbesserung der pflegerischen Versorgung notwendig. Sogenannte **wohnumfeldverbessernde Maßnahmen** werden durch die Pflegekasse mit bis zu 4.000 € pro Maßnahme unterstützt (vgl. § 40 Abs. 4 SGB XI). Weitere Gelder hierfür können als Hilfe zur Pflege zu beantragt werden (§ 64e SGB XII). Hier wird immer der Einzelfall betrachtet.[27]

Überhaupt ist ergänzende Hilfe zur Pflege nach §§ 61 ff. SGB XII zu beantragen, wenn die Leistungen der Pflegekasse nicht ausreichen. Soweit Sozialhilfeleistungen gewährt werden, geht der Unterhaltsanspruch des Kindes gegen seine Eltern auf den Sozialhilfeträger über (§ 94 Abs. 1 SGB XII).

Medikamentengabe

Kinder mit Behinderungen und/oder chronischen Erkrankungen, zu denen auch solche aus dem psychiatrischen Formenkreis zählen, sind häufig medikamentös eingestellt. Sie bekommen beispielsweise Psychopharmaka (Stichwort ADHS – Ritalin), Antiepileptika (Stichwort Epilepsie), Analgetika (Stichwort chronisches Schmerzsyndrom) und viele andere Medikamente verordnet.

Die meisten dieser Medikamente sind für Kinder nicht zugelassen. Kommen diese Medikamente zum Einsatz, was in den meisten Fällen erforderlich ist, so spricht man von zulassungsüberschreitender Anwendung („**Off-Label Use**"). Darüber muss dann ggf. eine Expertengruppe entscheiden (§ 35c SGB V).

Es bleibt immer zu berücksichtigen, dass ein gesetzlicher Vertreter schnell in den Bereich kommt, in dem er auch über schwerwiegende medizinische Maßnahmen entscheiden muss. Dafür ist es wichtig, dass der Pfleger oder Vormund 24 Stunden an sieben Tagen in der Woche erreichbar ist oder die Pflegeeltern selbst in dieser Funktion mit einem festen familiengerichtlichen Mandat ausgestattet sind.

Wenn etwa Pflegeeltern eines Kindes mit Behinderung lediglich eine Bevollmächtigung für gesundheitliche Entscheidungen durch den Vormund bzw. durch die leiblichen Eltern haben, ist dies oft nicht ausreichend, um weitreichende Entscheidungen treffen zu können.

27 Es handelt sich um eine Ermessensleistung, Grube/Wahrendorf,SGB XII, § 64e Rn. 3.

Praxistipp

Liegt die elterliche Sorge bei den Eltern, bietet sich eine Übertragung wichtiger Sorgebereiche nach § 1630 Abs. 3 BGB an. Die Übertragungsmöglichkeit nach § 1777 BGB schafft keine ausreichende Befugnis für solche Situationen, da Angelegenheiten von erheblicher Bedeutung von Vormund und Pflegeperson gemeinsam entschieden werden müssen.

Beispiel

Im Falle des kleinen Max kam es zu einem Treppensturz an einem Wochenende, bei dem der Junge sich eine sogenannte „Grünholzfraktur" des rechten Armes zuzog. Die Pflegeeltern sind unmittelbar in die nächste Notaufnahme gefahren. Die Pflegemutter legte eine Vollmacht der erziehungsberechtigten Mutter vor, in der sie als für die Gesundheitssorge bevollmächtigt erklärt wurde. Der behandelnde Arzt wies deutlich darauf hin, dass eine Röntgenuntersuchung ein invasiver Eingriff ist (Strahlen passieren die Haut) und die Alltagssorge hierfür nicht ausreiche, ebenso die Vollmacht nicht. Da es auch keine lebensbedrohliche Situation war, griff auch keine Notfallentscheidung. Hier musste der Bereitschaftsdienst des Jugendamtes an einem Samstag konsultiert werden.

Wer ist wann Leistungsträger?

Kinder mit psychischer, geistiger und/oder Lernbehinderung haben häufig nicht nur eine geringere Lernfähigkeit als gleichaltrige Kinder, sondern sie sind oft auch in ihrer Alltagskompetenz eingeschränkt. Sie setzen sich unwissend Gefahren aus, haben wenig oder keine Orientierung (weder zeitlich noch räumlich), sind in ihren Gefühlen wenig situationsangepasst (affektlabil), zeigen häufig Bindungsstörungen und/oder neigen zu Fremd- und Autoaggression.

Bei diesen Kindern kann die fachliche Zuständigkeit für Leistungen streitig sein, denn die Jugendämter leisten nur die Eingliederungshilfe bei seelischen Behinderungen (§ 35a SGB VIII). Bei anderen Arten von Behinderungen ist das Sozialamt zuständig. Hier kann aber ggf. über das in § 14 SGB IX bestimmte Verfahren für das Kind eine rasche Klärung herbeigeführt werden (siehe auch Abschnitt zum zuständigen Rehabilitationsträger).

Aktuell ist aus der behördlichen Hilflosigkeit durch Mangel an gesetzlicher Regelung eine Sortierung nach dem Intelligenzquotienten gängige Praxis. Kinder aus dem vorab beschriebenen Formenkreis mit einem IQ von über 70 verbleiben nach § 35a SGB VIII mit allen Hilfen, Beratungen und Leistungen in der Jugendhilfe, Kinder mit einem IQ unter 70 werden in die Eingliederungshilfe nach SGB IX eingruppiert.

Die Unterschiede der beiden Leistungsträger sind erheblich und in der Praxis häufig konfliktbehaftet. Die Jugendhilfe kennt nicht den Bereich der Behindertenhilfe und umgekehrt. Der Vergleich zweier unterschiedlicher Sprachen ist hier sehr zutreffend. Dennoch sollten und müssen beide Leistungsbereiche miteinander kommunizieren und Hilfen kombinieren. Neben den unterschiedlichen „Sprachen" gibt es nur unzureichende gesetzliche Regelungen, die im Kinder- und Jugendbereich kaum anwendbar sind.

Wenn ein betroffener Jugendlicher etwa eine Assistenz für die Schule benötigt, so muss zunächst die Zuständigkeit des Kostenträgers deutlich sein. Hat der Jugendliche z.B. aktuell einen IQ von 112, aber auch noch eine weitere Diagnose, die ihn zum Inhaber eines Schwerbehindertenausweis es macht, so kann es zu monatelangen Kompetenzstreitigkeiten zwischen der Jugend- und der Sozialhilfe kommen. Nicht selten kommt es vor, dass die Kinder in strittigen Fällen mehrere Monate nicht zur Schule gehen, nur weil die amtliche Zuständigkeit ungeklärt ist.

Praxistipp

Hier hilft oft nur die Selbstanzeige als Vormund bei der Schulbehörde, weil er der Schulpflicht seines Mündels auf Grund der mangelnden Hilfegewährung der leistungspflichtigen Behörden nicht nachkommen kann. Solche drastischen Maßnahmen können die Verfahren deutlich beschleunigen.

Ähnlich verhält es sich mit dem Instrument des Eilantrages bei Gericht.

Praxistipp

Eilanträge beim Sozialgericht können immer dann gestellt werden, wenn Gefahr im Verzug ist oder andere dringliche Gründe vorgebracht werden können. Empfehlenswert ist die vorherige Prüfung eines solchen Antrags durch einen Fachanwalt.

Ein Eilantrag ist immer dann unverzichtbar, wenn das **Kindeswohl** gefährdet sein könnte. Sollte z.B. die Krankenkasse bei einem Kind mit intensivmedizinischem Versorgungsbedarf die Leistungen der häuslichen Krankenpflege einstellen, obwohl ein Widerspruchsverfahren anhängig ist und eine ärztliche Verordnung vorliegt, so ist ein Eilantrag gut begründet.

a) Inklusion und Praxis

Im Zeitalter der Inklusion sehen wir jeden Tag die unterschiedlichsten Lösungsansätze. Dem gesetzlichen Vertreter eines Kindes fällt hier die Orientierung oftmals schwer. Besonders im Bildungsbereich stehen wir vor besonderen Herausforderungen. Die derzeitige Entwicklung an Schulen mit Einzelassistenzen für Kinder mit besonderem Förderbedarf ist aus Sicht der Verfasserin kritisch anzusehen. Ein „Aufpasser" an der Seite eines Schülers trägt eher zur exklusiven Isolation als zur Inklusion bei.

- Wo benötigt das Kind Unterstützung, um wirklich mittendrin sein zu können?
- Wie kann diese aussehen und woher kommt diese Hilfe?
- Wer finanziert sie?

Viele berechtigte Fragen, die sicherlich an einem **interdisziplinären Runden Tisch** gut zu regeln sind. Das bedeutet, dass alle beteiligten Fach- und Verwaltungskräfte lösungsorientiert einen Gesamtplan erstellen sollten.

Wenn ein Kind mit Behinderung nicht mehr in die Zuständigkeit des SGB VIII fällt, fehlt z.B. eine elementare Instanz: Die **Kinder- und Jugendhilfe** mit ihrem pädagogischen Ansatz und dem Hilfeplaninstrument steht dann nicht zur Verfügung. Oft macht Not erfinderisch und überwindet solche Hürden über Amtshilfemodelle. Einige Jugendämter in der Bundesrepublik haben sich der Fallführung aus guten Gründen nicht entledigt und holen sich die Kosten nach dem Erstattungsprinzip aus der Eingliederungshilfe wieder. So kann dem Vormund und vor allem dem Kind das Jugendamt als Partner erhalten bleiben und Eltern bzw. Pflegeeltern behalten das Recht auf pädagogische Beratung trotz Behinderung des Kindes. Hier kann man von einer „Best-Practice"-Lösung sprechen, die leider allerdings jeder Rechtssicherheit entbehrt.

Hinweis

Grundsätzlich sollte jedem Vormund bekannt sein, dass jede Leistung des SGB auch als persönliches Budget gewährt werden kann – auch wenn dies noch nicht in allen Bereichen gängige Praxis ist.

Die derzeit bekanntesten **Budgets** für Kinder werden nach

- dem SGB V (Leistung: Häusliche Krankenpflege),
- dem SGB XI (Pflegegeldleistungen aus Verhinderungspflege, Kurzzeitpflege, Pflegegeld zur Sicherung der Grundpflege und zusätzliche Betreuungsleistungen) und
- dem SGB IX (Assistenz)

gewährt. Der Budgetnehmer (Mündel) kann z.B. für seine persönliche Assistenz zur Teilnahme am Leben der Gemeinschaft ein Budget beantragen und sich seine Fachkraft selber suchen. Es wird dann von einem Arbeitgebermodell gesprochen. In diesen Fällen wird eine Zielvereinbarung verfasst, die meist ein Jahr gültig ist. Darin werden Stundenanzahl, Stundensatz und Leistungen geregelt. Nach Ablauf des Jahres sind Kontoführung und Lohnbuchhaltung nachzuweisen. Da das Kind nicht geschäftsfähig ist, muss ein Budgetverwalter eingesetzt werden und sich eine Person (z.B. Pflegemutter) finden, die stellvertretend als Arbeitgeber fungiert.

Praxistipp

Die Arbeitsverträge der eingestellten Fachkräfte sollten gut durchdacht sein und ggf. arbeitsrechtlich abgeklärt werden.

Dokumentation

Kinder mit Behinderung und/oder chronischer Erkrankung gehen jeden Tag durch viele Hände. Sie müssen zu **Therapien** (Ergotherapie, Logopädie, Physiotherapie), werden in der Grundpflege oftmals über viele Jahre versorgt, haben eventuell **Assistenzen** oder eine ständige Begleitung durch **Pflegekräfte**. Viele Menschen bedeuten viel Kommunikation untereinander.

Praxistipp

Eine Dokumentationsmappe, die von allen geführt wird, die mit dem Kind zu tun haben, kann da für den täglichen Austausch untereinander ein hilfreiches Mittel sein.

Der Bundesverband behinderter Pflegekinder e.V. (BbP) empfiehlt eine solche Dokumentation für Pflegeeltern von Kindern mit Behinderung seit Jahren. Betrachten wir den Kinderschutz genauer, so ist ein solches Instrument sogar nahezu unverzichtbar. Es werden Medikamente verabreicht, viele der betreuten Kinder können sich nicht mitteilen, medizinische Hilfsmittel finden Verwendung, Therapien werden verordnet und eine beachtliche Anzahl an helfenden Händen ist mit der Durchführung und Umsetzung betraut. Eine Dokumentation zumindest in einfacher Form ist zumutbar und hilfreich. Sie kann

- als lückenlose Kommunikation zwischen den Menschen rund um das betroffene Kind dienen,
- als Hilfe zur Vorlage beim MDK zum Gutachten,
- als Begleiter in Hilfeplanen oder Gesamtplankonferenzen,
- als Schutz und Nachweisführung für Wohnheime und Pflegefamilien.

Dokumentationsmappe

Ein Beispiel einer solchen niedrigschwelligen Dokumentation bietet der Bundesverband behinderter Pflegekinder e.V. an. Die Dokumentationsmappe ist von Pflegeeltern für Pflegeeltern erstellt worden und orientiert sich an dem, was sich in der Praxis als hilfreich und sinnvoll erwiesen hat: https://bbpflegekinder.de/rat-und-tat/dokumentationsmappe/

Partizipation

Kinder mit Behinderung altersgerecht an den für sie wichtigen Themen zu beteiligen, stellt eine besondere Herausforderung für die Familie, die Wohngruppe, den Vormund sowie den Ergänzungs- oder Verfahrenspfleger dar. Einfache Dinge im Alltag sind hier schon wichtig: Welchen Pullover möchte das Kind anziehen oder welches Spielgerät auf dem Spielplatz ist besonders gefragt? Viele der Kinder sind ständig darauf angewiesen, dass „die Großen" wissen, was sie gerne möchten oder brauchen, und das bis weit über das Kleinkindalter hinaus.

Unsere Erfahrung zeigt, dass auch das Bindungsverhalten von Kindern mit schwersten Beeinträchtigungen oft als fehlend oder falsch interpretiert wird. Weil ihnen zum einen die Bindungsfähigkeit abgesprochen wird und sie zum anderen als für eine Familie „unzumutbar" erklärt werden, werden diese Kinder häufig in Heimen statt in Pflegefamilien untergebracht.

Praxistipp

Längst ist auch wissenschaftlich nachgewiesen, dass selbst schwerstbehinderte Kinder Bindungen eingehen können und dass ein familiäres Setting mit kontinuierlichen Bezugspersonen der Entwicklung und dem Wohlbefinden förderlich sind. Ein gut informierter Vormund kann hier Fehlentwicklungen in der Unterbringung gegensteuern und für das Kind bessere Voraussetzungen schaffen.

Besonders sensibel sollte ein Vormund darauf achten, auf welche Weise die Partizipation eines Kindes gelingen kann, auch wenn diese zunächst vielleicht nicht vermutet wird. Ein Beispiel, wie sich ein Kind gewehrt hat, dass über seinen Kopf entschieden wird, möchte ich nicht vorenthalten:

Beispiel

Ein 14-jähriger Junge in einer Pflegefamilie soll einen Elektrorollstuhl bekommen, den er mit einer Kopfsteuerung, also allein durch die Bewegungen seines Kopfes, fahren kann. Auf dieselbe Art und Weise bedient er seit Langem seinen Sprachcomputer.

Die Pflegemutter, die zugleich Vormund ist, hat das Hilfsmittel bei der Krankenkasse beantragt. Die Kasse beauftragt den MDK. Zur Begutachtung kommt ein Gynäkologe, der offensichtlich weder den ausführlich begründeten Antrag der Familie gelesen noch von elektrischen Hilfsmitteln sonderlich viel Ahnung hat. So sieht er auf der Abbildung lediglich, dass der Rollstuhl einen Joystick zur Bedienung hat, der allerdings auch bei einer Kopfsteuerung serienmäßig dabei ist.

Der Arzt fragt genervt: „Wie soll denn der Junge diesen Schaltknüppel an so einem Rollstuhl halten und gezielt bewegen?" Daraufhin klickt der Junge auf seiner Kopfsteuerung herum und antwortet kurzerhand über seinen Sprachcomputer mit einem originalen Zitat von Dieter Nuhr: „Wenn man keine Ahnung hat, einfach mal Fresse halten."

b) Fremdunterbringung vs. Pflegefamilie

Nicht selten sind Kinder mit psychischen und chronischen Erkrankungen und/oder Behinderungen fremduntergebracht. Jugendhilfeeinrichtungen und Einrichtungen der Eingliederungshilfe (z.B. Kleinstheime und Wohngruppen) werden zur Unterbringung von Kindern mit besonderen Bedürfnissen häufig gewählt. Sicherlich ist diese Form der Unterbringung ebenso gut überlegt wie geeignet für eine bestimmte Zielgruppe. Kinder in Heimunterbringungen nach SGB XII haben z.B. keine Hilfeplankonferenz. Die Einrichtungen führen hier Entwicklungsgespräche in Eigenregie, handeln häufig nach Standards, Tagessätze werden mit dem örtlichen Sozialamt verhandelt und Entgeltsatzvereinbarungen geschlossen. Instrumente aus der Jugendhilfe sind in diesem Fall fremd.

Wenn ein Kind mit Behinderung in einer Pflegefamilie untergebracht wird, bedarf es einer **Einbindung beider Fachrichtungen** durch den Vormund. Hier müssen sich Jugendhilfe und Eingliederungshilfe treffen und ein Miteinander bilden. Die Pflegefamilien müssen gut beraten sein, brauchen Entlastungsangebote und eine gute Ausstattung. Ein Vormund sollte im engen Austausch mit der Pflegefamilie stehen.

Es kommt nicht selten zu Schwierigkeiten schon weit vor der Unterbringung eines Kindes in der Pflegefamilie. Häufig tun schon Ärzte in einer Klinik diese Form als „Schnapsidee" ab. Es werden den Pflegeeltern oft niedrige Beweggründe unterstellt oder ihre psychische Verfassung vorab hinterfragt. „Kein normaler Mensch macht so was freiwillig", fällt häufig als abfällige Bemerkung. Teilweise wird deutlich geäußert, dass ein Kind einer Familie nicht zumutbar sei (z.B. ein Kind mit geringer Lebenserwartung oder mit Beatmung). Nicht selten entscheidet sich der Vormund dann für die Unterbringung im stationären Rahmen.

Es gibt jedoch Pflegefamilien, die genau ein solches Kind aufnehmen können und wollen! Nur weil andere Menschen sich dieses Leben nicht erdenken können, ist es dennoch existent und stellt eine gute Lösung der Fremdunterbringung dar, die häufig mit einem großen Anteil an Partizipation, Geborgenheit und Liebe einhergeht.

Die **Rechtssituation** und die Klärung der **Zuständigkeiten** sind jedoch bei Unterbringung in einer Pflegefamilie eher ernüchternd und brauchen derzeit viel Geduld und eine gute Strategie. In fast jedem Fall gibt es Einzelvereinbarungen oder örtlich verfasste Rahmenbedingungen. Rechtssicherheit besteht nicht. Durch das Streben nach der inklusiven Pflegekinderhilfe hat man den „Plan B" für diese Unterbringungsform vergessen. Da die inklusive Jugendhilfe noch bis 2028 auf sich warten lässt und das Bundesteilhabegesetz diese Kinder nicht berücksichtigt hat, sind Pflegefamilien und deren Kinder mit Behinderung einem stetigen Kampf um Leistungen unter dem vielfach bestehenden Vorurteil, finanzielle Eigeninteressen zu verfolgen, ausgesetzt.

Hinweis

Unter diesen Umständen ist ein verlässlicher und wertschätzender Vormund umso wichtiger für die Pflegefamilien, denn sie leisten den wohl inklusivsten Beitrag in unserer Gesellschaft. Gerade die Einbindung in einen familiären Kontext mit konstanten Bezugspersonen, zu denen eine Bindung aufgebaut werden kann, ist für das Kind besonders wertvoll!

c) Personenlage

Bei Kindern mit komplexen Förderbedarfen sollte immer das primäre Bestreben sein, den gesamten Bereich der Personensorge an die Pflegeperson(en) zu übertragen, damit ein Handeln und wichtige Entscheidungen sofort möglich sein können. Die Gesundheitssorge allein ist oft nicht ausreichend.

Beispiel

Als die kleine Lotta in ihre Pflegefamilie kam, war klar, dass sie bald sterben wird. Das kleine Mädchen wurde als sogenanntes Palliativkind aufgenommen. Sie war gerade zwei Jahre alt, als sie in den Armen ihrer Pflegemutter für immer gehen durfte. Als der Notarzt kurz vor dem Tod des Kindes eintraf und eine Intubation (Beatmung) einleiten wollte, lehnten dies die diensthabende Kinderkrankenschwes-

ter des Pflegedienstes und die Pflegemutter ab. Er erfragte die Befugnisse und ließ nach Vorlage der Bestallung (Pflegemutter war Vormund) vom Kind ab. So konnte sie in den Armen von vertrauten Menschen friedlich sterben. Die Zuständigkeiten, zumindest bis zum letzten Herzschlag, waren geklärt.

Kinder mit schwersten Beeinträchtigungen oder sogar lebensverkürzenden Prognosen können sterben. In manchen Fällen müssen oder sollten Patientenverfügungen verfasst werden. Inwieweit diese von den Ärzten berücksichtigt werden, wenn die gesundheitssorgeberechtigte Person nicht anwesend ist, entscheidet die Situation.

Eine Vollmacht über den Tod hinaus können die Kinder nicht verfassen, denn sie sind nicht geschäftsfähig. Mit dem Tod eines Kindes erlischt auch die Vormundschaft. Das Totenfürsorgerecht steht den nächsten Angehörigen zu (Eltern, Großeltern, Geschwister). Nicht selten kommt die Kriminalpolizei ins Haus der Pflegeeltern und stellt den Leichnam sicher. Was dann? Wer bestattet das Kind und wo? Diese Fragen stellen sich häufig, wenn das Kind sein Leben lang in der Pflegefamilie gelebt hat. Zur Trauer der Pflegeeltern kommen Konflikte und Hilflosigkeit.

Praxistipp

▶ *Wenn ein Kind mit Behinderung z.B. in einer Pflegefamilie untergebracht ist, so kann eine Vorabregelung mit dem Vormund und dem Jugend- oder Sozialamt hilfreich sein. Unter Zustimmung der Herkunftsfamilie wird die Absprache verschriftlicht, wie die Bestattung des Kindes geregelt sein kann und wer was finanzieren muss. Es gibt z.B. in manchen Landkreisen oder bei ausgewählten Trägern Vereinbarungen, dass beim Ableben des Kindes eine unbürokratische Soforthilfe in Höhe der Sozialhilfe geleistet wird.*

Freie Träger der Jugendhilfe, aber auch der Eingliederungshilfe bieten die **Vermittlung und Begleitung von Pflegeverhältnissen** der sogenannten Sonderpflege an. Sie haben sich auf die Beratung von Pflegefamilien mit behinderten Kindern spezialisiert. Diese Träger haben häufig Leistungsvereinbarungen mit ihren örtlichen Jugend- bzw. Sozialämtern getroffen und Rahmenbedingungen für die Familien konzipiert. Derzeit bieten diese freien Träger eine gute Anbindung und arbeiten interdisziplinär.

d) Weiterbildung und Selbsthilfe

Bis heute gibt es zu wenige Fort- und Weiterbildungsmöglichkeiten für Vormünder, Ergänzungspfleger, Verfahrensbeistände und andere Menschen, die mit den Rechten der Kinder, insbesondere von Pflegekindern mit Behinderung, betraut sind. Hier besteht dringender Handlungsbedarf!

In der Selbsthilfe sind die wertvollsten Ratschläge und Informationen zu finden. Kaum jemand ist fachkompetenter als die Betroffenen selbst.

Kindernetzwerk e.V.

Das Kindernetzwerk e.V. führt die größte Datenbank an Krankheitsbildern und damit verbundenen Selbsthilfeorganisationen. Hier gibt es Suchfunktionen, in die z.B. die Diagnose des Mündels eingegeben werden kann und Definitionen, Ratschläge und themenbezogene Adressen von Selbsthilfeorganisationen gefunden werden. Hier kann sich jeder fachlichen Rat holen.

Ebenfalls empfehlenswert ist die Broschüre „Mein Kind ist behindert, diese Hilfen gibt es" vom Bundesverband für körper- und mehrfachbehinderte Menschen e.V. (bvkm). Sie begleitet vorbildlich und leicht verständlich durch das Leistungssystem unseres Sozialstaates.

2. Rechtliche Rahmung durch das BTHG und das KJSG

Im Jahr 2023 ist das Bundesteilhabegesetz (BTHG) in allen Teilen in Kraft getreten. Darin wird die jetzige Eingliederungshilfe neu geregelt, die dann künftig nicht mehr im SGB XII verortet ist. Die Belange von Kindern mit Behinderung und/oder chronischen Erkrankungen haben bei der Entwicklung des BTHG kaum eine Rolle gespielt.

Allerdings wurde dieses Thema mit Verkündung des Kinder- und Jugendstärkungsgesetz (KJSG) am 9. Juni 2021 aufgegriffen: Eine Zusammenführung der Zuständigkeiten von Kinder- und Jugendhilfe und Eingliederungshilfe für junge Menschen unter dem Dach der Jugendhilfe ab 2028 ist anstrebt. Die rechtliche Lage für die betroffenen Kinder und somit für Vormünder bleibt bis dahin weiterhin schwierig. Auf Länderebene gibt es wiederum eigene Strukturen und Gesetze. Nordrhein-Westfalen hat z.B. ein Inklusionsstärkungsgesetz verabschiedet, Niedersachsen hingegen führt sein eigenes niedersächsisches Teilhabegesetz ein. Ein Vormund ist hier kaum mehr in der Lage, die Rechtssituation umfassend zu überblicken, geschweige denn sicher in der Anwendung zu sein.

Praxistipp

Eine entsprechende Beratung und Begleitung des Vormunds oder Pflegers u.a. durch das Jugendamt gemäß § 53a Abs. 1 SGB VIII oder durch erfahrene Sozialrechtler ist unverzichtbar.

Eine Verbesserung kann möglicherweise aber durch die Einführung des sogenannten „**Verfahrenslotsen**" nach § 10b Abs. 1 SGB VIII ab dem 1.1.2024 erzielt werden. Diese beim Jugendamt angesiedelte Stelle soll junge Menschen mit Behinderung oder die von einer Behinderung bedroht sind und deren Sorgeberechtigte bei der Verwirklichung, Geltendmachung und Wahrnehmung von Leistungen der Eingliederungshilfe unterstützen.

3. Bestimmung des zuständigen Rehabilitationsträgers nach § 14 SGB IX

Schon länger ist die sog. **große Lösung** im Gespräch, nämlich die Übertragung der fachlichen Zuständigkeit für sämtliche Arten der Eingliederungshilfe für Minderjährige auf die Träger der Jugendhilfe. Bis zu der geplanten Umsetzung im Jahr 2028 ist die Rechtslage weiterhin wie folgt:

- Die Eingliederungshilfe wegen einer seelischen Behinderung ist in § 35a SGB VIII als Leistung der Jugendhilfe definiert.
- Eingliederungshilfe wegen jeder Art von sonstiger Behinderung ist in § 99 SGB IX als besondere Leistung zur selbstbestimmten Lebensführung für Menschen mit Behinderungen definiert.

Ist ein Kind geistig oder körperlich behindert, kommt deswegen eine Jugendhilfeleistung also von vornherein nicht in Betracht. Ist es dagegen **seelisch** behindert, besteht

- ein grundsätzlicher Vorrang der Jugendhilfe vor der Eingliederungshilfe nach dem SGB IX (§ 10 Abs. 4 Satz 1 SGB VIII, § 91 Abs. 2 Satz 1 SGB XII),
- ein ausnahmsweiser Vorrang der Sozialhilfe vor der Jugendhilfe für noch nicht schulpflichtige Kinder in Bundesländern, die (wie z.B. Nordrhein-Westfalen) von dem Landesrechtsvorbehalt in § 10 Abs. 4 Satz 2 SGB VIII Gebrauch gemacht haben.

Nach jahrzehntelangem (fach-)politischem Ringen hat der Gesetzgeber mit dem **Kinder- und Jugendstärkungsgesetz (KJSG)** 2021 das „Ob" der inklusiven Weiterentwicklung der Kinder- und Jugendhilfe entschieden und in einem Stufenplan grundlegende Weichenstellungen für die weitere Umsetzung getroffen:

Stufenplan inklusive Kinder- und Jugendhilfe

Das KJSG legt fest, dass ab 2028 die Exklusion von Kindern und Jugendlichen mit körperlichen und/oder geistigen Behinderungen aus dem SGB VIII enden soll und sie – wie alle anderen Kinder und Jugendlichen auch – ebenfalls zu Leistungsberechtigten nach dem SGB VIII werden (sog. inklusive Lösung bzw. Gesamtzuständigkeit der Kinder- und Jugendhilfe).

Damit wird zum einen die bisher im Leistungssystem der Eingliederungshilfe liegende (Mit-)Verantwortung zur Sicherstellung einer gleichberechtigten – sozialen, medizinischen, schulischen und beruflichen – Teilhabe für diese jungen Menschen auf die Kinder- und Jugendhilfe übergehen. Zum anderen können darüber ggf. auch ihre erzieherischen Bedarfslagen, aber auch die Unterstützungs- und Entlastungsbedarfe des Familiensystems insgesamt (Geschwister und Eltern), besser erkannt und damit zügiger aufgegriffen werden.

Gleichzeitig wirft diese Zusammenführung der beiden Leistungssysteme so viele fachliche und strukturell-organisatorische Fragestellungen auf, dass die konkrete Umsetzung des „Wie" dieser inklusiven Lösung auf einen nachfolgenden Gesetzgebungsprozess übertragen wurde. Damit die Gesamtzuständigkeit der Kinder- und Jugend-

hilfe am 1.1.2028 tatsächlich greift, muss das noch zu erarbeitende Gesetz bis zum 1.1.2027 in Kraft gesetzt werden (§ 10 Abs. 4 SGB VIII i.V.m. Art. 9 KJSG).

Soweit möglich, hat das KJSG jedoch erste wesentliche Änderungen vorgenommen und die inklusive Ausrichtung des SGB VIII deutlich gestärkt.

Die Zielbestimmung (§ 1 SGB VIII) und das Selbstverständnis bezüglich der Ausgestaltung der Hilfen und Aufgaben (§ 9 SGB VIII) sind ausdrücklich um die ***Verantwortung zur Gewährleistung gleichberechtigter Teilhabe*** *erweitert worden. Das zeigt sich auch in den Verpflichtungen zur Gewährleistung einer durchgehend barrierearmen Aufgabenwahrnehmung (Beratung, Inobhutnahme, Hilfeplanung „in wahrnehmbarer Form").*

- *Die bis dato vernachlässigten Schutzaspekte von Kindern mit Behinderungen werden mit einer Verpflichtung zur Vorhaltung entsprechender Expertise im Erkennen und im Umgang mit den Risiken und Problemlagen in behinderungsspezifischen Kontexten ausdrücklich aufgegriffen (§§ 8a, 8b SGB VIII).*
- *Die Vorgaben zur Sicherstellung inklusiver Angebote der Kinder- und Jugendarbeit (§ 11 SGB VIII) sind ebenso geschärft wie die zur Regelhaftigkeit gemeinsamer Betreuung in der Kindertagesbetreuung (§ 22a SGB VIII).*
- *Hinzu kommt eine konsequente Verknüpfung der Leistungsfinanzierung mit einer inklusiven Hilfegestaltung (§§ 77, 78b SGB VIII) sowie die grundsätzliche Aufgabe zur inklusiven Jugendhilfeplanung (§ 80 SGB VIII).*

Um die bis 2028 noch fortbestehende Zuständigkeitsspaltung und Exklusion der Kinder und Jugendlichen mit körperlichen und/oder geistigen Behinderungen und ihrer Familien im System des SGB IX etwas abzufedern, besteht zudem die regelhafte Verpflichtung des Jugendamtes zur Involvierung in die Hilfeplanungsprozesse der Eingliederungshilfe.

Darüber hinaus sollen sie seit Anfang 2024 zusätzliche Unterstützung durch einen Verfahrenslotsen seitens des Jugendamts erhalten, der sie im Falle von Eingliederungshilfen bei der Antragstellung, Verfolgung und Durchsetzung dieser Leistungen unabhängig berät und begleitet.[28]

Es darf aber nicht davon ausgegangen werden, dass die große Lösung allein schon jeden Streit über den zuständigen Rehabilitationsträger beenden würde, denn sowohl Leistungen der Jugendhilfe als auch solche der Sozialhilfe sind wiederum anderen Sozialleistungen gegenüber nachrangig.

28 https://www.kinder-jugendhilfe.info/strukturen/leitorientierungen-und-verfahrensprinzipien/inklusion (Abruf: 13.5.2024).

Praxistipp

*Hier stellt nun das 2018 eingeführte **Klärungsverfahren** in § 14 SGB IX eine wesentliche Erleichterung für den Vormund dar. Er muss eine Hilfe letztlich nur einmal bei einem der in Frage kommenden Rehabilitationsträger beantragen, um innerhalb einer kurzen Frist Klarheit darüber zu erhalten, welche Behörde über die Hilfe inhaltlich zu entscheiden hat. Ist z.B. unklar, ob die Behinderung des Mündels als geistige oder als seelische Behinderung einzuordnen ist, so genügt es, dass ein Antrag auf Teilhabeleistungen beim Jugendamt gestellt worden ist.*

Erklärt sich das Jugendamt nicht innerhalb von 14 Tagen für unzuständig und leitet den Antrag an das Sozialamt weiter, muss es über die Leistung auch insoweit entscheiden, als sie als Sozialhilfeleistung zu erbringen ist (§ 14 Abs. 2 Satz 1 SGB IX). Leitet es ihn dagegen innerhalb dieser Frist zuständigkeitshalber dem Sozialamt weiter, so muss das Sozialamt über den Antrag auch insoweit entscheiden, als es zum Ergebnis kommt, dass hier wegen des Nachrangs der Sozialhilfe Jugendhilfe zu gewähren sei (§ 14 Abs. 2 Satz 4 SGB IX).[29]

Bis auf Weiteres bleibt es daher die **Aufgabe des zuständigen Vormunds**, eine am Kindeswohl orientierte Zuständigkeit im System zu finden.

Dies gilt insbesondere bei einer Fallabgabe vom Jugendhilfeträger auf das Sozialamt, die weiterhin immer dann formal unstrittig ist, wenn die Voraussetzung einer körperlichen und/oder geistigen Behinderung nicht strittig ist. Dennoch hat die Fallabgabe auf das Kind dann erhebliche Auswirkungen, wenn es in einem Pflegeverhältnis nach § 33 bzw. 35a SGB VIII untergebracht war, da die Träger der Sozialhilfe mit dem Hinweis auf den Vorrang der erzieherischen Hilfen manchmal eine Fallübernahme ablehnen bzw. diese verzögern.

Beispiel: Geistige Behinderung

Üblicherweise gilt hier die Grenze des Intelligenzquotienten von 70.[30] *Der Vormund muss bei der Testung beachten,*

- *welche Art von Test der Intelligenzmessung angewandt wurde,*
- *die „Tagesform" und den Entwicklungszustand des Kindes.*

Die suggerierte Eindeutigkeit der Zahl 70 ist in der Praxis dann nicht vorhanden, wenn der Wert leicht unter bzw. leicht darüber liegt und ggf. schwankt.

Da in der Praxis viele Kinder mit Behinderung in heimähnlichen Einrichtungen untergebracht sind, weil es zu wenige Pflegefamilien mit entsprechender Ausbildung und angemessener finanzieller Ausstattung für diese Kinder gibt, wird ein Übergang aus dem Sozial- zum Jugendhilfesystem immer auch unter dem Aspekt der **Kontinuität** zu betrachten sein.

29 Zu näheren Einzelheiten: Eikötter, ZFSH 2014, 267 ff.

30 Remschmidt/Schmidt/ Poustka, Multiaxiales Klassifikationsschema für psychische Störungen des Kinder- und Jugendalters nach ICD-10 der WHO.

4. Fallbeschreibung: Melanie

a) Fallverlauf

Melanie wurde sieben Wochen vor dem errechneten Termin geboren. Nach kurzem Aufenthalt bei den Eltern brachten diese das Baby wegen Atemaussetzern und Nahrungsverweigerung wieder ins Krankenhaus, wo sie fünf Monate verblieb. Es wurde die Diagnose einer Mehrfachbehinderung gestellt. Die Eltern hatten sich während des Krankenhausaufenthaltes selten um Melanie gekümmert. Schon vor der Entlassung beantragten die Eltern eine Unterbringung des Babys in einem speziellen Pflegeheim.

Krankheitsbild: Kleinwuchs/Krampfanfälle/Epilepsie/Shuntversorgung/psychomotorische Retardierung/Sondenernährung/ungeklärtes Sehvermögen/Harn- und Stuhlinkontinenz/ Probleme bei der Atmung mit Aussetzern.

Da zur weiteren Versorgung des Kindes immer wieder Unterschriften geleistet werden mussten und die Eltern sich überfordert fühlten, stellten sie den Antrag auf Ergänzungspflegschaft für die Bereiche Aufenthalt, Gesundheit und Antragstellung bei Behörden und Ämtern und Übertragung auf einen Amtspfleger. Das Jugendamt sah sich mit den damit verbundenen Aufgaben überfordert und beantragte die Einsetzung eines Berufs-Ergänzungspflegers.

Da die Eltern auch im Laufe der Jahre weder das Kind besuchten noch für andere Fragen erreichbar waren (z.B. Kostenübernahme für Hilfsmittel u.Ä.), beantragte der Pfleger nach einem Jahr die Vormundschaft.

Wegen der Schwerstbehinderung wechselte die Zuständigkeit vom Jugendamt auf das Sozialamt.

b) Passung zwischen Anspruch und Praxis

Eignung des Vormunds

- In den Fällen von schwerbehinderten Kindern liegt der Vorteil einer Berufsvormundschaft in seiner vor allem zeitlichen Unabhängigkeit. Kurzfristig – auch am Wochenende – sind Operationen oder andere Klinikaufenthalte notwendig, bei denen zumindest wegen einer Anästhesie eine Zustimmung des Sorgeberechtigten gefordert wird.
- Der Vormund muss sich über die Krankheitsbilder, deren Verlauf und mögliche Komplikationen informieren, um angemessene Entscheidungen fällen zu können.

Persönliche Kontakte zum Mündel

- Die beschränken sich wegen der Schwere der Erkrankung auf Kurzbesuche im Heim, Anwesenheit bei medizinischen Untersuchungen und Kontakten mit Lehrern und in der Schule.
- Ein Beziehungsaufbau ist nicht möglich und es kann nicht eingeschätzt werden, ob das Kind den Vormund als Person überhaupt erkennt.

Beteiligung des Mündels an Entscheidungen

- Krankheitsbedingt nicht möglich.

Persönliche Förderung und Erziehung des Mündels

- Diese wird wegen der Pflegebedürftigkeit von den Mitarbeitern des Heimes geleistet.
- Es wurde durch den Vormund eine Schule gesucht, die in der Lage ist, sowohl den pflegerischen als auch den Förderbedarf abzudecken. Dies geschieht in diesem Fall an der Landesblindenschule.

Unabhängigkeit der Arbeit

- Der Vormund kann allein nach den aktuellen Bedürfnissen und Anforderungen Entscheidungen für das Kind treffen.

Zusammenarbeit mit Behörden und Ämtern

- Ein Problem liegt in der anderen Ansicht von Zuständigkeit und Aufgabenstellung durch das Sozialamt. Im Laufe von acht Jahren hat kein einziges Hilfeplangespräch stattgefunden!
- Da der psychologische Dienst im Auftrag des Sozialamtes sowohl eventuelle Hilfeplangespräche durchführt als auch die Empfehlungen zur Kostenübernahme bei wesentlichen Maßnahmen erarbeitet, kann es zu erheblichen Zeitverzögerungen kommen, da die Dienste personell oft überlastet sind.
- Bei der Kostentragung kommt es immer wieder zu länger dauernden Prüfverfahren, welche Institution zuständig ist. Geht es wie in diesem Fall um eine Transportbegleitung bzw. eine pflegerische Schulbegleitung, muss die Zuständigkeit zwischen Krankenkasse und Sozialamt geklärt werden.

G. Kinder mit Migrationshintergrund

Werden Kinder mit Migrationshintergrund aus ihrer Familie genommen und wird angeordnet, so ergeben sich neben den normalen Anforderungen an die Vormundschaft zusätzliche Herausforderungen.

1. Religion

Je nach Alter der Kinder wird von den leiblichen Eltern die Weiterführung der bisherigen Religionsschulung für die Kinder gefordert – Stichwort: Islamunterricht. Der Vormund ist nicht berechtigt, die von den Eltern bereits bestimmte Religion des Kindes zu ändern. Auch sonst ist es mit Blick auf Art. 4 GG problematisch, sich einem solchen Ansinnen zu widersetzen. Die Umsetzung ist in der Praxis aber gar nicht so einfach, da längst nicht an allen Schulen Islamunterricht angeboten wird. Auch ist die praktische Ausübung bestimmter Gebetsregeln in einer gemischtreligiösen Kindergruppe nicht einfach.

Grundsätzlich sollte sich der Vormund aber auch hier je nach Alter intensiv mit den Wünschen der Kinder auseinandersetzen. Nicht selten stehen die Kinder im Konflikt zwischen den Ansprüchen ihrer Eltern und ihrem Wunsch nach Selbstbestimmung.

In Deutschland ist die Religionsmündigkeit im Gesetz über die religiöse Kindererziehung vom 15.7.1921 geregelt. Ab Vollendung des zehnten Lebensjahres ist das Kind zu hören, wenn es in einem anderen Bekenntnis als bisher erzogen werden soll. Ab Vollendung des zwölften Lebensjahres darf ein Kind nicht mehr gegen seinen Willen in einem anderen Bekenntnis als bisher erzogen werden (§ 5 Satz 1 RKEG). Ab Vollendung des 14. Lebensjahres besteht uneingeschränkte Religionsmündigkeit (§ 5 Satz 2 RKEG).

2. Gesundheit

Kulturelle und religiöse Regeln im medizinischen Bereich sind ein weiteres Gebiet, auf dem es zu unterschiedlichen Meinungen kommen kann. Während die weibliche Genitalverstümmelung in Deutschland selbst an erwachsenen, einwilligungsfähigen Frauen verboten ist (§ 226a StGB), wird die Beschneidung von Jungen anders gesehen. Ihre grundsätzliche Zulässigkeit ist seit 2012 in § 1631d BGB gesetzlich geregelt.

Obwohl Deutschland die UN-Kinderrechtskonvention unterschrieben hat, die vorsieht, dass alle für die Kindergesundheit schädlichen überlieferten Bräuche abzuschaffen sind (vgl. Art. 24 Abs. 3 UN-KindRK), hält die Diskussion weiter an. Nach Ansicht der Deutschen Akademie für Kinder- und Jugendmedizin (DAKJ) *„verändern medizinisch nicht indizierte Beschneidungen den Körper irreversibel und stehen bei nicht einwilligungsfähigen Jungen nicht im Einklang mit Gesundheitsschutz und Kindeswohl."*

Die Entscheidung liegt ggf. beim Vormund.

Ähnlich wie bei der religiösen Erziehung sollte ab einem Alter, in dem eher von einem verständigen Kind gemäß UN-Kinderrechtskonvention ausgegangen werden kann, eine Aufklärung des Kindes stattfinden. Sollte das verständige Kind sich auch aus religiösen Gründen für eine Beschneidung aussprechen, so ist es Aufgabe des Vormunds – unabhängig von seiner persönlichen Überzeugung – nach einem Arzt zu suchen, der diese Operation fachgerecht durchführen kann.

3. Ernährung

Auch die Fragen „Schweinefleisch oder nicht?" – „Vegan oder nur fleischlos?" müssen auf dem Hintergrund einer religiösen oder weltanschaulichen Sicht beantwortet werden.

Auch hier sollte die Einbeziehung des Kindes bei einer entsprechenden Entscheidung im Vordergrund stehen. Geschah die Herausnahme des Kindes schon in frühem Alter und hatte deshalb noch keine faktische Information über die Glaubensregeln stattgefunden, so sollte den Wünschen und Vorlieben des Kindes Vorrang eingeräumt werden, solange nicht durch Mangelernährung eine gesundheitliche Gefährdung zu befürchten ist.

4. Exkurs: Unbegleitete minderjährige Flüchtlinge

Laut rechtlicher Definition handelt es sich bei unbegleiteten minderjährigen Flüchtlingen um Kinder und Jugendliche, die unter 18 Jahren alt sind und ohne einen Erziehungsberechtigten nach Deutschland einreisen.

Nicht selten besteht sporadischer Kontakt zu den leiblichen Eltern, die sich entweder noch im Heimatland oder in einem anderen Staat aufhalten, die die elterliche Sorge aus diversen Gründen jedoch nicht oder nur unzureichend ausüben können. Aber auch für diese Minderjährigen muss eine durchgängige rechtliche Vertretung gewährleistet sein.

Die Aufgabe der **Personensorge** wird im Rahmen der vorläufigen Inobhutnahme und der Inobhutnahme durch das Jugendamt solange übernommen, bis ein Familiengericht die tatsächliche Verhinderung der Eltern i.S.v. § 1674 Abs. 1 BGB festgestellt und daraus resultierend einen Vormund bestellt hat.

a) Rechtliche Vertretung während der vorläufigen Inobhutnahme

In § 42a Abs. 3 SGB VIII ist geregelt, dass das Jugendamt im Rahmen der vorläufigen Inobhutnahme berechtigt und verpflichtet ist, alle Rechtshandlungen vorzunehmen, die zum Wohl des Kindes bzw. des Jugendlichen notwendig sind. Das minderjährige Kind bzw. der Jugendliche ist in diesem Kontext altersentsprechend zu beteiligen. Des Weiteren ist auch der mutmaßliche Wille der Personen- oder der Erziehungsberechtigten, also der Eltern, in angemessener Art und Weise zu berücksichtigen.

Anders als bei der Inobhutnahme nach § 42 Abs. 1 Satz 1 Nr. 3 SGB VIII hat das Jugendamt jedoch nicht die unmittelbare Bestellung eines Vormunds zu veranlassen, da davon ausgegangen werden muss, dass der Jugendliche im Rahmen der deutschlandweiten Verteilung nicht am Ort der vorläufigen Inobhutnahme verbleibt.

Die **Pflicht zur sofortigen Installation einer rechtlichen Vertretung** für den Minderjährigen trägt dem Umstand Rechnung, dass eventuell die Notwendigkeit besteht, kurzfristige Maßnahmen zur Aufenthaltssicherung in die Wege zu leiten.

Das Jugendamt hat während der Inobhutnahme zu prüfen, ob im konkreten Einzelfall unverzüglich ein Asylantrag zu stellen ist. Diese **Pflicht zur Asylantragstellung** setzt allerdings voraus, dass innerhalb einer asylrechtlichen Einzelfallprüfung gemeinsam mit dem Kind bzw. dem Jugendlichen ermittelt wurde, dass die Voraussetzungen für die Asylantragstellung vorliegen sowie dass die persönliche Situation des Kindes bzw. des Jugendlichen die Stellung des Asylantrags zulässt. An dieser Entscheidung ist das Kind bzw. der Jugendliche zwingend zu beteiligen. Liegen die entsprechenden Voraussetzungen nicht vor, besteht nach § 42 Abs. 2 Satz 5 SGB VIII keine Pflicht des Jugendamtes zur unverzüglichen Asylantragstellung.

Dennoch können **Gründe** vorliegen, aus denen es gerade bei Kindern und Jugendlichen aus Ländern, in die eine Abschiebung wenig wahrscheinlich ist, äußerst sinnvoll ist, möglichst zeitnah einen Asylantrag zu stellen:

- Ein Asylantrag schützt zum einen vor einer Rückweisung auf Grundlage der Dublin-Verordnung. Die Rechtsprechung des Europäischen Gerichtshofs besagt, dass im Rahmen des Dublin-Verfahrens das Kindeswohl vorrangig zu berücksichtigen ist.[31] Im Falle von unbegleiteten minderjährigen Flüchtlingen bedeutet das, dass sie ihr Asylverfahren auch dann in Deutschland durchlaufen können, wenn sie sich bereits in einem anderen europäischen Land in einem Asylverfahren befinden. Dies gilt jedoch nur, wenn sie ihren Antrag als Minderjährige in Deutschland stellen. Wird der Asylantrag erst nach dem Erreichen der Volljährigkeit gestellt, besteht die Gefahr einer Rückführung in das andere europäische Land.
- Im Rahmen der Dublin-Verordnung werden darüber hinaus auch Familienzusammenführungen innerhalb der EU geregelt. Diese Familienzusammenführungen in andere EU-Staaten gemäß der Dublin-Verordnung können nur durchgeführt werden, wenn der Minderjährige einen Asylantrag in Deutschland gestellt hat.
- Solange ein junger Geflüchteter noch minderjährig ist, kann davon ausgegangen werden, dass die Person innerhalb des Asylverfahrens leichter einen Zugang zu einem Abschiebeverbot gemäß § 60 Abs. 7 AufenthG erhält. Dieser Umstand liegt darin begründet, dass die Situation im Herkunftsland für minderjährige Personen in vielen Fällen keinen ausreichenden Schutz bietet. Auch dieser Aspekt spielt nach dem Erreichen der Volljährigkeit kaum mehr eine Rolle, weshalb es in vielen Fällen günstiger ist, das Asylverfahren abzuschließen, solange noch eine Minderjährigkeit vorliegt.
- Viele unbegleitete minderjährige Flüchtlinge, über deren Asylantrag bei Erreichen der Volljährigkeit noch nicht entschieden wurde und die nach dem 18. Geburtstag keine weiteren Hilfen zur Erziehung erhalten, müssen von einer Jugendhilfeeinrichtung in Gemeinschaftsunterkünfte für geflüchtete Erwachsene und Familien umziehen. Durch einen frühzeitig gestellten Asylantrag kann dieser für die Jugendlichen in vielerlei Hinsicht oft nachteilige Prozess möglicherweise verhindert werden.

Die rechtliche Vertretung von unbegleiteten minderjährigen Geflüchteten im Rahmen der vorläufigen Inobhutnahme stellt gerade für Jugendämter eine große **Herausforderung** inklusive widersprüchlicher Aufgabenzuweisung dar.

31 EuGH NVwZ-RR 2013, 735.

- Auf der einen Seite ist das Jugendamt dafür zuständig zu entscheiden, ob bei der betreffenden Person eine Minderjährigkeit vorliegt und inwieweit eine bundesweite Verteilung stattfinden kann.
- Auf der anderen Seite soll das Jugendamt die Jugendlichen in ihren Interessen vertreten und das auch gegenüber Entscheidungen des Jugendamtes. Dieser Umstand entspricht in etwa der Rolle von Amtsvormündern, die an dieser Stelle jedoch von Mitarbeitenden des Allgemeinen Sozialen Dienstes (ASD) übernommen wird.

Die regelmäßig durch den BumF e.V. durchgeführte Online-Umfrage unter Fachkräften zeigt dass diesem zwiespältigen Umstand nach wie vor nur ungenügend Rechnung getragen wird. Von den dort Befragten geben 2021 75,4 % an, dass die rechtliche Vertretung während der vorläufigen Inobhutnahme durch die Mitarbeitenden des ASD wahrgenommen wird. In nur 22,7% (2018: 37,3 %, 2019: 26.7 %, 2020: 26.7 %) der Fälle wird diese Aufgabe von Mitarbeitenden des Fachdienstes Amtsvormundschaft übernommen. Diese Zahlen haben sich in den letzten Jahren immer weiter in die Richtung entwickelt, dass die notwendigen Rechtshandlungen durch Mitarbeitende des ASD vorgenommen werden. Die vom Bundesgesetzgeber vorgesehene unabhängige und an den Interessen der Jugendlichen orientierte rechtliche Vertretung bzgl. aller Belange der vorläufigen Inobhutnahme ist so kaum möglich.

Dieser Sachverhalt widerspricht europarechtlichen Vorgaben, insbesondere Art. 24 Abs. 1 Satz 2 EU-Aufnahmerichtlinie und Art. 25 Abs. 1 lit. a EU-Verfahrensrichtlinie, nach der die rechtliche Vertretung konkret und allein das Kindeswohl zu berücksichtigen hat. Der Gesetzgeber antwortet auf diesen Zwiespalt in der Gesetzesbegründung wie folgt: *„Durch entsprechende organisatorische und personelle Vorkehrungen ist eine Kollision zwischen den Interessen des Jugendamtes als Vertretung des unbegleiteten Minderjährigen und als Behörde, die maßgebliche Entscheidungen im Hinblick auf die Altersfeststellung und Verteilung sowie die Durchführung von Maßnahmen und Gewährung von Leistungen für das Kind oder den Jugendlichen zu treffen hat, zu verhindern."*

Sofern das Familiengericht nicht um die Einrichtung einer Vormundschaft angerufen wurde, liegt die Verantwortung für eine entsprechende Umstellung des Verfahrens demnach bei den Jugendämtern.

b) Rechtliche Vertretung während der Inobhutnahme

Das Jugendamt, dem ein Jugendlicher zugewiesen wurde, ist dazu verpflichtet, unverzüglich nach der Inobhutnahme eines unbegleiteten minderjährigen Geflüchteten die Bestellung eines Vormunds durch das Familiengericht in die Wege zu leiten (§ 42 Abs. 3 Satz 4 SGB VIII).

Solange kein Vormund bestellt ist, übt auch bei der regulären Inobhutnahme das Jugendamt die Personensorge in einem eingeschränkten Umfang aus (§ 42 Abs. 2 Satz 4 SGB VIII). Auch hier ist das Jugendamt verpflichtet, kurzfristige Maßnahmen zur Sicherung des Aufenthalts zu ergreifen (§ 42 Abs. 2 Satz 5 SGB VIII). Dazu gehört unter Umständen auch das Stellen eines Asylantrags.

In dem allergrößten Teil der Fälle (83,1%) wurde die Vormundschaft an einen Amtsvormund übertragen. Voraussichtlich gibt es hier durch die Reform des Vormundschaftsrechts derzeit Veränderungen, jedoch liegen noch keine neuen Statistiken vor.

Die Online-Umfrage des BumF e.V. hat ergeben, dass die Familiengerichte trotz gesunkener Einreisezahlen bei der Vormundschaftsbestellung nach wie vor längere Zeit benötigen. So gaben knapp 16,2% der Befragten an, dass die Dauer bis zur Bestellung eines Vormunds länger als zwei Monate betragen würde.

Der Grund für diese Situation ist nicht nur in der Überlastung der Familiengerichte zu suchen. Teilweise wird in der **Rechtsprechung** die Auffassung vertreten, dass, solange ein Kontakt zu den leiblichen Eltern über moderne Kommunikationsmittel besteht bzw. theoretisch möglich ist, eine tatsächliche Verhinderung nicht festgestellt werden kann.[32] Das wird auch dann noch angenommen, wenn die Eltern bzw. ein Elternteil in einem Land leben, in dem die Infrastruktur zusammengebrochen ist und aufgrund der Situation in dem jeweiligen Land nicht gesagt werden kann, ob die betroffene Person für den Minderjährigen tatsächlich regelmäßig ansprechbar ist.[33]

Obwohl es sich hierbei um eine eindeutig europarechtswidrige Rechtsprechung handelt,[34] führt dieser Umstand dazu, dass viele unbegleitete Minderjährige, die sich in Deutschland aufhalten, über längere Zeiträume keine rechtliche Vertretung haben.

Es gibt allerdings auch Gerichte, die für die Feststellung des Ruhens der elterlichen Sorge auf die tatsächliche konkrete Kommunikationsmöglichkeit der Eltern im Einzelfall abstellen.[35]

Hinweis

Für die Frage, ob die Eltern an der Ausübung der elterlichen Sorge tatsächlich gehindert sind, kommt es nicht darauf an, ob ein Kontakt zwischen Eltern und Kind besteht, sondern allein darauf, ob die Eltern oder der personensorgeberechtigte Elternteil im Wege der Aufsicht oder durch jederzeitige Übernahme der Personen- und Vermögenssorge zur Verantwortung zurückkehren können.

Der Kontakt zu den Eltern muss deshalb derart sein, dass diese auf aktuelle Vorfälle unmittelbar reagieren und dadurch sofortige Entscheidungen zum Wohle des Kindes treffen können sowie erforderliche Eingriffe mit Einverständnis der Eltern vorgenommen werden können.

Die Inobhutnahme von unbegleiteten minderjährigen Geflüchteten endet in der Regel mit der Entscheidung über einen **Antrag auf Hilfe zur Erziehung** . Da der Vormund als Per-

32 Vgl. OLG Saarbrücken ZKJ 2010, 371.

33 Eine dauerhafte Verhinderung der Eltern i.S.v. § 1674 Abs. 1 BGB kann wegen deren Abwesenheit in der Regel nicht festgestellt werden, ehe nach ihnen gesucht worden ist, so KG ZKJ 2012, 450.

34 Gefordert ist hier eine richtlinienkonforme Auslegung von § 1674 Abs. 1 BGB dahin, dass bei unbegleiteten minderjährigen Flüchtlingen *regelmäßig* von einer Verhinderung der Eltern auszugehen ist, also gerade auch, wenn über ihren Verbleib nichts bekannt ist.

35 OLG Bamberg, Beschl. v. 10.3.2022, 7 UF 27/22, openJur, https://openjur.de/u/2423153.html (Abruf: 13.5.2024).

sonensorgeberechtigter der Leistungsempfänger dieser Hilfe ist, kann sie jedoch erst dann gewährt werden, wenn ein Vormund bestellt wurde.

c) Vormundschaftsformen und -aufgaben

Die Landschaft der Vormundschaftsformen ist auch im Bereich der vormundschaftlichen Vertretung von unbegleiteten minderjährigen Geflüchteten vielfältig: Es gibt

- Amts-,
- Vereins-,
- Berufs- und
- Einzelvormünder.

Die Vormundschaft ist grundsätzlich der elterlichen Sorge nachempfunden, weshalb keine besonderen sozialpädagogischen Qualifikationen für deren Ausübung erforderlich sind. Nichtsdestotrotz sind entsprechende Kenntnisse wünschenswert und von Vorteil, im Übrigen schreibt Art. 25 Abs. 1 lit. a EU-Verfahrensrichtline die Bestellung eines gesetzlichen Vertreters vor, der über die *„erforderliche Fachkenntnis verfügt"*.

Aktuell (seit der Vormundschaftsreform 2023) ist die ehrenamtliche Einzelvormundschaft als prioritäre Form der Vormundschaft benannt. Das Jugendamt muss dem Familiengericht begründet geeignete Personen vorschlagen (§ 53 SBGVIII) und ggf. auch darlegen, warum keine geeignete Einzelperson gefunden werden konnte.

Die Bundesarbeitsgemeinschaft der Landesjugendämter hat im Jahr 2020 **Handlungsempfehlungen** veröffentlicht, die die Aufgabenbereiche einer Vormundschaft konkretisieren. Als personensorgeberechtigte Person nimmt der Vormund die Aufgaben wahr, die bislang die Personensorgeberechtigten erfüllt haben. Dabei nimmt der Vormund die folgenden **Rollen** ein:

- *„persönlicher Ansprechpartner,*
- *gesetzlicher Vertreter,*
- *Personensorgeberechtigter,*
- *Entwickler von Lebensperspektiven,*
- *erster Ansprechpartner im asyl- und ausländerrechtlichen Verfahren."*

Das Gesetz sieht einen monatlichen **Kontakt** im Lebensumfeld des Mündels vor (§ 1790 Abs. 3 BGB). Gerade im Hinblick auf die asyl- und ausländerrechtlichen Fragestellungen kann es jedoch zu Beginn einer Vormundschaft notwendig sein, dass es zu einer häufigeren Kontaktaufnahme zwischen Vormund und Mündel kommt.

Praxistipp

▶ *Für eine vertrauensvolle Beziehung ist es unerlässlich, ein frühes und intensives Kennenlernen anzustreben und zu fördern.*

Da es sich bei dem Vormund um den Bezieher der Leistungen der Jugendhilfe handelt, kann eine Inobhutnahme erst dann beendet werden, wenn die Vormundschaft durch das

Familiengericht eingerichtet wurde. Im Umkehrschluss bedeutet dies, dass es sich bei dem Vormund um den Inhaber des Anspruchs auf Jugendhilfe handelt. Er beantragt die entsprechenden Leistungen und nimmt im weiteren Verlauf der Hilfe an den **Hilfeplangesprächen** teil.

Das oberste Gebot für einen Vormund sollte immer die **Parteilichkeit** mit dem Minderjährigen und die Verpflichtung zum Wohl des Minderjährigen sein. Im Kontext einer Amtsvormundschaft muss sich dieser Sachverhalt natürlich auch im Organisationsplan des jeweiligen Jugendamtes widerspiegeln. Der Vormund ist an allen Entscheidungen, die mit der Entwicklung des Minderjährigen in Zusammenhang stehen, als rechtlicher Vertreter zu beteiligen. Darüber hinaus muss er in allen den Minderjährigen betreffenden Angelegenheiten weisungsfrei entscheiden können.

Mit der Regelung der **Angelegenheiten des täglichen Lebens** beauftragt der Vormund in der Regel die Jugendhilfeeinrichtung, in der das Mündel wohnhaft ist. In der Praxis werden den Einrichtungen hierfür häufig sog. *„Erklärungen über die Angelegenheiten des täglichen Lebens"* ausgestellt, aus denen klar hervorgeht, an welchen Entscheidungen der Vormund zu beteiligen ist und welche Entscheidungen die Einrichtung selbstständig treffen darf.

Hinweis

Angelegenheiten bezüglich des Asylverfahrens können vom Vormund nicht an die Einrichtung übergeben werden, da es sich hierbei um Aufgaben von besonderer Reichweite für den Minderjährigen handelt.

Zu den Hauptaufgaben der Vormundschaft für einen unbegleiteten Minderjährigen gehört die **Begleitung und Beratung im asyl- und aufenthaltsrechtlichen Verfahren**. In diesem Zusammenhang muss erwähnt werden, dass das Bundesamt für Migration und Flüchtlinge die Anhörung eines unbegleiteten minderjährigen Geflüchteten nur im Beisein des Vormunds durchführen kann. Daher ist es wichtig, dass der Vormund davon in Kenntnis gesetzt wird, wenn schon vor seiner Bestellung ein Asylantrag durch das Jugendamt für das jeweilige Mündel gestellt wurde. Setzt der Vormund das Bundesamt für Migration und Flüchtlinge über seine Bestellung nicht in Kenntnis, kann die Anhörung des Mündels nicht terminiert werden.

Der Vormund hat im Kontext der Anhörung die Möglichkeit, andere Vertrauenspersonen des Minderjährigen als **Verfahrensbeistand** zu benennen. Somit wird gewährleistet, dass der Jugendliche in der Anhörung ausreichenden Beistand erhält.

Europäisches Recht schreibt vor, dass unbegleitete minderjährige Geflüchtete durch einen qualifizierten Beistand vertreten oder unterstützt werden müssen (Art. 6 Abs. 2 Dublin-III-VO, Art. 24 Abs. 1 Aufnahme-RL; Art. 25 Abs. 1 lit. a Dublin-Verfahrens-RL). Da die meisten Vormünder über keine spezielle Ausbildung im Ausländerrecht verfügen, ist es ihnen in der Regel selbst überlassen, sich dieses Wissen und die notwendige Erfahrung im Laufe ihrer Tätigkeit als Vormund anzueignen. Fraglich ist jedoch, ob es sich um ein sachgerechtes Vorgehen handelt, wenn der Vormund mit asyl- und aufenthaltsrechtlichen Fragestellungen allein gelassen wird.

Amtsvormünder unterliegen zwar dem Fachkräftegebot (§ 72 Abs. 1 SGB VIII), was aber nicht bedeutet, dass sie gerade im asyl- und aufenthaltsrechtlichen Bereich den Anforderungen der Vertretung eines unbegleiteten minderjährigen Geflüchteten gewachsen sind. Die **vielfältigen Herausforderungen**, die gerade an die Amtsvormundschaft gestellt werden, lassen nicht erwarten, dass ein spezieller Kompetenzerwerb im Bereich des Asyl- und Aufenthaltsrechts leistbar ist.

Praxistipp

▶ *Es sollte in jedem Einzelfall überprüft werden, inwieweit nicht ein entsprechend geschulter Rechtsanwalt oder eine qualifizierte Asylverfahrensberatung hinzugezogen werden kann.*

Dabei lehnte allerdings der BGH die zeitweise gängige Praxis ab, diesen durch Anordnung einer geteilten Vormundschaft oder einer Ergänzungspflegschaft[36] direkt zum gesetzlichen Vertreter zu bestellen. Durch die Reform des Vormundschaftsrechts bleibt hier abzuwarten, inwieweit vor allem bei Bestellung von ehrenamtlichen Vormündern der Einsatz eines Zusatzpflegers für den Asyl- und Aufenthaltsrechtlichen Bereich flächendeckend durch die Familiengerichte als notwendig gesehen wird (§1776 BGB). Denn auch ein ehrenamtlicher Vormund gilt fortan als geeignet, auch wenn ein zusätzlicher Pfleger bestellt wird.

d) Vormundschaft trotz Vollendung des 18. Lebensjahres

Nicht in allen Staaten beginnt die Volljährigkeit mit Vollendung des 18. Lebensjahres. Das hatte bisher in einigen Rechtsbereichen Konsequenzen, in anderen nicht. Um dennoch eine rechtliche Vertretung auch außerhalb Deutschlands gegenüber dem Herkunftsstaat zu gewährleisten, wurden bisher bei der Bestellung eines Vormunds die Volljährigkeitsgrenzen der Herkunftsländer berücksichtigt.

Im Rahmen des **Jugendhilferechts** hatte dies bisher schon keine Konsequenzen, da gemäß § 7 Abs. 1 Nr. 3 SGB VIII der Begriff des „Volljährigen" so definiert wird, dass darunter jeder gemeint ist, der das 18. Lebensjahr vollendet hat. Ebenso ist im **Asyl- und Ausländerrecht** die Verfahrensfähigkeit der Betroffenen an die Vollendung des 18. Lebensjahres gebunden (§ 80 Abs. 3 AufenthG, § 12 Abs. 2 AsylG), sodass sie insoweit als mündig gelten und nicht mehr gesetzlich vertreten werden können.

Für das **Vormundschaftsrecht** fehlte bisher eine solch klare Definition. Nach § 1773 BGB ist zwar Minderjährigkeit die Voraussetzung für die Anordnung einer jeden Vormundschaft. Auf § 2 BGB konnte dafür aber nur abgestellt werden, wenn deutsches Zivilrecht überhaupt zur Anwendung gelangte.

36 BGH ZKJ 2013, 413.

Anwendung Haager Kinderschutzübereinkommen

Für Personen ist wegen Art. 2 KSÜ das Haager Kinderschutzübereinkommen ohne Rücksicht auf ihr Heimatrecht anzuwenden. Das gilt auch für die Anordnung einer Vormundschaft, da sie nach Art. 3 c KSÜ zu den Kinderschutzmaßnahmen gehört. Wegen Art. 15 Abs. 1 KSÜ bestimmt sich die Frage der Volljährigkeit nach deutschem Recht, soweit ein deutsches Familiengericht über die Anordnung einer Vormundschaft zu entscheiden hat.

Für Personen **über 18 Jahren** hat Art. 24 Abs. 1 Satz 1 EGBGB a.F. in Bezug auf die Entstehung, die Änderung sowie das Ende einer Vormundschaft bisher auf das Recht des Staates verwiesen, dem der Betroffene angehört. Gleiches galt für die Frage der Geschäftsfähigkeit und damit der Minderjährigkeit nach Art. 7 Abs. 1 Satz 1 EGBGB a. F., die als Vorfrage selbstständig zu klären war.

Gemäß den internationalen Regelungen zum **Kinderschutz** ist folglich bis zum 18. Lebensjahr verpflichtend ein Vormund zu bestellen (Art. 2 lit. i) EU VO 604/2013; Art. 2 lit. d) RL 2013/33/EU; Art. 2 lit. l) RL 2013/32/EU sowie Art. 2 Haager Kinderschutzübereinkommen 1996).

Nur „spätere" Volljährigkeitsgrenzen hatten bisher Folgen für die Länge der Vormundschaft: Trat die Volljährigkeit später als mit dem 18. Lebensjahr ein, wurde die Vormundschaft entsprechend der im Herkunftsland bestehenden Volljährigkeitsgrenze eingerichtet. Eine vorher schon eingerichtete Vormundschaft blieb über den 18. Geburtstag hinaus bestehen. Dies galt mindestens so lange, bis der Jugendliche im Rahmen des Asylverfahrens die Flüchtlingseigenschaft nach der Genfer Flüchtlingskonvention zugesprochen bekommen hatte. Auch in diesen Fällen hatte der Vormund für sein Mündel in vielerlei Hinsicht zu sorgen und es zu vertreten.[37]

Im Rahmen des Gesetzes zur **Reform des Vormundschafts- und Betreuungsrechts** wurden Art. 7 und 24 EGBGB geändert. Die Geschäftsfähigkeit richtet sich nach Art. 7 Abs. 2 Satz 1 EGBGB jetzt nach dem gewöhnlichen Aufenthalt der betroffenen Person. Folgerichtig gilt dies gemäß Art. 24 Abs. 1 EGBGB nun auch für

- die Entstehung,
- die Ausübung und
- das Ende einer Vormundschaft.

Praxistipp

Ein junger, über 18-jähriger Mensch, der nach dem Recht seines Herkunftslandes noch nicht volljährig ist, gilt damit in Deutschland nun als geschäftsfähig, wenn er hier seinen gewöhnlichen Aufenthalt hat. Infolgedessen wird keine Vormundschaft mehr begründet.

37 Zusammenfassend: DIJuF-Themengutachten TG-1034, 12/2015.

In den Fällen, in denen die Vormundschaft bei einem unter 18-Jährigen eingerichtet wurde, endet diese mit Erreichen des 18. Lebensjahres, sofern der gewöhnliche Aufenthalt in Deutschland liegt.

Fazit

In vielen Fällen werden diese Änderungen zu einer einfacheren Rechtsanwendung in der Arbeit mit minderjährigen unbegleiteten Flüchtlingen führen. Allerdings verfügt diese Personengruppe zum Zeitpunkt der Entscheidung über die Einrichtung einer Vormundschaft häufig noch nicht über einen gewöhnlichen Aufenthalt. Das Verfahren zur Altersfeststellung gemäß § 42f SGB VIII ist an die vorläufige Inobhutnahme gemäß § 42a SGB VIII gekoppelt, findet also zu einem Zeitpunkt statt, in dem der weitere Verbleib im Sinne eines zukunftsoffenen Aufenthaltes noch nicht geklärt ist.[38]

Es überzeugt nicht, in diesen Fällen auf den letzten gewöhnlichen Aufenthalt abzustellen. In der Regel wird dies das Heimatland sein, so dass die dortigen Normen zur Geschäftsfähigkeit und Volljährigkeit zur Anwendung kämen. Für über 18-Jährige, die in ihrem Heimatland noch nicht volljährig wären, müsste daher wieder ein Vormund bestellt werden. Der Gesetzgeber strebt aber durch die Änderung der beiden Vorschriften die Vermeidung etwaiger Rück- oder Weiterverweisungen in das Heimatrecht an und möchte zudem den Verkehrsschutz verbessern.[39]

Insoweit erscheint es zielführender, sich in analoger **Anwendung der Regelung für Staatenlose** nach Art. 5 Abs. 2 EGBGB, bei fehlendem gewöhnlichem Aufenthalt auf den tatsächlichen Aufenthalt eines potenziellen Mündels zu beziehen. Danach muss in der Regel nur bei unter 18-Jährigen ein Vormund bestellt werden und diese Vormundschaft endet mit Erreichen des 18. Lebensjahres. Dies gilt nun unabhängig von den Volljährigkeitsgrenzen im Herkunftsland.

e) Standards für die Vormundschaftsarbeit mit unbegleiteten minderjährigen Geflüchteten

Der BumF e.V. hat sich im Rahmen einer Studie den Herausforderungen und Chancen der Vormundschaften für unbegleitete minderjährige Flüchtlinge gewidmet. In diesem Kontext wurden u.a. Standards für die Arbeit mit den Minderjährigen formuliert.[40] In die Standards ist eingeflossen, dass die Vormundschaft der elterlichen Sorge nachempfunden ist. In erster Linie bedeutet das, dass der Vormund vorausschauend und parteiisch handelt und eine persönliche, vertrauensvolle Beziehung zu dem Minderjährigen aufbauen soll.

38 BVerwG NDV-RD 1999, 73/74.

39 Bt-Drs. 19/24445, S. 318.

40 Noske, B.: Herausforderungen und Chancen, Studie im Auftrag des Bundesfachverbandes Unbegleitete Minderjährige Flüchtlinge e.V., Berlin 2010; online abrufbar unter: www.b-umf.de/src/wp-content/uploads/2018/01/vormundschaftsstudie_2010.pdf (Abruf: 13.5.2024).

Standards für die Arbeit mit Minderjährigen

I. ***Der Vormund trägt die Verantwortung für die Personensorge des Mündels***

Diese beinhaltet das Recht und die Pflicht, das Mündel zu pflegen, zu erziehen, zu beaufsichtigen und seinen Aufenthalt zu bestimmen (§§ 1789 Abs. 1 Satz 1, 1795 Abs. 1 BGB). Der Vormund ist also für das physische und psychische Wohlbefinden des Mündels verantwortlich und ausschließlich den parteilichen Interessen des Mündels verpflichtet. Er muss deshalb sicherstellen, dass der unbegleitete Minderjährige in aufenthaltsrechtlichen Angelegenheiten beraten und begleitet wird, genug Unterstützung bekommt, um die deutsche Sprache zu lernen, gesundheitlich versorgt ist, Zugang zu (Aus-)Bildung erhält und angemessen untergebracht ist.

II. ***Der Vormund ist zuständig für die Koordination und Klärung von Kompetenzen***

Er kann seine Entscheidungsmacht in bestimmten Bereichen an Dritte übertragen (§ 1797 BGB). Als Vormund bleibt er allerdings der Letztverantwortliche und hat zu überwachen, ob das Mündel auch in den an Dritte delegierten Bereichen umfassend versorgt ist. Der Vormund muss also die Personensorge koordinieren. Es ist deshalb wichtig, dass der Vormund die anderen Akteure, die an der Personensorge des Mündels beteiligt sind, kennt. Um Kompetenzgerangel zu vermeiden, sollten die Zuständigkeiten und die Aufgabenverteilung zwischen Vormund und Jugendwohneinrichtung/Sozialer Dienst/anderen Akteuren geklärt werden. Der Vormund sollte auch eventuell in Deutschland lebende Verwandte des Jugendlichen kontaktieren, sie über ihre Rolle informieren und mit ihnen zusammenarbeiten. In seiner Kooperation mit Dritten soll der Vormund gegenüber dem Jugendlichen parteilich sein. Gleichzeitig sollte der Vormund auch dazu in der Lage sein, Probleme mit dem Jugendlichen zu diskutieren und Konfrontationen nicht zu vermeiden.

III. ***Der Vormund beteiligt sich aktiv am Hilfeplanverfahren***

Der Hilfeplan ist ein zentrales Instrument der Personensorge, da durch ihn Art und Umfang der Hilfe festgelegt wird. Es ist deshalb zentral, dass sich der Vormund am Verfahren beteiligt und die Bedürfnisse des betreffenden Mündels kennt. Die reine Präsenz des Vormunds bei Hilfeplangesprächen ist ungenügend. Da der Vormund koordinierend tätig ist, muss er sich aktiv einbringen und mit allen Beteiligten, vor allem dem Mündel, Rücksprache halten. Er muss sich über die (möglichen) Hilfeleistungen informieren und Folgen für die Entwicklung des Mündels im Blick haben.

IV. ***Der Vormund fördert die Partizipation des Jugendlichen***

Das Mündel soll in alle wichtigen Entscheidungen, die sein Leben betreffen, dem Entwicklungsstand entsprechend involviert werden (§§ 1790 Abs. 2 BGB). Um im Interesse und zum Wohl des Mündels handeln zu können, muss der Vormund deshalb sein Mündel persönlich kennen, sich mit ihm austauschen und seinen Willen respektieren.

V. ***Der Vormund trägt die Hauptverantwortung für die Sicherung des Aufenthalts des Mündels***

Im Fall von unbegleiteten Minderjährigen ist die Klärung des Aufenthaltsstatus ein besonders wichtiger Aspekt der Personensorge. Der Vormund muss deshalb sicherstellen, dass sein Mündel bezüglich seines Aufenthaltsstatus und ggf. seines Asylantrags angemessen unterstützt und vertreten wird. Anhörungen beim Bundesamt für Migration und Flüchtlinge sind für den Jugendlichen häufig besonders belastend. Der Vormund sollte sein Mündel angemessen darauf vorbereiten und zur Anhörung begleiten. Falls er dieser Aufgabe nicht nachkommen kann, sollte er sich um einen kompetenten Vertreter kümmern.

VI. ***Der Vormund ist zur umfassenden Information des Mündels verpflichtet***

Für ein Kind/einen Jugendlichen ist es oft schwer zu verstehen, was ein Vormund ist und in welchen Fällen er kontaktiert werden kann. Der Vormund sollte jedes Mündel zeitnah nach der Bestellung treffen und in einer kind-/jugendgerechten Art und Weise erklären, was seine Aufgaben sind. In diesem ersten Treffen sollte der Vormund dem Mündel seine Kontaktdaten und die Information zukommen lassen, dass der Jugendliche ihn auch eigenständig kontaktieren kann, ohne dass z.B. der Betreuer als Mittler fungiert.

VII. ***Der Vormund hat die Pflicht zum regelmäßigen, persönlichen Kontakt mit dem Mündel***

Um den Aufgaben als Vormund gerecht zu werden, muss er sein Mündel persönlich kennen. Auch außerhalb von Hilfeplangesprächen muss er sich um monatliche Treffen bemühen (§ 1790 Abs. 3 BGB). Es ist außerdem wichtig, dass der Vormund leicht erreichbar ist und sich Zeit nimmt, wenn der Jugendliche ein besonders dringendes Anliegen hat. Vor allem wenn der Jugendliche Fragen bzgl. des Aufenthaltsstatus hat, sollte der Vormund kurzfristig verfügbar sein. Wartezeiten von mehreren Wochen für einen Termin sind nicht akzeptabel.

VIII. ***Der Vormund ist zur respektvollen und sensiblen Kommunikation mit dem Mündel verpflichtet***

Die Art und Weise, wie der Vormund mit dem Mündel kommuniziert, hat große Auswirkungen auf den Erfolg seiner Arbeit. Er soll sich darum bemühen, das Mündel kennenzulernen und eine vertrauensvolle Beziehung zu schaffen. Der Vormund soll sein Mündel respektvoll behandeln und ihm mit einer offenen und unvoreingenommenen Haltung begegnen. Er soll ein Gespür für den Umgang mit Jugendlichen haben und sich seiner verbalen und non-verbalen Kommunikation bewusst sein. Er sollte einfühlsam sein und Interesse am Leben des Jugendlichen zeigen, ohne dabei zu aufdringlich zu sein. Er sollte außerdem seinem Mündel zuhören und seine Anliegen ernst nehmen, auch wenn die Angelegenheit ihm selbst unwichtig erscheint. In Anbetracht der Tatsache, dass sich unbegleitete Minderjährige in einer sehr spezifischen Situation befinden, sollte er sich bemühen, sich in die Situation des Mündels hineinzuversetzen, indem er dessen momentane und frühere Lebenssituation im Blick hat. Er sollte besonders sensibel für Ängste sein, die mit der Flucht des Mündels zusammenhängen.

IX. ***Der Vormund verfügt über die fachlichen Voraussetzungen und Wissen in verschiedenen Rechtsgebieten***

Der Vormund sollte praktische Erfahrung und theoretisches Wissen mit Verwaltungsabläufen haben. Rechtliche Kenntnisse in den Bereichen Aufenthaltsrecht/Asylverfahrensgesetz, Kinder- und Jugendhilferecht und im (Jugend-)Strafrecht sind ebenso unabdingbar. Außerdem soll der Vormund psychologische, pädagogische und soziologische Kenntnisse haben. Interkulturelle Kompetenz und Wissen über die Themen Migration und Flucht sind erforderlich. Ferner sollte er Erfahrung darin haben, Kinder und Jugendliche in schwierigen Lebenssituationen zu unterstützen und zu beraten. Der Vormund soll sich vor und während seiner Tätigkeit in den Bereichen fortbilden, die für die kompetente Ausführung seiner Aufgaben notwendig sind.

X. ***Der Vormund ist zur persönlichen Integrität verpflichtet***

Der Vormund sollte eine stabile Persönlichkeit haben, um mit aufreibenden Situationen, Frustrationen und Anfeindungen durch Dritte umgehen zu können. Er muss organisiert sein, ein gutes Zeitmanagement haben und flexibel mit unerwarteten Situationen umgehen können. Er sollte sich kultureller Unterschiede bewusst sein und die Bereitschaft haben, sich (Grund-)Wissen über die Herkunftsländer der Mündel anzueignen. Ferner sollte er bereit und fähig dazu sein, mit Dritten zusammenzuarbeiten, eigenständig Entscheidungen zu treffen und Verantwortung zu tragen. Er sollte sich bei Problemen und Schwierigkeiten rechtzeitig Beratung und Hilfe holen.

H. Kinder mit Bindungsstörung

1. Was sind Bindungsstörungen?

Eine der schwierigsten, oft zu spät diagnostizierten und schwer zu behandelnden Krankheiten ist die Bindungsstörung bei Kindern. Manchmal wird sie von anderen Krankheitssymptomen überdeckt oder sie zeigt sich in ihrer starken Ausprägung erst mit zunehmendem Alter. Daher vorab eine kurze Information:

Bindungsstörungen gehören zu den sozialen Funktionsstörungen, die bereits im Kindes- und Jugendalter auftreten. Der ICD-10[41] kennt sie in zwei Formen:

1. Die **reaktive Bindungsstörung des Kindesalters** (ICD-10-F94.1) ist durch anhaltende Auffälligkeiten im sozialen Beziehungsmuster des Kindes charakterisiert. Diese sind von einer emotionalen Störung begleitet und reagieren auf Wechsel in den Milieuverhältnissen. Die Symptome bestehen aus Furchtsamkeit und Übervorsichtigkeit, eingeschränkten sozialen Interaktionen mit Gleichaltrigen, gegen sich selbst oder andere gerichteten Aggressionen, Unglücklichsein und in einigen Fällen Wachstumsverzögerung. Das Syndrom tritt wahrscheinlich als direkte Folge schwerer elterlicher Vernachlässigung, Missbrauch oder schwerer Misshandlung auf.
2. Die **Bindungsstörung des Kindesalters mit Enthemmung** (ICD-10-F94.2) ist ein spezifisches abnormes soziales Funktionsmuster, das während der ersten fünf Lebensjahre auftritt mit einer Tendenz, trotz deutlicher Änderungen in den Milieubedingungen zu persistieren. Dieses kann z.B. in diffusem, nichtselektivem Bindungsverhalten bestehen, in aufmerksamkeitssuchendem und wahllos freundlichem Verhalten und kaum modulierten Interaktionen mit Gleichaltrigen; je nach Umständen kommen auch emotionale und Verhaltensstörungen vor.

Als **Ursache** für Bindungsstörungen kommen schwere elterliche Vernachlässigung, Missbrauch oder schwere Misshandlung in Frage.

2. Fallbeschreibung: Justin – Die schwierige Suche nach geeigneter Unterbringung

a) Fallverlauf

Justin wurde 2006 als fünftes Kind geboren – inzwischen hat er drei weitere Geschwister. Seine Halbgeschwister leben heute bis auf die beiden Jüngsten alle in Einrichtungen.

Justin wurde 2010 zusammen mit seinem Bruder aus dem Haushalt der Mutter in Obhut genommen, da bei seinem kleineren Bruder gerichtsmedizinisch Misshandlungen durch den Vater festgestellt wurden. Dabei wurden auch ältere ungeklärte multiple Hämatome bei Justin festgestellt. Seine Mutter hatte Probleme mit Alkohol und Drogen. Sein Vater lebt bis heute in einer Einrichtung wegen seiner Suchtproblematik.

41 www.dimdi.de/dynamic/de/startseite (Abruf: 13.5.2024).

- Beide Kinder wurden im November 2011 notfallmäßig in einem Kinderheim untergebracht.
  - Handlungsziele: Justin soll in eine Erziehungsstelle vermittelt werden, da eine Rückkehr zur Mutter gerichtlich nicht ausgeschlossen wurde.
- Im Mai 2011 fanden Anbahnungskontakte zwischen Justin und einer heilpädagogischen Erziehungsstelle statt. Diese sagte nach fünf Kontakten eine Aufnahme ab. Die Mutter nahm regelmäßig begleitete Umgangskontakte wahr. Sie erhielt Familienhilfe durch eine Drogenberatungsstelle zusammen mit ihren inzwischen zwei weiteren Kindern im Haushalt. Die Mutter schaffte es nicht, Justin zu vermitteln, dass er wahrscheinlich nicht zu ihr zurückkommen werde. Justin zeigte psychosomatische Reaktionen und nässte wieder ein.
  - Handlungsziele: Aufbau sicherer, fester und langfristig tragbarer Beziehungen und Kontakte zu Gleichaltrigen/Biografiearbeit.
- Im November 2011 lebte er weiterhin im Heim. Er wird im grob- und feinmotorischen Bereich, in optischer und akustischer Wahrnehmung, im sprachlichen Bereich als normal entwickelt beschrieben. Im psychisch-emotionalen Bereich zeigen sich nach Kontakten mit seiner Mutter Reaktionen wie Weinen und Trotzverhalten. Im Kindergarten brauchte er lange, um anzukommen. Er versucht oft, Konflikte mit Körpereinsatz zu regeln.
- Eine andere Erziehungsstelle begann mit Anbahnungskontakten. Diese verliefen mit Übernachtungskontakten positiv, sodass ein Wechsel zu Weihnachten 2011 durchgeführt werden sollte. Kurzfristig wurde die Aufnahme vom Träger der Erziehungsstelle mit der Begründung abgesagt, dass die Mutter „telefonische Kontakte mit Justin" gehabt hätte. Das sei „kontraproduktiv" gewesen.
  - Handlungsziele: wurden weitergeführt.
- Im Februar 2012 wurde Justin in die inzwischen dritten Erziehungsstelle B. erfolgreich vermittelt. Dort lebten noch ein jüngeres leibliches Kind von Frau B. sowie zwei weitere Kinder von zehn und 15 Jahren zur Pflege. Justin reagiert stark verunsichert auf den bevorstehenden Wechsel, da er damit den täglichen Kontakt zu seinem Halbbruder im Heim verliert und wegen der größeren Entfernung auch die regelmäßigen Besuchskontakte mit seiner Mutter eingeschränkt werden mussten.
  - Beobachtungen: Justin brauchte drei Wochen, bis er an gemeinsamen Aktivitäten in der Familie teilnehmen konnte. Er ist sehr lebhaft und verletzt sich dabei öfter. In Spielsituationen mit anderen Kindern gerät er schnell in Streit. Er ist eigentlich nie krank. In Situationen, in denen er sich ungerecht behandelt fühlt, ruft er nach seiner Mutter.
- Besuchskontakte zwischen Justin und seiner Mutter finden nur noch selten statt, da die Mutter sich dazu wegen ihrer eigenen Probleme und ihrer kleinen Kinder nicht mehr in der Lage sieht. Zwischen Justin und dem inzwischen elfjährigen Mädchen gibt es oft Streit. Es geht wohl um die Suche nach Aufmerksamkeit.
- Im Sommer 2013 wird Justin eingeschult. Hier zeigt sich ebenfalls sehr schnell, dass Justins Suche nach Aufmerksamkeit durch Stören, Dazwischenrufen oder Verweigerung zu

Problemen mit Mitschülern und Lehrern führt. Mit Freiräumen kann er schlecht umgehen und benötigt die Regulierung durch Erwachsene. Im Besuchskontakt mit seiner Mutter kann er sich nur anfangs freudig auf sie einlassen. Im Laufe des Kontaktes sucht er die Aufmerksamkeit seiner Mutter durch unkontrolliertes Spielen, bei dem er sich geringfügig verletzt. Altersunangemessen weint er laut und heftig, um sich von seiner Mutter trösten zu lassen. Kurz darauf lacht er wieder und bezeichnet sein Verhalten als „Spaß". Bei einem weiteren Kontakt Ende Dezember ist Justin sehr fröhlich und weint aber bei der Verabschiedung seiner Mutter. Diese berichtet, dass Justin sie gefragt habe, wann er wieder nach Hause kommen dürfe. Die Mutter weicht einer direkten Antwort an Justin aus.

- Im Sommer 2014 beginnt eine therapeutische Behandlung zur Diagnostik seines Verhaltens. Es hatten sich in den letzten Monaten vermehrt Probleme im Umgang mit anderen Kindern gezeigt. Justin provozierte sowohl körperlich als auch verbal andere Kinder. Sein Bedürfnis nach Aufmerksamkeit zeigt er permanent. Bei den Kindern in der Erziehungsstelle wird er zunehmend abgelehnt. Seine Mutter ist inzwischen erneut schwanger. Sie sagt allen – außer ihrem Sohn – deutlich, dass sie nicht mehr plant, Justin zu sich zu holen.
    - Die Zuständigkeit im Jugendamt wechselt zu der wohnortnahen Stelle.
- Januar 2015: Justin geht inzwischen zum Fußballtraining in eine Gruppe, in der er der Größte und Älteste ist, was er sehr genießt. In der Schule kommt es immer wieder zu körperlichen Auseinandersetzungen. Er lässt sich leicht provozieren. Die Therapie wird ergebnislos eingestellt, da Justin für sich keine Ziele benennen konnte: Justin überspiele durch sein Verhalten Ängste, Unsicherheiten und Selbstzweifel.
- Sommer 2015: Auf die Einführung eines Belohnungssystems für Zeiten ohne Provokationen und Ärger reagiert Justin positiv. Zusätzlich erhält er eine Beratung zum Umgang mit seiner Wut. Die Besuchskontakte mit seiner Mutter fanden seit acht Monaten nicht mehr statt. Die Mutter sah sich nicht in der Lage, diese durchzuführen. Nachdem ihr sehr deutlich die Notwendigkeit für Justin vermittelt wurde, konnten im Verlauf des Jahres drei Besuche stattfinden.
- Im Laufe des Jahres 2016 eskaliert die Situation in der Familie B. derart, dass über einen Wechsel nachgedacht werden musste. Justins ständige Suche nach Aufmerksamkeit führte auch dazu, dass er sich nachts heimlich rausschlich und im Gartenhaus übernachten wollte. Er zerstörte das Motorrad von Herrn B. und seine Konflikte mit dem älteren Pflegekind nahmen noch einmal zu. In der Schule zeigt er sich zunehmend überfordert. Bei einer Untersuchung im SPZ wurde empfohlen, eine medikamentöse Einstellung Justins zu überprüfen. Die Diagnose lautete: Kombinierte Störung des Sozialverhaltens und der Emotionen sowie ein vermeidendes Bindungs- und Beziehungsmuster sowie eine eingeschränkte Affektdifferenzierung mit zunehmender Symptomatik im Sinne einer Eigen- und Fremdgefährdung.
- Zum Schuljahreswechsel kommt Justin dann in die Erziehungsstelle W., die er schon kannte, weil die Familien miteinander befreundet waren.

  - Hauptziele:
    - Vermeidung eines neuen Beziehungsabbruches,
    - Erhalt von Kontakten, wenn von ihm gewünscht,
    - Verkleinerung des familiären Rahmens,
    - Neustart in der Schule.
- In den ersten Wochen zeigt sich Justin von seiner ruhigen Seite und erkundet die neue Situation. Nach ca. vier Monaten zeigen sich ähnliche Verhaltensweisen wie in der vorherigen Familie. Zunehmend will er gegenüber anderen Menschen seinen Willen durchsetzen. Dabei sind seine Wünsche weder altersgerecht noch sind sie realistisch. Seine fremd- und selbstverletzenden Taten führten zu Zerstörungen seines Zimmers und besonders nach einem Wechsel in die fünfte Klasse einer Oberschule zu massiven Bedrohungen von Mitschülern und Lehrern. Außerdem war er stundenweise abgängig, ohne mitzuteilen, wo und bei wem er sich aufhalten würde. Seine Wünsche nach hochwertiger Kleidung, dem tollsten Fahrrad usw. konnten nur soweit erfüllt werden, wie dies im Budget der Einrichtung lag.
  - Handlungsziele:
    - Aufnahme einer ambulanten psychotherapeutischen Therapie – 13 Termine fanden statt. Da Justin für sich keinen Änderungsbedarf sah, wurde die Empfehlung einer Vorstellung in einer Klinik für Kinder und Jugendpsychiatrie abgegeben.
    - Die Klinik sah keine Therapiemöglichkeiten innerhalb ihres Hauses, da es sich ja um keine „lebensbedrohliche" Selbst- oder Fremdgefährdung handele. Nur dafür habe man noch freie Plätze. Der Psychiater gab die Empfehlung ab, dass Justin aufgrund seiner Bindungsstörung dringend aus dem familiären Setting der Unterbringung herausgenommen werden sollte und er in einer Jungenwohngruppe mit männlichen Pädagogen leben sollte.
    - Es wurde seitens der Schule eine Überprüfung auf „Förderbedarf emotional und sozialer Bereich" durchgeführt. Das Gutachten kam zu einer entsprechenden Empfehlung an einer geeigneten Förderschule – nicht inklusiv.
- Justin wechselt im Sommer 2018 in eine heilpädagogische Wohngruppe.

b) Reflexion

Brisch[42] erklärt dazu:

> „Sind die pathogenen Erfahrungen das vorherrschende frühe Interaktionsmuster mit den Bindungspersonen und wurden die pathogenen Bindungserfahrungen über mehrere Jahre gemacht, können hieraus Bindungsstörungen entstehen. Selbst nach Milieuwechseln, etwa durch Adoption und unter besseren emotionalen familiären Bedingungen können diese weiter bestehen bleiben und eine hohe Belastung für die neue Ersatzeltern-Kind-Beziehung darstellen. Bindungsstörungen lassen oftmals wegen der extremen Verzerrung im Verhaltens-

42 Brisch, K. H. (2016): Bindungen und Bindungsstörungen bei Kindern und Jugendlichen, in: Jugendhilfe 54, 2/2016, S. 95 ff.

> ausdruck die verborgenen Bindungsbedürfnisse der Kinder nicht mehr erkennen und können sich im schlimmsten Fall zu überdauernden psychopathogenen Persönlichkeitsstörungen verfestigen."

Bis heute ist ungeklärt, ob es sich im Fall Justin um eine klassische Bindungsstörung im klinischen Sinn handelt. Verschiedene Anzeichen und Verhaltensweisen sprechen dafür. Welche Rolle aber im Endergebnis der unerfüllte Wunsch des Jungen nach Aufwachsen bei seiner Mutter, die zunehmende Frustration über die Nichterfüllung seiner Wünsche in diesem Bereich sowie die Unzuverlässigkeit und Unklarheit der Mutter spielten, bleibt offen.

Der in den Familien immer wieder zu beobachtende Konkurrenzkampf kann auch die Reaktion auf die für das Kind nicht aufzulösende Frage sein, warum er nicht zu Hause leben darf, wenn seine neuen Halbgeschwister dies dürfen.

Seine ständige Suche nach Aufmerksamkeit einer Bezugsperson verbunden mit dem Wunsch nach Exklusivität der Beziehung stehen im Widerspruch zu seiner Unfähigkeit, sich den Vorgaben dieser Person zu fügen. Dies deutet eher auf eine Bindungsunfähigkeit hin.

Für den Vormund entsteht die Schwierigkeit, dass er sich auf die fachliche Meinung der mit der täglichen Erziehung betrauten Personen und auf die wechselnden fachärztlichen Meinungen verlassen muss. Im ambulanten Bereich kann nicht vorab geprüft werden, ob es genügend praktische Erfahrungen in der Behandlung dieser Kinder gibt. Im klinischen Bereich scheint es „wichtigere" Fälle zu geben. Auch die unterschiedlichen Einstellungen nach Art und Wirksamkeit einer Medikation erleichtern nicht gerade eine Entscheidung.

Da es nach anerkannter Meinung keine Heilung für eine Bindungsstörung gibt, bleibt die Frage, in welchem Setting diesen Kindern überhaupt Chancen auf Teilhabe in dieser Gesellschaft ermöglicht werden und welche Erwartung überhaupt an eine schulische und berufliche Bildung realistisch sind.

Die Verantwortung für die Beantwortung dieser Fragen bleibt im Endergebnis beim Vormund.

C) Passung zwischen Anspruch und Praxis

Eignung des Vormunds

- Zeitliche und örtliche Ressourcen wegen verschiedener Ortswechsel und Entfernungen.
- Grundkenntnisse von psychischen Störungen bei Kindern.
- Der männliche Vormund war in diesem Setting für das Kind wichtig.

Persönliche Kontakte zum Mündel

- Diese fanden eher nach Bedarf statt.
- Es besteht eine eher lockere Beziehung, die aber gleichzeitig für das Kind wichtig ist, da sie verlässlich über die Jahre ohne Wechsel andauert.
- Zwischen Vormund und Kind besteht eine klare Rollenverteilung. Justin hat sich gegenüber dem Vormund immer korrekt verhalten und diesen nie in seine anderen Verhaltensweisen einbezogen.

Beteiligung des Mündels an Entscheidungen

- Grundsätzliche Entscheidungen: Bei Fragen, die die Unterbringung oder die Schule betreffen, wurde das Kind informiert und konnte seine Vorstellungen äußern. Die Entscheidungen wurden dann nach Abklärung mit den anderen Beteiligten – Erziehungsstelle, Fachberatung und Jugendamt – vom Vormund getroffen.
- Bei anderen Wünschen z.B. nach Kontakten zur Mutter oder Freunden war der Vormund sowohl mit der Mutter als auch mit dem Vater immer im Gespräch. Eine verlässliche Umgangsregelung mit der Mutter konnte nicht erreicht werden. Es bestand ein loser Briefkontakt zu seinem Vater. Entscheidungen über den Kontakt zu Freunden und Übernachtungen wurden in Rücksprache mit der Erziehungsperson getroffen.

Persönliche Förderung und Erziehung des Mündels

- Die Verantwortung für die tägliche Erziehung lag bei den Verantwortlichen in den Pflegefamilien. Nur bei Grundsatzentscheidungen wie Handy- oder Spielenutzung/Übernachtungsbesuchen und Umgangskontakten wurden in Absprache mit der Einrichtung Regeln festgelegt.

Unabhängigkeit der Arbeit

- Der Vormund war frei in seiner Arbeit und konnte im Wesentlichen seine Vorstellungen umsetzen.

Zusammenarbeit mit Behörden und Ämtern

- Die Zusammenarbeit mit den beteiligten Fachberatern der Einrichtung war immer gut und vertrauensvoll.
- Die Zusammenarbeit mit dem Jugendamt war wegen verschiedener Wechsel sehr von der Person abhängig.

I. Nach der Vormundschaft

Mit dem Erreichen des 18. Lebensjahres entfällt jede Form elterlicher Sorge und die Jugendlichen müssen vollumfänglich für sich selbst sorgen. Dass dies trotz guter Vorbereitung nicht immer ohne Anpassungsschwierigkeiten gelingt, kann jeder beurteilen, der selbst Kinder ins Erwachsenenleben begleitet hat.

Ziel sollte es immer sein, einen „schonenden" Übergang zu gewährleisten, was nicht einfach ist bei allen Herausforderungen, die sich stellen.

1. Careleaver e.V.

„Vom Vormund zum rechtlichen Beistand

Viele Careleaver wissen nicht, dass sie einen Vormund haben, oder sie haben wenig bis keinen Kontakt zu diesem. Nach dem 18. Lebensjahr endet die Vormundschaft. Doch häufig braucht man im Übergang und nach Beendigung der Vormundschaft noch Hilfe in rechtlichen Angelegenheiten.

- Wir wünschen uns auch nach dem Ende der Vormundschaft einen rechtlichen Beistand, der uns berät und in Konfliktsituationen mit Ämtern und Gerichten hilft und unsere Rechte verteidigt.
- Wir wünschen uns eine Beziehung auf Augenhöhe, in der man gemeinsam Entscheidungen treffen kann. Unser Mitbestimmungsrecht darf nicht eingeschränkt werden.
- Unser Wunsch- und Wahlrecht sollte auch bei der Besetzung eines Vormunds bedacht werden, da dieser als Vertretung für unsere Eltern da ist. Eine gute Beziehung sollte für eine so wichtige Verbindung eine Grundvoraussetzung sein.
- Ein Amtsvormund sollte nicht in einen Interessenkonflikt zwischen uns und dem Amt geraten, sondern für unsere Rechte einstehen.
- Eine volle Abgabe der Mündigkeit und einen Übergang in die gesetzliche Betreuung kann nicht immer die Lösung sein. Hier muss genau abgewogen werden, wie viel Unterstützung noch notwendig ist, ohne zu stark zu bevormunden.

Unsere Rechte stärken und durchsetzen

Careleaver müssen für Rechte kämpfen, die für andere selbstverständlich sind. Beispielsweise ziehen junge Erwachsene in Deutschland im Durchschnitt mit 24 Jahren aus ihrem Elternhaus aus. Careleaver müssen die Jugendhilfe häufig im Alter von 18 Jahren verlassen. Nur wenige Kinder und Jugendliche kennen ihre Rechte und können sie auch vor der Fachpraxis vertreten bzw. einfordern. Durch die aktuelle Reform des Kinder- und Jugendstärkungsgesetzes wurden einige Forderungen wie z.B. die Abschaffung der Kostenheranziehung und die Klarstellung des Rechtsanspruchs auf Hilfe für junge Volljährige berücksichtigt. Jetzt müssen die neuen Rechte auch umgesetzt werden. Vormünder nehmen hier eine wichtige Rolle ein."

Forderungen des Careleaver e.V.

Wir fordern...

1. einen eigenen Rechtsstatus

- Careleaver brauchen finanzielle Sicherheit – bei Anträgen sind sie von den Angaben zu den leiblichen Eltern freizustellen.
- Careleaver haben diverse Benachteiligungen zu bewältigen – zusätzliche Nachteile wie z.B. die Übernahme von Elternunterhalt sind abzuschaffen.

2. gerechte Bildungschancen

- Investitionen in persönliche Bildung zahlen sich im späteren Leben aus – der schnellstmögliche Abschluss ist nicht immer der Beste, auch Praktika, Freiwilligendienste, Abitur und Studium müssen in Betracht gezogen werden.
- Unbegleitete minderjährige Flüchtlinge müssen in den Bildungs- und Ausbildungsmarkt integriert werden z.B. durch Sprachkurse und den erleichterten Einstieg in die Berufs- oder Schulausbildung.

3. individuelle und prozesshafte Übergänge

- Ein abruptes Ende der Jugendhilfe führt häufig zu Existenzgefährdungen, die nicht durch andere Systeme aufgefangen werden können – Übergänge sind flexibel und nahtlos zu gestalten.
- Anstatt eines Übergangs in ein anderes Hilfesystem sollte Jugendhilfe darauf abzielen, junge Menschen in die Selbständigkeit zu entlassen – auch auf finanzieller Ebene.

4. ressourcenorientierte Jugendhilfe

- Die Bewertung der Persönlichkeitsentwicklung in Hilfeplangesprächen sollte den Fokus auf die Ressourcen legen.
- Eine Weitergewährung von Jugendhilfe darf nicht (ausschließlich) an die Defizite des jungen Menschen geknüpft werden.

5. eine Fachaufsicht für Jugendämter

- Jugendhilfe muss verlässlich und unabhängig von regionalen Gegebenheiten gewährt werden – deshalb sollten Jugendämtern eine fachliche Aufsicht zugeordnet werden.
- Jugendhilfe darf kein „Glücksspiel" sein – überregional bedeutsame Fragestellungen (z.B. Aktenaufbewahrung oder Übernahme einer Wohnungskaution) sind bundesweit einheitlich zu beantworten.

6. mehr Partizipation

- Jede:r hat individuelle Bedürfnisse – diese können nur im Rahmen wirksamer Mitbestimmung im Hilfeprozess berücksichtigt werden.
- Junge Menschen sollen ihre Bedürfnisse durch Zusammenschluss auf Einrichtungs-, Landes- und Bundesebene einbringen können.

7. Kontinuität in der Zuständigkeit

- Beständige Bindungen fördern das Vertrauensverhältnis und damit die Persönlichkeitsentwicklung der jungen Menschen – unnötige Wechsel von Jugendamt, Vormund:in, Bezugsbetreuer:in und Pflegefamilie sind zu vermeiden.

2. Träger öffentlicher Leistungen – aktuelle Rechtslage

Im Sinne eines besseren Angebots passender Leistungen wäre eine Zusammenarbeit der verschiedenen Leistungserbringer notwendig. Auf die Problemfelder bei der Zusammenarbeit bzw. eines Übergangs von einem auf den anderen Leistungsträger weisen in der folgenden Abbildung die Pfeile mit den Erläuterungen hin.

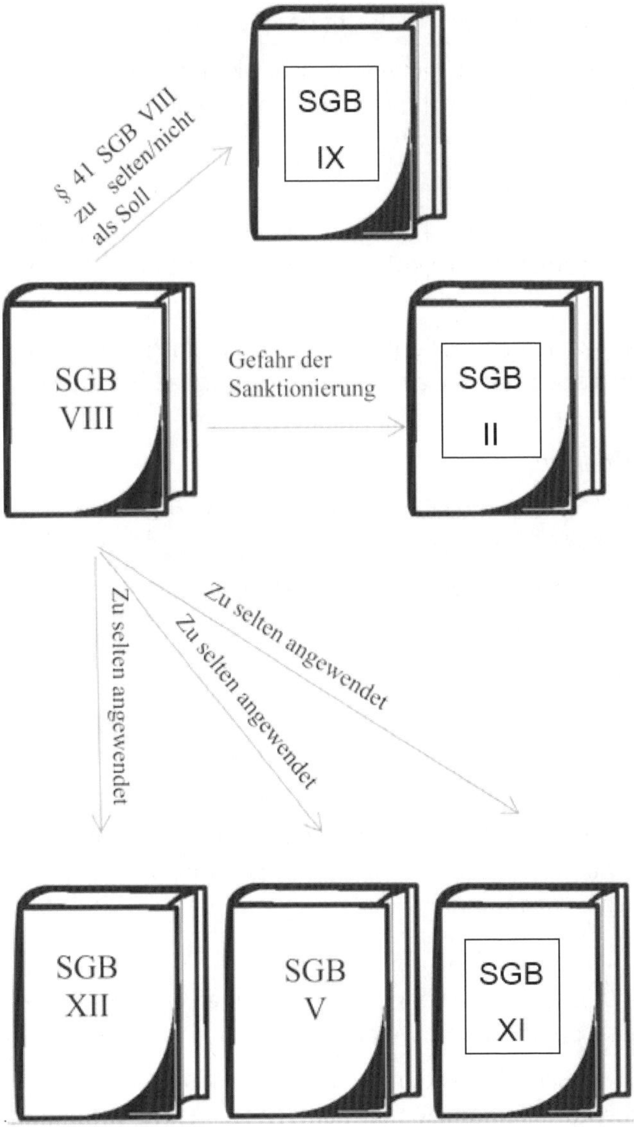

Rechtskreis des **SGB II (Jobcenter U25)**: Die Jobcenter haben auf der Rechtsgrundlage des SGB II einen anderen Auftrag als die Träger der Jugendhilfe nach SGB VIII. Sie nehmen keinen erzieherischen Auftrag wahr, sondern im Vordergrund steht die Vermittlung in Ausbildung und Beschäftigung.

Die Möglichkeiten, vom **SGB VIII** zu **SGB V (gesetzliche Krankenversicherung)** oder zu **SGB XII (Sozialhilfe)** zu wechseln, wird eher zu selten genutzt. Ein Problem ist, dass bei einem Teil der „entkoppelten Jugendlichen" das dem SGB II zugrunde liegende Prinzip „Fördern und Fordern" nicht umsetzbar ist, weil sie – aus welchen Gründen auch immer – „dem Arbeitsmarkt nicht standhalten". Vielleicht ist es daher sinnvoller, diese Jugendlichen aus dem SBG II herauszunehmen und zumindest vorübergehend dem SGB XII zuzuordnen, das eine Grundsicherung bei Erwerbsminderung ab dem 18. Lebensjahr ermöglicht.

Einige Jugendliche sind schon im Rahmen der Jugendhilfe nach § 35a SGB VIII (seelische Behinderung) untergebracht und gefördert worden. Diesen stehen nach Volljährigkeit auch die Leistungen des **SBG IX (Rehabilitation und Teilhabe von Menschen mit Behinderung)** offen: Dabei wird den besonderen Bedürfnissen der Kinder mit Behinderungen und der von Behinderung bedrohten Kinder sowie der Menschen mit seelischen Behinderungen oder der von einer solchen Behinderung bedrohten Menschen Rechnung getragen. Der Pflegebedarf der von Behinderung betroffenen Kinder und Jugendlichen weicht oft vom regelhaften eines gleichaltrigen nicht behinderten Kindes ab. Der notwendige Pflegebedarf wird nach den Vorgaben der Pflegeversicherung nach SGB XI festgelegt. Nach § 14 SGB XI wird seit 2017 nicht mehr zwischen körperlichen, geistigen oder psychischen Beeinträchtigungen unterschieden. Die Pflegebedürftigkeit wird ausschließlich nach dem Grad der Selbstständigkeit bestimmt.

3. Praxisprobleme aus Sicht des Vormunds

Wenn der Übergang in die Volljährigkeit von dem Vormund mit seinem Mündel gut vorbereitet wird, sollte dieser kein Problem sein. Dazu gehört, dass der Vormund eventuell einen **Antrag auf Rechtliche Betreuung** stellt und dies mit seinem Mündel gut abspricht, insbesondere die Bereiche, die betroffen sind, z.B. Finanzen oder Gesundheit etc.

Die Entscheidung des Betreuungsgerichtes fußt immer auf einem Betreuungsgutachten, das im Vorfeld durch Vorlage ärztlicher Gutachten und Gesprächen mit den Jugendlichen, Pflegepersonen und dem Vormund erstellt wird. Das Betreuungsgericht legt dann nach persönlicher Anhörung, i.d.R. im Beisein des Vormunds, durch Beschluss die Bereiche fest, über die der Betreuer, der von der Betreuungsstelle ausgewählt wird, mit dem jungen Erwachsenen entscheidet.

Problem: Der Übergang von der Vormundschaft in die gesetzliche Betreuung ist nicht gut geregelt. So endet die Vormundschaft mit dem 18. Geburtstag des Mündels. Danach kann der Vormund keinerlei Tätigkeiten mehr abrechnen. Die gesetzliche Betreuung beginnt genau mit dem Datum der Bestellung – inklusive des Erstattungsanspruches, also frühestens mit dem 18. Lebensjahr des jungen Erwachsenen.

Damit ist eine am Kindesinteresse orientierte **gute Übergabe der „Amtsgeschäfte"** nur dann möglich, wenn

1. der gesetzliche Betreuer vor dem 18. Lebensjahr auch gerichtlich bestellt und von der Betreuungsbehörde benannt wurde,
2. der Vormund aus „Goodwill" ohne Kostenerstattung seine Unterlagen nach Beendigung der Vormundschaft dem Betreuer übergibt und das notwendige Übergabegespräch – auch unter Beteiligung des ehemaligen Mündels – führt.

Wunsch: Hier sollte dringend eine praktikable und unbürokratische Lösung im Sinne der Beteiligten gesetzlich festgelegt werden!

Tipp

Der Jugendliche kann bei Eintritt der Volljährigkeit einen Antrag nach § 41 SGB VIII – Hilfe für junge Volljährige – beim Allgemeinen Sozialen Dienst beim Jugendamt (ASD) stellen. Dieser kann beim letzten Hilfeplangespräch schon mündlich gestellt werden.

Es geht bei der Antragstellung nicht mehr um Erziehung, sondern um Persönlichkeit und Eigenverantwortung.

Bedauerlicherweise gibt es gerade bei der Auslegung des § 41 SGB VIII immer wieder vereinzelt Probleme mit dem zuständigen ASD/Jugendamt oder der Eingliederungshilfe.

a) Fallbeschreibung: Monika

Monika wurde im März 2018 18 Jahre alt. Sie lebte seit ihrem ersten Lebensjahr in einer Pflegefamilie. Es bestand eine gute Zusammenarbeit mit dem Jugendamt. Als Monika 16 Jahre alt war, ging die zuständige Sachbearbeiterin in den Ruhestand. Von diesem Zeitpunkt an erfolgten keine Hilfeplangespräche mehr. Die Vormundin versuchte diese schriftlich einzufordern und wandte sich auch an die Dienststellenleitung. Es erfolgte keine Reaktion.

Als Monika 17½ Jahre war, fordert die Vormundin ein abschließendes Hilfeplangespräch und drohte ansonsten mit rechtlichen Schritten. Im November 2017 meldete sich Monika bei der Vormundin und teilte mit, dass sich für den nächsten Tag eine Mitarbeiterin des Jugendamtes telefonisch angekündigt habe. Auf ihre Nachfrage, ob der Vormund informiert und auch geladen sei, wurde gesagt: „Nein, der soll nicht dabei sein".

Mit Monika war bereits besprochen worden, wie es nach dem 18. Geburtstag weitergehen sollte. Sie wollte bei den Pflegeeltern wohnen bleiben und ihre Ausbildung, die noch bis September 2018 ging, zu Ende bringen. Danach würde sie weitersehen, wo es sie beruflich hinführt.

Das Gespräch am nächsten Tag fand ohne Vormund statt. Es war der Vormundin in der Kürze der Zeit nicht möglich, daran teilzunehmen, da Monika 150 km entfernt wohnte. Monika unterrichtete die Vormundin nach dem Gespräch. Sie berichtete, dass ihr gesagt wurde, dass die Jugendhilfe mit der Volljährigkeit endet und sie in eigenen Wohnraum ziehen könne. Dann könne sie Unterstützung vom Jobcenter erhalten. Auf den Einwand von

Monika, dass sie dieses nicht wolle, wurde ihr erklärt, dann gebe es keine Unterstützung mehr. Monika war sehr verunsichert.

Die Vormundin forderte umgehend ein Hilfeplangespräch ein. Im Januar 2018 fand dieses Gespräch gemeinsam mit Monika, den Pflegeeltern und der Vormundin statt. Die Sachbearbeiterin wiederholte ihre Ablehnung der Fortsetzung einer Hilfe. Die Vormundin schritt ein und erklärte, dass dieses nicht rechtens wäre und sprach den § 41 SGB VIII an. Die Sachbearbeiterin erklärte daraufhin, dass dieses bei ihnen im Amt ungewöhnlich wäre. Mit dem 18. Lebensjahr würden die Jugendlichen ausziehen und vom Jobcenter finanziert werden.

Monika stellte im Beisein des Vormunds mündlich den Antrag auf Hilfe für junge Volljährige und vier Tage später wurde der Antrag von ihr schriftlich nachgereicht. Es erfolgte wochenlang keine Reaktion. Sechs Wochen später fragte die Vormundin schriftlich nach dem Sachstand der Bearbeitung und erhielt die Antwort, dass dieses nicht mehr im Aufgabenbereich der Vormundin liegen würde – es waren noch vier Wochen bis zur Volljährigkeit.

Es erfolgten weitere Schreiben an die Vorgesetzten und einen Tag vor dem 18. Geburtstag erhielt Monika die Bewilligung zur Fortsetzung der Hilfe über das 18. Lebensjahr hinaus bis zum 1.9.2018 für ein halbes Jahr!

Fazit

Nur der Hartnäckigkeit des Vormunds und dem Wissen um die Rechte und Ansprüche der Mündel nach dem SGB VIII führte zu dieser Lösung.

b) Fallbeschreibung: Maik

Maik wohnt in einer Einrichtung für Menschen mit Behinderung, er ist geistig behindert. Maik wurde im Dezember 2017 volljährig. Im Sommer 2017 wurde ein Antrag auf Rechtliche Betreuung gestellt und problemlos befürwortet, sodass ein Übergang von der Vormundin auf den Rechtlichen Betreuer nahtlos gelang. Maik wurde durch die Eingliederungshilfe für behinderte Menschen nach dem SGB XII finanziert.

Im August 2017 erhielt die Vormundin eine Anfrage der Sachbearbeiterin, ob Maik nicht für ein Jahr in eine Therapieeinrichtung wechseln soll. Sie war irritiert, da dies nie zur Debatte stand, und lehnte nach Rücksprache mit der Einrichtung ab. Dann erfolgten von der Sachbearbeiterin weitere Vorschläge für andere Einrichtungen.

Die Vormundin fragte nach, aus welchem Grund Maik die Einrichtung wechseln solle? Ob es Vorbehalte gegen die bisherige Einrichtung gäbe? Dieses wurde verneint, aber ein Wechsel wäre vielleicht förderlich. Die Vormundin erklärte erneut, dass, gemeinsam mit Maik, seit Jahren daran gearbeitet werde, wie sein Weg nach der Volljährigkeit aussehen könnte. Er könnte bis zum Ende der Schulzeit im Sommer 2018 in der jetzigen Einrichtung verbleiben und dann in den betreuten Wohnbereich gleich nebenan umziehen. Bis dahin durchliefe er einige Praktika, um festzustellen, wo er sich eine Arbeit vorstellen könne – in der geschützten Werkstatt oder auch außerhalb. Maik könne so seine gewachsenen Bindungen behalten und würde nach seinen Möglichkeiten in die Selbstständigkeit, soweit möglich, begleitet.

Erst als die Vormundin erklärte, keinen Antrag auf Unterbringung in einer anderen Einrichtung zu stellen, erklärte die Sachbearbeiterin, dass sie dann nicht garantieren könnte, dass die Maßnahme weiter finanziert werden würde. Die Vormundin forderte von der Sachbearbeitung die Zusendung eines Ablehnungsbescheides, sie würde dann umgehend einen Widerspruch einlegen. Die Sachbearbeiterin fragte nach, ob dieses auch eventuell gerichtliche Schritte bedeuten würde. Die Vormundin bejahte dieses und die Maßnahme wurde am gewohnten Ort für Maik weiter finanziert.

Unabhängigkeit des Vormunds

Fälle aus der Praxis zeigen immer wieder, wie wichtig die Unabhängigkeit des Vormunds vom Allgemeinen Sozialen Dienst (ASD) des Jugendamtes ist, um die Interessen der Mündel wirksam durchzusetzen. Nur der Vormund allein kann nach den aktuellen Bedürfnissen und Anforderungen Entscheidungen für das Kind treffen kann.

Stichwortverzeichnis

A

Abschiebeverbot 335
Abschiebung 335
Adoption 33, 92
- Zuständigkeit 37
Alleiniges Sorgerecht 30
Alltagssorge 240
Alltagsverantwortung 235
Amtsbeistandschaft 126
Amtsführung
- Grundsätze 53
Amtsvormund
- Haftung 89
Amtsvormundschaft 37, 142, 152, 165
- Adoption 37
- als Bestandsverfahren 45
- gesetzliche 34
- Übertragung der Aufgaben 50
- Zuständigkeit 35
Anerkennung als Vormundschaftsverein 87
Anfangsbericht 82, 99
Anfechtung der Vaterschaft 36
- Zuständigkeit 36
Anhörung 47 f.
- Eltern 48
- Mündel 259
Anlagegeld 74
Anordnung
- einer Vormundschaft 29
Anschlussbetreuung 274
Antrag
- bei Kranken- und Pflegekassen 318
Arbeitszeit
- kommerzialisierte 102
Assistenz
- für Schule 321
Asylantrag 335 f.
Asylfragen
- Beratung 339
Aufenthaltsbestimmung 64
- Auslandsaufenthalt 64
- durch Pfleger 110
- familiengerichtliche Genehmigung 64
Aufenthaltsbestimmungsrecht 57
- Herausgabeanspruch 68
Aufenthaltssicherung 334
Aufenthaltsstatus 344
Aufgaben 281 f.
- Aufenthaltserlaubnis 281
- Ausbildungsvertrag 282
- BAFöG 281
- Geburtsurkunde 281
- Jobcenter 281
- Pässe 281
Aufnahmerichtlinie 336
Aufsicht über den Vormund 82, 159, 161
- durch das Familiengericht 82
- durch Jugendamt 86
Aufsicht über Pfleger 164
Aufsichtsmaßnahmen
- Familiengericht 84
- Jugendamt 86
Aufsichtspflicht 162
- des Vormunds 63
- Haftung 89
- Übertragung auf Dritte 63
- zivilrechtliche 90
Aufsichtspflichtverletzung 89
Aufwandspauschale 104
- Fälligkeit 105
- Verfahren 105
Aufwendungen
- erstattungsfähige 101
Aufwendungsersatz 99
- Antrag auf Zahlbarmachung 103
- Aufwandszinsen 103
- Berufsvormund 101
- Ehrenamtlicher Vormund 100
- Fälligkeit 103
- Frist 104
- Geltendmachung 103
- Jugendamt 101
- Pfleger 110
- Selbstauszahlung 104
- Umgangspfleger 122
- Verein 101
- Vorschuss 103
Auskunftsanspruch 70
Auskunftspflichten 70
Ausländerrecht 339
Auslandsaufenthalt 64
Ausschlagung einer Erbschaft 78
Autonomieprinzip 55

B

Bankgeschäfte 74
Bargeld 74
Begleiteter Umgang 70
Behinderung 317
– Förderbedarf 325
– Fremdunterbringung 324
– Schwerbehindertenausweis 321
– Schwerstbehinderung 331
– Verfahrenslotse 327
Beistand
– Verhältnis zum Antragsteller 132
Beistandschaft 25, 126, 165
– Amtsführung 130
– Aufgaben 126
– Beendigung 130
– durch Antrag 128
– Geltendmachung von Unterhalt 127
– Übertragung auf Verein 130
– Vaterschaftsfeststellung 126
– Vergütung 130
– Voraussetzungen 128
– Wechsel der Zuständigkeit 129
– zuständiges Jugendamt 129
Beistandschaftssrecht 25
Benannter Vormund 38
Benennung des Vormunds
– Widerruf 39
Benennungsrecht 155
Beratung
– durch das Jugendamt 249
Berechtigtes Interesse 70
Berufener Vormund
– Befreiungen 79
Berufsvormund
– Aufwendungsersatz 101
– Vergütung 106
Beschneidung 63, 333
Beschützergarant 90
Beschwerdebefugnis 49
Bestandsverfahren 44
Bestellungsurkunde 45
Beteiligung des Mündels 269, 275, 280, 283, 296, 302, 315, 331, 351
Beteiligung von Kindern und Jugendlichen 259
Bezugsperson
– Kinder mit Behinderungen 325
Bindung
– Bindungserhalt 279
– Bindungsverhalten 323
Bindungsstörungen 346
Biografiearbeit 347
Budget
– persönliches 322
Budgetverwalter 322
Bundesamt für Migration und Flüchtlinge 339
Bundesteilhabegesetz 327
Bürgergeld 81

C

Careleaver 237, 245, 352
Checkliste
– Passung Vormund – Mündel 241
Chronische Erkrankung 317

D

Dauerrechtsverhältnis 117
Dauerschuldverhältnisse 77
Delinquenz 304, 312
Dokumentation 322
– Gesamtplankonferenz 323
– Hilfeplan 323
Dokumentationsmappe 323
Drogenkonsum 304
Dublin-Verordnung 335

E

Ehelich geborenes Kind 35
Ehrenamt
– Vorrang 93
Ehrenamtlicher Vormund
– Aufwendungsersatz 100
– Vergütung 108
Eigenunterbringung 58, 81
– Privilegien 58
Eignung des Vormunds 269
Eilantrag 321
Eilentscheidung 49
Einführungsgespräch 82
Eingliederungshilfe 82, 320, 322, 329
– Einrichtungen der 324
– für Minderjährige 328
– Kinder mit Behinderungen 324
Einstweilige Anordnung 49 f.
– Gültigkeitsdauer 49
– Unterbringung 66
– Verfahren 50
Einzelvormund 51

Elterliche Sorge 25 f., 33
- gemeinsame 31
- minderjähriger Elternteil 31
- Rückübertragung 125
- Ruhen der 30, 33
- teilweises Ruhen wg. Minderjährigkeit 31
- unbegleitete Minderjährige 334, 337
- Zurückübertragung 33

Elternrecht 133

Ende der Pflegschaft
- Leibesfrucht 119

Ende der Vormundschaft 91
- Aufhebung Sorgerechtsentzug 91
- für ein Findelkind 92
- rechtliche Betreuung 355
- Ruhen der elterlichen Sorge endet 92

Entkoppelte Jugendliche 304

Entlassung des Vereins 94

Entlassung des Vormunds 84, 97, 255
- Amtsübergabe 98
- auf Antrag 94
- Entlassungsgründe 93
- Gründe 94
- Neubestellung 98
- von Amts wegen 93

Entschädigung
- des Pflegers 166
- des Umgangspflegers 167

Entscheidungen
- gesundheitliche 319

Entzug der elterlichen Sorge 30

Erbschaft
- Annahme, Ausschlagung 120

Erbvertrag
- Bennenung des Vormunds 39

Ergänzungspfleger
- Tätigkeitsbereiche 289

Ergänzungspflegschaft 111, 285
- ABER-Pflegschaft 286
- Anlässe 111
- Aufgaben 285
- Beendigung 116
- bei Verhinderung der Eltern 32
- Erledigung 117
- im Verfahren 47
- Praxisfälle 288
- Teilbereiche elterlicher Sorge 287
- Umwandlung in Vormundschaft 290
- Verhinderungs- 116
- Vermögenssorge 285
- wegen Teilentzug Sorgerecht 30
- Zeugnisverweigerungsrecht 115
- Zusammenarbeit 285

Ergotherapie 322

Erreichbarkeit 319

Erstattungsfähige Aufwendungen 101

Erstkontaktaufnahme 243

Erwerbsgeschäft 78

Erziehung
- religiöse 333

Erziehung des Mündels 252, 270, 275, 280, 283, 296, 303, 315, 332, 351

Erziehungsbeistand 281

Erziehungspflicht
- Verletzung der 90

F

Fahrtkosten 105

Fallabgabe 330

Fallzahlbegrenzung 244
- Überprüfung 245

Familiengericht 44 f., 82
- Aufsicht 82
- Genehmigung Arbeitsvertrag 71
- Genehmigung Ausbildungsvertrag 71
- Schutzmaßnahmen 157
- Zuständigkeit 45

Familiengerichtliches Verfahren 114

Familienpflege 123

Familienzusammenführung 335

Feststellung der Berufsmäßigkeit 106

Findelkind 34, 92

Flüchtlinge
- unbegleitete minderjährige 334

Förderprinzip 55

Fortbildung 241

Freiheitsentziehende Maßnahmen 67

Fremdsorge 233, 236
- Praxisfall, Reflexion 295

Fremdunterbringung 81
- Personensorge 59

Fürsorgepflicht
- Verletzung der 90

G

Gefahr im Verzug 116
- Unterbringung 66

Geflüchtete
- unbegleitete minderjährige 334

Gemeinsames Sorgerecht
- Konflikte 132

Genehmigung
– Arbeitsvertrag des Mündels 71
– Ausbildungsvertrag des Mündels 71
Genehmigungspflicht
– für Vermögensgeschäfte 154
Genehmigungsvorbehalte 76
– Genehmigung notwendig für 77
Genfer Flüchtlingskonvention 341
Geschäftsunfähigkeit 30, 112
– partielle 112
Geschlossene Unterbringung
– Beschwerdebefugnis 67
– Verfahren 65
Gesetze
– relevante 139
Gesetzliche Amtsvormundschaft 34, 146, 148
Gesundheit 318 f.
– Ergotherapie 322
– gesundheitliche Entscheidungen 319
– Impfung 318
– Logopädie 322
– medizinische Hilfsmittel 323
– Physiotherapie 322
– Psychopharmaka 319
– Resilienzfähigkeit 279
Gesundheitssorge 60
Geteilte Verantwortung 42

H

Haager Kinderschutzübereinkommen 341
Haager Kindesentführungsabkommen 64
Haftpflichtversicherung 101
Haftung 162
– der Körperschaft 89
– des Amtsvormunds 89
– des Mündel 100
– des Vereinsvormunds 88
– des Vormunds 78, 87
– Einzelvormund 87
– Jugendamt 89
– strafbewehrte Pflichtverstöße 90
Handlungsempfehlungen
– der BAG der Landesjugendämter 338
Herausgabe
– an den Vormund 148
Herausgabeanspruch 68
Hilfe
– zur Entwicklung 305
– zur Erziehung 57, 82, 158
– zur Erziehung, Anspruch 166
– zur Erziehung, unbegleitete Minderjährige 335, 337
Hilfeplan
– unbegleitete Minderjährige 343
Hilfeplangespräch 339
Hoch-Risiko-Klientel 304

I

Informationspflichten
– Jugendamt 86
Inklusion 321
– Stufenplan 328
– Verfahrenslotse 327
Inklusive Kinder- und Jugendhilfe 317, 322, 328
Inklusive Lösung 328
Inobhutnahme 49, 86, 253
– unbegleitete Minderjährige 32
– vorläufige 32, 342
– vorläufige, bei unbegleiteten Minderjährigen 334
– zur geschlossenen Unterbringung 67
Inobhutnahmestelle 306
Insichgeschäft 113
Islamunterricht 333

J

Jobcenter 355
Jugendamt 52, 86
– als Umgangspfleger 122
– Aufgaben 86
– Aufsicht über Vormund 86
– Aufwendungsersatz 101
– Befreiungen 79
– örtliche Zuständigkeit 306
– unbegleitete Minderjährige 336
– Unterstützung von Vormündern und Pflegern 239
– Vergütung 107
– Zuständigkeit Beistandschaft 129
Jugendhilfe
– Familienhelfer 294
– geschlossene 306
– individualpädagogische Maßnahmen 306
– inklusive 317, 322
– Kinder mit Behinderungen 324
– MoB 307
– niedrigschwellige Hilfen 306
– Notaufnahme 313
– Schulbegleitung 295
– Schulwegbegleitung 295
– Statistik 306

- Therapeutische Wohngruppen 306

Jugendhilfeeinrichtung
- Kinder mit Behinderungen 324
- unbegleitete Minderjährige 335

Jugendhilfeleistungen 80

Jugendhilfeplanung
- inklusive 329

K

Kann-Vergütung 108

Kinder mit Behinderung
- Schutz von 329

Kinder- und Jugendstärkungsgesetz (KJSG) 327 f.
- Gesetze Länderebene 327

Kindergeld 81

Kindernetzwerk e.V. 327

Kindesunterhalt
- Beistandschaft 127

Kindeswohl 116, 124, 133, 321
- unbegleitete Minderjährige 335 f.

Kindeswohlgefährdung 84
- durch Dritte 85
- Maßnahmen 84

Kindschaftssachen 26

Klärungsverfahren 330

Kommunikation
- unbegleitete Minderjährige 344

Konflikte
- Konstellationen 164 f.
- zwischen Sorgeberechtigten 132

Kontakt 54, 247
- alternative Wege 247
- Erstkontaktaufnahme 243
- häufige 247
- Probleme für Vormund 248
- zeitnahe 247

Kontinuitätsprinzip 55

Krankenkasse
- Antrag 318

Krankenversicherung 355

Kurzzeitpflege 322

L

Landesjugendämter
- Handlungsempfehlungen 338

Legalvormund 52

Leistungsberechtigter 328

Leistungsempfänger 57

Leistungserbringer 57

Leistungsträger 320, 354
- Änderungen bei Volljährigkeit 354

M

Medikamente 319

Medizinischer Dienst der Krankenversicherung 318

Meinungsverschiedenheiten 43

Migrationshintergrund 333

Minderjährigkeit
- Feststellung 336

Mittellosigkeit
- des Mündels 100, 104, 106

Mobile Betreuung (MoB) 307

Mündel
- Begriff 235
- Beteiligung im Jugendhilferecht 259
- Fragen des 235
- Verantwortungsgruppen 235

Mündelsperre 75

Muss-Vergütung 108

N

Naturalleistungen 81

Neubestellung des Vormunds
- nach Entlassung 98

Notvormund 49

O

Ortswechsel des Kindes 249

P

Pädagogische Auffälligkeiten 304

Partizipation 54, 323
- unbegleitete Minderjährige 343

Patientenverfügung
- Kinder mit Behinderungen 326

Personensorge 165
- Übertragung 60
- unbegleitete Minderjährige 343

Personensorge des Vormunds
- Aufenthaltsbestimmung 64
- Aufsicht 63
- Ausbildung, Beruf des Mündels 71
- Auskunft 70
- Eigenunterbringung 57
- Fremdunterbrinung 59
- Gesundheitssorge 60
- Mündelumgang 69
- Pflege und Erziehung 55
- religiöse Erziehung 62

Persönliche Förderung 252, 275, 280, 283, 296, 303, 315, 332, 351
Persönliche Kontakte zum Mündel 245, 269, 275, 280, 283, 296, 302, 314, 331, 350
Persönlicher Kontakt
– unbegleitete Minderjährige 344
Persönliches Budget 322
Pflege und Erziehung 57
Pflegebedürftigkeit 318
Pflegeeltern 57, 257
– Pflegekinderdienst 257
– Umgangsverfahren 70
Pflegeeltern-Pflegschaft 43
Pflegefamilie 324
– Kinder mit Behinderungen 324
Pflegegeld 81, 142, 158, 166, 322
Pflegegrad 292, 318
Pflegegutachten 318
Pflegekasse 318
– Antrag 318
– Maßnahmen 319
Pflegekinderdienst 253, 257
Pflegekinderhilfe 257
– Aufgaben 257
Pflegepersonen
– als Verfahrensbeteiligte 47
– Ausübung des Sorgerechts 124
– Rechte 150
– Übertragung sorgerechtlicher Befugnisse 124
Pfleger 27
– Aufenthaltsbestimmungsrecht 110
– Auswahl 110
– Entschädigung 166
– Freiheitsentziehung 110
– gesetzliche Vertretungsmacht 109
– Vergütungs- und Aufwendungsersatz 110
– Vermögensverzeichnis 109
– zusätzlicher 159
Pflegschaft 109
– Anlässe 110, 141, 143, 145, 152, 155, 162
– Aufhebung 118
– Beendigung 116, 141
– für das Vermögen 27
– für Kinder mit Behinderungen 317
– für Leibesfrucht 118
– sonstige 27
– Sorgerechts- 111
– Verfahren 110
– Verhältnis Eltern / Pfleger 133
– Verhältnis Pfleger / Vormund 134
– von Pflegepersonen 123
Pflichten des Vormunds
– Mündelwohl 55
– Partizipation 54
– persönlicher Kontakt 54
Pflichtteilsanspruch 119
Pflichtverstöße 90
Prävention 317
Praxisfälle 139
– Behinderung 357
– Bindungsstörung 346
– Eignung des Ergänzungspflegers 296, 302
– Eignung des Vormunds 274, 279, 283, 314, 331, 350
– Ergänzungspflegschaft 288, 291, 293, 298
– Förderung bei Deprivation 271
– geeignete Unterbringung 346
– Kinder mit Behinderungen 331
– „normale" Vormundschaft 262
– passende Unterbringung 271
– Passung Anspruch / Praxis 296, 302, 314, 331, 350
– Passung Vormund / Mündel 274, 279, 283
– Reflexion 273, 279, 290, 292, 295, 313, 349
– Systemsprenger 308
– Übergang zur Volljährigkeit 356 f.
– Verbleib in der Familie 275
– Vormundschaft 262
– Vormundschaft für den Notfall 281
– Zusammenarbeit mit Behörden und Ämtern 275, 280, 284, 297, 303, 316, 332, 351
Psychische Erkrankung 317

R

Realvormund 52, 87
Rechnungsjahr 72
Rechnungslegung 72
Rechtliche Betreuung 27, 355
Rechtliche Verhinderung 113
Rechtsmittel 49
Rechtsquellen 25 f.
– materielles Recht 25
– Verfahrensrecht 26
Reform der Kinder- und Jugendhilfe 233
Reform des Vormundschaftsrechts 233, 244, 341
Regress
– der Staatskasse 100
Rehabilitationsträger 328
– zuständiger 328
Religionsmündigkeit 63, 333

Religiöse Erziehung 62
Risikogruppen 304
Rückführung 335
Rückübertragung der elterlichen Sorge 125
Runder Tisch 321

S

Sachwalter 27
Schadensersatz 127
– wegen entgangenen Unterhalts 127
Schädigung
– durch den Mündel 89
Schenkungen 73
Schlussbericht 98
Schulabsenz 304
Schule
– Einzelassistenz 321
– Inklusion 321
Schutzmaßnahmen
– des Familiengerichts 157
Schwangerschaft 304
Schwangerschaftsabbruch 62
Selbstanzeige 321
Selbstgefährdung 304
Selbsthilfe
– Kinder mit Behinderungen 326
SGB V
– Häusliche Krankenpflege 322
SGB VIII 320
– Eingliederungshilfe 320
SGB XI
– Pflegegeldleistungen 322
SGB XII 319
– Assistenz 322
– ergänzende Pflege 319
Sonderpflege 326
Sondervermögen 120
Sorgeeklärung 35
Sorgerecht
– alleiniges 30
– bei Geschäftsunfähigkeit 30
– bei minderjährigen Eltern 31
– Entzug 30
– Teilentzug 30
– Übertragung 240
– vorläufiger Entzug 30
Sorgerechtspflegschaft 111
Sozialhilfe 355
Sozialleistungen
– Beantragung durch Vormund 71
– für Mündel, Überblick 80
Sozialpädiatrisches Zentrum 318
Staatenlose 342
Statistik Jugendhilfe 306
Sterilisation 62
Supervision 241
Systemsprenger 304

T

Tatsächliche Verhinderung 116
Teilhabe 329, 355
Testament
– Benennung des Vormunds 39
Testierfähigkeit 40
Tod der Eltern 29
Tod des Mündels 96
– Bestattung 96
Tod des Vormunds 96
Totenfürsorge 91
Totenfürsorgerecht 326

U

Übergehen
– des benannten Vormunds 156
Übergehen des berufenen Vormunds 40
Umgangspfleger
– Aufgaben 121
– Entschädigung 167
Umgangspflegschaft 121
– Beginn 167
– durch Jugendamt 122
– Ende 122
– Wirkungskreis 167
Umgangsrecht 69, 150
– Begleiteter Umgang 70
– biologischer Vater 70
– der/mit den Eltern 69
– Großeltern, Geschwister 69
– Umfang 70
– und Kindeswohl 70
Umgangsregelung 122, 189
Umgangsverfahren 70
Unabhängigkeit 270, 275, 280, 316, 332, 351
– des Vormunds 249
Unaufschiebbare Geschäfte 96
Unbegleitete Minderjährige 32, 334
– Fachkräftegebot 340
– Hauptaufgaben des Vormunds 339
– Kommunikation 344

– Personensorge 334
– persönlicher Kontakt 344
– rechtliche Vertretung 336
– Standards (BumF) 342
– Verfahrensfähigkeit 340
– Volljährigkeit 340
– vorläufige Inobhutnahme 334
Unbekannter Zivilstand 34
Unechte Sorgerechtspflegschaft 142
Uneheliche Geburt 35
– Zuständigkeit 35
Unterbringung 242, 324
– einstweilige Anordnung 66
– Ende der 352
– geschlossene 65
– in einer Anstalt 64
– Sachverständigengutachten 66
Unterbringungsgenehmigung 66
Unterhalt
– als Einkommen 81
– bei Fremdunterbringung 82
– Beistandschaft 127
– Geltendmachung durch Vormund 71
Unterhaltsbeistand 127

V

Vaterschaftsanerkennung 119
Vaterschaftsanfechtung 36, 114
Vaterschaftsfeststellung 126
– Beistandschaft 126
Verantwortungsgemeinschaft 249
Verbleib in der Familie 275
Verbleibensanordnung 68
Verein 101
– Aufwendungsersatz 101
Vereinsbeistandschaft 126
Vereinsvormund 52
– Befreiungen 79
– Haftung 88
– Vergütung 107
Vereinsvormundschaft 152
– Übertragung der Aufgaben 50
Verfahren 46
– Beteiligte 46
Verfahrensbeistand 46, 114
– geschlossene Unterbringung 65
– unbegleitete Minderjährige 339
Verfahrensbeteiligte 47
Verfahrensfähigkeit 46, 65, 340
– Minderjähriger 46
Verfahrenslotse 327, 329
Verfügungsgeld 74
Vergütung 99, 105
– Beistandschaft 130
– Berufsvormund 106
– Ehrenamtlicher Vormund 108
– Höhe 106
– Pfleger 110
– Umgangspfleger 122
– Vereinsvormund 107
– Verfahren 108
– Vormundschaftsverein 107, 122
– Zuwendungspfleger 120
Verhinderung
– Eilmaßnahmen 141
Verhinderungspflegschaft 116
Vermögen des Mündels
– Gefährdung 84, 86
Vermögenssorge 71, 152
– Wertpapiere 75
– zugewendetes Vermögen 79
Vermögenssorge des Vormunds
– Eigenverwaltung durch Mündel 73
– Genehmigungsvorbehalte 76
– Rechnungslegung 72
– Schenkungen 73
– Vermögensverzeichnis 72
– Verwaltung von Vermögenswerten 74
Vermögensvermischungsverbot 74
Vermögensverwaltung 71, 156, 159
– durch Pfleger 157
Vermögensverzeichnis 72, 82
– vom Pfleger 109
Verschollenheit 29
Versicherungsaufwand 101
Vertrauliche Geburt 34
– Zuständigkeit 36
Vertretungsverbote 114, 152, 154
Verwaltungsaufwand 101
Volljährigkeit 352
– andere Leistungsträger 354
– Ende der Vormundschaft 91
– Praxisfälle 356
– unbegleitete Minderjährige 340
Vorläufige Inobhutnahme
– unbegleitete Minderjährige 334
Vorläufige Vormundschaft 43, 49
Vormund 27, 37 ff., 235
– als Rechtsanwalt 102
– Amtspfleger 331
– Anforderungen 240
– Aufsicht über 159
– ausgewählter 37